액세스 2019

임정목 · 김찬회 · 안일영 공저

머리말

현대 사회는 복잡한 자료의 홍수 속에 휩싸여 있으며 이러한 자료들을 원활하게 정리하려는 사람들에게는 데이터베이스 관리가 필연적이라고 할 수 있다.

데이터베이스는 쉽게 표현하면 관리를 위한 자료 집합의 구성요소이다.

한글 액세스 2019는 이러한 데이터베이스를 효율적으로 관리하는 자료관리 프로그램이다. 최근 사용도가 높은 액세스는 워드나 엑셀과 비교하면 처음 사용하는 사람들에게는 약간의 어려움이 따르지만 폭넓게 사용해보면 아주 편리함을 느낄 수 있다.

최근에는 액세스가 엑셀과 더불어 혼합하여 사용하는 추세이다. 또한, 데이터가 많을 때 엑셀보다 검색 부분에서 월등히 속도 면에서 감히 비교할 수 없다.

또한, 최신의 한글 액세스 2019는 메뉴 부분이 이전 버전과 비교하면 아주 많은 변화를 가져와서 새로운 버전의 사용자는 혼란을 초래할 수도 있다.

본 교재는 최근 액세스가 시험 범위로 포함된 컴퓨터 활용능력 자격시험뿐 아니라 여러 자격증을 취득하고자 하는 독자들에게 액세스의 기본적인 개념을 제공해줄 수 있으며, 스스로 학습하거나 데이터베이스 기본 교재로 사용할 수 있도록 적합하게 구성하였다.

이 책으로 한글 액세스 2019를 공부한다면 좋은 결과가 따를 것이라고 확신한다. 단지, 필자가 독자들에게 당부하고 싶은 것은 각 장을 공부할 때 자신이 무엇을 할 것인가를 염두에 두고 학습하기를 바란다는 것이다.

이 책이 나오기까지 오랫동안 성원해주신 김형근 사장님께 고마움을 전하고자 한다.

차 례

제1장 데이터베이스의 개요/9

1.1 데이터베이스의 정의 ··· 9
1.2 데이터베이스 기본 용어 ··· 9
   1.2.1 데이터베이스의 장점 ·· 10
   1.2.2 데이터베이스의 단점 ·· 11
1.3 한글 액세스 2019 ·· 11
   1.3.1 한글 액세스 2019의 소개 ··· 11
   1.3.2 한글 액세스 2019의 새로운 기능 및 특징 ························· 12
   1.3.3 한글 오피스 2019의 설치 ··· 16
   연습문제 ·· 18

제2장 한글 액세스 2019의 기초/19

2.1 한글 액세스 2019의 시작과 종료 ·· 19
   2.1.1 한글 액세스 2019의 시작 ··· 19
   2.1.2 한글 액세스 2019의 끝내기 ··· 21
2.2 한글 액세스 2019의 화면구성 ··· 22
   2.2.1 한글 액세스 2019의 기본화면 구성요소 ··························· 22
   2.2.2 한글 액세스 2019의 7가지 구성요소 ································· 24
2.3 새 데이터베이스의 생성 ·· 27
   2.3.1 데이터베이스의 작성 ·· 27
   2.3.2 간단한 데이터베이스 만들기 ··· 30
   2.3.3 데이터베이스 열기 ·· 37
   2.3.4 내비게이션 창 ·· 38
   연습문제 ·· 40

제3장 테이블의 구성/41

3.1 데이터 형의 이해 ··· 41
3.2 디자인 보기 ··· 42

3.3 데이터 형 ·· 44
3.3.1 짧은 텍스트와 긴 텍스트 ·· 45
3.3.2 숫자 ·· 47
3.3.3 큰 번호 ·· 49
3.3.4 날짜/시간 ·· 50
3.3.5 Yes/No ·· 51
3.3.6 하이퍼링크 ·· 52
3.3.7 테이블 구조 변경 ·· 55

3.4 데이터시트의 관리 ·· 72
3.4.1 데이터시트의 화면 구성 ·· 72
3.4.2 단축 키의 사용 ·· 73
3.4.3 데이터시트의 모양 변경 ·· 74
3.4.4 테이블 관리 ·· 97
3.4.5 필드의 속성 ·· 102
3.4.6 필드의 속성 ·· 105

3.5 기본 키의 설정 ·· 108
3.5.1 기본 키 특징 ·· 108
3.5.2 기본 키 설정 방법 ·· 108

연습문제 ·· 112

제4장 쿼리/115

4.1 쿼리의 정의 ·· 115
4.1.1 선택 쿼리 ·· 115
4.1.2 실행 쿼리 ·· 115
4.1.3 매개변수 쿼리 ·· 117
4.1.4 크로스탭 쿼리 ·· 118
4.1.5 SQL 쿼리 ·· 118

4.2 쿼리의 창 구성 ·· 119

4.3 선택 쿼리 작성 ·· 121
4.3.1 쿼리 작성 및 결과 테이블 출력 ·· 121
4.3.2 소인 ·· 129
4.3.3 표현식 작성기 ·· 133

4.4 실행 쿼리 작성 ·· 141
4.4.1 테이블 만들기 쿼리 ·· 141
4.4.2 추가 쿼리 ·· 143

4.4.3 삭제 쿼리 ·· 147
　　4.4.4 업데이트 쿼리 ··· 149
　　4.4.5 매개변수 쿼리 ··· 151
　　4.4.6 크로스탭 쿼리 ··· 154
4.5 SQL 쿼리의 정의 및 작성 ··· 157
　　4.5.1 질의어(Query Language) ·· 157
　　4.5.2 데이터 타입(Data Type) ··· 158
　　4.5.3 테이블의 생성(Create) ·· 159
　　4.5.4 액세스에서 SQL 명령의 적용 ····································· 160
　　4.5.5 테이블의 구조 변경(Alter) ··· 162
　　4.5.6 테이블의 삭제(Drop) ·· 165
4.6 SQL 쿼리의 운영 ·· 166
　　4.6.1 데이터 검색(Select) ·· 166
　　4.6.2 집단 함수를 이용한 검색 ··· 174
　　4.6.3 문자열의 검색 ·· 177
　　4.6.4 검색 결과의 정렬(Order by) ······································ 179
　　4.6.5 그룹별 검색(Group by) ·· 180
　　4.6.6 두 개 이상의 테이블을 연결한 검색(Join) ··············· 183
　　4.6.7 부속질의(Subquery)를 이용한 검색 ··························· 188
　　4.6.8 UNION 명령 ·· 192
　　4.6.9 데이터 삽입(Insert) ··· 192
　　4.6.10 데이터 삭제(Delete) ·· 194
　　4.6.11 데이터 수정(Update) ··· 196
　연습문제 ··· 202

제5장 폼 / 203

5.1 폼의 정의 ·· 203
5.2 폼 작성 ·· 203
5.3 폼의 수정 ·· 207
　　5.3.1 폼 디자인 창의 구성 요소 ··· 207
　　5.3.2 컨트롤의 위치변경 ·· 208
5.4 폼에서 데이터의 입력과 수정 ·· 210
　　5.4.1 데이터의 추가 ·· 210
　　5.4.2 데이터의 수정 ·· 212
5.5 폼의 인쇄 ·· 212

5.6 급여관리 카드 폼을 작성 ·· 213
   5.6.1 폼 디자인 창의 구성 요소 ·· 213
   5.6.2 급여관리카드의 폼 수정 ·· 216
5.7 폼의 연결 ··· 220
   5.7.1 호봉 필드 값 입력 쿼리의 폼을 작성 ·· 220
   5.7.2 두 개의 폼 연결 ·· 223
   5.7.3 폼에서의 계산식 사용 ·· 226
5.8 데이터 입력이 편리한 폼의 작성 ··· 229
   5.8.1 인사기록카드의 부서명을 콤보 상자로 표현 ·· 229
   5.8.2 커서 이동 순서의 변경 ·· 234
5.9 폼에 OLE개체의 삽입 ·· 237
   5.9.1 테이블에 OLE개체의 추가 ·· 237
   5.9.2 폼에 OLE 개체의 추가 ·· 240
5.10 폼에 명령 단추의 작성 ··· 244
   5.10.1 폼에 레코드 찾기 단추의 작성 ·· 245
   연습문제 ··· 252

제6장 보고서 / 255

6.1 보고서의 기능 및 정의 ··· 255
6.2 보고서의 작성 ··· 255
   6.2.1 인사관리 테이블을 이용한 인사관리 보고서 작성 ·· 256
   6.2.2 호봉 필드 입력 쿼리의 부서별 총계 작성 ·· 261
   연습문제 ··· 268

제7장 VBA / 271

7.1 VBA의 기초 ·· 271
   7.1.1 VBA의 이해 ·· 271
   7.1.2 개체, 속성 및 메서드 이해하기 ·· 273
   7.1.3 변수 이해하기 ·· 273
   7.1.4 함수 이해하기 ·· 276
   7.1.5 프로그램 수행문 이해하기 ·· 278
   연습문제 ··· 295

제8장 액세스 2019의 활용/297

8.1 데이터의 변환 ··· 297
   8.1.1 액세스 2019와 한글 2010 사이의 자료 변환 ···························· 297
   8.1.2 액세스 2019와 엑셀 2019 사이의 자료 변환 ···························· 307
   연습문제 ··· 318

제1장 데이터베이스의 개요

1.1 데이터베이스의 정의

우리는 현재 정보화 시대를 살아가면서 사회의 여러 분야를 통해 직·간접적으로 수많은 정보들을 접하고 있다. 이렇게 수많은 정보들을 관찰해서 필요로 하는 정보들을 서로 관련이 있는 것끼리 모아 놓은 것을 데이터베이스(DataBase)라고 한다. 즉 데이터베이스란 서로 관련 있는 다량의 자료들을 중복을 최소화하여 어떤 특정한 방식대로 구성해 놓은 것을 말한다.

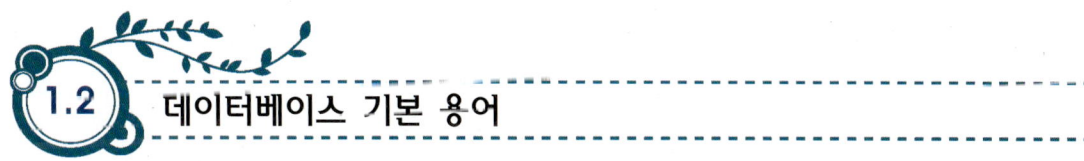

데이터베이스는 가로, 세로의 셀 형식을 나타내고 테이블의 구조를 가지고 있으며, 일반적인 외부 자료를 가공 입력하여 데이터를 작성한다. 이러한 데이터는 컴퓨터에 수록되어 다양한 형식의 검색 방법을 이용하여 사용자에게 양질의 정보를 제공해 준다.

1.2 데이터베이스 기본 용어

위 그림과 같은 형태로 데이터를 모아 놓은 것을 일반적으로 파일(File)이라 하며, 데이터베이스 용어로는 테이블(Table)이라 한다. 한편 데이터베이스는 자료를 관리하는 형태에 따라 '관계형', '계층형', '네트워크형' 등으로 나눌 수 있는데, 이 중에서 가장 일반화 되어 있는 것이 관계형 데이터베이스(Relational Database)이다.

관계형 데이터베이스(RDB)는 행과 열의 구조로 구성되어져 있는 2차원 형태의 테이블(Table : 표)로서 자료를 관리하는 방식이다. 또한 Relational Data Base의 약자로 데이터베이스 유형 중에 하나이다. 데이터베이스를 최소화하여 보관해 두었다가 필요시에 서로 연결하여 작업하는 형태를 취하는 것을 말한다.

관계형 데이터베이스는 데이터를 저장하는 기본 자료구조로 테이블을 사용하며, 이러한 테이블들이 서로 관계를 형성하게 된다. 예를 들어, 거래처 관리를 위하여 사원 테이블과 상품목록 테이블, 거래처 테이블들이 필요하게 되며 이들을 유기적으로 연결하여 거래처 관리에 관한 데이터베이스를 구성하게 된다.

다시 말해서, 테이블은 2차원 배열에서 행과 열의 구조로 구성되어 있으며, 테이블에 의한 자료 관리를 엄밀히 정의하면 **관계형 데이터베이스**라 한다.

- 테이블 : 행과 열의 2차원 형태의 구조를 갖는다.
- 레코드 : 테이블에서 하나의 행을 구성하는 것을 의미한다. 테이블에서 행의 순서는 중요한 의미를 갖지 않는다.
- 필드 : 테이블에서 하나의 열을 구성하는 것을 의미한다. 테이블내의 열(필드명)의 이름은 중복될 수 없으며 열의 순서 또한 테이블에서 중요한 의미를 갖지 않는다.

1.2.1 데이터베이스의 장점

- 데이터 중복 최소화
- 데이터 공유
- 일관성, 무결성, 보안성 유지
- 최신의 데이터 유지
- 데이터의 표준화 가능

- 데이터의 논리적, 물리적 독립성
- 용이한 데이터 접근
- 데이터 저장 공간 절약

1.2.2 데이터베이스의 단점

- DBMS 관련비용이 비쌈
- 자료처리 방법이 복잡
- 자료의 백업과 복구가 어려움
- 시스템이 취약

1.3 한글 액세스 2019

1.3.1 한글 액세스 2019의 소개

한글 액세스 2019는 한글 액세스 2016에 이어 한국 마이크로소프트사에서 2019년에 발표한 제품이다. 이 제품은 'MS-OFFICE 2019'라는 통합 패키지에 수록된 데이터베이스 관리프로그램이다.

일반 업무에서 발생하는 다양한 데이터와 인터넷, LAN 환경에 있는 다수의 사용자와 서로 다른 환경에 있는 사용자들 간에 데이터를 하나의 파일에 저장하여 데이터의 안전성과 호환성을 부여하여 효율적인 관리를 가능하게 하는 프로그램이다.

한글 액세스 2019는 이전 버전의 메뉴 방식을 탈피하여 리본 방식의 새로운 메뉴 방식으로 탈바꿈했으며, 고정 메뉴 방식으로 전환하여 새롭게 액세스를 접하는 디스플레이 형식으로 구성되었다.

1.3.2 한글 액세스 2019의 새로운 기능 및 특징

1) 새 차트로 데이터 시각화

[새 차트]를 선택 하고 폼과 보고서에 저장 된 데이터를 이해하기 쉽게 나타낼 수 있다. 차트 크기에 필드와 일치하고 변경 내용을 즉시 미리 보기 한다.

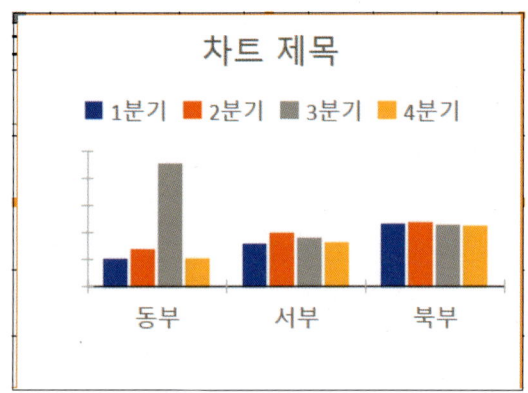 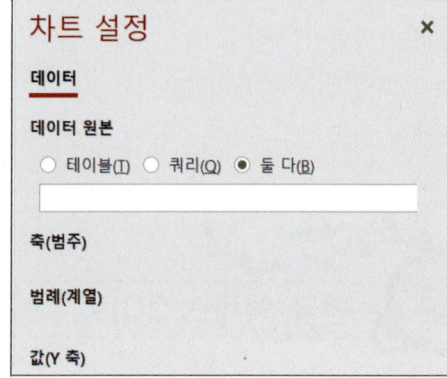

꺾은선형 차트에서 범주 균등 하게 ((항목) 축 속성) 가로 축 하고 값을 균등 하게 축에 세로 (값 (Y 축) 속성) 값을 지정한다.

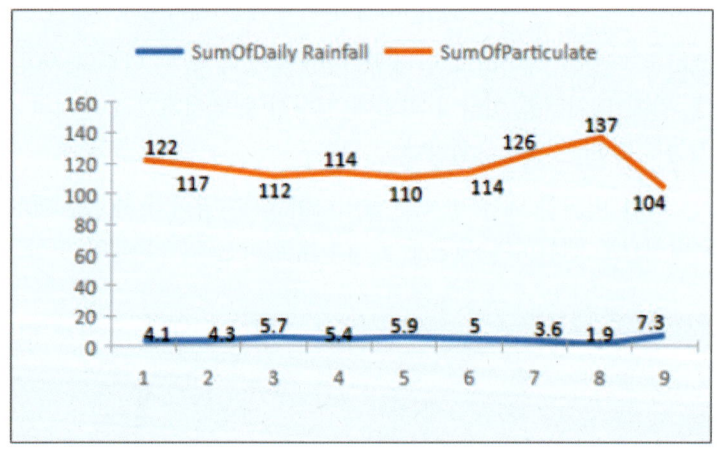

콤보 차트는 묶은 세로 막대형 차트와 꺾은선형 차트 같은 둘 이상의 차트 종류를 결합하여 서로 다르지만 관련된 데이터를 설명한다.

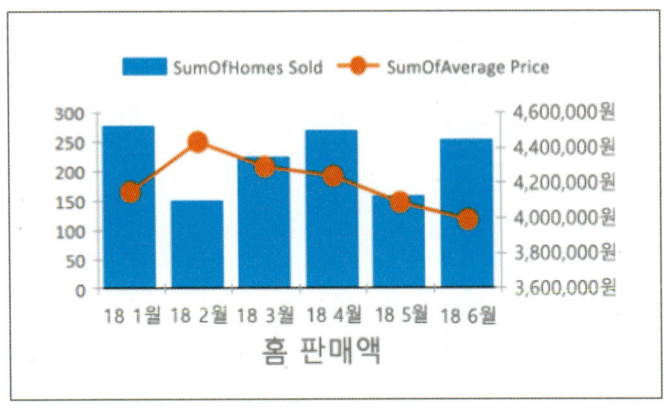

2) 큰 숫자(bigint) 지원

큰 숫자 데이터 형식은 금액이 아닌 숫자 값을 저장할 수 있다. 이 데이터 형식은 큰 숫자를 효율적으로 계산한다. 아울러 큰 숫자를 테이블에 필드로 추가할 수 있다. 해당 데이터 형식(예: SQL Server bigint 데이터 형식)이 있는 데이터베이스에 연결하거나 해당 데이터베이스에서 가져올 수도 있다.

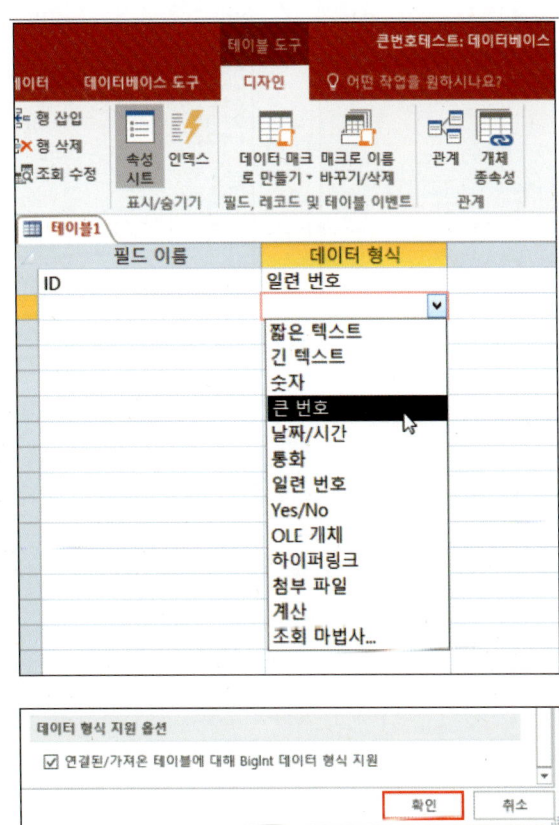

3) 속성 시트 정렬

양식 및 보고서에 대한 속성 시트 정렬을 사용할 수 있다. 또한 속성 시트에서 특정 속성을 쉽게 찾을 수 있다. 양식 및 보고서에는 수십 개의 속성이 포함되어 있으며 이러한 속성은 여러 탭에 분산되어 있으므로 원하는 속성을 찾기 어려울 수 있기 때문에 원하는 속성의 이름을 알고 있는 경우 목록을 정렬하여 쉽게 찾을 수 있다.

디자인 모드에서 양식 및 보고서에 대한 속성 시트를 열면 오른쪽 위에 정렬 전환 단추가 표시된다. 기본 설정(정렬 안 함)은 액세스에 표시하는 데 사용되는 순서대로 속성을 나열한다.

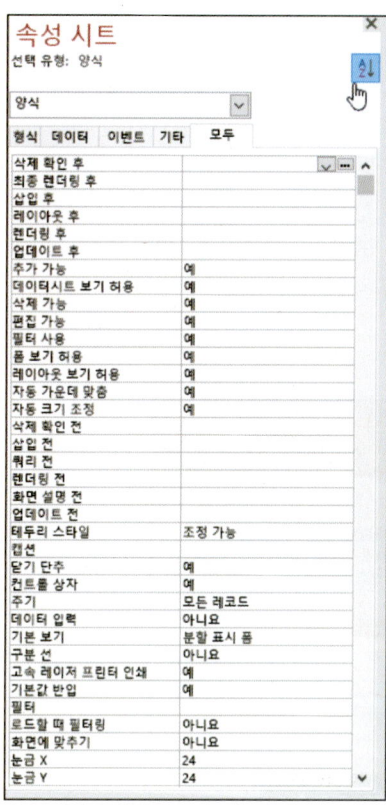 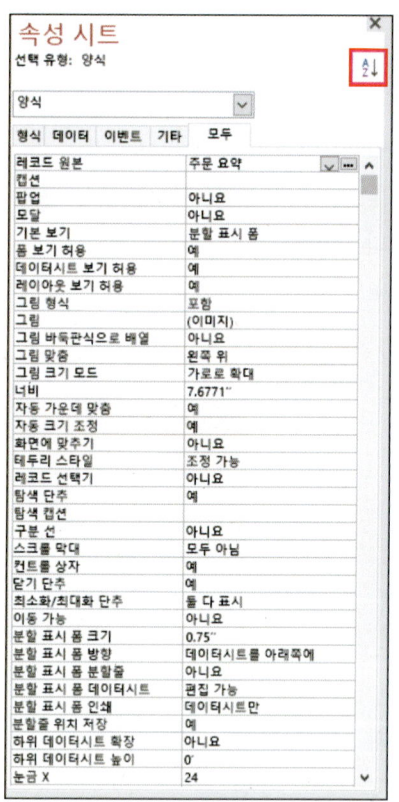

4) 새 값 목록 항목을 편집 용이

액세스 양식에서 값 목록 콤보 상자에서 작업할 때 목록 항목 편집 대화 상자를 간편하게 열 수 있는 바로 가기 키(Ctrl + E)를 사용할 수 있다.

콤보 상자에서 데이터 원본과 같은 값 목록을 사용하고 값 목록 편집 허용 속성을 '예'로 설정한 경우 이 새로운 단축 키를 누르면 양식 보기에서 커서가 콤보 상자에 있을 때 목록 항목 편집 대화 상자가 열린다.

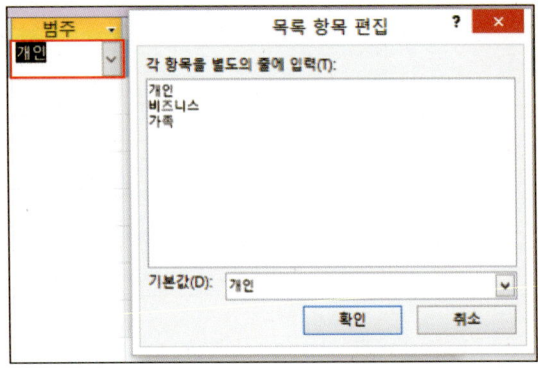

5) "어떤 작업을 원하시나요" 상자 개선

리본 위에 있는 검색 항목을 "어떤 작업을 원하시나요" 상자가 사용자의 질문에 빠르고 효율적으로 답변할 수 있도록 검색, 콘텐츠 및 권장 사항이 업데이트되어서, 특정 작업, 기능 또는 질문에 대한 검색어를 입력하면 다양한 옵션을 확인할 수 있다.

간단한 작업인 경우 액세스의 입력 상자 창에서 직접 수행할 수도 있다. 더 복잡한 질문인 경우 사용자의 필요에 가장 적합한 항목이 표시된다.

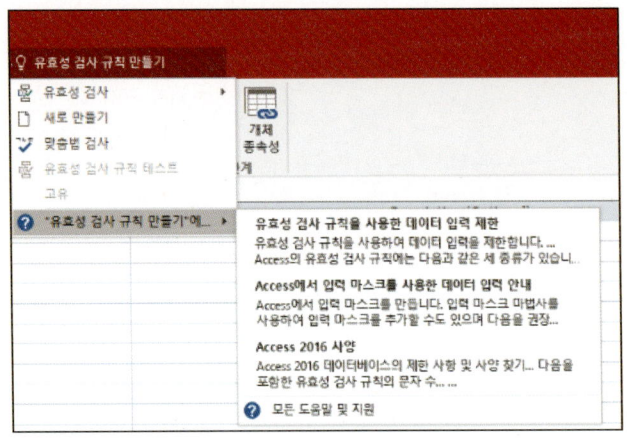

6) 컨트롤에 대한 새 레이블 이름 속성

레이블 이름이라는 새 속성을 제어에 추가했으며 레이블 제어를 다른 제어에 연결할 수 있나. 이전에는 다른 제어에 연결하기 위해 레이블 제어를 "잘라내기" 한 다음 "붙여넣기"를 했으나 이제 새 레이블 이름 속성으로 레이블 제어의 이름을 간편하게 입력하여 연결할 수 있다.

레이블 이름을 제어에 연결하면 보조 기술이 연결을 검색하고 표시할 수 있으므로 접근성이 향상된다.

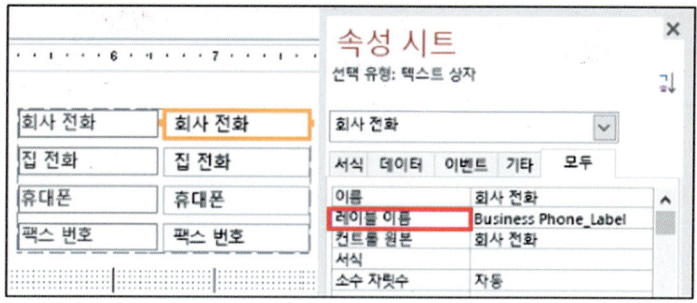

1.3.3 한글 오피스 2019의 설치

한글 오피스 2019 버전부터는 반드시 **윈도우즈 10 버전** 이상에만 설치하도록 되었으며, 이전 버전도 모두 삭제한 상태에서 설치해야 한다.

① 한글 오피스 2019 폴더에서 Setup.exe 를 지정하고 설치를 준비한다.

② 설치가 자동으로 진행된다.

③ 설치가 완료되면 다음과 같이 나타나고 [닫기]를 누르면 설치 진행이 종료된다.

④ 액세스 2019 프로그램을 실행하면 일련번호를 입력하라는 화면이 나타나고, 일련번호를 입력하면 정품 인증 절차를 거쳐서 완전한 설치가 완료되고 "제품이 인증됨" 메시지가 나타난다.

연습문제

01. 필드와 레코드를 간단히 설명하시오.

02. Microsoft Access의 구성 요소를 쓰시오.

03. 데이터베이스를 구축함으로서의 장점을 간단히 설명하시오.

04. RDB란 무엇인가?

05. Microsoft Access 2016과 2019버전의 차이점을 나열하시오.

06. Microsoft office 2019에 포함된 패키지 종류를 모두 나열 하시오.

07. 한글 Access 2019의 새로운 특징에 대하여 설명하시오.

08. 한글 office 2019를 제거하는 방법을 설명하시오.

09. 데이터베이스의 종류에 대하여 나열하시오.

10. Microsoft SQL Server 2016과 한글 Access 2019와의 차이점에 대하여 설명하시오.

제2장 한글 액세스 2019의 기초

2.1 한글 액세스 2019의 시작과 종료

2.1.1 한글 액세스 2019의 시작

액세스 2019를 실행하는 방법은 한글 윈도우즈의 [시작] 메뉴를 사용하는 방법과 바탕화면에 액세스 2019 프로그램의 단축 아이콘을 만들어 놓고, 이것을 더블클릭해서 실행하는 방법이 있다.

1) [시작] 메뉴로 액세스 2019 시작하기

(1) [시작] 메뉴에서 한글 액세스 2019를 실행하여 보자.

① 윈도우즈 10의 바탕화면에서 [시작] 버튼을 누른다.

② [시작] - [Access] 버튼을 누른다.

③ 액세스 2019의 초기화면이 나타난다.

2) 바탕화면의 단축 아이콘( )으로 액세스 2019의 실행

액세스 2019를 비롯한 자주 실행하는 응용프로그램들은 윈도우즈의 바탕화면에 단축 아이콘을 만들어 놓고 사용하는 것이 보다 편리하다.

단축 아이콘이 바탕화면에 나타난 경우 마우스 지시자로 더블 클릭하여 실행하면 한글 액세스 2019가 시작되어 초기화면이 나타난다.

(1) 액세스 2019 아이콘을 시작 메뉴에 고정하고, 바탕화면에 만들고 더블 클릭하여 실행하여 보자.

① 시작 메뉴의 Access 2019 아이콘을 마우스 오른쪽 단추를 누르고 [시작 화면에 고정]을 지정하면, 시작 메뉴의 맨 위에 고정되어 나타난다.

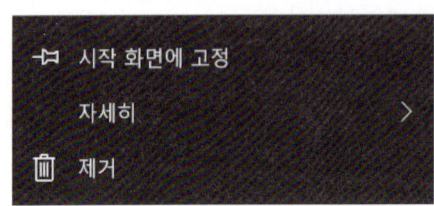 

② 시작 메뉴의 액세스 2019 아이콘을 Ctrl 키를 누른 상태에서 Microsoft Access 아이콘을 바탕화면으로 드래그하면, Access 아이콘이 등록되어 나타난다.

③ 바탕화면에 만들어 놓은 한글 액세스 2019 단축 아이콘( )을 더블클릭하면, 액세스 2019의 초기화면이 나타난다.

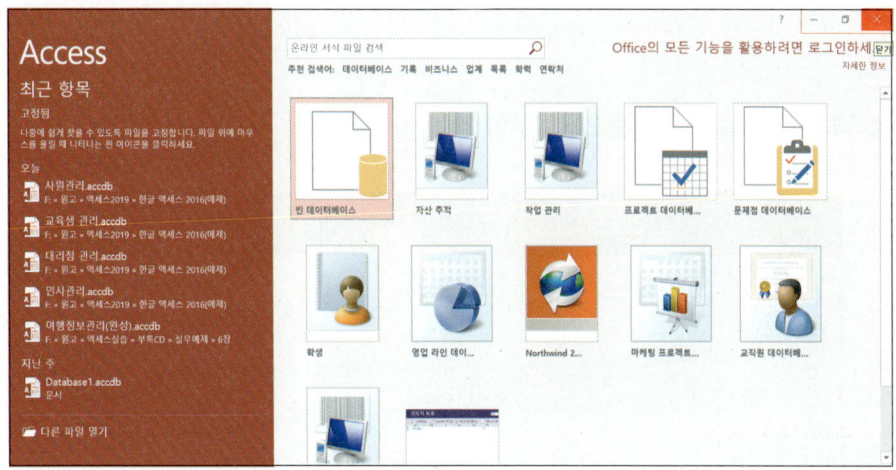

2.1.2 한글 액세스 2019의 끝내기

1) 한글 액세스 2019를 끝내기 하여 보자

① 한글 액세스 2019 시작 화면에서 오른쪽 상단의 ▨ 단추를 누른다.

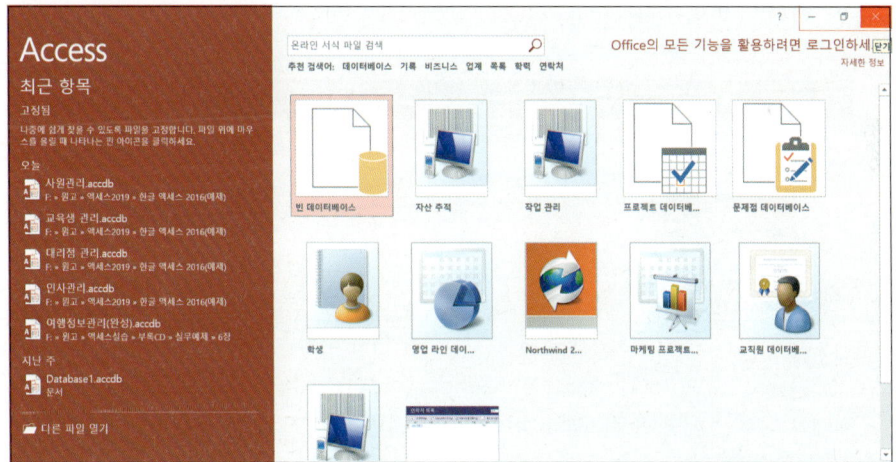

2.2 한글 액세스 2019의 화면구성

2.2.1 한글 액세스 2019의 기본화면 구성요소

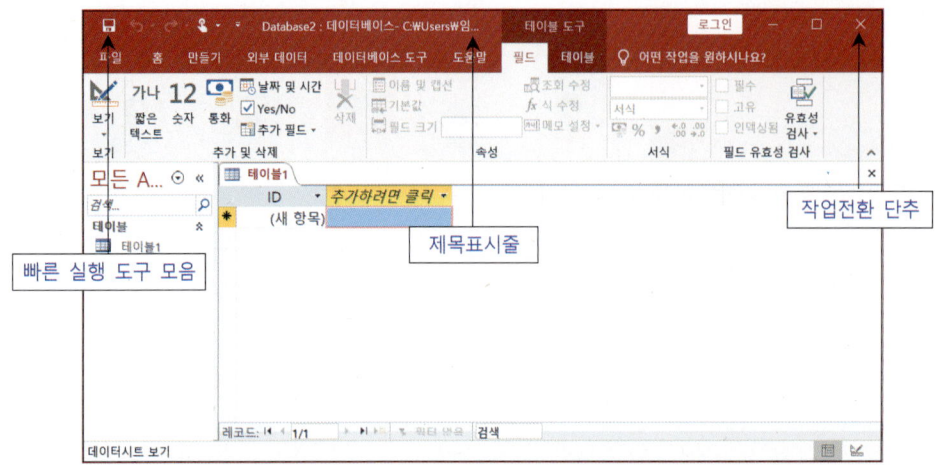

1) 제목 표시줄

현재 작업 중인 액세스 파일 이름을 표시

> Database1 : 데이터베이스- C:\Database1.accdb (Access 2007 - 2016 파일 형식) - Access

2) 작업전환 단추 (－ ▢ ✕)

단추	단추 이름	설 명
－	최소화 단추	해당 프로그램의 창을 윈도우의 작업 표시줄에 하나의 버튼 형식으로 최소화시켜 표시한다.
▢	최대화 단추	해당 프로그램의 창이 모니터 화면에 최대 크기로 표시한다.
❐	복귀 단추	최대화 상태에서 그 이전의 창의 크기로 복귀한다.
✕	닫기 단추	현재 수행 중인 프로그램을 종료한다. 또는 작성 중이던 문서의 창을 닫는다.

3) 메뉴 표시줄

액세스의 주 메뉴를 제공한다.

4) 빠른 실행 도구 모음

간편하게 실행할 수 있는 아이콘 형태의 도구 단추 모음이다.

5) 작업창

액세스 2007로 부터 새로 추가되었으며 시작, 새 파일, 도움말 및 클립보드 기능을 제공한다.

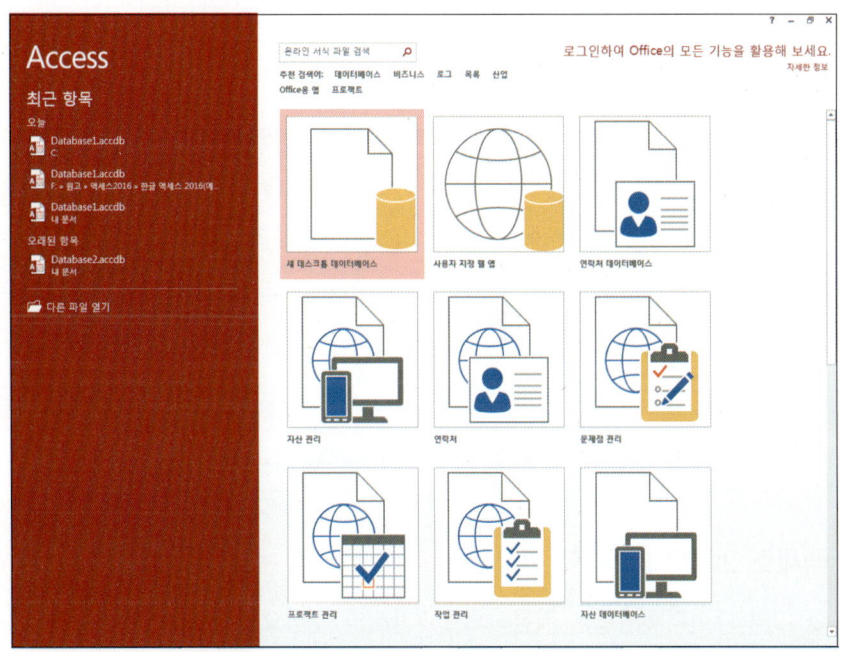

① 작업창의 새 데이터베이스 창

이전에 열었던 문서들이 나열되어 다음 작업시 간편하게 선택할 수 있게 해주며, 보다 신속하게 새 데이터베이스 파일을 만들 수 있다.

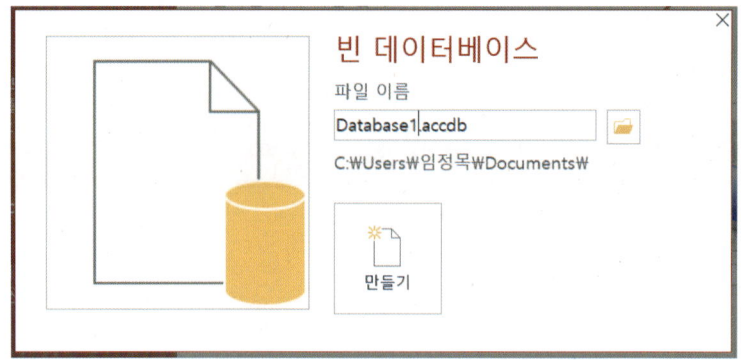

② Access 도움말 검색(도움말)

   Office Online 웹 사이트를 통해 액세스 사용에 대한 여러 가지 도움말, 클립아트 뿐 아니라 자주 사용하는 서식 파일, 최신 다운로드 및 뉴스를 빠르고 쉽게 찾을 수 있다.

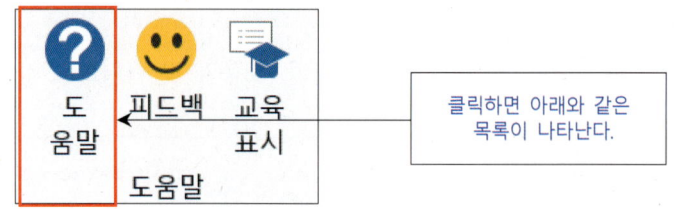

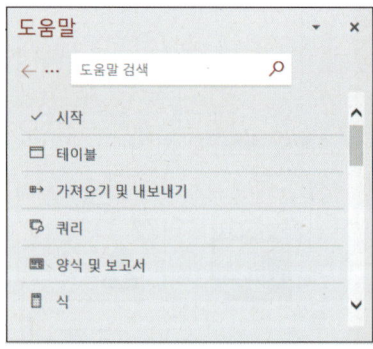

2.2.2 한글 액세스 2019의 7가지 구성요소

한글 액세스 2019의 데이터베이스는 기본적으로 7가지의 구성요소가 모여 이루어진다.

1) 테이블(Table)

액세스의 기본이 되는 구성요소로서 데이터가 들어갈 장소인 필드를 만들어 데이터를 입력하거나 수정할 수 있다.

또한 다른 구성요소들을 작성하지 않고, 테이블 하나만으로도 충분히 데이터베이스로 사용이 가능하며, 하나의 데이터베이스에는 여러 개의 테이블을 가질 수 있다.

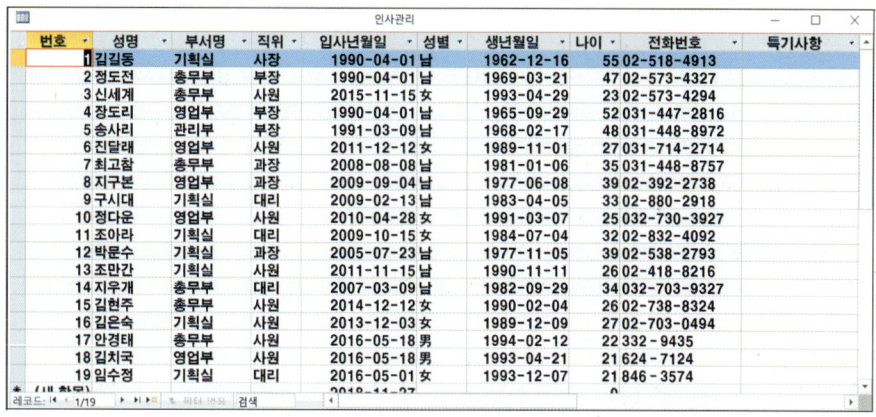

2) 쿼리

테이블의 데이터에 대해 여러 가지 방법을 이용해서 데이터를 변경하고, 분석할 수 있으며 폼과 보고서에 대한 원본 레코드로서 사용이 가능하다.

여러 개의 테이블에서 데이터를 추출하여 하나의 일람표 형태로 만들 수 있다는 것이 쿼리의 큰 특징이라 말할 수 있으며 쿼리에는 대표적으로 선택 쿼리와 실행 쿼리가 있다.

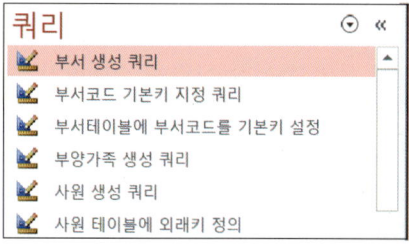

3) 폼

테이블이나 쿼리는 액세스가 기본적으로 제공하는 화면 양식인 반면에 폼은 사용자가 임의대로 화면 양식을 디자인할 수 있으며, 폼 마법사를 사용하면 보다 편리하게 화면을 디자인할 수 있다.

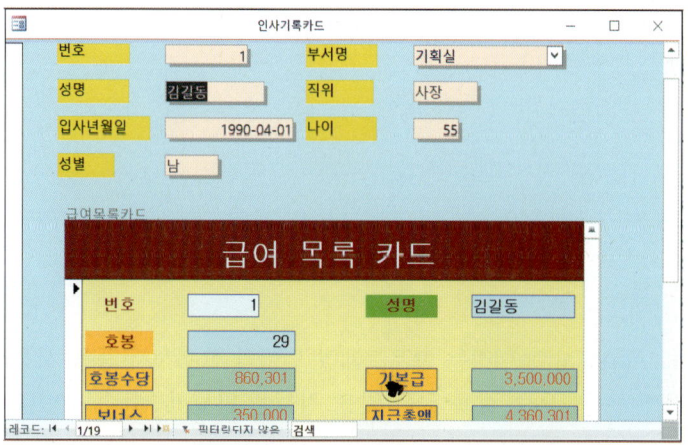

4) 보고서

보고서는 사용자가 직접 디자인한 양식으로 데이터를 인쇄하는 기능이다. 기본적으로 테이블, 폼, 쿼리 등이 데이터를 화면에 나타내는 기능이라면, 보고서는 데이터를 용지에 인쇄하기 위한 기능이다.

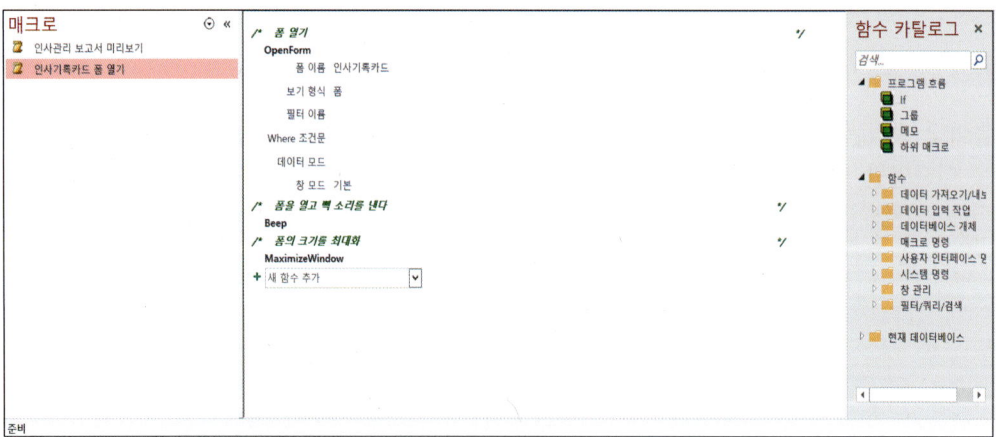

5) 매크로

매크로는 폼의 열기나 보고서 인쇄 등의 특정한 작업을 수행하기 위한 하나 또는 여러 개의 매크로 함수들의 집합으로 일종의 프로그래밍 기능이다. 이 기능을 이용하면 반복되는 일련의 작업을 한꺼번에 자동으로 실행할 수 있다.

6) 모듈

모듈은 Visual Basic Application이라는 프로그래밍 언어와 프로시저 등을 사용하는 프로그래밍 기능으로 액세스 2019가 기본적으로 갖고 있지 않은 기능을 만들어 낼 수도 있다.

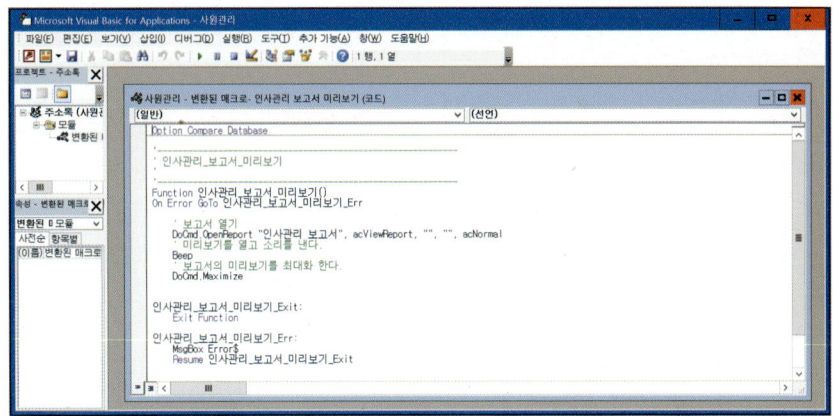

2.3 새 데이터베이스의 생성

2.3.1 데이터베이스의 작성

한글 액세스 2019의 초기화면에서 작업창의 [새 데이터베이스]에서 파일이름을 입력하고 [만들기] 단추를 클릭한다.

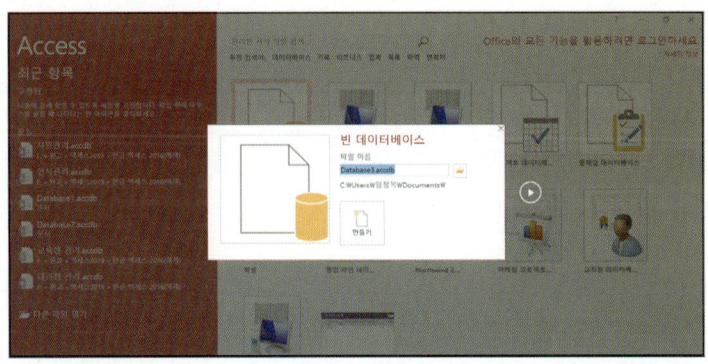

새로운 데이터베이스를 작성할 때, 대화상자에서 서식 파일을 이용하는 것이 편리하다. 왜냐하면 한글 액세스 2019의 [서식 파일]은 사용자의 편의를 위해 기본적으로 여러 가지의 데이터베이스 서식 파일을 제공하기 때문이다.

1) 데이터베이스 서식파일을 이용한 새 데이터베이스 작성하여 보자

데이터베이스를 처음 사용하거나, 데이터베이스를 처음부터 만들 때 작성 시간을 줄이려는 경우 액세스 2019에서 제공하는 다양한 서식 파일을 사용하여 즉시 사용하는 데이터베이스를 빠르게 만들 수 있다.

① [새로 만들기] 탭에서 [예제 서식 파일]의 [교직원] 서식 파일을 클릭한다.

② [교직원] 데이터베이스의 목록이 나타난다.

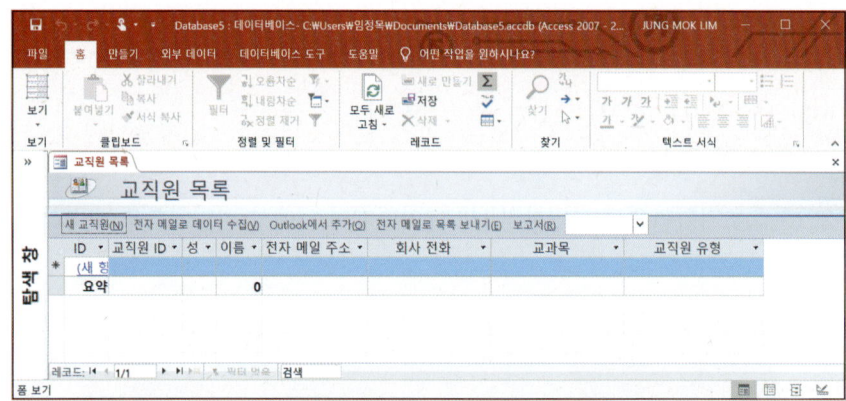

③ 새로운 데이터베이스를 작성하기 위해 이 목록을 [다른 이름으로 저장]하여 작성할 데이터베이스를 재사용한다.

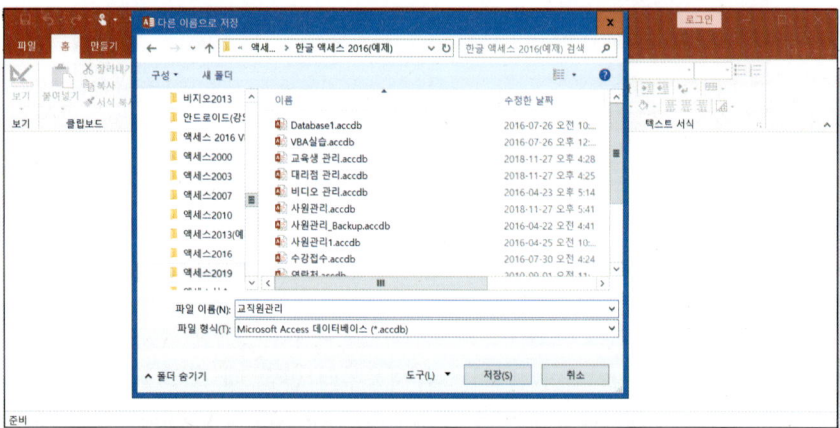

2) [새로 만들기]를 이용하여 새 데이터베이스 작성하여 보자

① 새로운 데이터베이스를 작성하기 위해 대화상자에서 [새 데이터베이스]를 선택하고 데이터베이스 이름을 입력하고 [만들기]를 누르면 다음과 같은 [데이터시트] 대화상자가 나타난다.

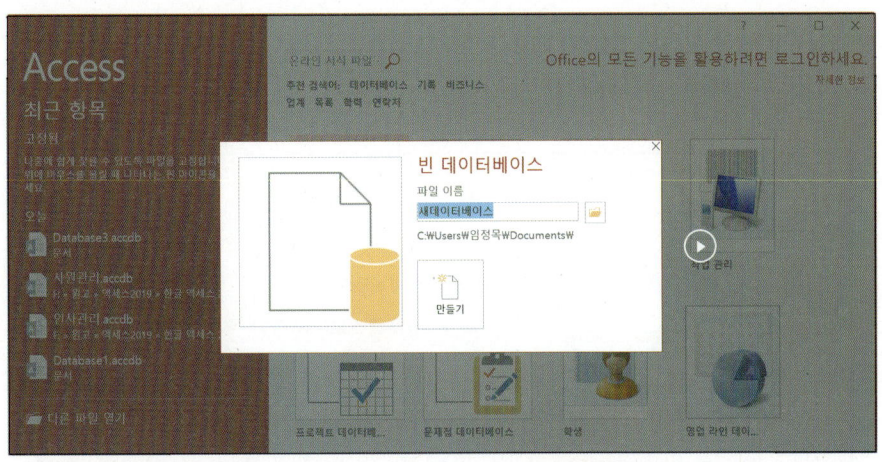

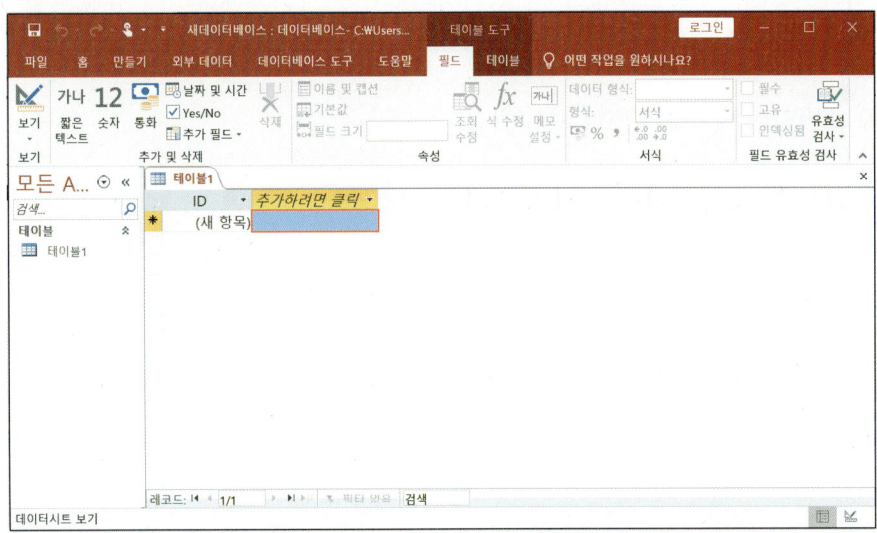

> 액세스 2019 ~ 2007 버전에서 작성한 데이터베이스 파일의 확장자는 'accdb'가 자동으로 지정된다. 이하 버전은 'mdb' 형태로 저장된다.

'인사관리'라는 데이터베이스를 작성하기 위해 '인사관리.accdb'라는 파일로 디스크에 수록되고, 이 데이터베이스 파일에는 1개 이상의 테이블과 쿼리, 폼, 보고서등의 구성요소가 한꺼번에 묶여 있는 개념을 의미한다.

2.3.2 간단한 데이터베이스 만들기

1) 새로운 데이터베이스 작성

새로운 데이터베이스를 작성할 경우 먼저 데이터베이스명을 저장하고 시작해야 한다.

① 액세스 2019를 실행하고, [빈 데이터베이스]를 지정한 다음 저장할 폴더를 지정한 다음 데이터베이스명을 "주소록관리"로 저장하고 [만들기]를 클릭한다.

② 다음으로 비어있는 테이블 화면이 나타난다.

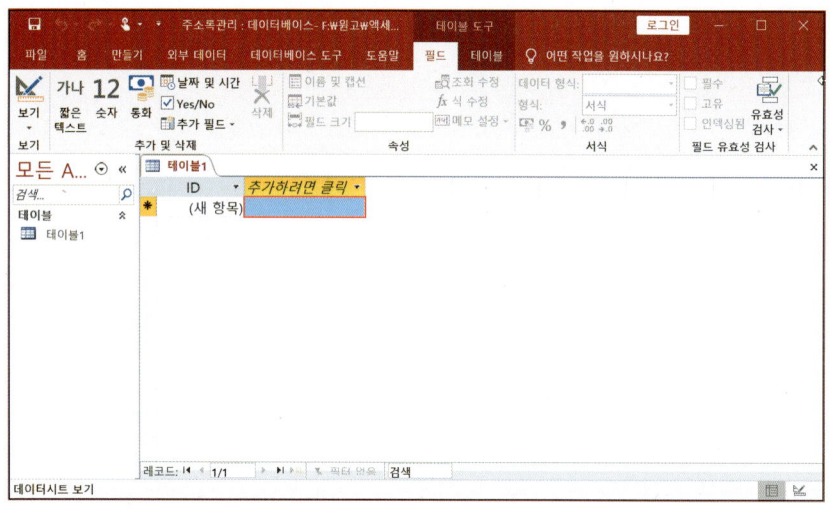

2) 테이블의 이해

테이블이란 정보 저장 장소이다. 각각의 데이터베이스는 적어도 하나의 테이블을 가지고 있어야 한다. "주소록관리"와 같은 간단한 데이터베이스는 한 개의 테이블로 작성해도 충분하다. 원하는 관련 정보에 대한 여러 목록을 저장하는데 하나의 테이블(이름:주소록)이 필요하다.

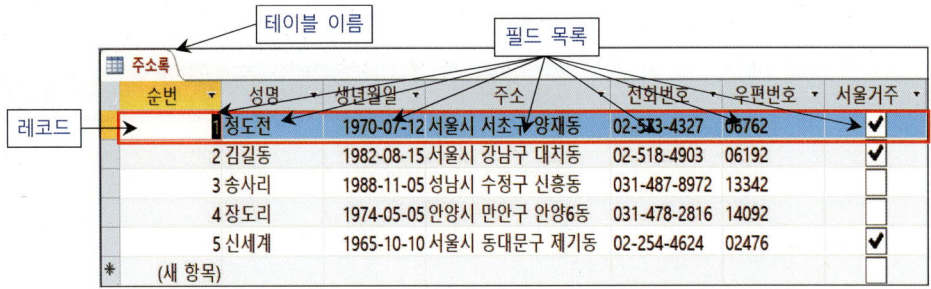

테이블을 작성하기 전에 다음과 같은 몇 가지 기본규칙을 이해해야 한다.

- 테이블은 레코드의 그룹이다.
- 각각의 레코드는 필드로 구분되어 있다.
- 테이블들은 직사각형 구조로 구성되어 있다.
- 새로운 테이블에는 유일한 번호를 별도로 작성할 수 있다.

3) 테이블 작성

데이터베이스를 작성하면 내부에는 비어 있다. 우선적으로 테이블에 별도의 이름을 지정해야 데이터를 넣을 수 있다. 테이블은 다음과 같은 2가지 방법으로 구성된다.

- 데이터시트 보기
  - 테이블에 데이터가 들어가 있는 곳을 보여준다.
  - 테이블에 새로운 정보를 직접 넣을 수 있다.
- 디자인 보기
  - 테이블을 구성하기 위해 미리 작성되어야 한다.

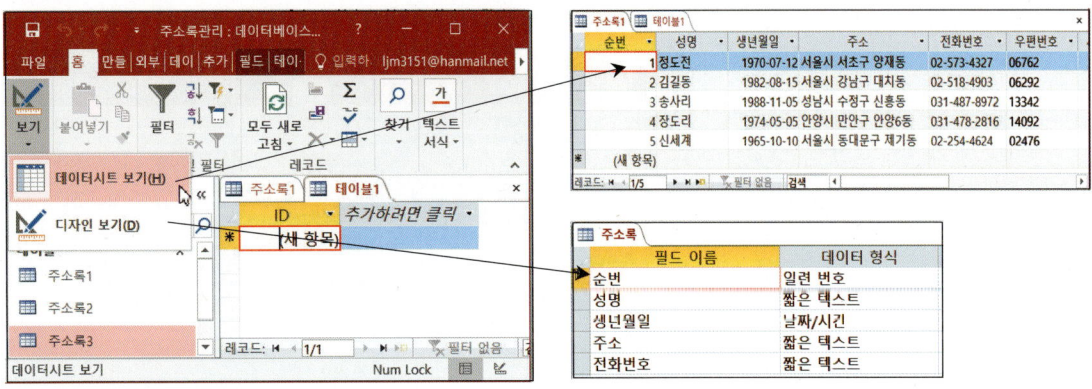

제2장 한글 액세스 2019의 기초

새로운 테이블에 데이터시트 보기를 이용하여 주소록의 데이터를 입력한다.

① 테이블의 첫 번째 레코드를 작성한다.

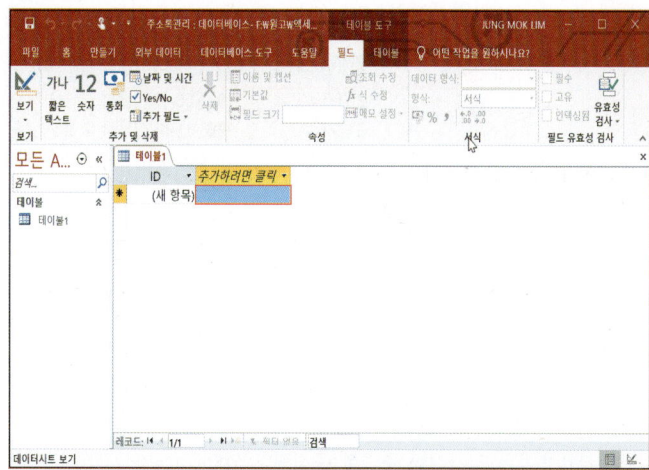

② 2번째 필드를 클릭하고, "정도전"을 입력하고 Enter↵를 누른다.

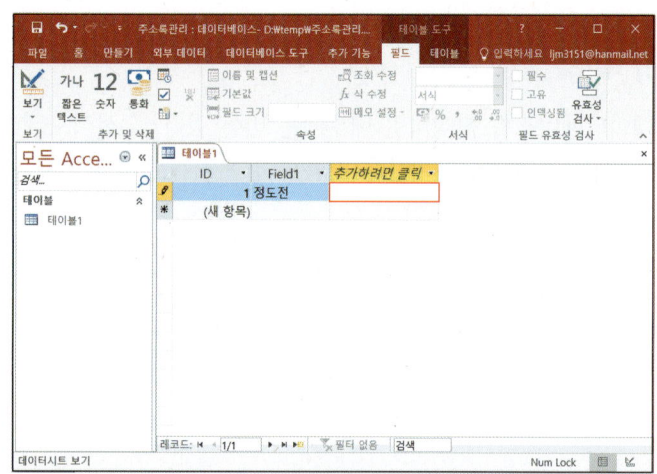

③ 1번째 필드 목록을 더블클릭하고, "순번"을 입력하고, 2번째 필드 목록에 "성명"을 입력한 다음 "짧은 텍스트"를 지정하고 Enter↵를 누른다.

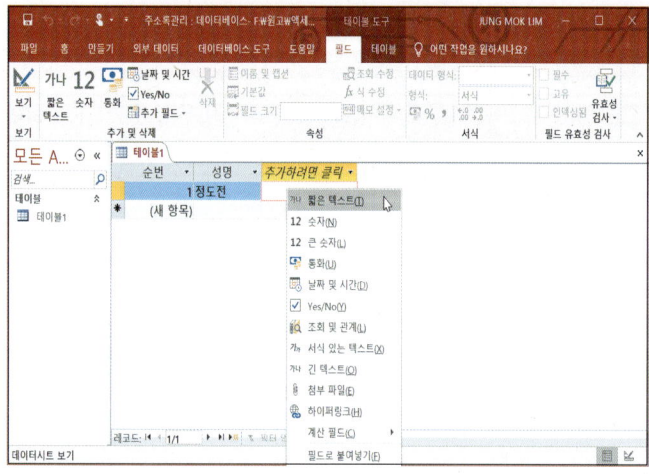

④ 같은 방법으로 다음과 같이 첫 번째 레코드를 작성한다.

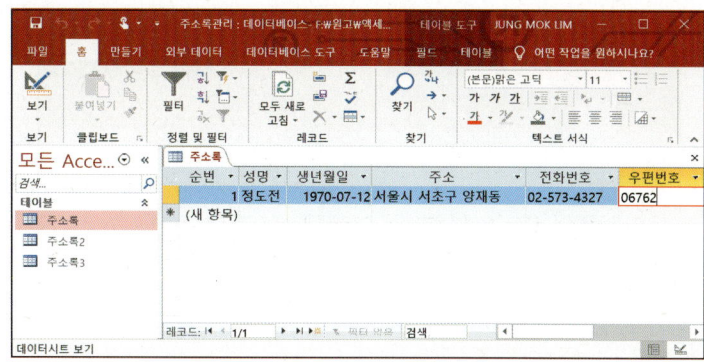

⑤ 2번째 레코드의 성명 필드를 클릭하고 "김길동"을 입력한다(순번은 자동으로 번호가 증가되어 나타난다.).

⑥ 테이블 이름을 "주소록"으로 바꾸고 데이터를 다음과 같이 입력한다.

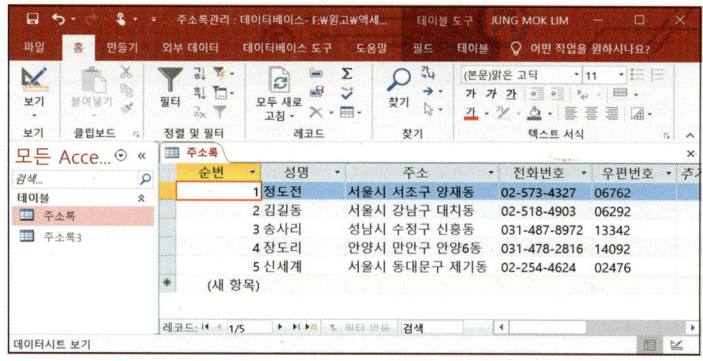

⑦ [파일] - [다른 이름으로 저장]을 지정하면 테이블 이름을 입력하기 위한 대화상자가 나타나고, "주소록관리"를 입력하고 [저장]을 클릭한다.

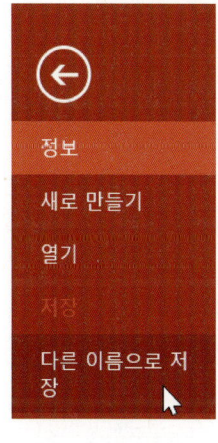 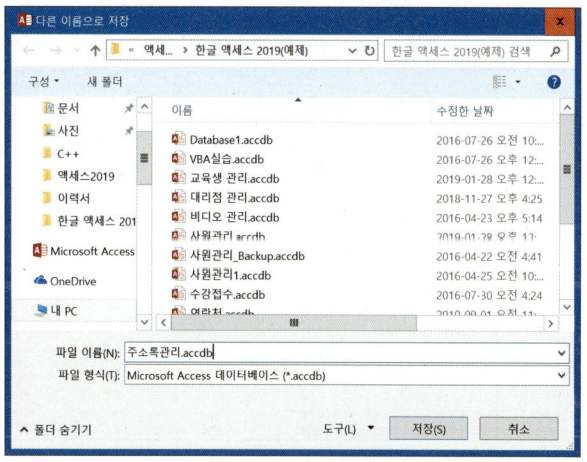

⑧ 열려진 테이블을 저장하고 닫으면 전체 목록 화면 "주소록관리" 데이터베이스 안에 주소록 테이블이 수록되어 나타난다.

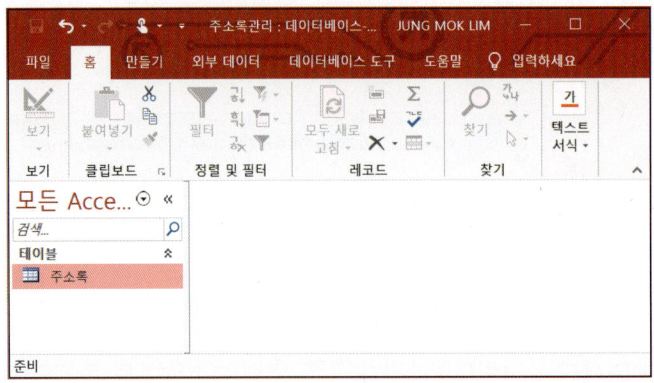

⑨ 화면에서 [주소록] 목록을 마우스 오른쪽 단추를 눌러서 [디자인 보기]를 지정하여 자동으로 작성된 필드 목록을 나타내어 본다.

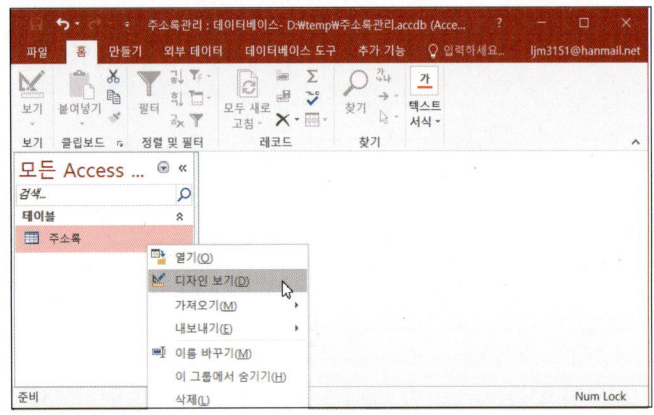

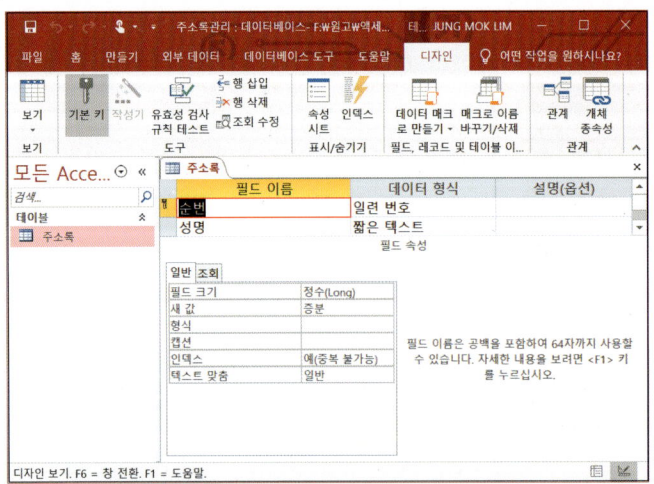

4) 테이블 편집

데이터베이스가 작성되기 위해서는 하나 이상의 테이블이 포함되어야 하고, 하나의 테이블에는 하나의 레코드가 포함되어야 한다. 테이블에서는 3가지의 기본 작업을 처리할 수 있다.

> • 레코드 편집
> - 필드를 단축 키 또는 마우스를 클릭하여 값을 수정한다.
>
> • 레코드 삽입
> - 테이블의 맨 아래 (*) 표시가 나타난 레코드에 새로운 정보를 삽입할 수 있다.
>
> • 레코드 삭제
> - 레코드를 삭제하는 경우 여러 가지 방법이 있으나 레코드 왼쪽 영역을 마우스 오른쪽 클릭하여 [레코드 삭제]를 지정한다.

(1) 편집 상태

필드의 데이터는 마우스를 클릭하거나 단축 키를 누르면 해당 필드가 지정되며, F2 키를 누르면 편집 상태로 바뀌어서 데이터에 블록이 설정되어 자료를 수정할 수 있으며, 다시 F2 키를 누르면 선택상태로 바뀐다.

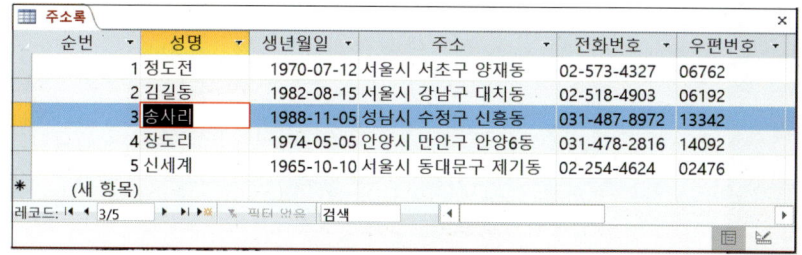

(2) 편집용 단축 키

고급 사용자를 위해 데이터시트에서 각종 단축 키를 사용하여 작업할 수 있다.

단축 키 현황은 다음과 같다.

단축 키	설명
Tab 또는 Enter 또는 →	오른쪽으로 이동하며, 다음 필드가 편집상태로 지정된다. 마지막 필드에서 지정하면, 다음 레코드의 첫 번째 필드를 지정한다.
Shift + Tab 또는 ←	왼쪽 필드로 이동하며, 이동된 필드는 편집 상태로 지정된다.
↑	위쪽 필드로 이동되며, 최상위 레코드에서는 적용되지 않는다.
↓	아래쪽 필드로 이동되며, 최하위 레코드에서는 삽입 레코드를 지정한다.
Home	현재 필드가 편집상태일 때 레코드의 첫 번째 필드로 이동된다.
End	현재 필드가 편집상태일 때 레코드의 마지막 필드로 이동된다.
Page Down	현재 화면의 마지막 레코드로 이동된다.
Page Up	현재 화면의 맨 위 레코드로 이동된다.

Ctrl + Home	현재 최상위 레코드의 첫 번째 필드로 이동된다.
Ctrl + End	현재 최하위 레코드의 마지막 필드로 이동된다.
Esc	현재 필드의 변경이 취소된다.
Ctrl + Z	마지막 편집이 취소된다.
Ctrl + "	현재의 필드에 바로 위의 필드 값이 복사되어 나타난다.
Ctrl + ;	현재의 필드에 오늘 날짜가 삽입된다.

5) 데이터베이스 저장

다른 프로그램과는 달리 액세스에서는 데이터의 저장여부를 요구하지 않는다. 그러나 테이블의 데이터는 자동으로 저장된다. 그러므로 데이터베이스를 저장하면 곧바로 저장되기 때문에 데이터를 수정할 경우 백업을 작성해야 한다.

(1) 백업 작성

데이터를 수정할 경우 이전 데이터를 보전하기 위해 백업 데이터를 작성하는 것이 좋다. 데이터를 백업하기 위해 [파일] - [다른 이름으로 저장] - [데이터베이스 백업]을 선택하면 다음과 같이 이전 데이터베이스 파일에 현재 날짜가 추가되어 나타난다.

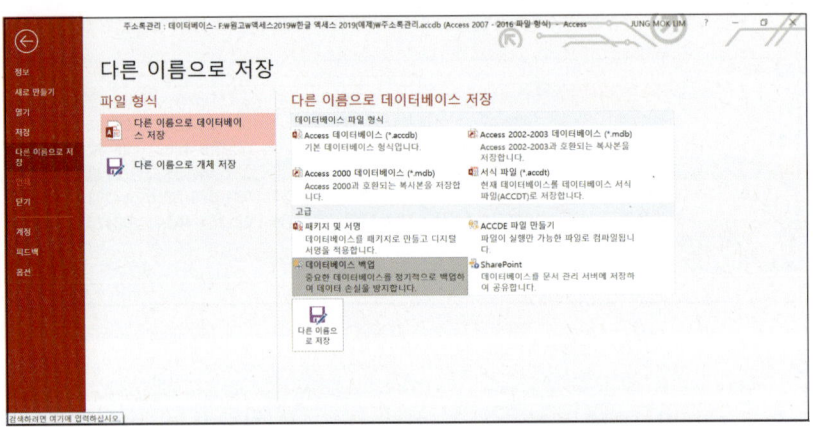

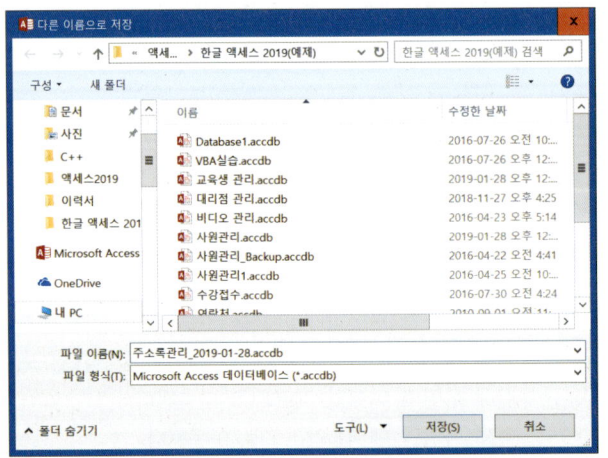

(2) 데이터베이스의 압축

액세스 2019에서는 기본적으로 .accdb 형태로 저장되며, 데이터를 저장할 경우 압축하여 저장하면 용량을 절약할 수 있다. 데이터베이스에서 작업 완료 후 압축 저장을 설정하는 방법은 다음과 같다.

① 자동 압축을 위한 데이터베이스를 연다.

② [파일] - [옵션] - [현재 데이터베이스]를 지정하고 대화상자를 나타낸다.

③ [닫을 때 압축]을 체크하고 [확인]을 누른다.

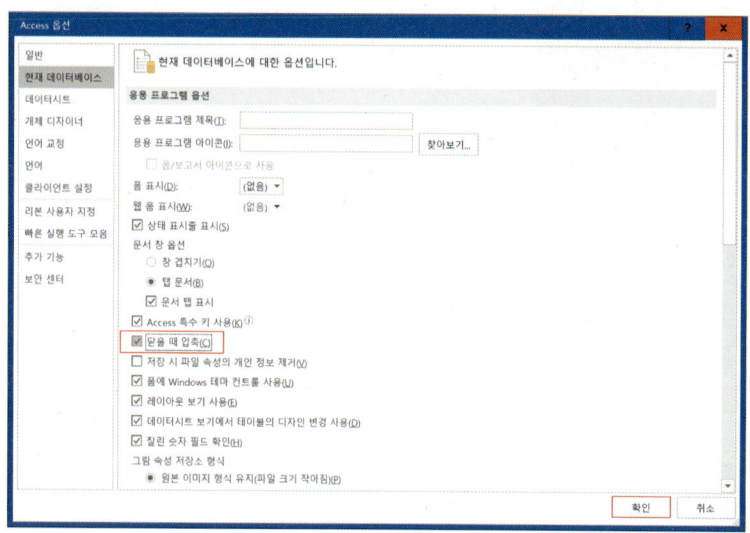

2.3.3 데이터베이스 열기

데이터베이스 작성한 후 데이터베이스를 여는 방법은 2가지가 있다. 첫 번째는 [파일] - [열기]를 지정하는 방법이고, 두 번째는 윈도우 탐색기에서 데이터베이스 파일을 직접 더블클릭하여 나타낼 수 있다.

1) 최근 데이터베이스 파일 열기

액세스의 [최근에 사용한 목록]에서 가장 최근에 열었던 데이터베이스를 볼 수 있다. 이 목록은 [파일] - [옵션] - [클라이언트 설정] - [표시]에서 표시할 문서의 수가 나타난다.

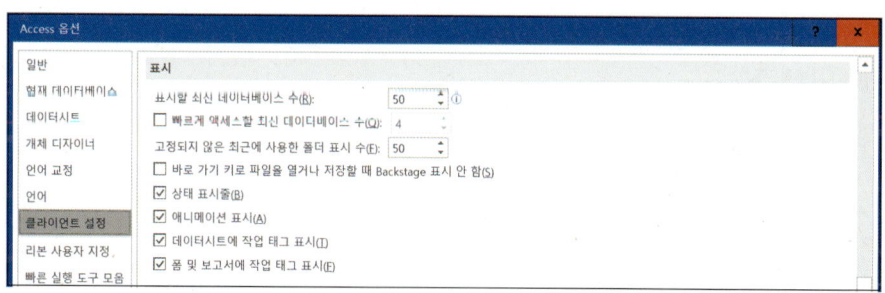

Access를 처음 시작하면 기본적으로 왼쪽에 데이터베이스 파일 목록이 나타난다.

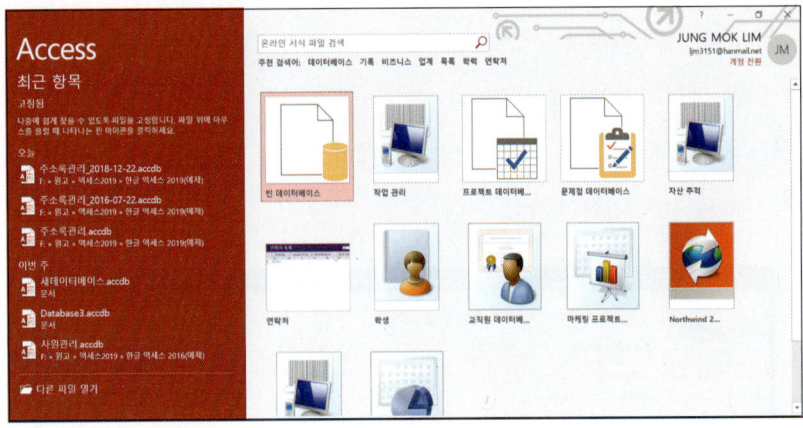

2) 동시에 여러 개의 데이터베이스 열기

기본적으로 하나의 데이터베이스를 열고 작업 후 닫은 다음 또 다른 데이터베이스를 여는 것을 원칙으로 한다. 그러나 때에 따라서 동시에 데이터베이스를 오픈할 경우 새로운 액세스를 실행하고 [파일] - [열기]를 눌러서 데이터베이스를 선택하여 열고 동시에 작업할 수 있다.

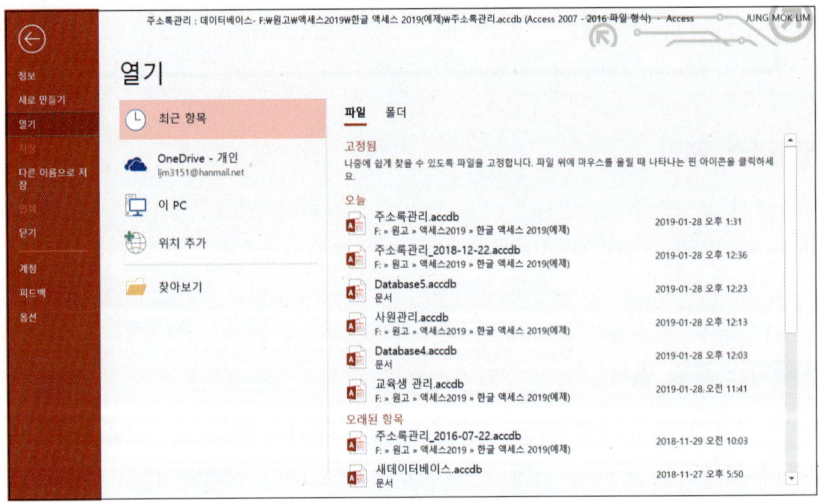

2.3.4 네비게이션 창

원활하게 데이터베이스 작업을 할 때 윈도우, 보고서와 검색 등 데이터베이스의 매체를 취급한다. 예를 들면, 하나 이상의 테이블을 작업할 때 테이블 사이를 이동할 필요가 있다.

이때 « 단추를 눌러서 창을 폈다 줄였다 할 수 있다.

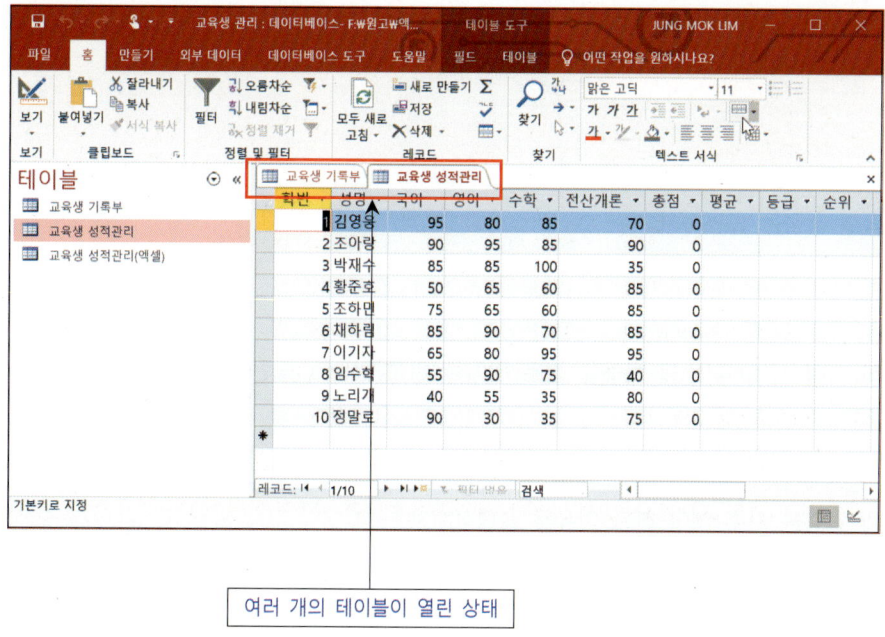

여러 개의 테이블이 열린 상태

다른 액세스 구성요소로 이동하기 위해 ⊙ 단추를 눌러서 다른 구성 요소를 선택하면 해당 구성요소의 저장 목록이 나타난다.

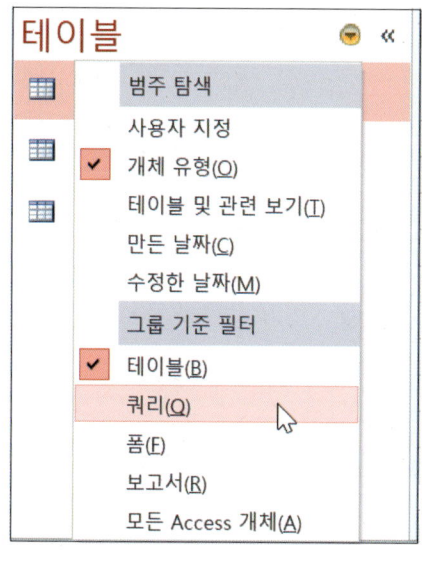

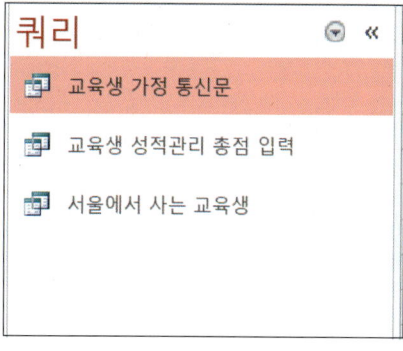

연습문제

01. 한글 액세스 2019의 7가지 구성요소를 나열하시오.

02. 테이블의 장점을 열거하시오.

03. 데이터 처리 시 단축 키를 사용할 경우 어떠한 이점 있는지 표현하시오.

04. 백업과 압축을 자주 해야 하는 이유를 설명하시오.

05. 네비게이션 창을 사용할 경우 장점을 설명하시오.

06. .mdb와 .accdb의 확장명 차이를 설명하시오.

07. 액세스 2019의 옵션 대화상자의 기능에 대하여 설명하시오.

08. 액세스 파일을 호출하기 위한 2가지 방법을 설명하시오.

09. 액세스 2019에서 로그인 해야 하는 이유를 설명하시오.

10. 데이터베이스의 압축 및 복구를 해야 하는 이유를 설명하시오.

제3장
테이블의 구성

데이터베이스는 다른 유형의 정보와는 달리 텍스트, 수치, 날짜, 그리고 날짜 등을 처리한다. 텍스트에 수치 정보를 저장하면 나중에 연산을 할 수 없기 때문에 테이블에서 정의할 필요가 있다. 데이터 형식을 지정하여 데이터베이스 디자인을 설계해야 한다.

3.1 데이터 형의 이해

모든 데이터는 동일하게 작성할 수 없다. 그러므로 테이블의 필드에 다양한 형을 지정해야 한다. 기본적인 데이터형의 개념은 다음과 같다.

- 텍스트 : 한글, 영문, 숫자(연산 안됨)를 넣을 수 있는 필드
- 숫자 : 연산이 가능한 수치를 넣을 수 있는 필드
- 날짜/시간 : 날짜 또는 시간 자료를 넣을 수 있는 필드

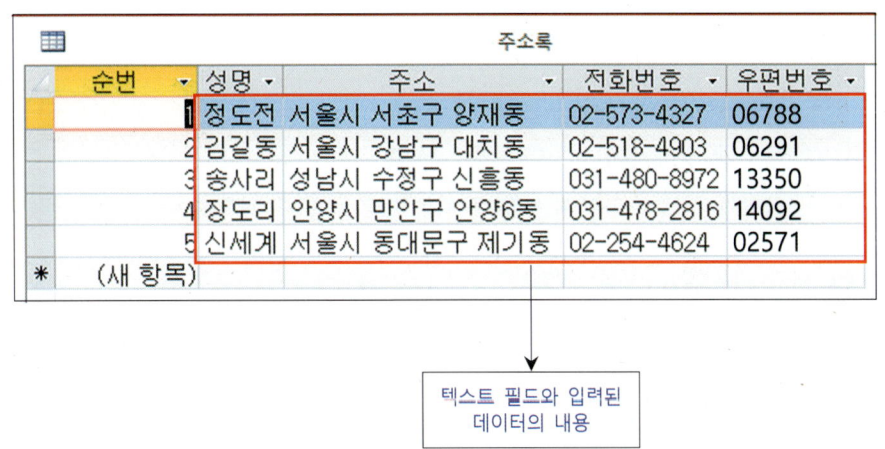

텍스트 필드와 입력된 데이터의 내용

3.2 디자인 보기

새로운 데이터베이스를 작성하고, 액세스에서는 하나의 테이블의 디자인 보기 창을 나타낸다. 아래 화면에서 탭 이름을 마우스 오른쪽 단추를 누르고 디자인 보기를 선택하면 테이블 화면이 디자인 보기 화면으로 바뀐다.

다른 방법으로 리본의 디자인 보기 아이콘을 눌러도 같은 화면을 나타낼 수 있다.

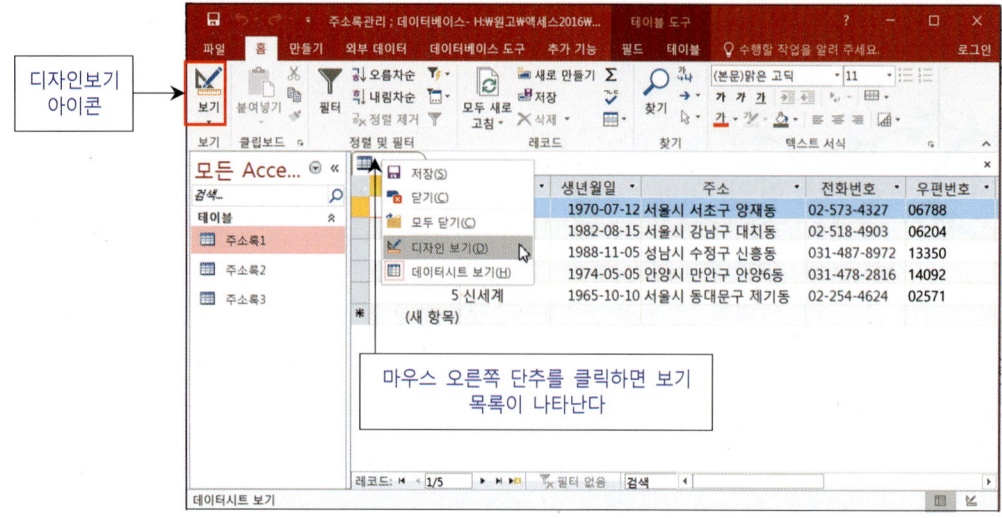

"주소록1" 테이블의 디자인 보기를 나타낸 화면은 다음과 같다.

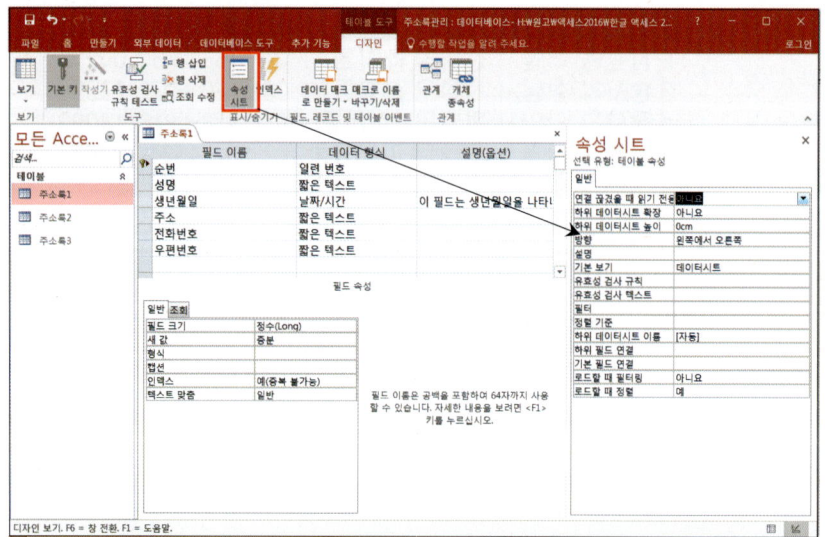

필드에 새로운 레코드를 추가하기 위해서는 디자인 보기에서 필드명을 삽입해야 하고 화면 오른쪽의 속성 창은 속성시트 아이콘(▤)을 클릭하면 감추거나 나타낼 수 있다.

1) 필드의 구성과 표현

디자인 보기는 필드의 순서를 재정리하고 새로운 것을 추가하도록 한다. 테이블에서 데이터를 정렬하기 위해 디자인 보기에서 미리 설정한다.

디자인 보기에서 테이블의 구조를 바꿀 수 있는 간단한 방법들은 다음과 같다.

- 테이블의 끝에 새로운 필드를 추가 : 필드 목록의 마지막 행을 지정하고, 새로운 필드 이름을 입력한다. 이것은 새로운 필드를 DataSheet 보기 상태에서 추가하는 것과 같다.
- 기존 필드 사이에 새로운 필드를 추가 : 새로운 필드를 추가하기 위해 삽입 아래 필드를 지정한 다음, 마우스 오른쪽 버튼을 클릭하고, [행 삽입]을 지정한 후 가로 열에서 필드 이름을 입력한다.

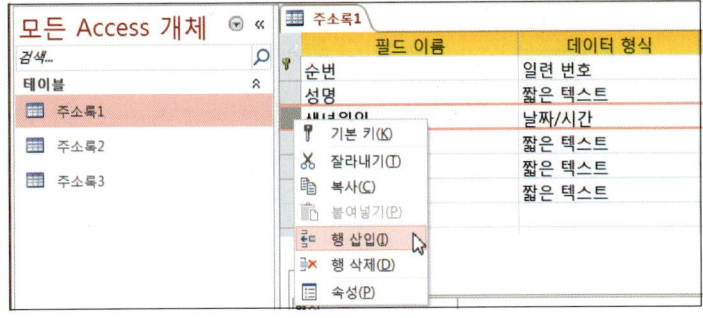

- 필드의 이동 : 이동할 필드의 왼쪽에 바로 회색 상자를 선택하고, 필드를 새로운 위치로 드래그한다.
- 필드의 삭제 : 삭제할 필드의 왼쪽에 바로 회색 상자를 선택하고, [행 삭제]를 눌러서 제거한다. 이때 필드 안에 들어 있는 데이터가 삭제된다는 경고가 나타난다.

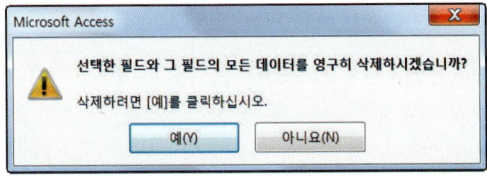

- 필드의 설명 삽입 : 필드명 오른쪽에 필드의 기능을 나타내는 설명을 입력한다.

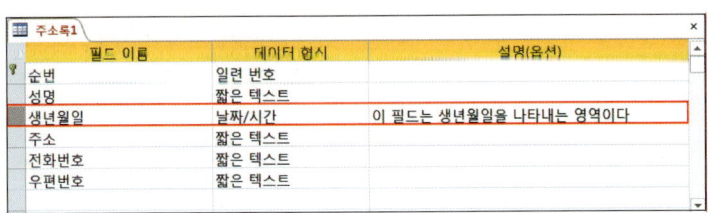

2) 디자인 보기의 수정 방법

액세스의 [디자인 보기]에서 수정한 내용을 바로 적용하지 않고, 테이블을 닫거나 [데이터시트 보기] 이전 까지는 변하지 않는다. 이때 저장하려고 하면 저장 여부를 묻는 대화상자가 나타나고 "예"를 눌렀을 경우 저장된다.

3.3 데이터 형

[디자인 보기]는 테이블을 구축하기 위한 장소로 필드마다 각각의 데이터 형을 지정해야 한다. 데이터 형식에 따라서 훨씬 더 정확히 데이터 형식을 설정하기 위해 다른 필드 특성을 조절할 수 있다.

텍스트 데이터 형식을 이용하면 최대 길이를 지정하기 위해 필드 특성을 사용하며, 십진 값을 선택하면 소수 값의 수를 지정 위해 필드 특성을 이용한다.

필드 목록 아래서 나타난 [디자인 보기]의 필드 속성 부분에서 분야 속성을 적절하게 지정해야 한다. 데이터 형은 그 필드에서 정보를 저장하는 계획을 설정한다.

부적절한 값을 거부하기 위해, 정렬, 연산, 개요와 필터링과 같이 다른 특성을 지정하기 위해 이 정보를 이용한다.

데이터 형의 종류는 다음과 같다.

형식의 종류	기능 설명
짧은 텍스트	일반적으로 문자료들을 수록하기 위한 형식으로 영, 숫자, 한글, 한자 등의 표현할 수 있는 모든 문자를 지정할 수 있다. 길이는 255Byte까지 지정이 가능하다.
긴 텍스트	긴 텍스트 필드는 해당 레코드에 큰 문장 형태의 정보를 입력하기 위해 정의하며, 최대 64,000자까지 입력할 수 있다.
숫자	숫자 데이터를 수록하기 위한 형식이며, 연산이 가능하다.

날짜/시간	날짜나 시간 표현이 필요한 데이터를 수록할 경우 지정하며, 길이는 8바이트까지 가능하다. 일반 숫자 데이터처럼 연산이 가능하다.
통화	화폐 정보의 데이터를 수록할 경우 지정하며, 소수 4자리까지 지정할 수 있고 길이는 최대 8바이트이다.
일련번호	액세스 2019에서 각 레코드에 대해 연속적인 숫자들을 자동으로 생성하는 고유한 값이다.
예/아니오	예 또는 아니오 두 가지 값만을 허용한다.
OLE개체	다른 윈도우 응용프로그램에서 작성되어진 그림, 그래프, 사운드 등의 개체를 연결하거나 삽입할 때 사용하며, 최대 길이는 1GB이다.
하이퍼링크	인터넷 WWW, 인트라넷, 근거리 통신망 등에 의한 다른 컴퓨터에 있는 파일이나 문서에 대한 주소를 연결하는데 사용한다. 'Http : //www.microsoft.com' 같은 URL(Uniform ResourceLocate)과 '//서버이름/디렉토리명/파일명'과 같은 UNC(Universal Naming Convention) 등의 형식을 입력할 수 있다.
첨부파일	하나 이상의 분리된 파일을 의미한다. 이파일의 내용은 데이터베이스로 복사된다.
계산	수식에 의해 자동으로 값을 생성한다.
조회마법사	다른 데이터베이스 개체에 입력할 수 있는 값들을 찾는다. 예를 들어 다른 테이블에 앞서 입력했던 데이터만을 입력할 수 있게 하려면, 해당 테이블에서 필드를 조회 데이터 형식으로 설정하면 된다.

3.3.1 짧은 텍스트와 긴 텍스트

짧은 텍스트는 어떠한 문자도 받아들일 수 있는 데이터 형식이다. 일정한 특징 또는 사전설정 패턴과 일치하기 위한 약간의 엄격한 규칙을 적용할 수 있다. 이것을 입력 마스크라고 한다.

짧은 텍스트 데이터의 일반적인 속성은 다음과 같다.

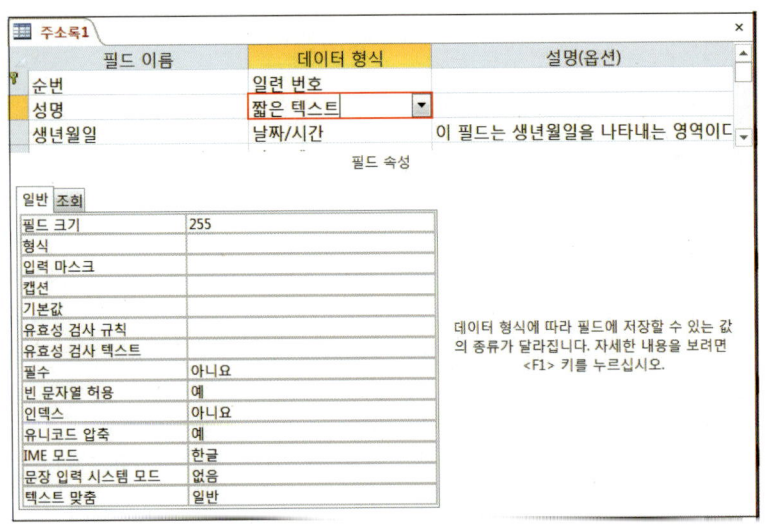

1) 짧은 텍스트

모든 텍스트 필드는 최대 길이를 가지고 있다. 일반적으로 50문자에서 255까지 입력 가능하다.

속성의 종류	기능 설명
필드 크기	필드에 입력할 수 있는 최대 문자수는 255 바이트이며 초기 값은 50바이트이다.
형식	데이터를 보여 주거나 인쇄할 때의 모양을 제어하는 설정사항이며, 데이터 형식에 따라 다양하게 정의된다. 문자열의 형식은 필드의 표시 형태로서 미리 정의된 형식을 선택하거나 사용자가 임의로 형식을 입력할 수 있다.
입력 마스크	문자열, 숫자, 날짜/시간, 통화 등의 데이터 필드에 입력할 데이터의 유형을 지정한다.
캡션	폼과 보고서에 사용하는 필드 이름표로서 폼보기에서는 제목 표시줄에 나타낼 문자열을 지정하고, 보고서에서는 미리보기에서 보고서의 제목을 지정한다.
기본값	일련번호와 OLE개체를 제외한 모든 데이터 형식에 지정하는 기본 값으로서 새 레코드를 작성할 때 필드에 자동으로 입력하는 값이다.
유효성 검사 규칙	필드에 입력할 수 있는 값을 제한하는 표현식으로서 값이 참이어야만 식을 지정할 수 있다.
유효성 검사 텍스트	유효성 검사 규칙에 맞지 않는 값을 입력했을 때 나타나는 오류 메시지이다.
필수	이 필드에 대해 데이터를 반드시 입력 여부를 결정한다. 필드에서 Null 값을 허용하지 않으려면 예를 선택한다.
빈 문자열 허용	현재 필드에 대해 빈 문자열을 허용할 것인지를 결정한다.
인덱스	단일 필드 인덱스를 설정할 수 있다.
유니코드 압축	유니코드에서는 각 문자를 2바이트로 나타내므로 최대 65,536 문자까지 지원하며, 유니코드 속성을 예로 설정하면 최적의 성능을 유지할 수 있다.
IME 모드	포커스가 컨트롤로 이동될 때 컨트롤의 간지 변환 모드를 설정할 수 있다.
문장 입력 시스템 모드	포커스가 이동될 때 전환되는 폼의 컨트롤이나 테이블 필드의 구문 입력 시스템 모드를 지정하거나 확인할 수 있다.
스마트 태그	컨트롤에 추가한 스마트 태그의 모음을 나타내는 SmartTags 컬렉션을 반환한다.

2) 긴 텍스트

많은 양의 데이터를 저장할 때는 긴 텍스트 데이터 형식을 이용한다. 최대 길이는 65,546 문자를 넣을 수 있다. 공간이 더 필요한 경우 또 하나의 긴 텍스트를 추가한다.

다량의 문자를 작업할 때는 별도의 박스를 나타내는데 Shift + F2를 눌러서 작업할 수 있다.

텍스트 필드와 같이, 메모 분야는 비포맷형 텍스트를 저장하지만, 다양한 폰트, 컬러, 텍스트 정렬 등의 텍스트를 긴 텍스트 필드에 저장할 수 있다.

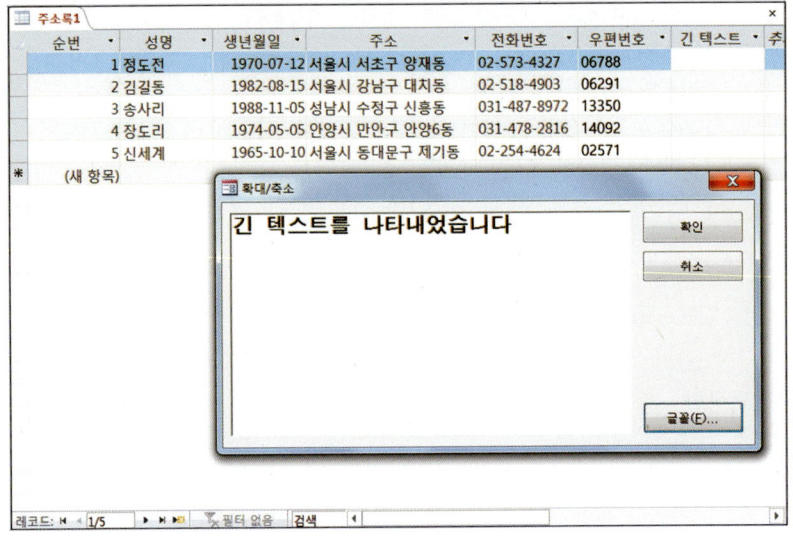

3.3.2 숫자

숫자 데이터는 10진수 또는 음수 값 등의 다양한 값을 입력할 수 있다. 화폐를 나타내는 데이터는 그 수치만을 입력하고 표현은 화폐 단위를 붙여서 나타낼 수 있다.

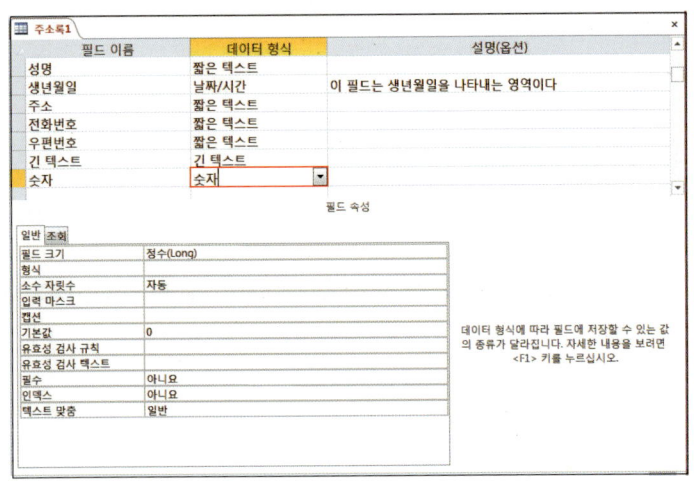

1) 필드 크기

필드 크기는 10진수 또는 2진수로 구분되어 저장할 수 있으며, 다양한 숫자 데이터 형식의 필드 크기에 대한 설정 값은 다음과 같다.

설정	설명	소수점
바이트(Byte)	0에서 255바이트까지의 숫자를 지정	없음
정수	-32,768에서 32,767까지의 숫자를 지정한다.	없음
정수(Long)	-2,1 5E7에서 2.25E7까지의 숫자를 지정한다.	없음
실수(single)	음수는 -3.4E38에서 -1.4e-45까지 양수는 1.4E-45에서 3.4E38까지의 숫자를 지정한다.	7
실수(Double)	음수는 -4.94E-324에서 -1.8E308까지 양수는 4.94E-324에서 1.8E308까지의 숫자를 지정한다.	15
복제 ID	데이터베이스를 복제할 경우 16바이트 필드를 고유 식별자로 설정하여 사용한다.	15

2) 필드 형식

숫자 데이터에서 지정할 수 있는 형식으로 종류는 다음과 같다.

형식	설명
일반 숫자	콤마나 통화 기호를 사용하지 않는다(예 : 1234.567).
통화	통화 기호와 콤마표시를 사용한다(예 : \1,234.5).
유로	윈도우즈 국가별 설정에서 지정한 통화 기호에 상관없이 유로기호를 사용한다.
고정	적어도 한 자리의 정수와 두 자리의 소수를 지정한다.
표준	통화 기호를 사용하지 않고 소수 두 자리와 콤마 표시를 한다. (예 : 1,234.56)
백분율	백분율 표시를 하며 소수 두 자리를 표시한다(예 : 123.00%).
공학용	지수 형태로 표시를 한다(예 : 1.23E+04 = 1.23*104).

3) 소수 자릿수

소수 자릿수는 기본이 [자동]으로 지정되며, 소수 이하 자릿수를 강제로 지정하기 위해서는 0~15자리까지 지정할 수 있다.

4) 기본 값

일련번호와 OLE개체를 제외한 모든 데이터 형식에 지정하는 기본 값으로서 새 레코드를 작성할 때 필드에 자동으로 입력하는 값이다. 숫자에 대한 기본 값은 0이다.

단추를 누르면 다음과 같은 식 작성기 화면이 나타나서 다양한 기본 값을 작성할 수 있다.

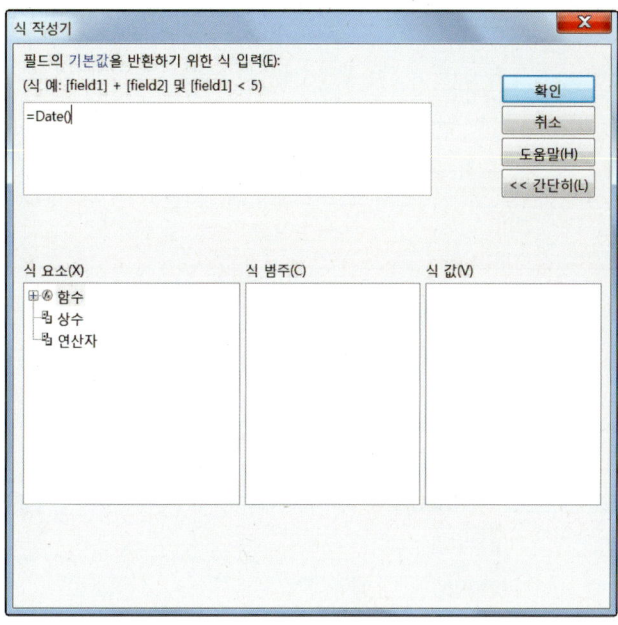

3.3.3 큰 번호

큰 숫자 데이터 형식은 비금전적 숫자 값을 저장하며 ODBC의 SQL_BIGINT 데이터 형식과 호환된다. 큰 숫자를 효율적으로 계산하려면 이 데이터를 사용하는 것이 좋다.

$$-2^{63}(-9{,}223{,}372{,}036{,}854{,}775{,}808) \sim 2^{63}-1\ (9{,}223{,}272{,}036{,}854{,}775{,}807)$$

큰 숫자를 Access 테이블에 필드로 추가할 수 있습니다. 해당 데이터 형식(예: SQL Server bigint 데이터 형식)이 있는 데이터베이스에 연결하거나 해당 데이터베이스에서 가져올 수도 있다. 큰 숫자 데이터 형식을 추가하려면 액세스 2016 이상 버전이 필요하다.

큰 숫자 데이터 형식(8바이트)은 숫자 데이터 형식(4바이트)보다 계산할 때 더 넓은 범위를 제공한다. 숫자 데이터 형식은 -2^31~2^31-1의 범위를 갖지만 큰 숫자 데이터 형식은 -2^63~2^63-1의 범위를 가진다.

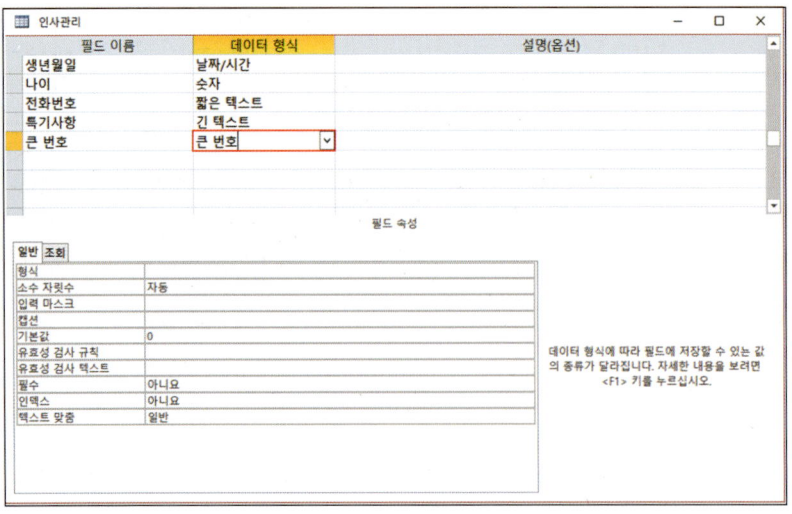

3.3.4 날짜/시간

액세스에서는 날짜/시간의 데이터를 저장하고, 이것을 숫자로 이용하여 연산도 할 수 있다.

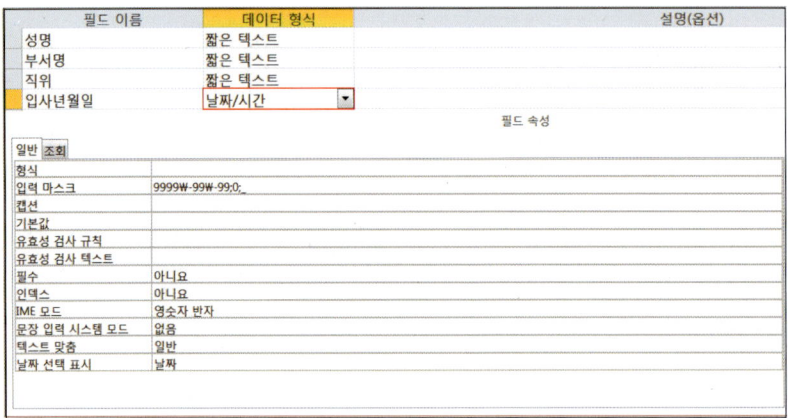

날짜/시간을 저장할 때 하나의 값으로 저장해도 다양하게 표현할 수 있다. 다음 내용은 날짜/시간 형식에서 지정할 수 있는 형식이다.

형 식	설 명
기본 날짜	날짜 형식에 대한 기본 값이다(예 : 2019 - 05 - 10 오후 2 : 30 : 20).
자세한 날짜	년, 월, 일과 요일을 표시한다(예 : 2019년 5월 10일 일요일).
보통 날짜	년, 월, 일만 표시한다(예 : 2019년 6월 10일).
간단한 날짜	년, 월, 일을 기본 값으로 표시한다(예 : 2019 - 05 - 10).
자세한 시간	시, 분, 초와 오전/오후를 표시한다.
보통 시간	시, 분과 오전/오후를 표시한다(예 : 오후 2 : 30).
간단한 시간	245시간제로 시와 분을 표시한다(예 : 14 : 30).

날짜 속성을 이용하여 필드에 넣는 것 대신에 테이블에서 직접 캘린더 스마트 태그를 사용할 수 있다.

3.3.5 Yes/No

Yes/No 필드는 매우 유용한 기억장소이다. 단지 2개의 값만을 가지기 때문에 가장 최소의 데이터형이다. yes/No 필드의 사용 예는 다음과 같다.

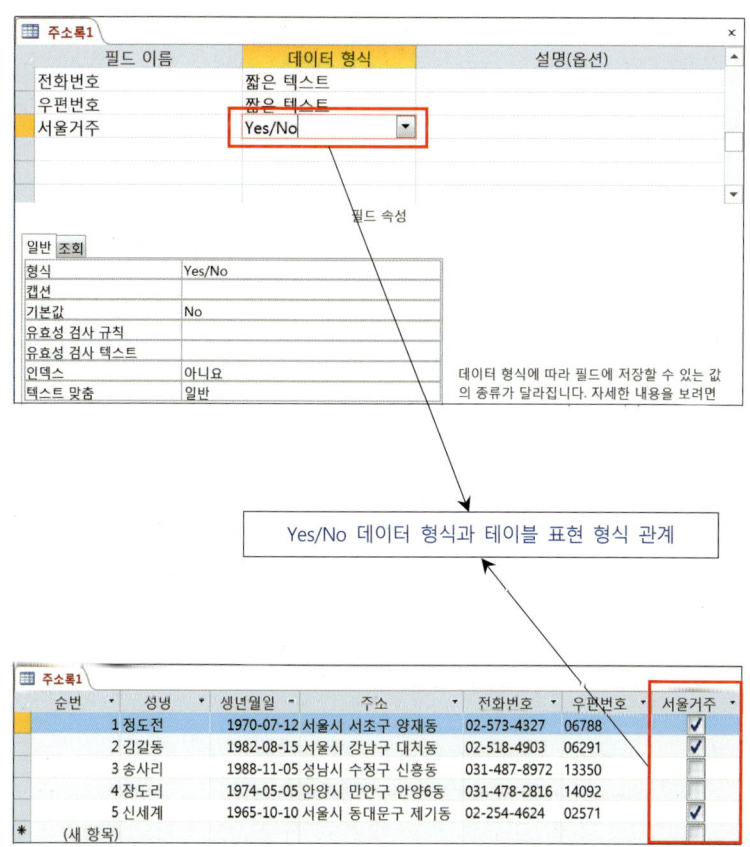

Yes/No 데이터 형식과 테이블 표현 형식 관계

3.3.6 하이퍼링크

하이퍼링크 필드는 홈페이지의 URL을 저장하는 필드로 yes/No 필드의 사용 예는 다음과 같다.

필드 이름	데이터 형식	설명(옵션)
ID	일련 번호	
홈페이지 이름	짧은 텍스트	
홈페이지 주소	하이퍼링크	

ID	홈페이지 이름	홈페이지 주소	추가하려면 클릭
1	대한민국	www.korea.go.kr	
2	마이크로소프트 액세스	www.microsoft.com/korea/office/Access	
*	(새 항목)		

실습 3-1

[디자인 보기에서 새 테이블 작성하기] 방법을 이용하여 다음과 같은 테이블을 작성하여 보기로 한다.

① 저장할 폴더명 : 액세스실습
② 저장할 데이터베이스명 : 사원관리
③ 작성할 테이블명 : 인사관리
④ 테이블 구조

필드 이름	데이터 형식	필드크기(Byte)
번호	일련번호	자동
성명	짧은 텍스트	8
부서명	짧은 텍스트	6
직위	짧은 텍스트	6
입사년월일	날짜/시간	자동
성별	텍스트	2
생년월일	날짜/시간	자동
나이	숫자	정수(Long)
전화번호	짧은 텍스트	15
특기사항	긴 텍스트	자동

<입력할 데이터>

번호	성명	부서명	직위	입사년월일	성별	생년월일	나이	전화번호	특기사항
1	김길동	기획실	사장	1980 - 04 - 01	男	1962 - 12 - 16	55	02 - 518 - 4913	
2	정도전	총무부	부장	1980 - 04 - 01	男	1969 - 03 - 21	47	02 - 573 - 4327	
3	신세계	총무부	사원	1992 - 11 - 15	女	1993 - 04 - 29	23	02 - 573 - 4294	
4	장도리	영업부	부장	1980 - 04 - 01	男	1965 - 09 - 29	52	031 - 447 - 2816	
5	송사리	관리부	부장	1991 - 03 - 09	男	1968 - 02 - 17	48	031 - 448 - 8972	
6	진달래	영업부	사원	2011 - 12 - 12	女	1989 - 11 - 01	27	031-714 - 2714	
7	최고참	총무부	과장	2002 - 08 - 08	男	1981 - 01 - 06	35	031 - 448 - 8757	
8	지구본	영업부	과장	2003 - 09 - 04	男	1977 - 06 - 08	39	02 - 392 - 2738	
9	구시대	영업부	대리	2008 - 02 - 13	男	1983 - 04 - 05	33	02 - 880 - 2918	
10	정다운	영업부	사원	2016 - 04 - 28	女	1981 - 03 - 07	23	032-730 - 3927	
11	조아라	기획실	대리	2009 - 10 - 15	女	1984 - 07 - 04	32	02 - 832 - 4092	
12	박문수	기획실	과장	2005 - 07 - 23	男	1977 - 11 - 05	39	02 - 538 - 2793	
13	조만간	기획실	사원	2011 - 11 - 15	男	1990 - 11 - 11	26	02 - 418 - 8216	
14	지우개	총무부	대리	2007 - 03 - 09	男	1982 - 09 - 29	34	032-703 - 9327	
15	김현주	총무부	사원	2011 - 12 - 12	女	1990 - 02 - 04	26	02 - 738 - 8324	
16	김은숙	기획실	사원	2016 - 12 - 03	女	1989 - 12 - 09	27	02 - 703 - 0494	

<작성된 테이블>

번호	성명	부서명	직위	입사년월일	성별	생년월일	나이	전화번호
1	김길동	기획실	사장	1990-04-01	남	1962-12-16	55	02-518-4913
2	정도전	총무부	부장	1990-04-01	남	1969-03-21	47	02-573-4327
3	신세계	총무부	사원	2015-11-15	女	1993-04-29	23	02-573-4294
4	장도리	영업부	부장	1990-04-01	남	1965-09-29	52	031-447-2816
5	송사리	관리부	부장	1991-03-09	남	1968-02-17	48	031-448-8972
6	진달래	영업부	사원	2011-12-12	女	1989-11-01	27	031-714-2714
7	최고참	총무부	과장	2008-08-08	남	1981-01-06	35	031-448-8757
8	지구본	영업부	과장	2009-09-04	남	1977-06-08	39	02-392-2738
9	구시대	기획실	대리	2009-02-13	남	1983-04-05	33	02-880-2918
10	정다운	영업부	사원	2016-04-28	女	1991-03-07	25	032-730-3927
11	조아라	기획실	대리	2009-10-15	女	1984-07-04	32	02-832-4092
12	박문수	기획실	과장	2005-07-23	남	1977-11-05	39	02-538-2793
13	조만간	기획실	사원	2011-11-15	남	1990-11-11	26	02-418-8216
14	지우개	총무부	대리	2007-03-09	남	1982-09-29	34	032-703-9327
15	김현주	총무부	사원	2014-12-12	女	1990-02-04	26	02-738-8324
16	김은숙	기획실	사원	2013-12-03	女	1989-12-09	27	02-703-0494

실습 3-2

[디자인 보기]에서 새 테이블 작성하기] 방법을 이용하여 다음과 같은 테이블을 작성하여 보기로 한다.

① 저장할 폴더명 : 액세스실습
② 저장할 데이터베이스명 : 사원관리
③ 작성할 테이블명 : 급여관리
④ 테이블 구조

필드 이름	데이터 형식	필드크기(Byte)	형식	데이터 형식
번호	일련번호	자동		
성명	짧은 텍스트	8		
호봉	숫자	정수(Long)	표준	
기본급	숫자	정수(Long)	표준	
호봉수당	숫자	정수(Long)	표준	호봉 * 50,000
지급총액	숫자	정수(Long)	표준	기본급 + 호봉수당
주민세	숫자	정수(Long)	표준	소득세 * 0.1
소득세	숫자	정수(Long)	표준	지급총액 * 0.05
공제액	숫자	정수(Long)	표준	주민세 + 소득세
실지급액	숫자	정수(Long)	표준	지급총액 - 공제액
비고	긴 텍스트	자동		

<입력할 데이터>

번호	성명	호봉	기본급	호봉수당	지급총액	주민세	소득세	공제총액	실지급액	비고
1	김길동		3,500,000	0.00	0.00	0.00	0.00	0.00	0.00	
2	정도전		3,200,000	0.00	0.00	0.00	0.00	0.00	0.00	
3	신세계		1,750,000	0.00	0.00	0.00	0.00	0.00	0.00	
4	장도리		3,200,000	0.00	0.00	0.00	0.00	0.00	0.00	
5	송사리		3,050,000	0.00	0.00	0.00	0.00	0.00	0.00	
6	진달래		1,720,000	0.00	0.00	0.00	0.00	0.00	0.00	
7	최고참		2,700,000	0.00	0.00	0.00	0.00	0.00	0.00	
8	지구본		2,850,000	0.00	0.00	0.00	0.00	0.00	0.00	
9	구시대		2,450,000	0.00	0.00	0.00	0.00	0.00	0.00	
10	정다운		1,650,000	0.00	0.00	0.00	0.00	0.00	0.00	
11	조아라		2,350,000	0.00	0.00	0.00	0.00	0.00	0.00	
12	박문수		2,925,000	0.00	0.00	0.00	0.00	0.00	0.00	
13	조만간		1,950,000	0.00	0.00	0.00	0.00	0.00	0.00	
14	지우개		2,150,000	0.00	0.00	0.00	0.00	0.00	0.00	
15	김현주		1,720,000	0.00	0.00	0.00	0.00	0.00	0.00	
16	김은숙		1,720,000	0.00	0.00	0.00	0.00	0.00	0.00	

<작성된 테이블>

번호	성명	호봉	기본급	호봉수당	지급총액	주민서	소득서	공제총액	실지급액	비고
1	김길동		3,500,000	0.00	0.00	0.00	0.00	0.00	0.00	
2	정도전		3,200,000	0.00	0.00	0.00	0.00	0.00	0.00	
3	신세계		1,750,000	0.00	0.00	0.00	0.00	0.00	0.00	
4	장도리		3,200,000	0.00	0.00	0.00	0.00	0.00	0.00	
5	송사리		3,050,000	0.00	0.00	0.00	0.00	0.00	0.00	
6	진달래		1,720,000	0.00	0.00	0.00	0.00	0.00	0.00	
7	최고참		2,700,000	0.00	0.00	0.00	0.00	0.00	0.00	
8	지구본		2,850,000	0.00	0.00	0.00	0.00	0.00	0.00	
9	구시대		2,450,000	0.00	0.00	0.00	0.00	0.00	0.00	
10	정다운		1,650,000	0.00	0.00	0.00	0.00	0.00	0.00	
11	조아라		2,350,000	0.00	0.00	0.00	0.00	0.00	0.00	
12	박문수		2,925,000	0.00	0.00	0.00	0.00	0.00	0.00	
13	조만간		1,950,000	0.00	0.00	0.00	0.00	0.00	0.00	
14	지우개		2,150,000	0.00	0.00	0.00	0.00	0.00	0.00	
15	김현주		1,720,000	0.00	0.00	0.00	0.00	0.00	0.00	
16	김은숙		1,720,000	0.00	0.00	0.00	0.00	0.00	0.00	
*	0		0	0		0.00	0.00	0.00	0.00	

3.3.7 테이블 구조 변경

이미 만들어져 있는 테이블의 구조를 변경할 수 있다. 즉 한글 액세스 2019는 이미 만들어져 있는 테이블에 대하여 필드의 삽입, 삭제, 필드명 변경, 필드이동, 데이터 속성 변경 등의 기능을 제공한다.

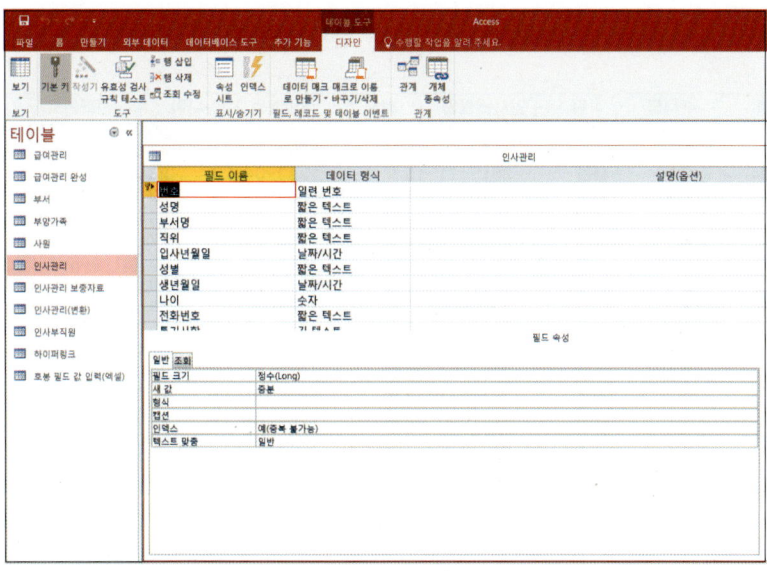

제3장 테이블의 구성

사원관리 데이터베이스에는 현재 2개의 테이블이 수록되어 있으며, 디스크에서 수록된 상태의 관계는 다음과 같다.

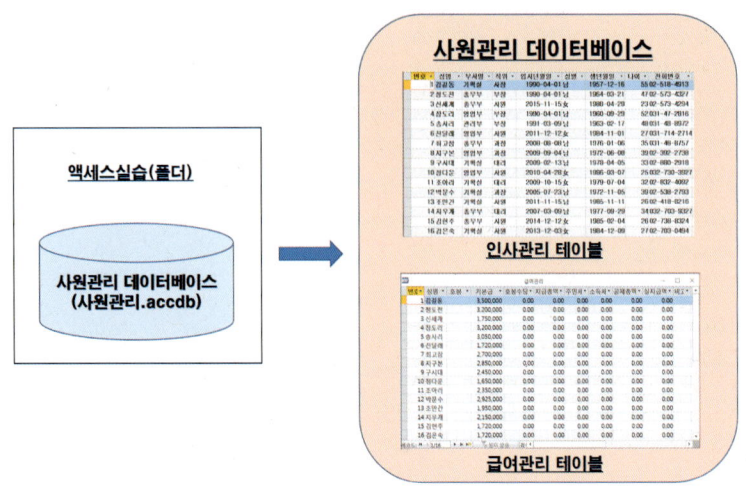

1) 필드 삽입

(1) <실습 3-1>에서 작성한 [인사관리] 테이블의 [특기사항] 필드 앞에 [주소] 필드를 삽입하여 보자.

① 먼저 사원관리 데이터베이스 창에서 인사관리 테이블을 선택하고, [열기]를 누르면 다음과 같은 인사관리 테이블의 [데이터시트 보기] 상태로 나타낸다.

번호	성명	부서명	직위	입사년월일	성별	생년월일	나이	전화번호	특기사항
1	김길동	기획실	사장	1990-04-01	남	1962-12-16	55	02-518-4913	
2	정도전	총무부	부장	1990-04-01	남	1969-03-21	47	02-573-4327	
3	신세계	총무부	사원	2015-11-15	女	1993-04-29	23	02-573-4294	
4	장도리	영업부	부장	1990-04-01	남	1965-09-29	52	031-447-2816	
5	송사리	관리부	부장	1991-03-09	남	1968-02-17	48	031-448-8972	
6	진달래	영업부	사원	2011-12-12	女	1989-11-01	27	031-714-2714	
7	최고참	총무부	과장	2008-08-08	남	1981-01-06	35	031-448-8757	
8	지구본	영업부	과장	2009-09-04	남	1977-06-08	39	02-392-2738	
9	구시대	기획실	대리	2009-02-13	남	1983-04-05	33	02-880-2918	
10	정다운	영업부	사원	2016-04-28	女	1991-03-07	25	032-730-3927	
11	조아라	기획실	대리	2009-10-15	女	1984-07-04	32	02-832-4092	
12	박문수	기획실	과장	2005-07-23	남	1977-11-05	39	02-538-2793	
13	조만간	기획실	사원	2011-11-15	남	1990-11-11	26	02-418-8216	
14	지우개	총무부	대리	2007-03-09	남	1982-09-29	34	032-703-9327	
15	김현주	총무부	사원	2014-12-12	女	1990-02-04	26	02-738-8324	
16	김은숙	기획실	사원	2013-12-03	女	1989-12-09	27	02-703-0494	
(새 항목)				2019-05-05			0		

② 새로운 '주소' 필드를 '특기사항' 필드 앞에 삽입하기 위해 커서를 '특기사항' 필드 제목에 지정하고, 마우스 오른쪽 단추를 누른 다음 [필드 삽입]을 지정하면, 다음과 같이 하나의 필드가 삽입되고, 새로운 필드이름이 'Field1'로 나타나며, 이것을 '주소'로 변경한다.

③ 필드 이름 'Field1'을 '주소'로 변경하기 위해서 'Field1' 부분을 더블 클릭하면, 이 부분에 블록이 지정되어 나타나는데, 여기서 'Field1' 대신 '주소'를 입력한다.

2) 필드의 이름 변경

이미 작성한 테이블에서 필드의 이름이 사용자 마음에 들지 않거나 또는 데이터와 어울리지 않는 경우가 종종 있을 것이다.

특히 테이블 마법사를 사용해서 테이블을 작성하는 경우에 대부분이 필드의 이름을 변경해야 한다. 이러한 경우에 다음과 같은 방법으로 필드의 이름을 변경할 수 있다.

(1) 앞에서 추가한 '주소' 필드의 이름을 '자택주소'라는 이름으로 변경해 보자.

① 데이터시트에서 필드의 이름 변경하는 방법

데이터시트 보기 상태에서 변경하고자 하는 필드의 이름 부분을 더블 클릭하면, '주소' 부분이 블록이 지정되어 나타난다. 이때 '주소' 대신 '자택주소'를 입력하면 된다.

만약 필드 이름의 일부분을 수정하거나 삭제 또는 추가하는 경우에는 필드 이름을 더블클릭하거나, F2 키를 누르면 편집할 수 있는 상태로 변한다.

② 디자인 보기에서 필드의 이름 변경하는 방법

먼저 데이터시트 보기 창의 도구 모음에서 디자인 보기 도구 아이콘을 눌러 [디자인 보기] 상태로 화면을 바꾸고, 변경하고자 하는 필드이름을 클릭하면 편집할 수 있는 상태가 되며 여기서 필드 이름 '주소'를 '자택주소'로 수정한다.

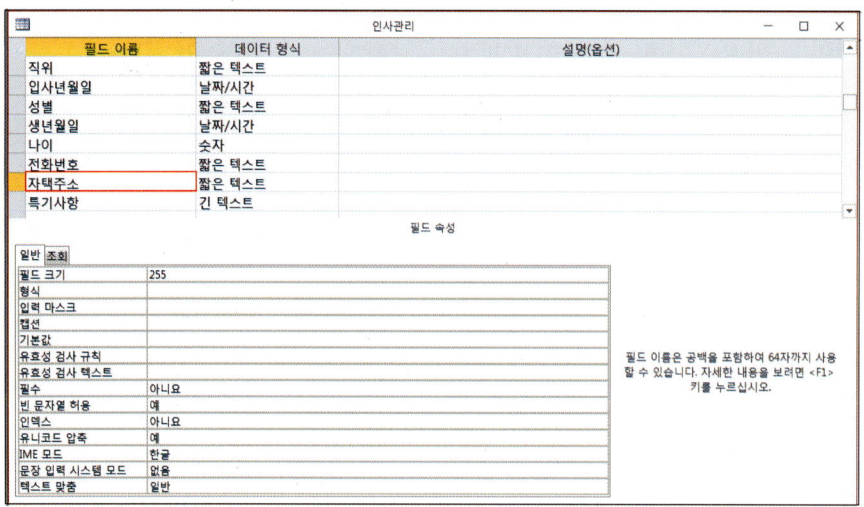

필드 이름을 수정한 후에는 테이블 구조를 저장하기 위해 반드시 저장(💾)단추를 클릭해야 한다.

3) 필드 삭제

이미 만들어져 있는 테이블에서 불필요한 필드를 삭제할 수도 있다.

(1) 인사관리 테이블의 '자택주소' 필드를 삭제하여 보자.

① 디자인 보기 창에서 삭제하고자 하는 필드 부분에 마우스 오른쪽 단추를 누르고, [행 삭제]를 지정한다.

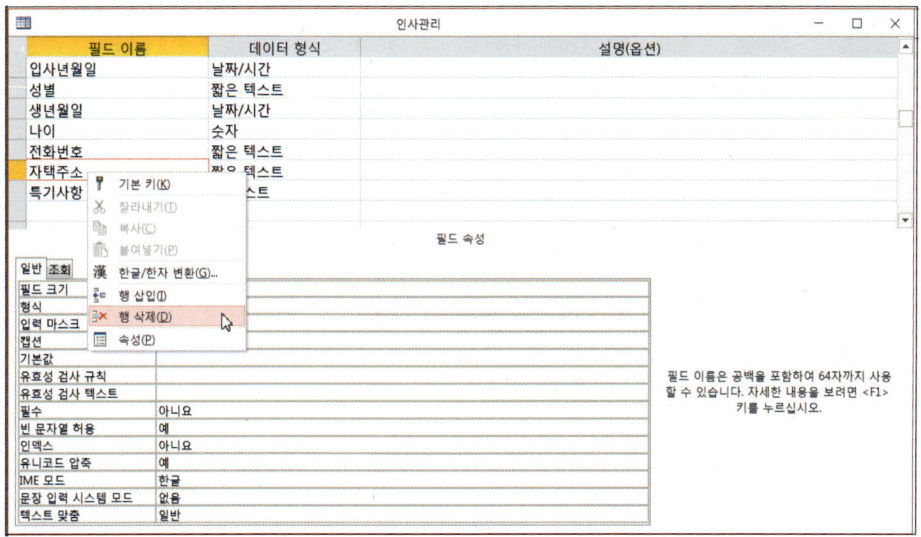

② [디자인 보기] 대화상자에서는 정말로 필드를 삭제할 것인지를 묻는 메시지가 나타나는데, '예'를 누르면 필드가 삭제되며, 이때 삭제된 필드는 다시 복구할 수 없다.

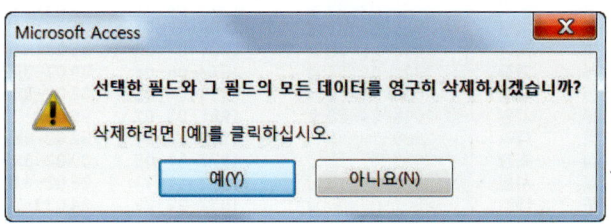

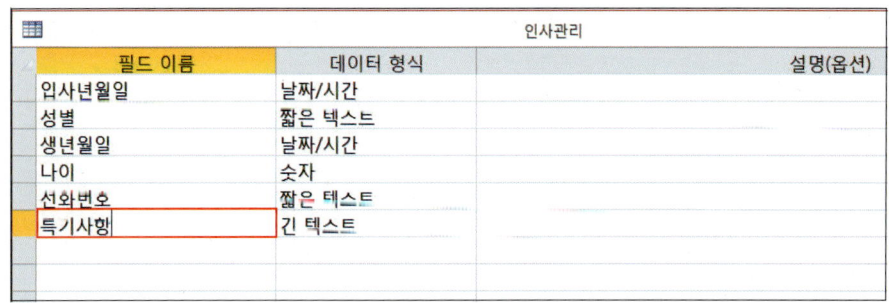

4) 필드 이동

테이블 내에 필드의 위치를 사용자의 요구에 따라 적절하게 이동할 수 있다.

(1) 인사관리 테이블에서 '입사년월일' 필드를 '전화번호' 필드 뒤로 이동하여 보자.

① 인사관리 테이블의 데이터시트 보기 창에서 이동할 필드인 '입사년월일' 필드의 필드 이름 부분을 클릭하면 '입사년월일' 필드 전체가 블록이 지정되어 나타난다.

번호	성명	부서명	직위	입사년월일	성별	생년월일	나이	전화번호	특기사항
1	김길동	기획실	사장	1990-04-01	남	1962-12-16	55	02-518-4913	
2	정도전	총무부	부장	1990-04-01	남	1969-03-21	47	02-573-4327	
3	신세계	총무부	사원	2015-11-15	女	1993-04-29	23	02-573-4294	
4	장도리	영업부	부장	1990-04-01	남	1965-09-29	52	031-447-2816	
5	송사리	관리부	부장	1991-03-09	남	1968-02-17	48	031-448-8972	
6	진달래	영업부	사원	2011-12-12	女	1989-11-01	27	031-714-2714	
7	최고참	총무부	과장	2008-08-08	남	1981-01-06	35	031-448-8757	
8	지구본	영업부	과장	2009-09-04	남	1977-06-08	39	02-392-2738	
9	구시대	기획실	대리	2009-02-13	남	1983-04-05	33	02-880-2918	
10	정다운	영업부	사원	2016-04-28	女	1991-03-07	25	032-730-3927	
11	조아라	기획실	대리	2009-10-15	女	1984-07-04	32	02-832-4092	
12	박문수	기획실	과장	2005-07-23	남	1977-11-05	39	02-538-2793	
13	조만간	기획실	사원	2011-11-15	남	1990-11-11	26	02-418-8216	
14	지우개	총무부	대리	2007-03-09	남	1982-09-29	34	032-703-9327	
15	김현주	총무부	사원	2014-12-12	女	1990-02-04	26	02-738-8324	
16	김은숙	기획실	사원	2013-12-03	女	1989-12-09	27	02-703-0494	
* (새 항목)				2019-05-05			0		

② 블록이 지정되어 나타난 '입사년월일' 필드의 이름 부분에 마우스를 누른 상태에서, '전화번호' 필드와 '특기사항' 필드의 경계 부분까지 마우스의 왼쪽 단추를 누른 상태에서 드래그한다.

번호	성명	부서명	직위	입사년월일	성별	생년월일	나이	전화번호	특기사항
1	김길동	기획실	사장	1990-04-01	남	1962-12-16	55	02-518-4913	
2	정도전	총무부	부장	1990-04-01	남	1969-03-21	47	02-573-4327	
3	신세계	총무부	사원	2015-11-15	女	1993-04-29	23	02-573-4294	
4	장도리	영업부	부장	1990-04-01	남	1965-09-29	52	031-447-2816	
5	송사리	관리부	부장	1991-03-09	남	1968-02-17	48	031-448-8972	
6	진달래	영업부	사원	2011-12-12	女	1989-11-01	27	031-714-2714	
7	최고참	총무부	과장	2008-08-08	남	1981-01-06	35	031-448-8757	
8	지구본	영업부	과장	2009-09-04	남	1977-06-08	39	02-392-2738	
9	구시대	기획실	대리	2009-02-13	남	1983-04-05	33	02-880-2918	
10	정다운	영업부	사원	2016-04-28	女	1991-03-07	25	032-730-3927	
11	조아라	기획실	대리	2009-10-15	女	1984-07-04	32	02-832-4092	
12	박문수	기획실	과장	2005-07-23	남	1977-11-05	39	02-538-2793	
13	조만간	기획실	사원	2011-11-15	남	1990-11-11	26	02-418-8216	
14	지우개	총무부	대리	2007-03-09	남	1982-09-29	34	032-703-9327	
15	김현주	총무부	사원	2014-12-12	女	1990-02-04	26	02-738-8324	
16	김은숙	기획실	사원	2013-12-03	女	1989-12-09	27	02-703-0494	
* (새 항목)				2019-05-05			0		

③ 다음은 필드의 이동이 완료된 화면으로 블록설정 상태를 해제하기 위해 데이터시트의 다른 셀을 클릭한다.

번호	성명	부서명	직위	성별	생년월일	나이	전화번호	입사년월일	특기사항
1	김길동	기획실	사장	남	1962-12-16	55	02-518-4913	1990-04-01	
2	정도전	총무부	부장	남	1969-03-21	47	02-573-4327	1990-04-01	
3	신세계	총무부	사원	女	1993-04-29	23	02-573-4294	2015-11-15	
4	장도리	영업부	부장	남	1965-09-29	52	031-447-2816	1990-04-01	
5	송사리	관리부	부장	남	1968-02-17	48	031-448-8972	1991-03-09	
6	진달래	영업부	사원	女	1989-11-01	27	031-714-2714	2011-12-12	
7	최고참	총무부	과장	남	1981-01-06	35	031-448-8757	2008-08-08	
8	지구본	영업부	과장	남	1977-06-08	39	02-392-2738	2009-09-04	
9	구시대	기획실	대리	남	1983-04-05	33	02-880-2918	2009-02-13	
10	정다운	영업부	사원	남	1991-03-07	25	032-730-3927	2016-04-28	
11	조아라	기획실	대리	女	1984-07-04	32	02-832-4092	2009-10-15	
12	박문수	기획실	과장	남	1977-11-05	39	02-538-2793	2005-07-23	
13	조만간	기획실	사원	남	1990-11-11	26	02-418-8216	2011-11-15	
14	지우개	총무부	대리	남	1982-09-29	34	032-703-9327	2007-03-09	
15	김현주	총무부	사원	남	1990-02-04	26	02-738-8324	2014-12-12	
16	김은숙	기획실	사원	女	1989-12-09	27	02-703-0494	2013-12-03	
(새 항목)						0		2019-05-05	

5) 필드 삽입

디자인 보기 상태에서 테이블 구조를 작성할 때, 새로운 필드를 기존의 필드와 필드 사이에 삽입할 수 있다. 이때 필드를 삽입하기 위해 기조 필드의 왼쪽을 마우스 오른쪽 단추로 클릭하고 [행 삽입]을 지정하면 새로운 필드 영역이 나타난다.

다음으로 새로운 필드 영역에 필드 정보를 입력하면 테이블에 새로운 필드 정보를 입력하면 필드 삽입이 완료된다.

(1) 이번에는 인사관리 테이블의 '성명' 필드 아래에 '한자명' 필드를 삽입하여 보자.

① 먼저 인사관리 테이블을 [데이터시트 보기] 상태에서 [디자인 보기] 상태로 전환한다.

② 새로운 필드를 삽입하기 위해 마우스 포인터를 '부서명' 필드 이름에 위치하고 마우스의 오른쪽 버튼을 누르면 단축 메뉴가 나타나며, 이 단축 메뉴 중에서 [행 삽입]을 선택한다.

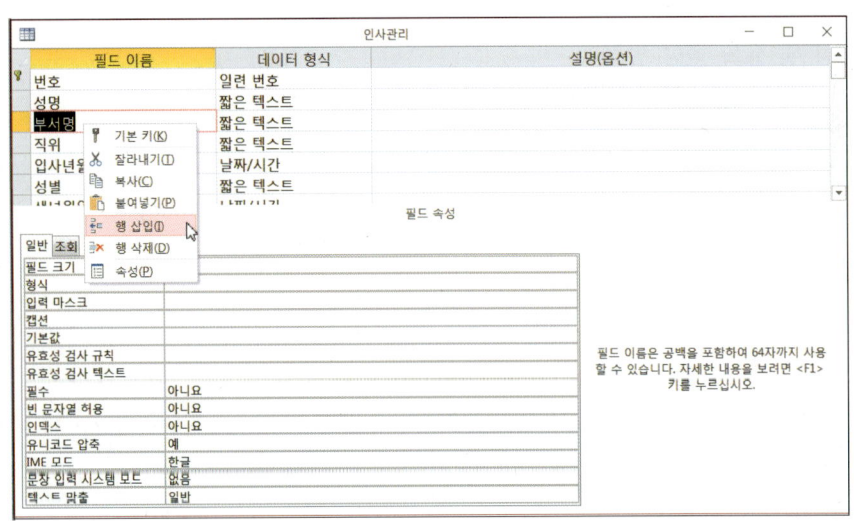

③ 삽입된 필드에 필드 제목(한자명)을 입력하고 데이터 형식(짧은 텍스트, 8)을 지정한다.

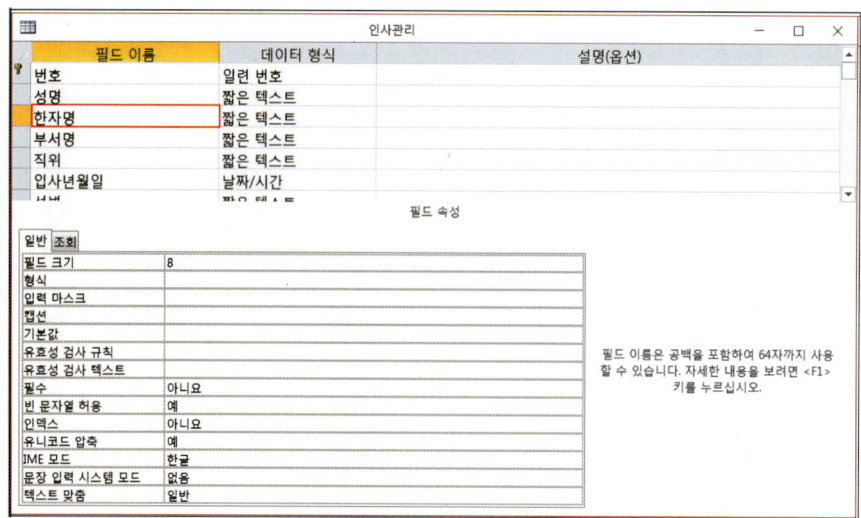

실습 3-3

급여관리 테이블을 이용하여 다음 명령들을 실습하여 보자.
① 급여관리 테이블에서 '호봉' 필드 앞에 '직위' 필드를 추가 삽입하여 본다.
② 급여관리 테이블에서 추가한 '직위' 필드의 필드이름을 '직급'으로 변경하여 본다.
③ 급여관리 테이블에서 '직급' 필드의 위치를 '비고' 필드 앞으로 이동하여 본다.
④ 급여관리 테이블에서 추가 삽입한 '직급' 필드를 삭제하여 본다.

6) 데이터 형식 및 필드 속성 변경

이미 작성되어진 테이블에 대한 필드 데이터 형식과 필드의 속성 등을 변경할 수 있다.

(1) 필드 데이터 형식의 변경

처음 테이블 구조를 작성할 때 필드 데이터 형식을 잘못 지정하면 데이터를 입력할 때에 데이터가 제대로 입력이 되지 않거나 데이터를 충분히 표현하지 못할 수 있다. 이러한 경우 액세스에서는 이미 작성된 필드에 대한 데이터 형식 변경이 가능하다.

실습 3-4

'특기사항' 필드의 데이터 형식을 '긴 텍스트'에서 '예/아니오' 형식으로 수정하여 보자.
① 먼저 데이터베이스 창에서 급여관리 테이블을 선택하고, [열기]를 눌러서 테이블의 내용을 나타낸다.

② 데이터시트 보기 창에서 디자인 보기 도구를 사용해서 [디자인 보기] 상태로 전환한다.
③ '특기사항' 필드의 데이터 형식(현재는 '긴 텍스트'로 되어있다.) 부분을 클릭하면, 10가지 데이터 형식이 나타나는데, 이 중에서 '예 / 아니오'를 선택한다.

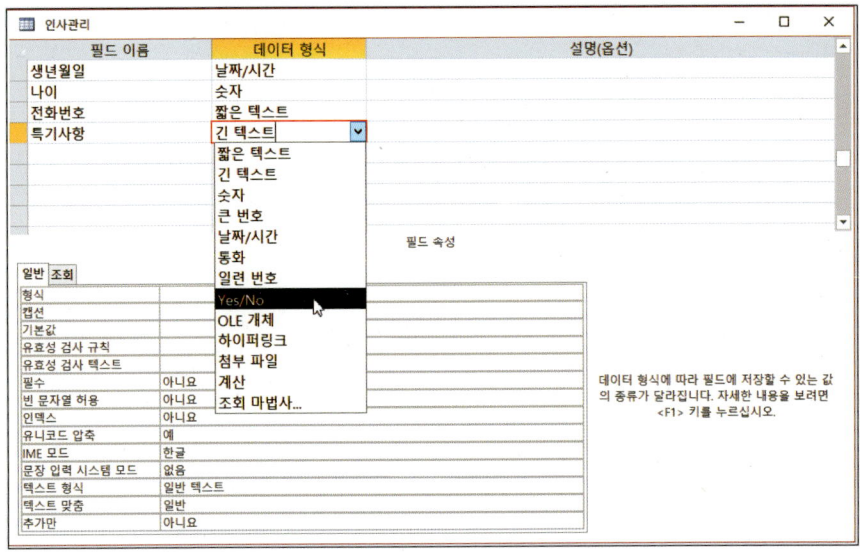

(2) 필드의 속성 변경

필드의 속성을 변경하기 전에, 먼저 각각의 필드 데이터 형식에 대한 필드 속성들에 대해서 알아보기로 한다.

(가) 텍스트 데이터 형식의 [일반 탭]에 있는 필드 속성

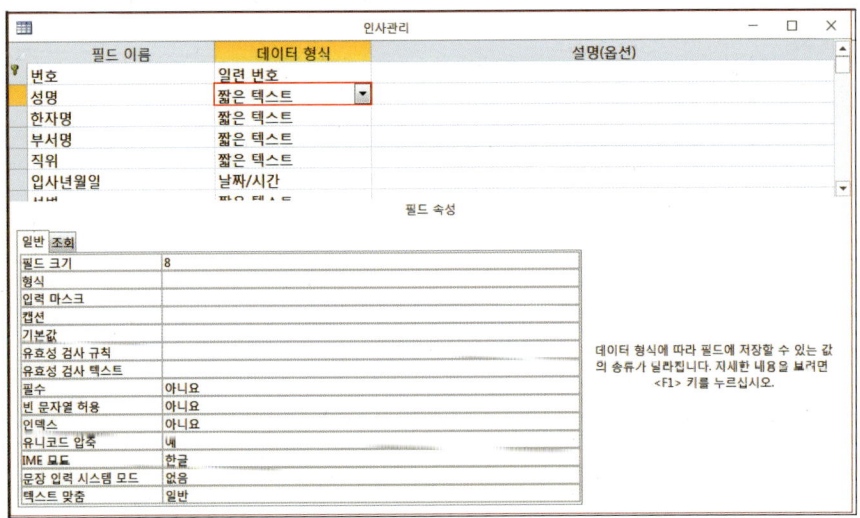

긴 텍스트 필드는 해당 레코드에 큰 문장 형태의 정보를 입력하기 위해 정의하며, 초기 값은 50Byte이고 최대 64KByte까지 입력할 수 있다.

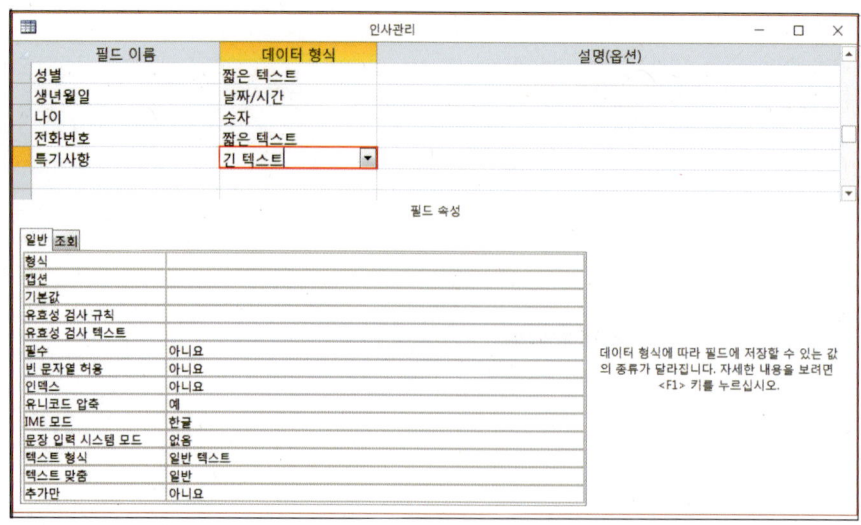

(나) 숫자 데이터 형식의 [일반 탭]에 있는 필드 속성

숫자 데이터를 수록하기 위한 형식이며, 연산이 가능하다.

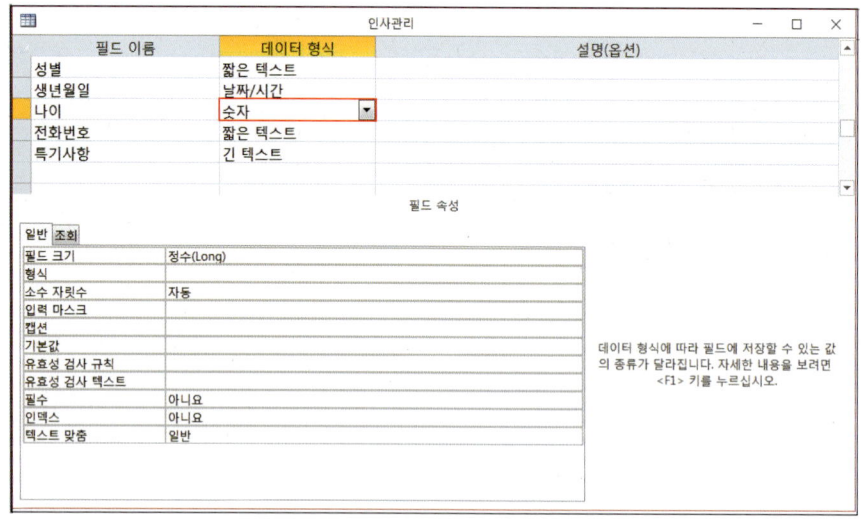

(다) 날짜/시간 데이터 형식의 [일반 탭]에 있는 필드 속성

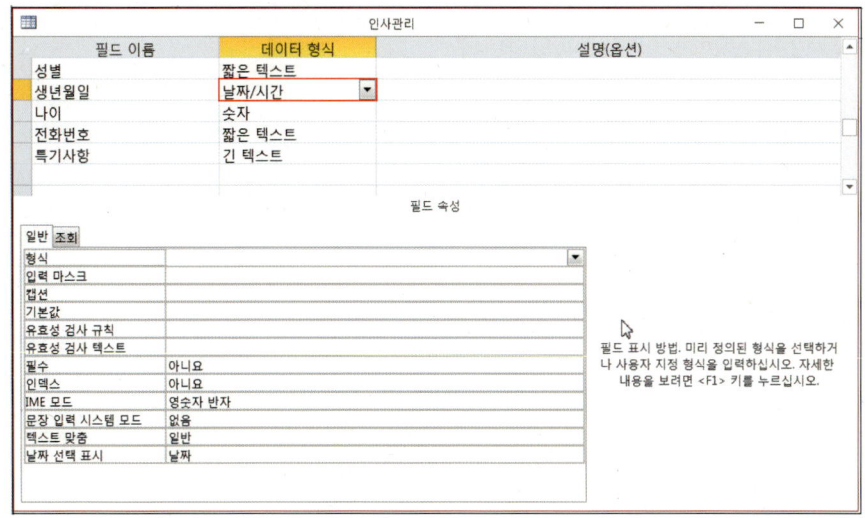

▶ 인사관리 테이블의 레코드를 추가할 경우 '입사년월일' 필드에 현재 날짜가 자동으로 입력될 수 있도록 필드의 속성을 변경해 보기로 하자.

① 먼저 데이터베이스 창의 테이블 탭에서 '인사관리' 테이블을 선택하고 [확인]을 누른다.

② '인사관리' 테이블의 데이터시트가 열리면, 데이터시트 창의 도구모음 중에 디자인 보기 도구 아이콘을 선택하여 디자인 보기창으로 전환한다.

③ 디자인 보기 창에서는 상단부에서 '입사년월일' 필드를 선택하고, 아래 그림과 같이 하단부의 필드 속성들 중에서 기본 값에 '=date()'를 입력한다.

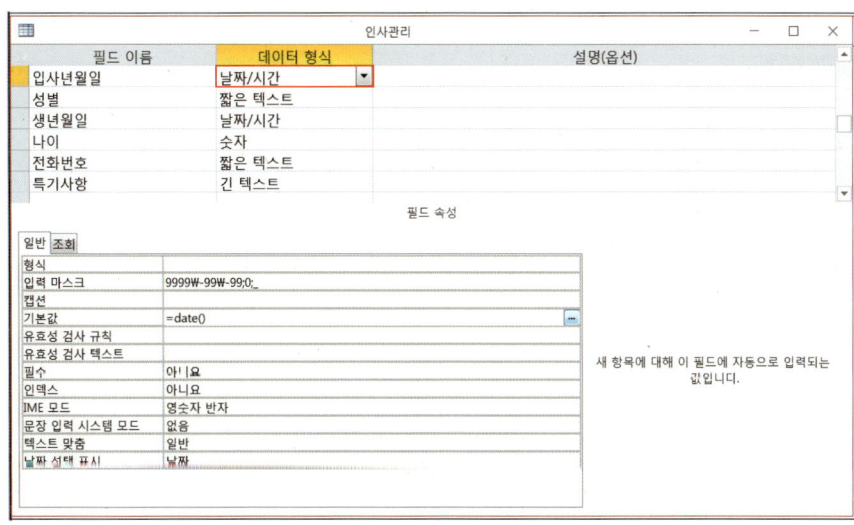

④ 디자인보기 창에서 작성한 내용을 도구 모음의 [저장 도구] 아이콘을 눌러 저장한다.

⑤ 데이터시트 보기 창으로 전환한 다음에 레코드를 추가하는 경우 입사년월일 필드의 값에는 자동으로 현재 시스템 날짜가 입력되어 나타난다.

(라) 통화 데이터 형식의 [일반 탭]에 있는 속성

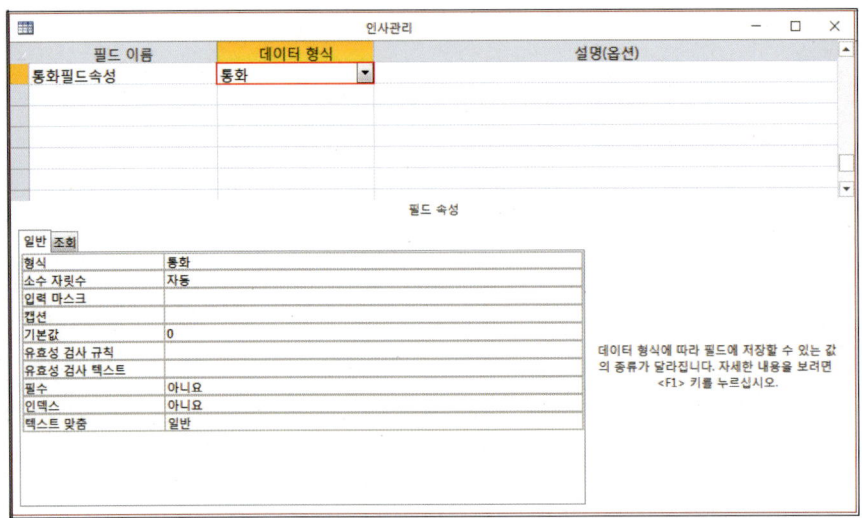

(마) 일련번호 데이터 형식의 [일반 탭]에 있는 필드 속성

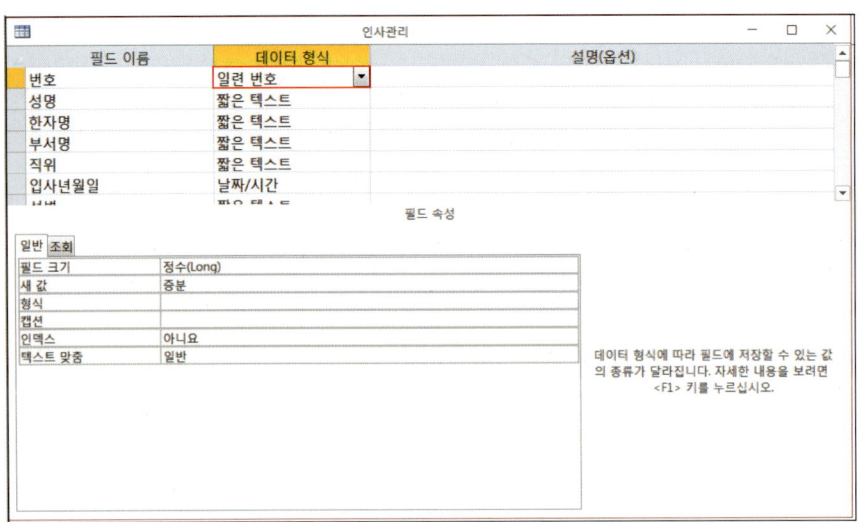

[새 값]은 일련번호 필드에 대해서만 적용되며, 이 속성을 사용해서 새 레코드가 테이블에 추가될 때 일련번호의 증가치를 결정한다.

형식	설명
증분	일련번호의 필드 값이 자동으로 1씩 증가한다.
임의	일련번호의 필드 값을 사용자 임의대로 정할 수 있으며 정수 단위로 증가 값을 지정할 수 있다.

(바) OLE 개체 데이터 형식의 [일반 탭]에 있는 필드 속성

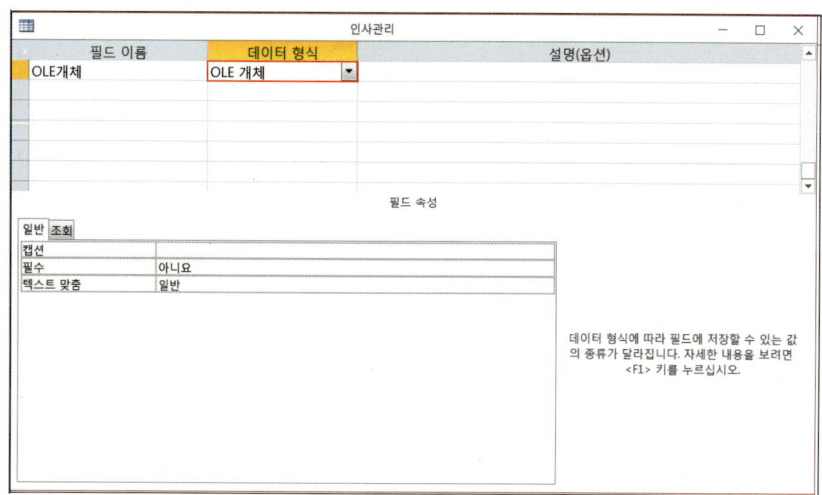

(사) 하이퍼링크 데이터 형식의 [일반 탭]에 있는 필드 속성

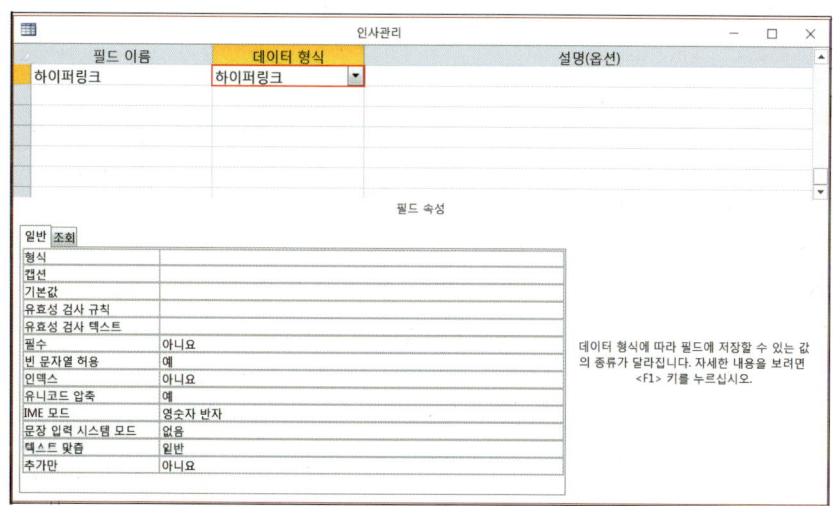

하이퍼링크의 속성은 테이블의 필드에 홈페이지 주소를 액세스의 필드로 지정하고 현재 사용하는 컴퓨터가 인터넷에 연결되어 있는 경우 입력되어 있는 홈페이지 주소를 클릭할 경우 바로 해당 홈페이지가 나타나고 홈페이지 조회를 마치면 한글 액세스 2019로 되돌아오게 하는 기능이다.

▶ 하이퍼링크가 포함된 테이블을 작성하고 홈페이지 주소를 입력하고 해당 홈페이지를 조회하여 보기로 하자.

① 먼저 사원관리 데이터베이스에서 [만들기] 단추를 누르고 [테이블 디자인]을 지정한다.

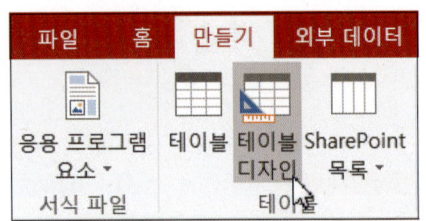

② [디자인 보기]를 지정하고 필드 작성을 [홈페이지 이름]과 [홈페이지 주소]를 지정하여 각각 "짧은 텍스트" 속성과 "하이퍼링크" 속성을 지정하여 다음과 같이 입력한다.

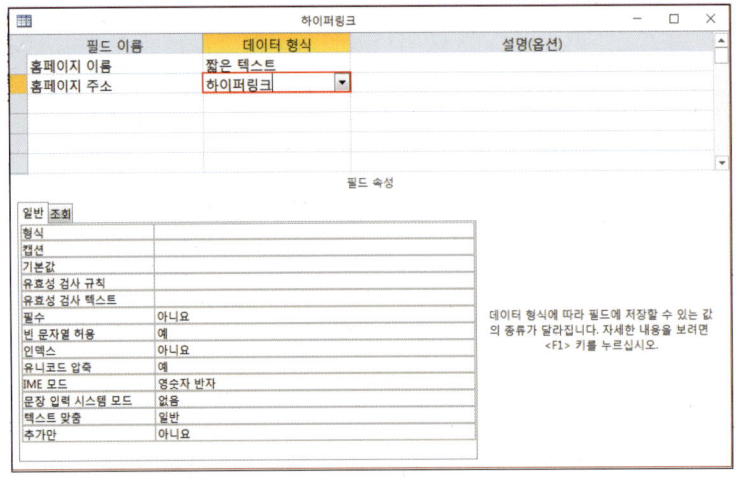

③ 디자인 보기 화면에서 [보기]를 누르면 다른 이름으로 저장의 대화 상자가 나타나고, 테이블 이름을 하이퍼링크로 입력하고 [확인] 단추를 누르면 기본 키를 설정하기 위한 대화상자가 나타나고 '예'를 지정하면 새로운 테이블이 작성되어 나타난다.

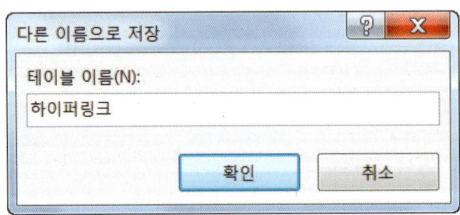

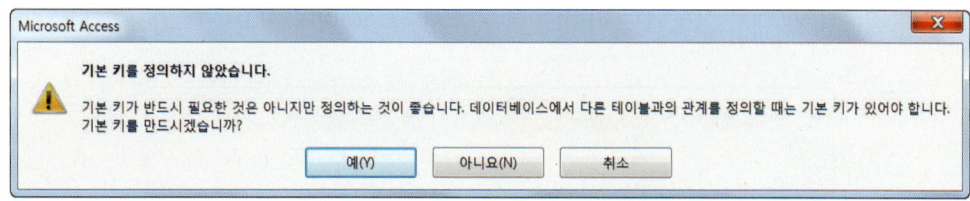

④ 다음으로 [열기] 단추를 누르면 테이블 보기 화면이 나타나는데 다음과 같은 데이터를 입력한다.

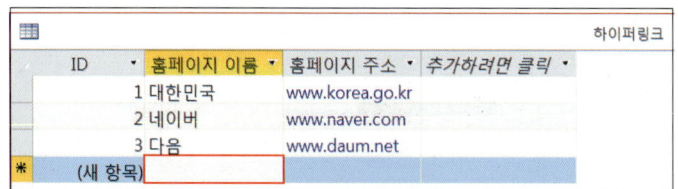

⑤ 홈페이지 주소 필드에 데이터를 입력하면 파랑색과 밑줄이 그어져서 나타나며 입력된 www.korea.go.kr을 클릭하면 대한민국 정부 홈페이지가 다음과 같이 나타난다.

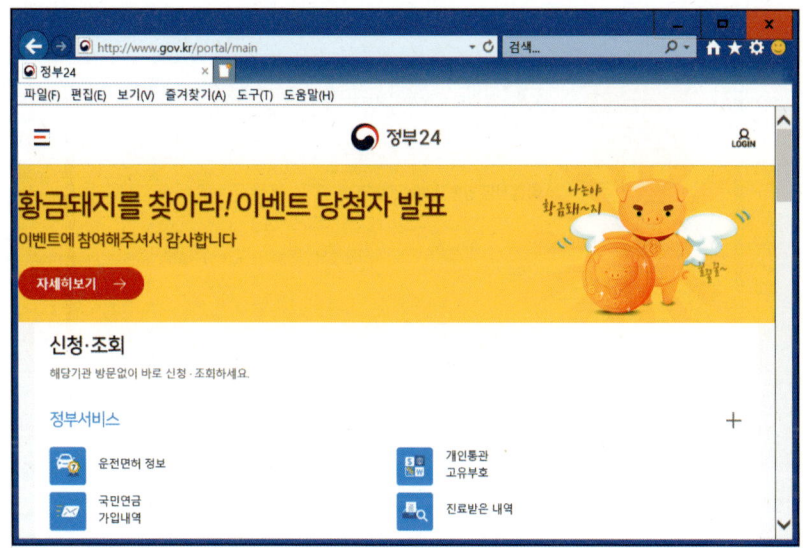

⑥ 홈페이지 조회를 마치면 한글 액세스 2019의 테이블보기 화면으로 되돌아온다.

(아) 조회마법사 데이터 형식의 [일반 탭]에 있는 필드 속성

조회마법사는 일반적으로 다른 데이터 형식을 지원하는 속성으로 특히 간단한 데이터를 타이핑하지 않고 지정하여 손쉽게 입력할 수 있도록 도와주는 데이터 형식이다.

▶ '인사관리' 테이블의 필드 중에서 부서명 필드에 이미 등록되어 있는 부서명을 조회마법사를 이용하여 지정하여 보기로 하자.

① '인사관리 테이블'의 디자인 보기를 나타낸 다음 부서명의 데이터 형식을 조회마법사로 지정한다.

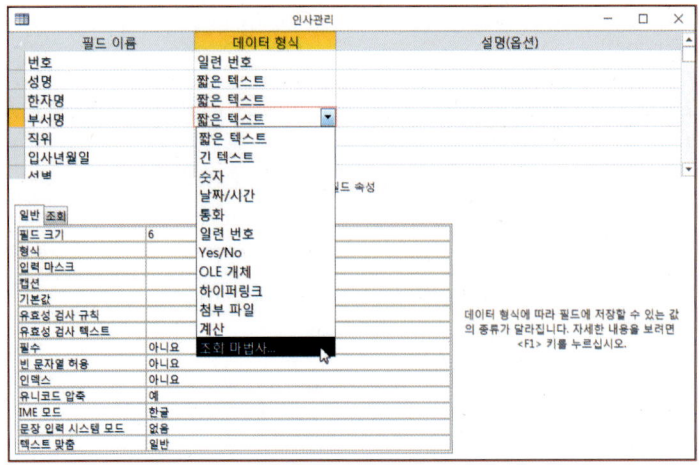

② 조회마법사를 지정하면 조회마법사 대화상자가 나타나며 [원하는 값을 입력합니다]를 지정한 후 [다음] 단추를 누른다.

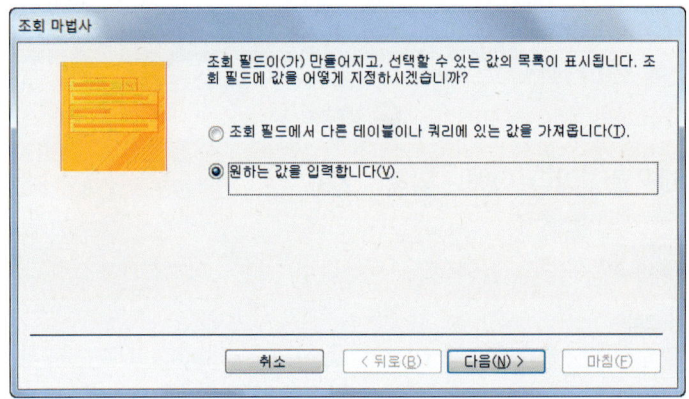

③ 조회마법사의 2단계 화면이 나타나고 Col1 필드로 커서를 옮긴다.

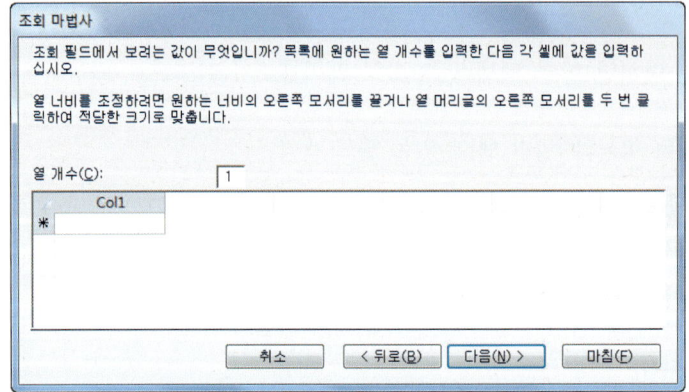

④ 열 개수를 1로 지정한 다음 Col1 필드에 다음과 같이 '기획실', '총무부', '영업부', '관리부'의 순서대로 입력한다.

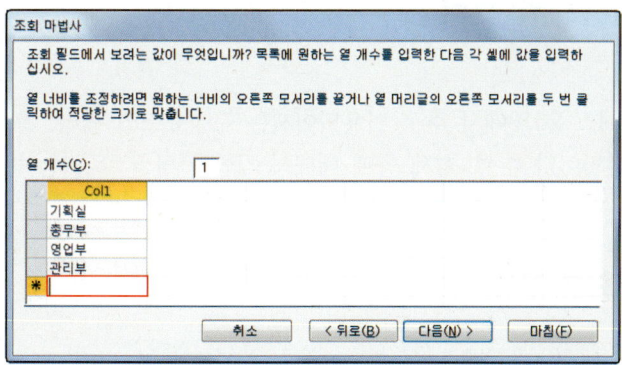

⑤ [다음] 단추를 누르면 조회마법사 이름을 입력하기 위해 '부서명'의 제목을 그대로 지정하고 [마침] 단추를 누르면 디자인 보기 대화상자로 되돌아간다.

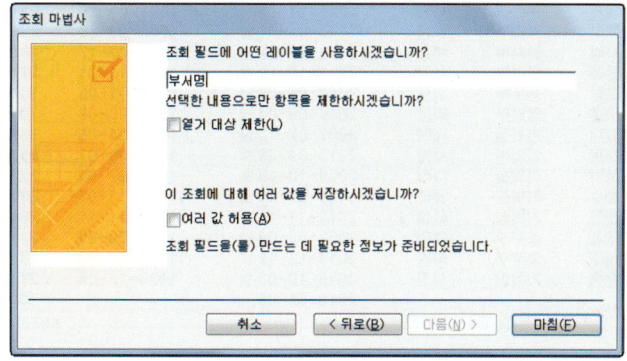

⑥ 디자인 보기에서 [마침] 단추를 누른 다음 디자인 변경 내용의 저장을 설정하고 테이블 [보기]를 나타낸다.

⑦ 테이블 보기에서 부서명 필드를 지정하면 다음과 같이 조회 지정 단추가 나타나고 단추를 누르면 미리 입력된 데이터 박스가 나타나고 지정바를 누르면 해당 데이터가 자동으로 입력된다.

번호	성명	부서명	직위	성별	생년월일	나이	전화번호	입사년월일	특기사항
1	김길동	기획실	사장	남	1962-12-16	55	02-518-4913	1990-04-01	
2	정도전	기획실	부장	남	1969-03-21	47	02-573-4327	1990-04-01	
3	신세계	총무부	사원	여	1993-04-29	23	02-573-4294	2015-11-15	
4	장도리	영업부	부장	남	1965-09-29	52	031-447-2816	1990-04-01	
5	송사리	관리부	부장	남	1968-02-17	48	031-448-8972	1991-03-09	
6	진달래	영업부	사원	여	1989-11-01	27	031-714-2714	2011-12-12	
7	최고참	총무부	과장	남	1981-01-06	35	031-448-8757	2008-08-08	
8	지구본	영업부	과장	남	1977-06-08	39	02-392-2738	2009-09-04	
9	구시대	기획실	대리	남	1983-04-05	33	02-880-2918	2009-02-13	
10	정다운	영업부	사원	여	1991-03-07	25	032-730-3927	2016-04-28	
11	조아라	기획실	대리	여	1984-07-04	32	02-002-4002	2009-10-15	
12	박문수	기획실	과장	남	1977-11-05	39	02-538-2793	2005-07-23	
13	조만간	기획실	사원	남	1990-11-11	26	02-418-8216	2011-11-15	
14	지우개	총무부	대리	남	1982-09-29	34	032-703-9327	2007-03-09	
15	김현주	총무부	사원	여	1990-02-04	26	02-738-8324	2014-12-12	
16	김은숙	기획실	사원	여	1989-12-09	27	02-703-0494	2013-12-03	
*	(새 항목)					0		2019-05-05	

3.4 데이터시트의 관리

데이터시트 보기는 액세스 2019에서 주로 사용되어지는 구성요소인 쿼리, 폼, 보고서 등에 대해 기본이 되며, 데이터의 삽입이나 수정, 삭제 등에 대해서 기반을 다질 수 있는 능력을 사용자에게 제공한다.

3.4.1 데이터시트의 화면 구성

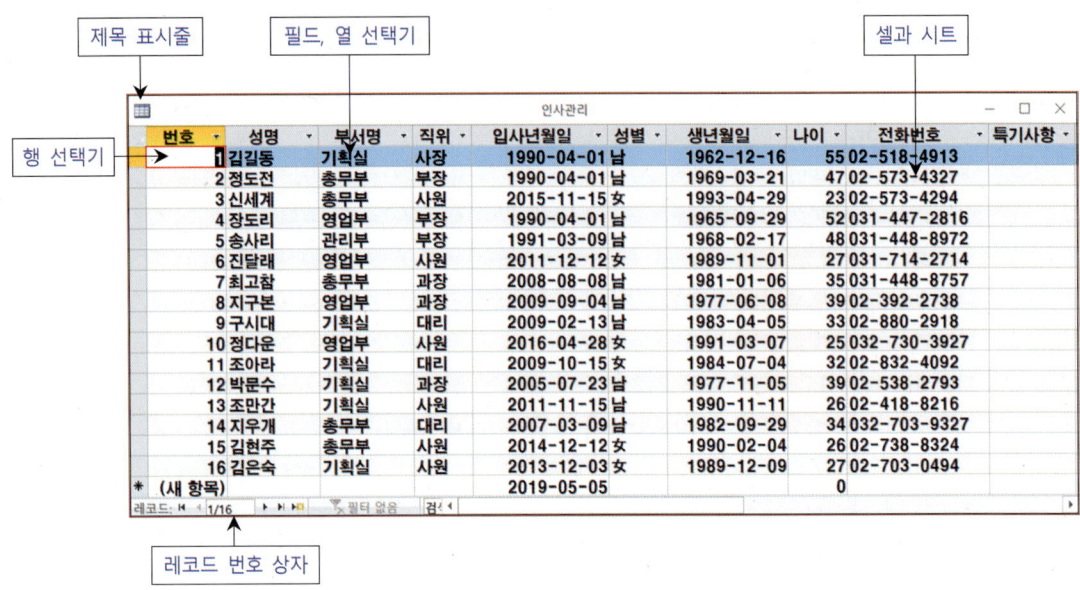

1) 데이터시트 제목 표시줄

현재 작성 중인 테이블의 이름을 보여준다.

2) 행 선택기

데이터시트에 입력한 하나의 행 또는 여러 개의 행 전체를 선택하는 경우에 행 선택기를 사용한다.

3) 필드이름, 열 선택기

데이터시트에 수록한 필드의 이름을 보여주고, 하나의 열 전체 또는 여러 개의 열 전체를 선택하는 경우에 열 선택기를 사용한다.

4) 셀과 시트

데이터시트에서 데이터를 저장하기 위한 장소를 셀(Cell)이라고 하며, 여러 개의 셀이 모여 있는 작업 영역을 시트(Sheet)라고 한다.

5) 레코드 번호 상자

레코드: ⃒◀ ◀ 17/17 ▶ ▶⃒ ▶✱
① ② ③ ⑦ ④ ⑤ ⑥

레코드 번호 상자에서 각 버튼의 의미는 다음과 같다.

① 현재 데이터시트에 입력한 첫 번째 레코드로 이동한다.
② 현재 커서가 위치한 레코드에서 바로 앞의 레코드로 이동한다.
③ 현재 커서가 위치한 레코드의 번호를 보여 준다.
④ 현재 커서가 위치한 레코드에서 바로 뒤의 레코드로 이동한다.
⑤ 현재 데이터시트에 입력한 제일 끝의 레코드로 이동한다.
⑥ 현재 데이터시트에 레코드를 추가하는 경우에 이 버튼을 누르고, 데이터를 입력하면 된다.
⑦ 현재 데이터시트에 입력한 전체 레코드의 개수를 보여준다.

3.4.2 단축 키의 사용

데이터시트 내에서 커서의 이동에 사용되는 단축 키와 그 의미에 대해서 알아보기로 한다.

단축 키	커서 이동 상태의 설명
→	한 문자씩 오른쪽으로 이동
←	한 문자씩 왼쪽으로 이동
↑	현재 필드의 이전 레코드로 이동
↓	현재 필드의 다음 레코드로 이동
Home	현재 셀 내에서 맨 앞으로 이동
End	현재 셀 내에서 맨 뒤로 이동
Page Up	현재 위치에서 한 화면 위로 이동
Page Down	현재 위치에서 한 화면 아래로 이동
Tab	다음 필드로 이동
Shift + Tab	이전필드로 이동
Ctrl + ↑	현재 필드의 처음 레코드로 이동
Ctrl + ↓	현재 필드의 마지막 레코드로 이동
Ctrl + Home	현재 셀 내에서 맨 앞으로 이동
Ctrl + End	현재 셀 내에서 맨 뒤로 이동
Ctrl + Page Up	현재 레코드의 처음 필드로 이동
Ctrl + Page Down	현재 레코드의 마지막 필드로 이동
F5	레코드 번호 상자로 이동
F2	현재 셀의 모든 문자 블록 편집 상태
Shift + Space Bar	현재 레코드의 선택
Ctrl + Space Bar	현재 필드의 선택

3.4.3 데이터시트의 모양 변경

앞에서 작성한 인사관리 테이블이나 급여관리 테이블의 데이터시트의 모양은 액세스 2019에서 기본적으로 제공하는 모양으로서 사용자의 취향에 주로 맞지 않는다.

예를 들면 글자의 크기가 너무 작거나, 행 높이 혹은 행 너비가 너무 낮거나 좁아 데이터를 충분히 표시하지 못하는 경우도 있다.

액세스 2019는 데이터시트 내에서 이러한 사용자의 고민을 해결해 줄 수 있는 기능을 제공한다. 여기서는 인사관리 테이블의 데이터시트에 입력한 데이터의 글자 모양 변경, 셀 서식 지정, 행 높이 조정, 열 너비 조정 등의 방법에 대해서 알아보기로 한다.

1) 글자 모양의 변경

(1) 인사관리 테이블의 데이터시트에 입력한 데이터의 글자모양을 사용자가 원하는 모양으로 바꿔 보기로 하자.

① 인사관리 테이블의 데이터시트 창에 입력된 모든 데이터에 대한 글자 모양을 변경하기 위해 그림과 같이 행 선택기나 열 선택기를 사용해서 데이터 모두 블록 지정한다.

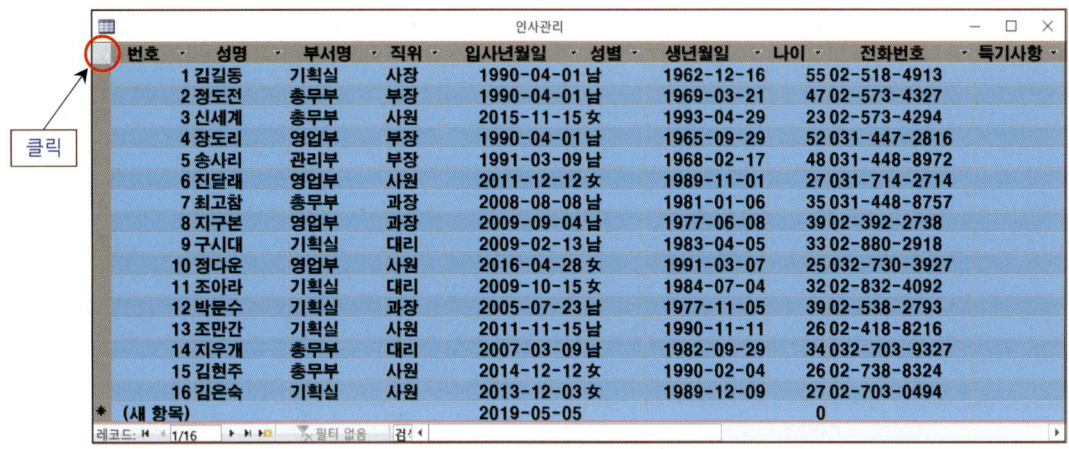

② 열 선택기를 사용해서 전체 레코드를 블록 지정하려면, 마우스 포인터를 처음 필드인 [번호]의 제목 부분에 위치시키고, 그 다음 마우스 왼쪽 버튼 누른 채 마지막 필드인 [특기사항] 필드까지 드래그하거나, 왼쪽 상단의 단추를 누른다.

③ [텍스트 서식] 메뉴에서 다음과 같은 모양으로 선택한다.

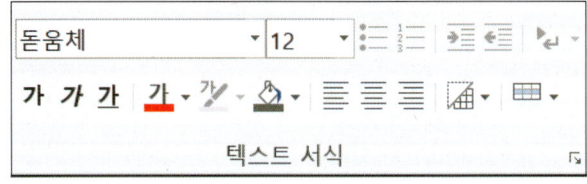

④ 위의 텍스트서식 대화상자에서 사용자가 원하는 항목에 대한 설정 값(돋움체)을 변경하고 [확인]을 누른다.

⑤ 다음 그림은 변경한 글자모양(돋움체, 12)을 보여주고 있다. 블록을 해제하려면 데이터시트의 빈 셀(Cell)을 클릭한다.

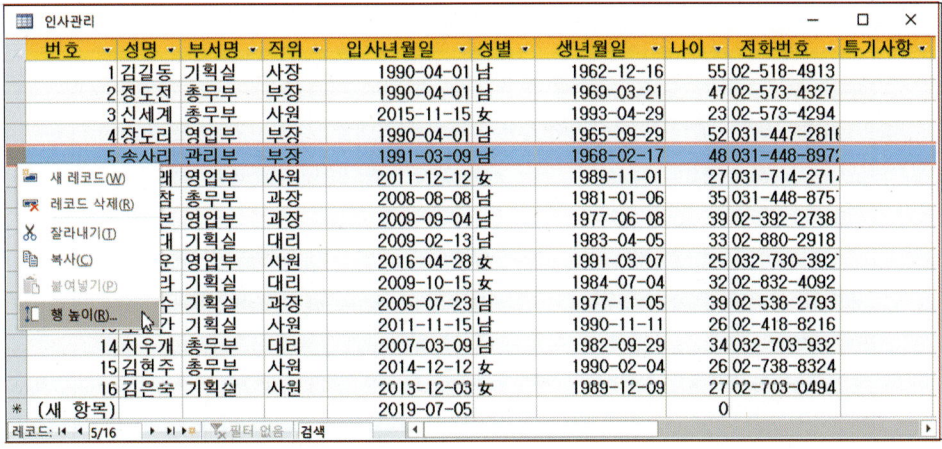

2) 행 높이의 변경

행 높이를 변경하는 방법은 메뉴를 이용하는 방법과 마우스를 사용하는 방법이 있다.

(1) 메뉴를 사용하여 행 높이 변경

① 행의 왼쪽을 마우스 오른쪽 단추로 클릭하고 [행 높이]를 차례로 선택한다.

② 행 높이 대화상자에서는 사용자 임의로 행 높이를 직접 입력한다. 여기시는 행 높이를 20으로 지정하기 위해 행 높이 대화상자의 [표준 높이(S)]를 체크하면 행 높이는 본래의 높이(14.25)로 복귀된다.

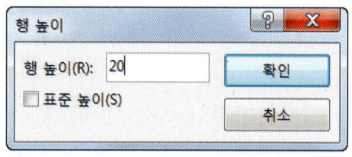

③ 다음은 앞에서 설정한 행 높이를 20으로 변경한 결과이다.

(2) 마우스를 사용하여 행 높이 변경

마우스 포인터를 행 선택기의 경계선으로 보내면 마우스 포인터의 모양이 ✥ 모양으로 변한다. 이때 마우스 왼쪽 버튼을 누르고, 끌면서 위, 아래로 이동하다가 적당한 행 높이가 되었으면 마우스 버튼을 놓는다.

3) 열 너비의 변경

열 너비를 변경하는 방법도 행 높이 조절과 마찬가지로 두 가지 방법을 사용할 수 있다. 행 높이는 일부의 행에 대해서만 조절할 수는 없고, 무조건 전체 행에 대해서 높이를 동시에 조절한다. 그러나 열 너비는 원하는 일부의 열에 대해서만 너비를 조절할 수 있다.

(1) 메뉴를 사용하여 열 너비 변경

① 데이터시트의 열 너비를 변경하고자 하는 열을 열 선택기를 사용하여 그림과 같이 열의 필드를 블록설정한다.

② 블록설정하기 위해서는 먼저 마우스 포인터를 열 선택기 행의 번호 위치에 놓고, 마우스 왼쪽 버튼을 누른 상태에서 부서명 위치까지 끌기를 한다.

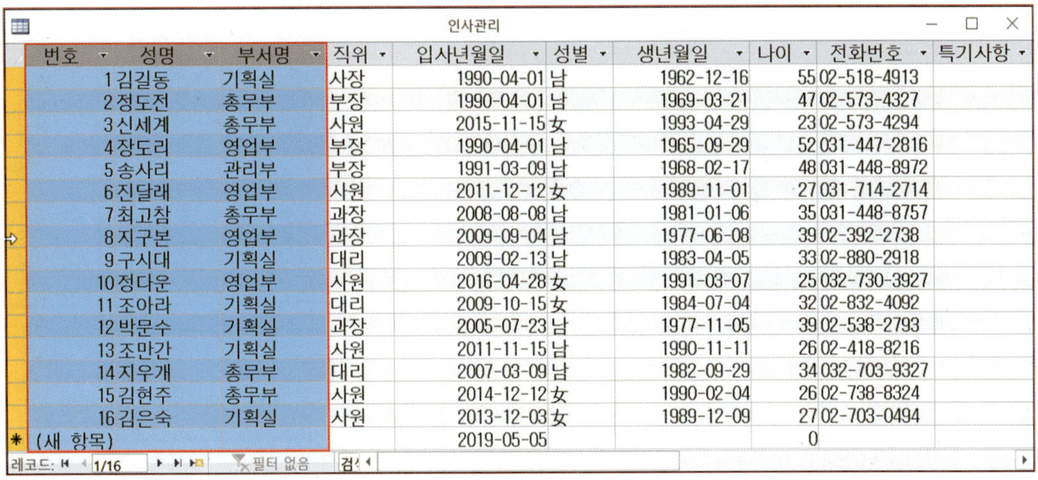

③ 메뉴에서 [필드 너비]를 차례로 선택한다.

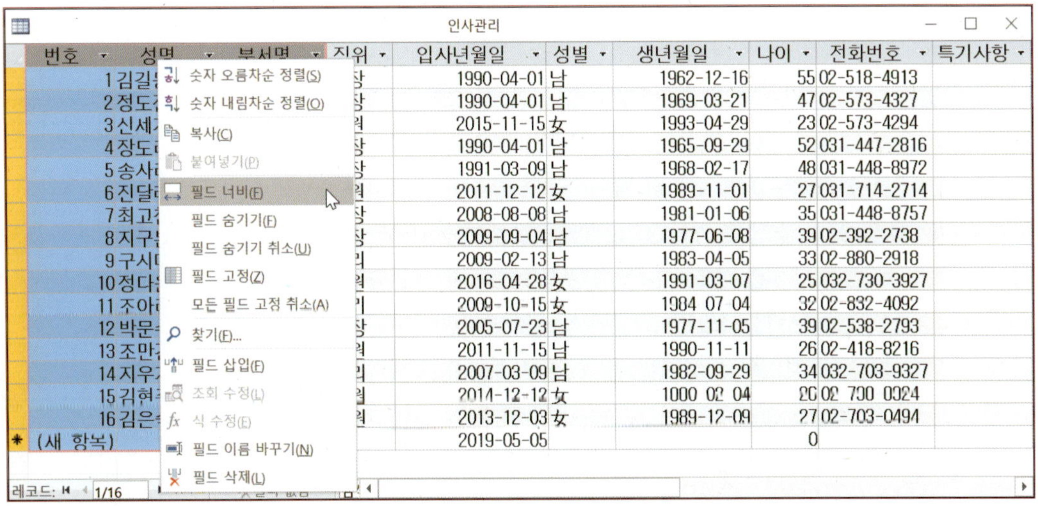

④ 열 너비 대화상자에서는 사용자 임의대로 열 너비를 직접 입력한다. 여기서는 열 너비를 20으로 지정하여 본다. 만약 열 너비 대화상자의 표준 너비를 선택하면 본래 열 너비인 11.5583으로 복귀한다.

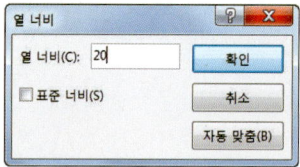

⑤ 다음 그림은 앞에서 설정한 열 너비를 변경한 결과이다.

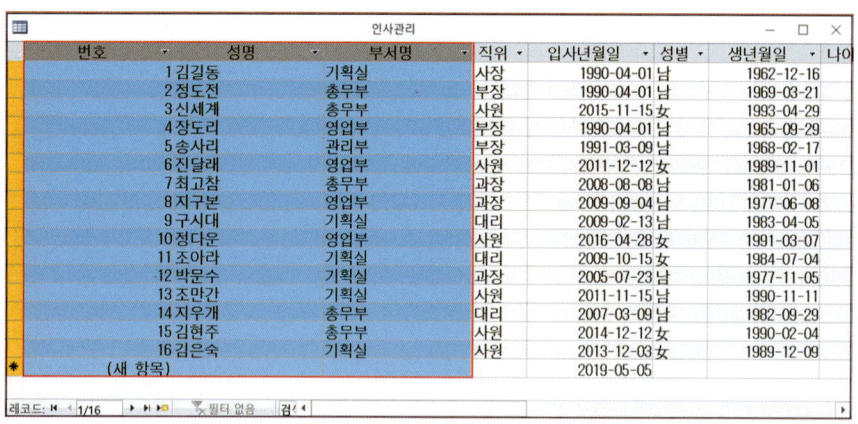

⑥ 블록 설정한 열을 블록 해제하기 위해서는 시트의 빈 셀(Cell)을 클릭하면 된다.

(2) 마우스를 사용한 열 너비 변경

① 데이터시트의 열 너비를 변경하고자 하는 열을 열 선택기를 사용하여 블록을 설정한다.

② 마우스 포인터를 블록 설정한 열 선택기의 경계선으로 보내면 마우스 포인터의 모양이 ✥ 모양으로 변한다.

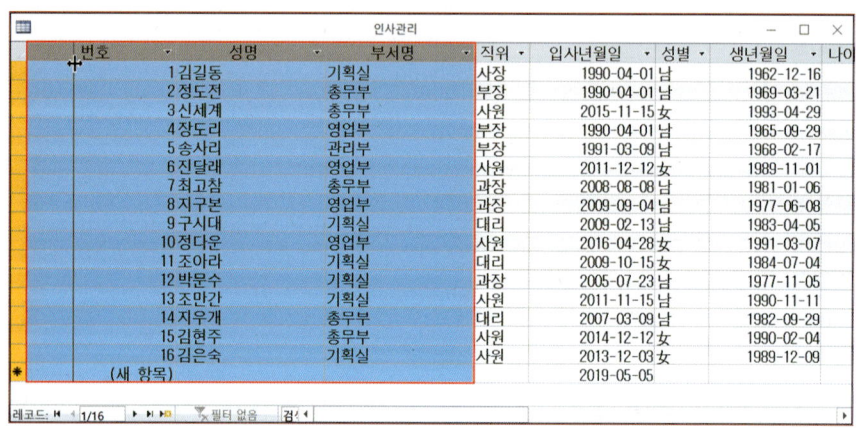

③ 이때 마우스 왼쪽버튼을 누르고, 끌면서 좌우로 이동하다가 적당한 열 너비가 되었으면 마우스 버튼을 놓는다.

> 마우스 지시자를 블록 설정한 열 선택기의 경계선으로 보내면 마우스 지시자의 모양이 ✛ 모양으로 변한다. 이때 마우스를 더블 클릭하면, 필드에 입력한 데이터의 최대 길이로 열 너비가 조정된다.

4) 셀 서식 변경

데이터시트 보기는 기본적으로 행과 열 사이에 괘선을 보여주는데, 이 괘선을 보이지 않게 할 수도 있고 괘선의 색상을 변경할 수도 있다. 또한 셀(Cell)에 효과를 넣을 수도 있다.

(1) 인사관리 테이블에서 데이터시트의 괘선을 보이지 않게 하고, 또 셀에 볼록 효과를 넣어 보기로 하자.

① [텍스트 서식] 메뉴에서 [데이터시트 서식] 단추를 누른다.

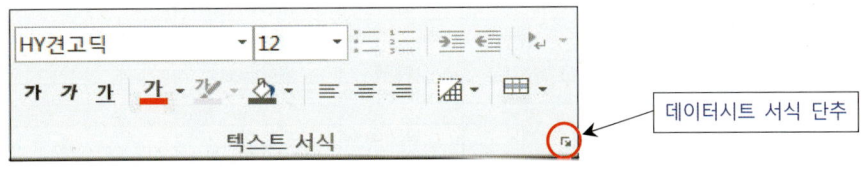

② 셀 효과 대화상자에서 괘선 형태의 [가로]와 [세로]를 모두 해제하고, 셀 효과의 [블록]을 선택한 다음 [확인]을 누른다.

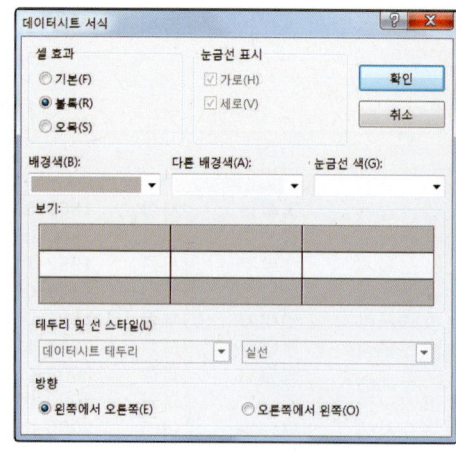

③ [블록]으로 설정한 값의 결과 테이블 모양은 다음과 같다.

④ [오목]으로 설정한 값의 결과 테이블 모양은 다음과 같다.

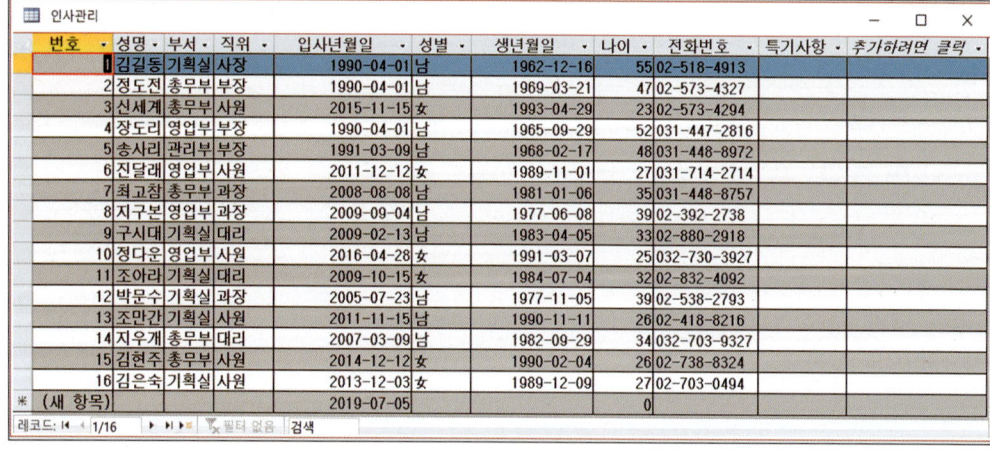

5) 열 숨기기와 열 숨기지 않기

데이터시트 보기 상태에서 자주 사용하지 않거나 인쇄할 때 불필요한 열을 잠시 숨기거나 숨겨진 열을 다시 본래의 상태로 전환할 수 있다.

다음으로 인사관리 테이블의 [생년월일] 필드와 [나이] 필드를 숨겨 보기로 한다.

(1) 인사관리 테이블의 [생년월일] 필드와 [나이] 필드를 숨겨 보기로 하자.

① 먼저 인사관리 테이블의 데이터시트에서 [생년월일]과 [나이] 필드를 동시에 선택하고, 마우스 오른쪽 단추를 누르고 [필드 숨기기]를 차례로 선택한다.

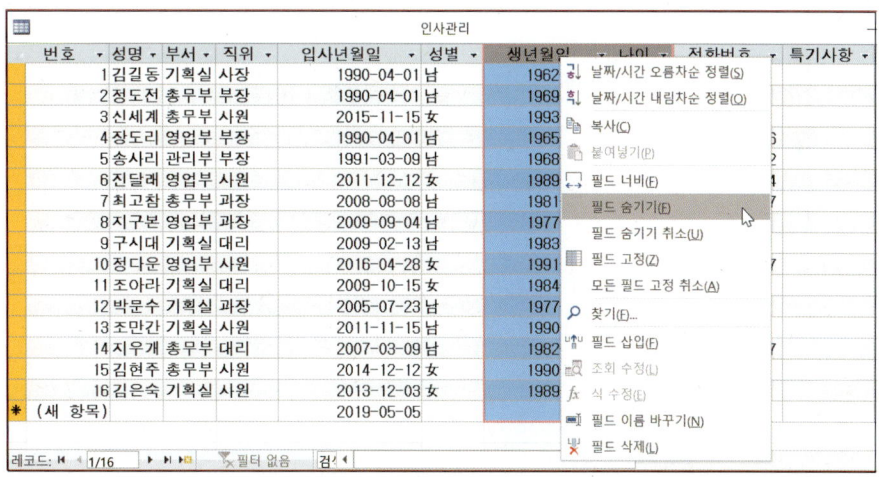

② [생년월일]과 [나이] 필드가 숨겨져서 다음과 같이 나타난다.

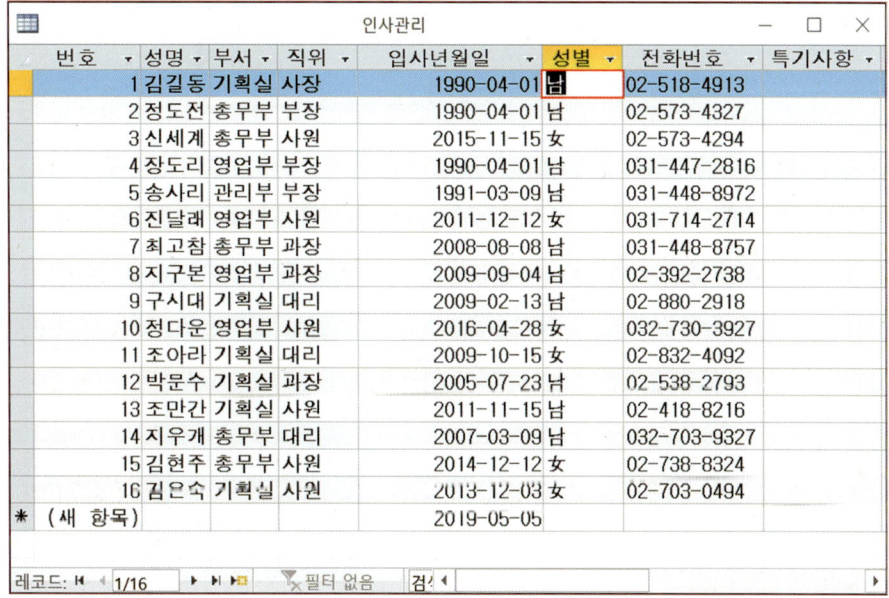

③ 숨겨진 열을 다시 시트에 나타나게 하기 위해, 임의의 필드명을 마우스 오른쪽 단추를 누르고 [필드 숨기기 취소]를 차례로 선택하면, 대화상자가 나타난다.

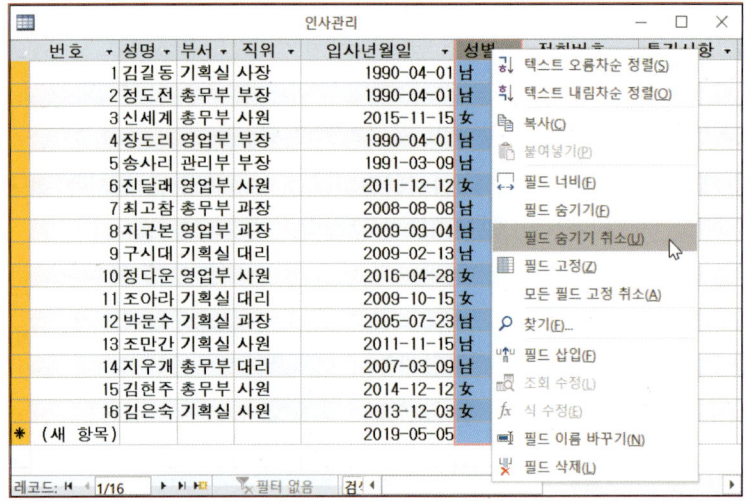

④ 이 대화상자에는 현재 테이블에 대한 필드 목록을 보여주고 있는데, 필드 목록에서 체크표시가 되어 있지 않은 [생년월일]과 [나이] 필드를 체크 표시하고, [닫기]를 누르면 감추어진 [생년월일]과 [나이] 필드가 화면에 다시 나타난다.

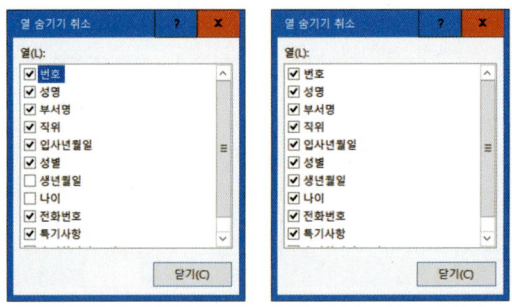

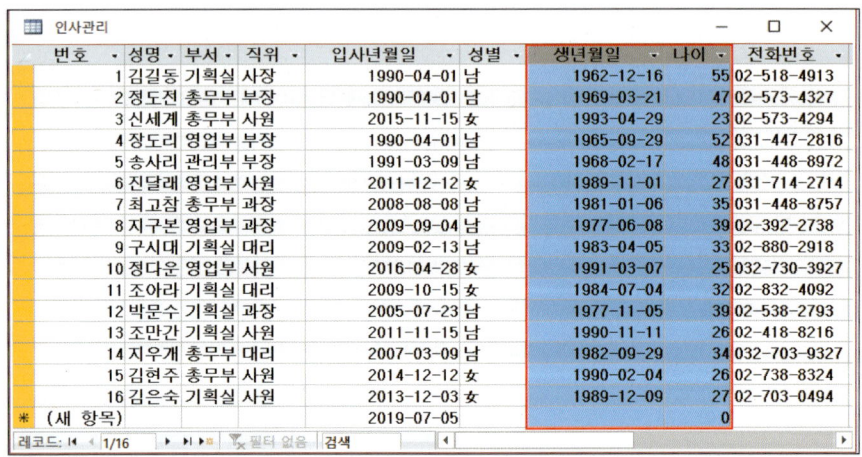

6) 열 고정 및 열 고정 취소

다음에서 보이는 것과 같이 데이터시트 창에서 필드의 개수가 한 화면을 초과하는 경우에 화면의 오른쪽에 있는 필드로 이동하면, 화면의 왼쪽에 있는 [번호] 혹은 [성명] 필드가 보이지 않으므로 현재 화면에 보여지는 데이터가 누구의 데이터인지 알 수가 없다.

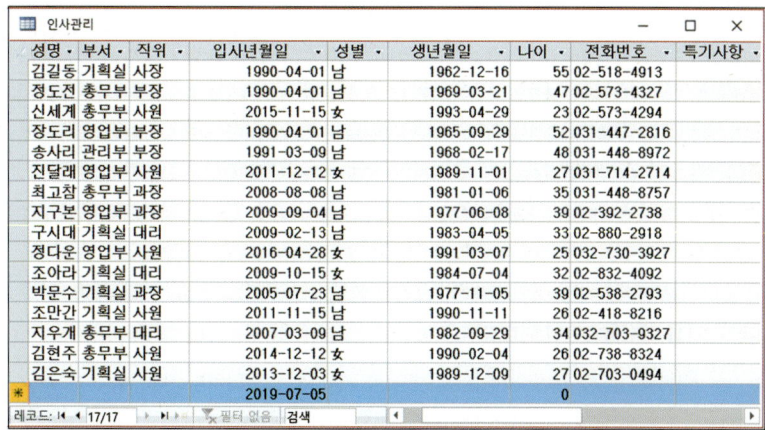

이러한 경우에 [성명] 필드의 열을 항상 화면에 고정시키면 작업하는데 편리할 것이다.

(1) 인사관리 테이블의 [성명] 필드의 열을 화면에 고정시키는 방법에 대해서 알아보기로 하자.

① 인사관리 테이블의 데이터시트에서 열을 고정하고자 하는 [성명] 필드를 클릭해서 커서를 위치시키고, 필드명에서 마우스 오른쪽 단추를 클릭하고 [필드 고정]을 차례로 선택한다.

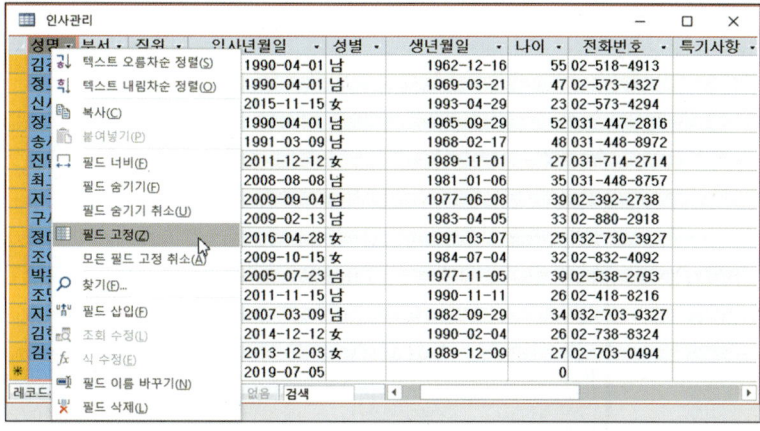

② [성명] 필드의 열이 고정되고 고정된 필드의 오른쪽에 구분선이 나타나며, [성명] 필드가 시트의 첫 번째 열로 자동으로 이동된다.

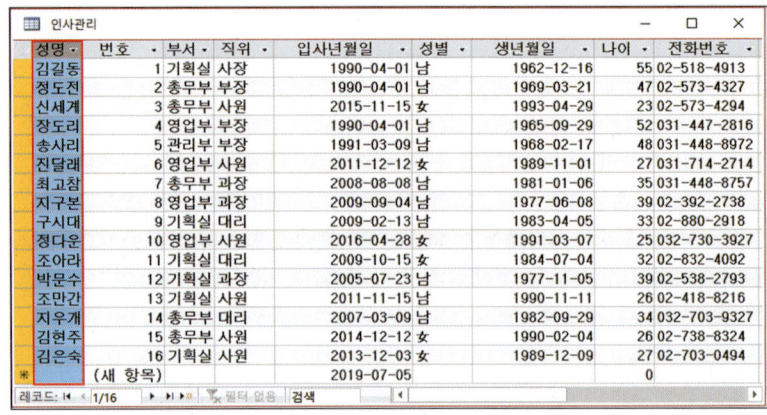

③ [성명] 필드의 필드 고정 상태를 취소하기 위해 [성명] 필드를 마우스 오른쪽 단추를 클릭하고 [모든 필드 고정 취소]를 차례로 선택한다.

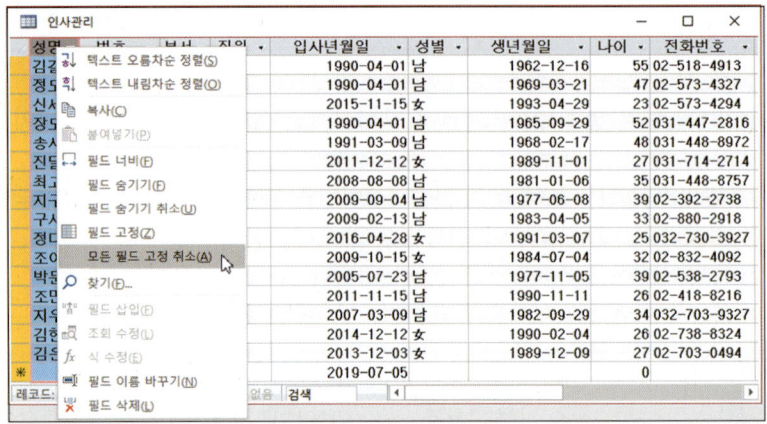

④ 고정 취소 후 [성명] 필드의 이름 부분을 클릭한 다음, 드래그해서 마우스 끌기로 본래 위치로 이동한다.

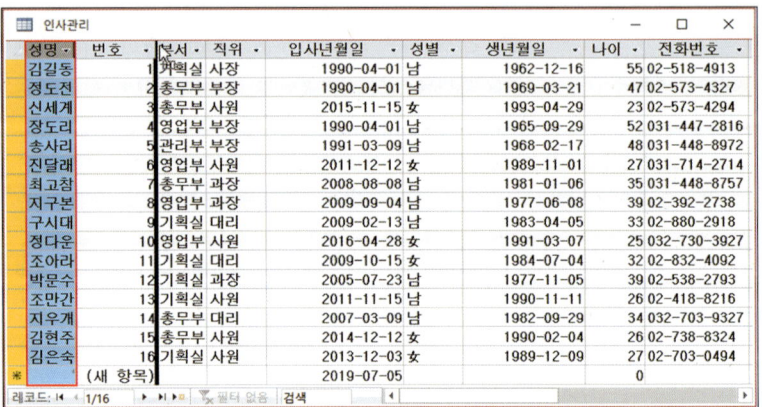

7) 레코드의 추가 및 삭제

데이터시트에서 새 레코드를 입력할 때 사용하면 편리한 키보드 단축 키의 종류와 그 의미는 다음과 같다.

단축 키	커서 이동 상태의 설명
Ctrl + "	이전 레코드의 필드 값을 복사한다.
Ctrl + ;	현재 시스템의 날짜를 입력한다.
Ctrl + Shift + ;	현재 시스템의 시간을 입력한다.
Ctrl + Enter	메모나 문자열의 필드에 캐리지 리턴을 넣는다.
Ctrl + +	새 레코드를 추가한다.
Ctrl + −	현재 레코드를 삭제한다.
Ctrl + Alt + Space Bar	필드의 기본값을 입력한다.

(1) 테이블에 레코드를 추가하여 보기로 하자.

① '인사관리' 테이블에 다음 레코드를 추가 입력하여 보기로 한다.

번호	성명	부서	직위	입사년월일	성별	생년월일	나이	전화번호
17	김보람	영업부	사원	2019-01-05	女	1993-01-03	21	02-303-3030

② 현재의 데이터시트에 새 레코드의 추가 입력은 행 선택기의 * 표시가 되어 있는 행에 성명 필드부터 차례로 입력한다((새 항목) 필드는 번호가 자동생성돼서 입력되지 않는다).

데이터시트의 행 선택기에는 경우에 따라 3가지 형태의 레코드 표시사가 보인다. 레코드 표시자의 종류와 그 의미는 다음과 같다.

레코드 표시자	의미
*	새 레코드를 추가할 수 있는 행을 표시
▶	현재 커서가 위치한 행을 표시
✎	현재 행의 데이터를 수정 중이라는 표시

③ 인사관리 테이블에 추가 입력한 레코드를 삭제하려면 삭제하고자 하는 레코드의 행 선택기를 클릭하여 행 전체를 블록 설정하고, Delete 키를 누르면 다음과 같은 레코드 삭제 확인 대화상자가 나오는데, 여기서 [예]를 누르면 레코드가 삭제되고, 삭제된 레코드는 다시 복구할 수는 없다.

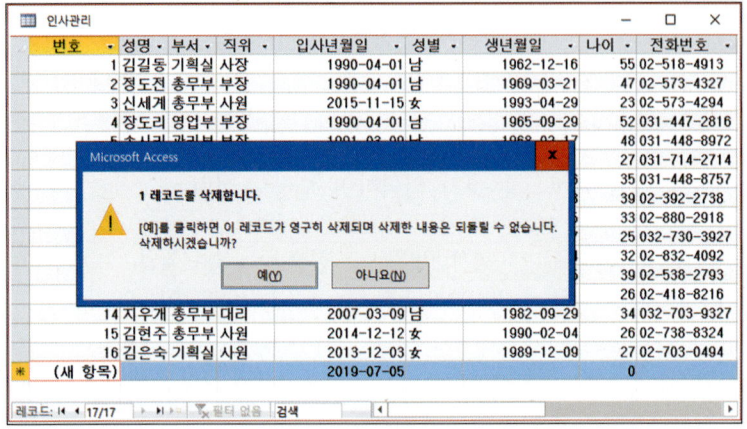

8) 데이터시트에서의 레코드 정렬

레코드 정렬이란 특정한 필드의 값에 따라 레코드의 순서를 오름차순 또는 내림차순으로 정하는 것을 말한다.

- 오름차순 : 가, 나, 다, … 순, 1, 2, 3, 4. … 순
- 내림차순 : 하, 파, 타, … 순, 9 ,8, 7, 6..... 순

데이터시트에서 레코드 정렬은 비교적 간단하다.

(1) 인사관리 테이블의 레코드에서 성명 필드의 오름차순으로 정렬하여 보기로 하자.

① 인사관리 테이블의 데이터시트 창에서 현재 레코드의 순서는 레코드 번호순으로 되어 있는데, 이것을 성명 순으로 변경하기 위해서 먼저 커서를 [성명] 필드 열에 위치시킨다.

② [정렬 및 필터]의 도구모음에서 오름차순 정렬 도구(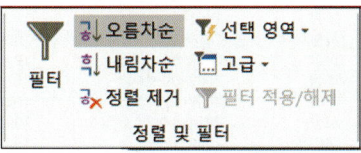)를 누르거나, [성명] 필드에서 마우스 오른쪽 단추를 누르고 [텍스트 오름차순 정렬]을 차례로 선택하면 성명 순으로 정렬된 결과를 보여준다.

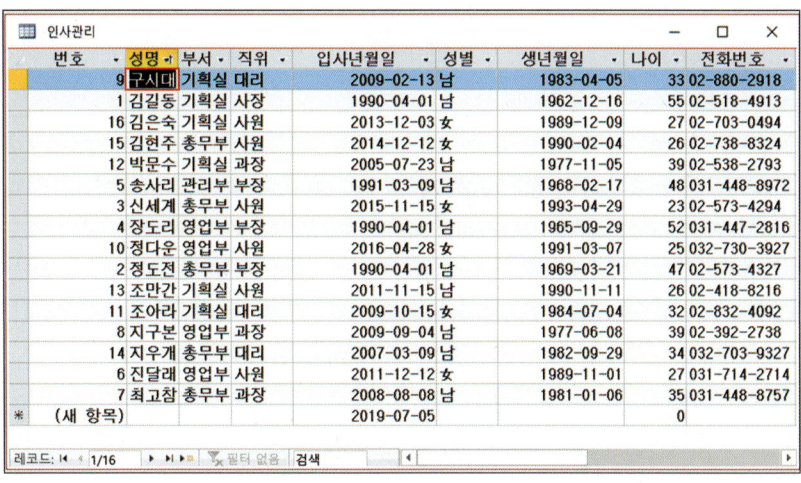

③ [정렬 및 필터] 도구 모음에서 [정렬 제거]를 선택하면 위에서 성명 순으로 정렬한 레코드의 순서에서 본래 데이터를 입력했던 순서로 다시 나타난다.

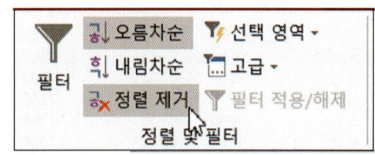

9) 데이터시트에서의 레코드 추출

추출은 테이블의 전체 레코드에 특정한 조건을 부여하여 그 조건에 만족하는 레코드를 걸러내는 기능을 말하며, 필터(Filter)라고도 한다.

(1) 인사관리 테이블에서 부서의 이름이 '영업부'인 레코드만을 추출하여 보기로 하자.

① 인사관리 테이블의 데이터시트에서 커서의 위치를 [부서명] 필드안의 '영업부'에 위치한다.

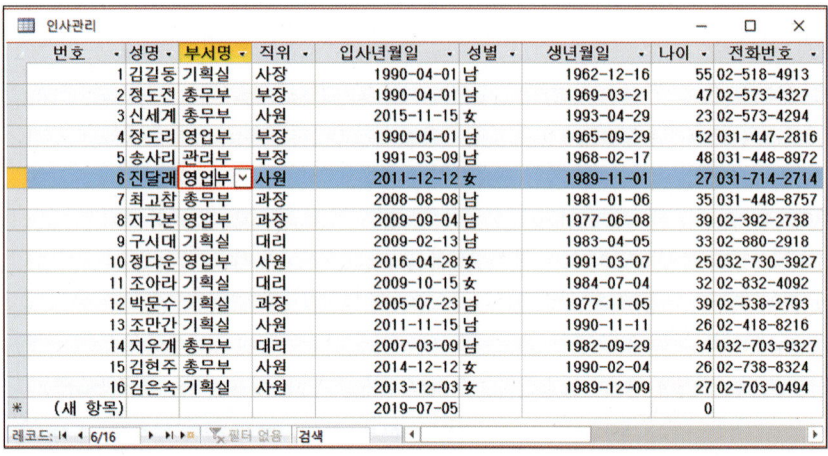

② 도구 모음의 [정렬 및 필터]에서 선택 영역( ) 아이콘을 다음과 같이 지정하면, 부서명이 '영업부'에 대한 레코드만을 추출하여 나타낸다.

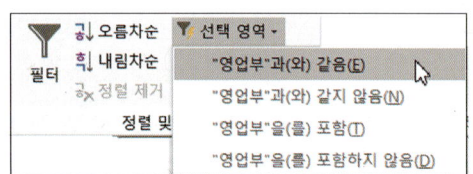

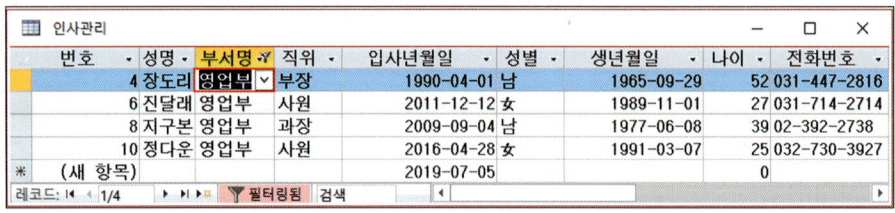

③ 필터 기능을 해제하기 위해 [정렬 및 필터]에서 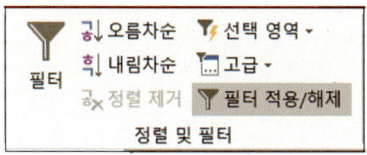 단추를 누르면 이전의 테이블 모양이 나타난다.

(2) 인사관리 테이블에서 성별이 '男'이며 나이가 45세 미만인 레코드 추출하여 보기로 하자.

레코드를 추출하기 전에 우선적으로 성별의 "남"을 "男"으로 일괄 수정하여 보기로 한다.

[찾기] 탭에서 [바꾸기]를 저장하면 다음과 같이 [찾기 및 바꾸기] 대화상자가 나타나고 [찾을 내용]과 [바꿀 내용]에 "남" 그리고 "男"으로 지정하고, [모두 바꾸기]를 클릭하면 일괄적으로 수정되어 나타난다.

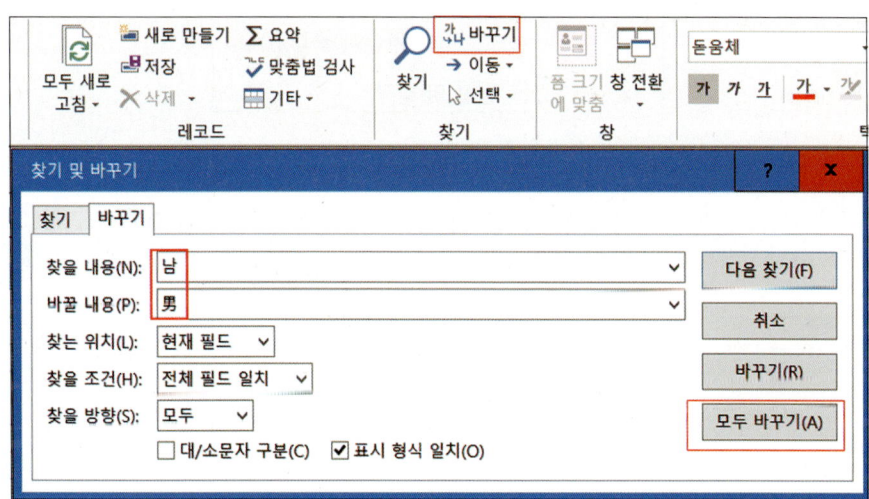

레코드 추출을 위해서 조건식이 2개가 필요하며, 이 두 조건식을 동시에 만족해야 하는 AND 조건이어야 한다.

- 조건식 1 : 성별 = '男'
- 조건식 2 : 나이 < 45

① [정렬 및 필터] 도구 모음에서 [성별] 필드를 지정하고, [고급] - [폼 필터]를 클릭하면 테이블에서 폼 필터 창이 나타난다.

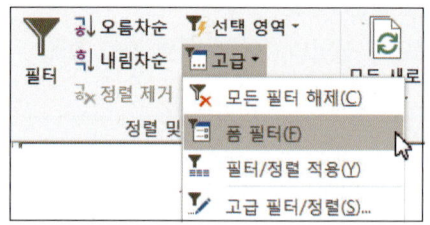

② 조건식 입력 창에서는 [성별] 필드 열을 클릭해서 "男"을 지정하고, 나이 열에는 <45를 입력한 다음 [정렬 및 필터] 도구 모음에서 [필터 적용/해제] 아이콘(▼)을 누르면 45세보다 적은 남자의 결과가 나타난다.

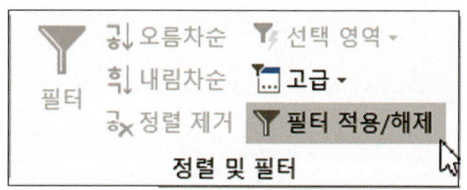

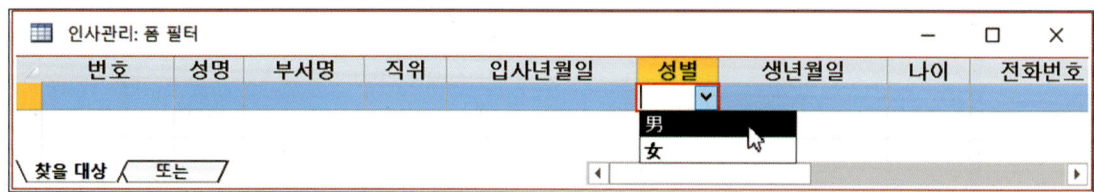

인사관리								
번호	성명	부서명	직위	입사년월일	성별	생년월일	나이	전화번호
7	최고참	총무부	과장	2008-08-08	男	1981-01-06	35	031-448-8757
8	지구본	영업부	과장	2009-09-04	男	1977-06-08	39	02-392-2738
9	구시대	기획실	대리	2009-02-13	男	1983-04-05	33	02-880-2918
12	박문수	기획실	과장	2005-07-23	男	1977-11-05	39	02-538-2793
13	조만간	기획실	사원	2011-11-15	男	1990-11-11	26	02-418-8216
14	지우개	총무부	대리	2007-03-09	男	1982-09-29	34	032-703-9327
(새 항목)				2019-07-05			0	

③ 앞에서의 필터 기능을 해제하기 위해 검색된 테이블 아래 "▼필터링됨" 목록을 클릭하거나 [정렬 및 필터]에서 [▼필터 적용/해제] 단추를 누르면 이전의 테이블 모양이 나타난다.

인사관리								
번호	성명	부서명	직위	입사년월일	성별	생년월일	나이	전화번호
1	김길동	기획실	사장	1990-04-01	男	1962-12-16	55	02-518-4913
2	정도전	총무부	부장	1990-04-01	男	1969-03-21	47	02-573-4327
3	신세계	총무부	사원	2015-11-15	女	1993-04-29	23	02-573-4294
4	장도리	영업부	부장	1990-04-01	男	1965-09-29	52	031-447-2816
5	송사리	관리부	부장	1991-03-09	男	1968-02-17	48	031-448-8972
6	진달래	영업부	사원	2011-12-12	女	1989-11-01	27	031-714-2714
7	최고참	총무부	과장	2008-08-08	男	1981-01-06	35	031-448-8757
8	지구본	영업부	과장	2009-09-04	男	1977-06-08	39	02-392-2738
9	구시대	기획실	대리	2009-02-13	男	1983-04-05	33	02-880-2918
10	정다운	영업부	사원	2016-04-28	女	1991-03-07	25	032-730-3927
11	조아라	기획실	대리	2009-10-15	女	1984-07-04	32	02-832-4092
12	박문수	기획실	과장	2005-07-23	男	1977-11-05	39	02-538-2793
13	조만간	기획실	사원	2011-11-15	男	1990-11-11	26	02-418-8216
14	지우개	총무부	대리	2007-03-09	男	1982-09-29	34	032-703-9327
15	김현주	총무부	사원	2014-12-12	女	1990-02-04	26	02-738-8324
16	김은숙	기획실	사원	2013-12-03	女	1989-12-09	27	02-703-0494
(새 항목)				2019-07-05			0	

(3) 인사관리 테이블에서 직위가 '과장'이거나 나이가 50세 이상의 레코드 추출하여 보기로 하자.

이 경우 역시 두 개의 조건식이 필요하며, 이번에는 두 조건식 중에서 하나만 만족해도 조건이 지정되는 OR 조건이다.

- 조건식 1 : 직위 = "과장"
- 조건식 2 : 나이 >= 50

① [정렬 및 필터] 도구 모음에서 [고급] - [폼 필터(F)]를 클릭하고, 조건식 입력 창에서는 [찾을 대상] 탭의 [직위] 필드 열을 클릭해서 "과장"을 지정하고, 조건식 입력 창 아래 부분의 [또는] 탭을 누른 다음, 나이 열에는 >=50을 입력한다.

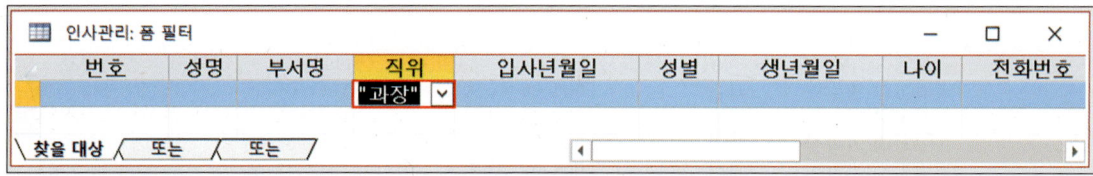

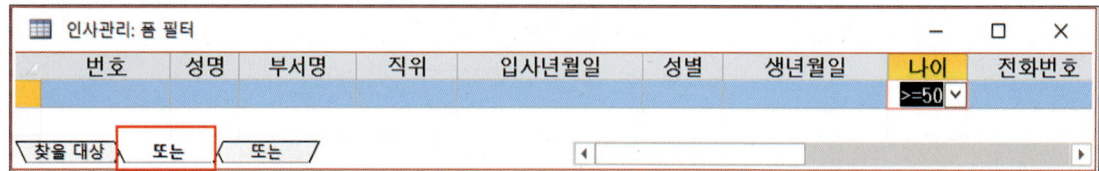

② [필터 적용/해제] 아이콘을 누르면 직위가 과장이거나 50세 이상의 조건식에 의한 결과가 나타난다.

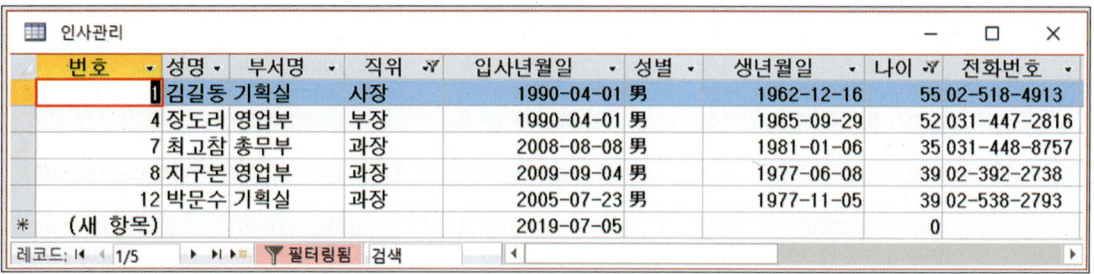

10) 데이터시트의 미리 보기와 인쇄

한글 액세스 2019에서 주로 보고서에서 양식을 만들어서 인쇄한다. 그러나 데이터시트 창에서도 테이블의 데이터를 인쇄할 수 있다.

물론 정렬과 필터 기능을 이용해서 인쇄할 데이터의 순서를 정할 수 있고, 또 데이터를 필요한 것만 추출해서 인쇄할 수도 있다.

일반적으로 테이블의 내용을 인쇄하기 전에는 미리 보기 기능을 이용하여 사전에 출력 결과를 검토하여야 한다.

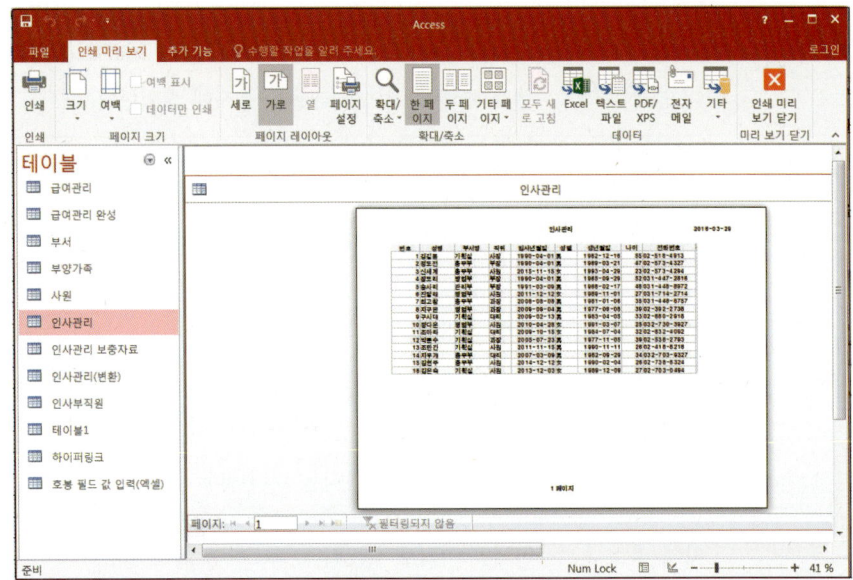

미리 보기를 나타내기 위해 [파일] - [인쇄] - [인쇄 미리보기]를 진행하면 미리 보기 화면이 나타난다.

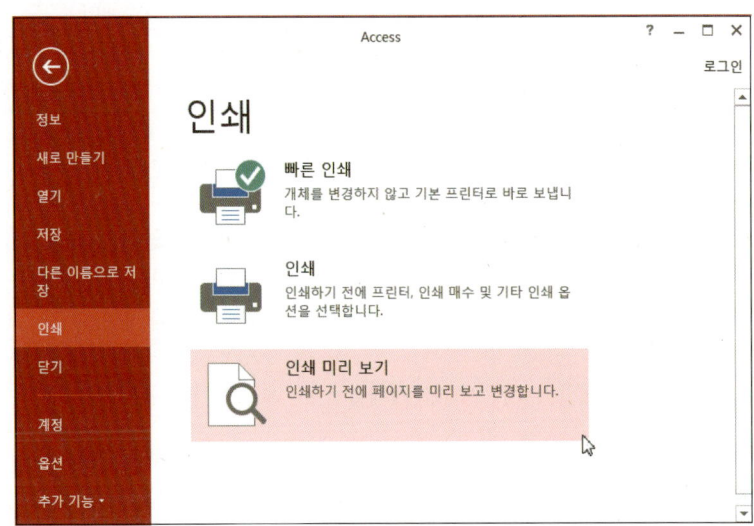

[인쇄 미리보기]에 대한 여러 가지 사용 도구에 대한 설명은 다음과 같다.

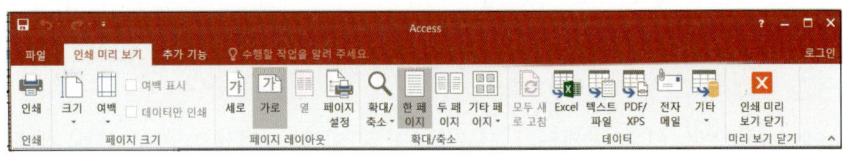

레코드 표시자	제 목	의 미
	인쇄	현재 화면에 보이는 내용을 용지에 출력한다.
	크기	현재 구역의 용지 크기를 선택한다.
	여백	문서와 구역의 여백 크기를 지정한다.
	세로	용지 크기를 세로로 지정한다.
	가로	용지 크기를 가로로 지정한다.
	페이지 설정	페이지 설정 대화상자를 나타낸다.
	확대/축소	인쇄의 미리보기를 확대/축소하여 나타낸다.
	한 페이지	창에 전체 페이지가 맞도록 확대/축소한다.
	두 페이지	테이블을 두 페이지에 나누어서 나타낸다.
	기타 페이지	테이블을 4, 8, 12 페이지로 선택하여 나타낸다.
	Excel	선택한 개체를 엑셀로 내보내기 한다.
	텍스트 파일	선택한 개체를 텍스트 파일로 내보내기 한다.
	PDF 또는 XPS	선택한 개체를 PDF 파일로 내보내기 한다.
	전자 메일	선택한 개체를 전자 메일로 내보내기 한다.
	기타	선택한 개체를 MS워드, SharePoint, ODBC DB, HTML, dBASE 파일로 내보내기 한다.
	인쇄 미리보기 닫기	인쇄 미리보기를 닫고 본래 화면으로 돌아간다.

(1) 사원관리 데이터베이스의 인사관리 테이블을 프린터에 출력하여 보기로 하자.

① 데이터베이스 창에서 '인사관리' 테이블을 선택하고, [열기]를 누른다.

② 프린터로 테이블의 데이터를 인쇄하기 전에 [파일]-[인쇄]-[인쇄 미리보기]를 차례로 선택해서 수행하면 인쇄 미리 보기 화면이 나타난다.

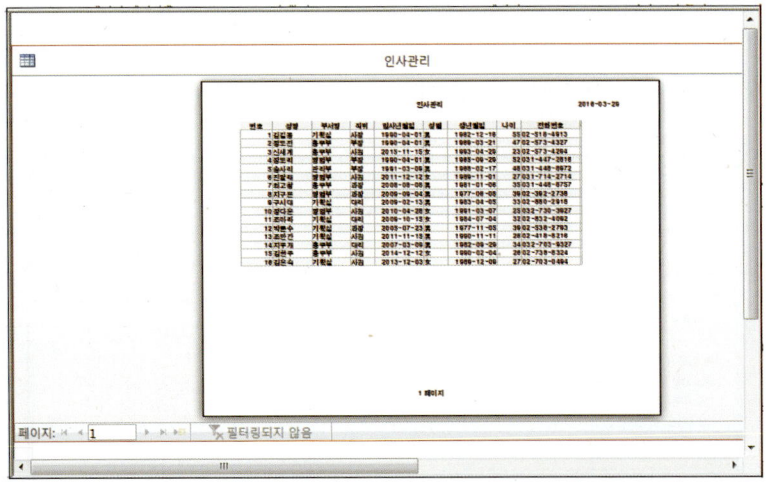

③ 미리보기 화면에서 문서를 다시 편집하려면 인쇄 미리보기 닫기(X)를 누른다. 그러나 현재 문서를 재편집 하지 않고 그대로 용지에 출력하려면 인쇄(🖨)를 선택한다.

④ 데이터시트 보기 창에서 데이터를 바로 인쇄하기 위해 [파일]-[인쇄]-[인쇄]를 차례로 선택하면 다음과 같은 인쇄 대화상자가 나타난다.

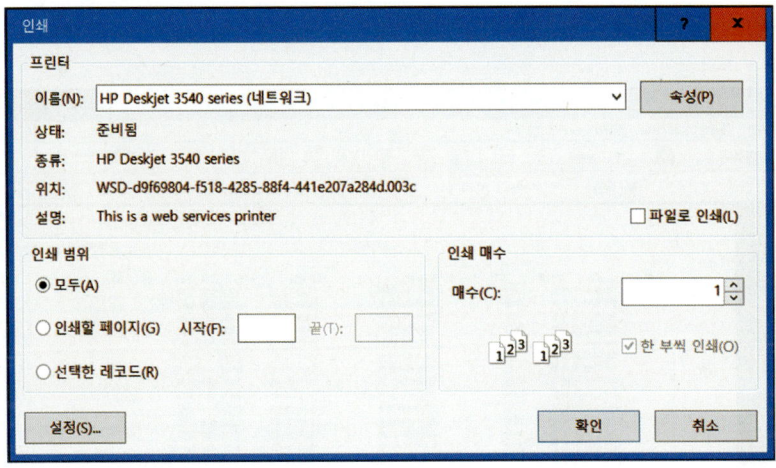

⑤ 인쇄 대화상자에서 프린터 [이름 :]란에 지금 시스템 본체와 연결된 실제 프린터의 이름인지 확인하고, 인쇄 범위를 설정한 다음 [확인] 단추를 누르면 테이블의 내용이 종이에 출력된다.

(2) 시원관리 데이터베이스의 인사관리 테이블을 PDF 파일에 저장해 보기로 하자.

① 데이터베이스 창에서 '인사관리' 테이블을 선택하고, [열기]를 누른다.

② 프린터로 테이블의 데이터를 인쇄하기 전에 [파일]-[인쇄]-[인쇄 미리보기]를 차례로 선택해서 수행하면 인쇄 미리 보기 화면이 나타난다.

③ 미리보기 화면에서 PDF( ) 아이콘을 선택하면 테이블 이름과 같은 PDF파일 저장 문서를 확인하고 [게시]를 클릭하면 PDF파일에 저장된다.

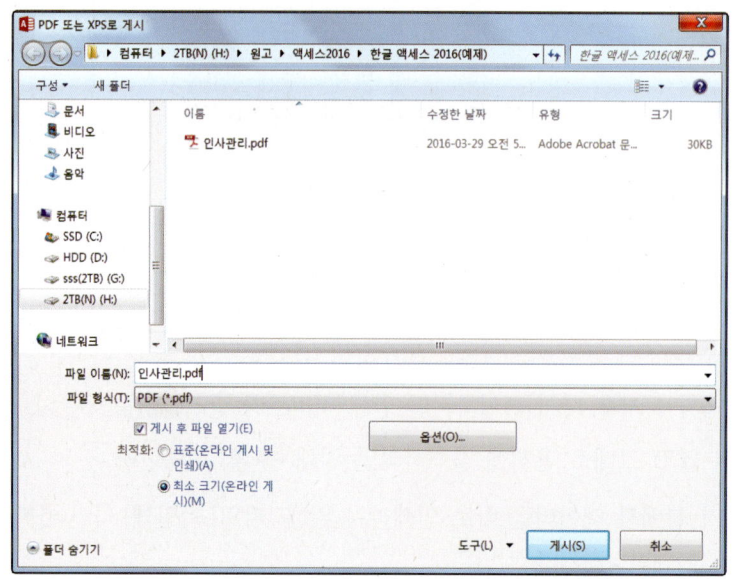

④ 저장된 PDF파일을 확인하면 다음과 같이 나타난다.

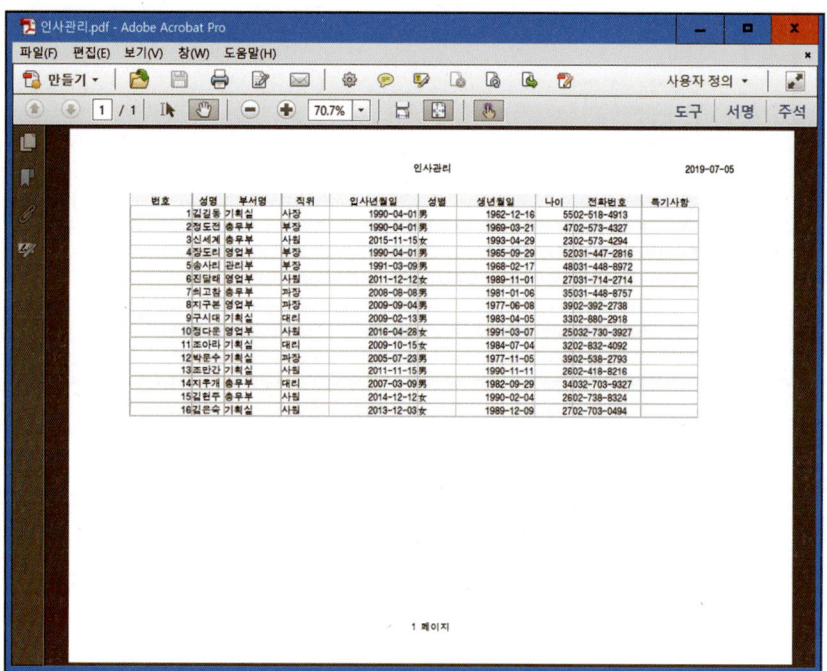

3.4.4 테이블 관리

액세스를 사용하다보면 이미 작성한 테이블과 비슷한 또 하나의 테이블을 작성해야 하는 경우가 있다.

또한 현재 작성한 테이블에 다음 장에서 배울 실행 쿼리 등을 사용하다 보면 레코드 값이 사용자가 원하지 않는 값으로 바뀔 수도 있다.

따라서 이러한 때를 대비해서 현재 테이블에 대한 복사 본 테이블을 만들어 놓으면 유사시에 대비할 수 있다.

아울러 비슷한 테이블을 작성 할 경우에도 보다 빠르고 편리하게 작성할 수 있게 된다.

1) 데이터베이스 열기

인사관리 테이블에 대한 복사 본 테이블을 작성하기 전에 인사관리 테이블이 작성되어져 있는 [사원관리.accdb]를 찾아서 열기하는 방법에 대해 알아보기로 한다.

[한글액세스 2019]의 폴더에 들어있는 데이터베이스 문서인 [사원관리.accdb] 파일을 다음 3가지 방법 중에 한 가지 방법을 이용해서 데이터베이스를 열기한다.

(1) 한글 액세스 2019가 실행된 상태에서 [최근에 사용한 항목] 지정

① 한글 액세스 2019를 처음 실행했을 때의 왼쪽의 초기화면을 보면 [사원관리.accdb] 항목이 있는데, 이 항목을 클릭하면 [열기] 대화상자가 나타난다.

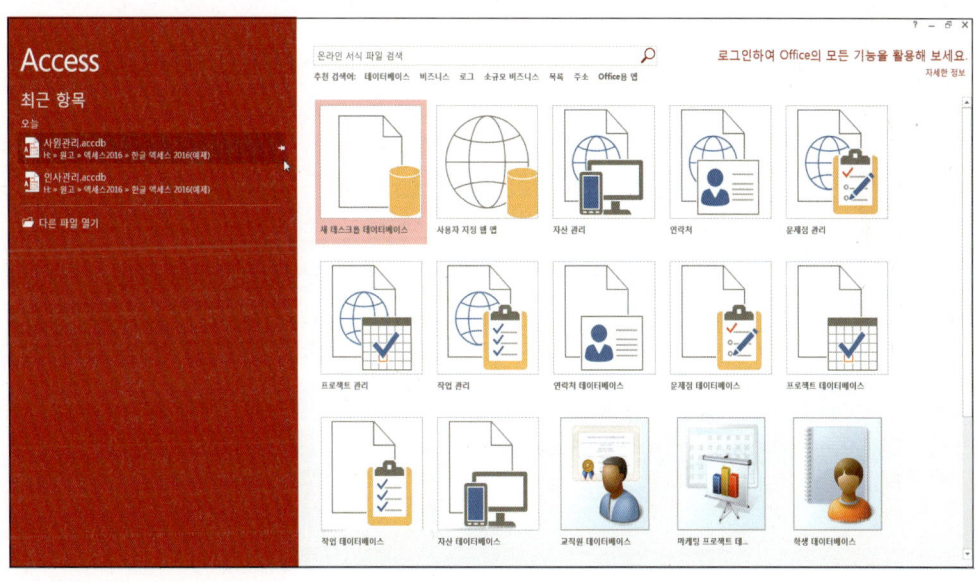

② 사원관리 데이터베이스 기본 장의 화면이 나타난다.

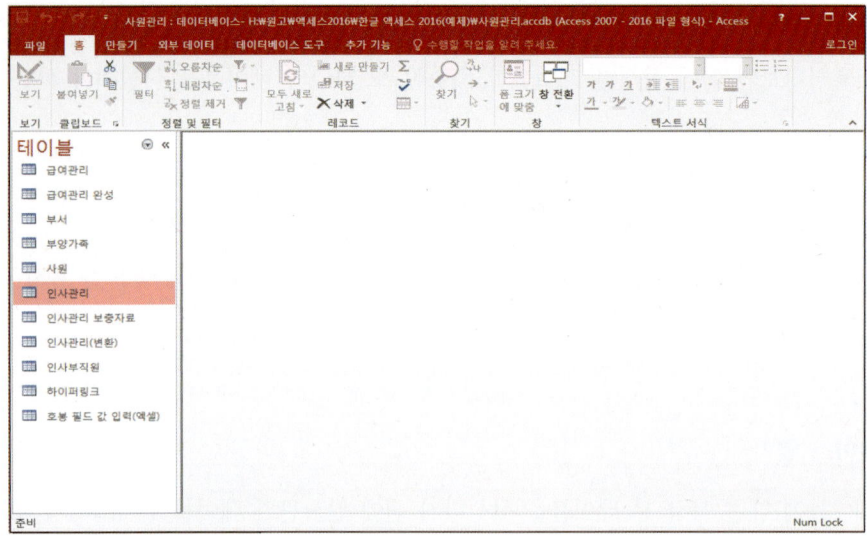

(2) [다른 파일 열기] 목록을 이용하여 파일 열기

① 한글 액세스 2019를 실행하고 왼쪽에 [다른 파일 열기] 목록을 클릭한다.

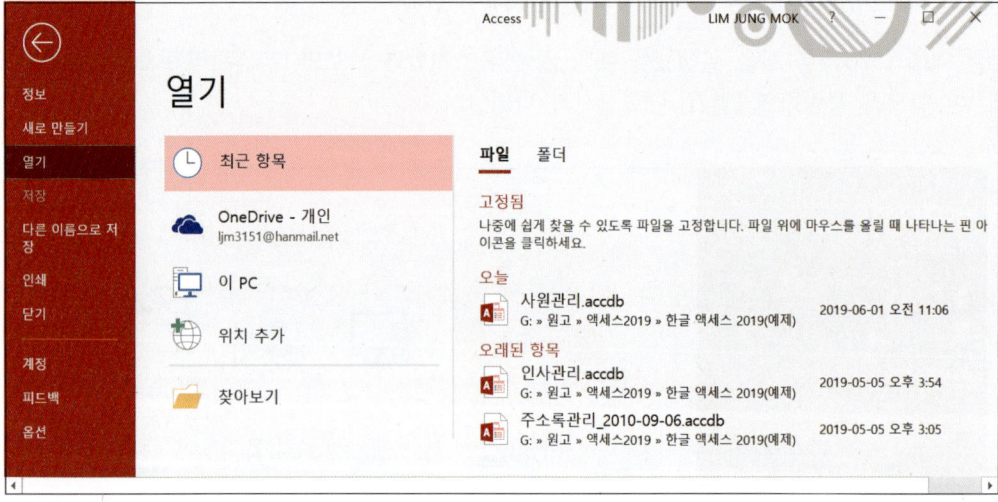

② 다음으로 [찾아보기] 아이콘을 누르면 [열기] 대화상자가 나타나고 데이터베이스가 저장되어 있는 폴더를 검색하고, 지정한 다음 [열기]를 클릭한다.

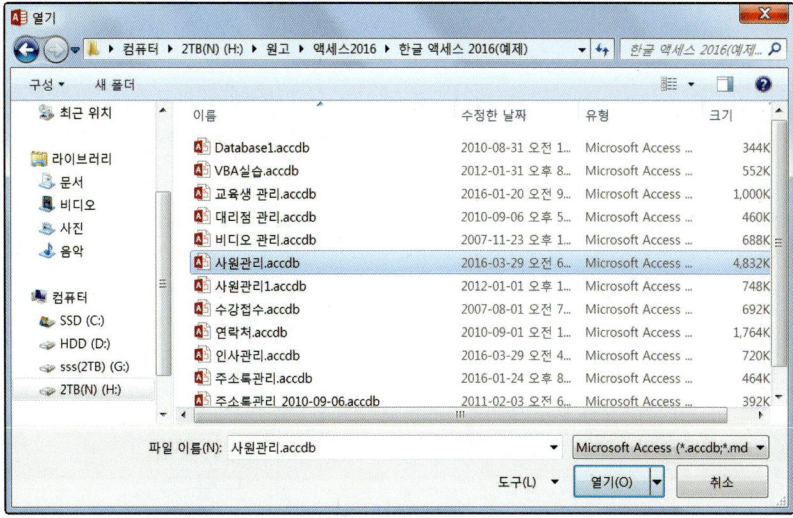

(3) 윈도우즈 탐색기에서 직접 파일 열기

① 한글 액세스 2019를 실행하지 않고 윈도우즈 탐색기에서 직접 열기 위해 윈도우즈 탐색기 화면에서 [사원관리.accdb] 파일을 지정하고 더블 클릭하면, 한글 액세스 2019가 실행되며 사원관리 데이터베이스가 곧바로 지정되어 나타난다.

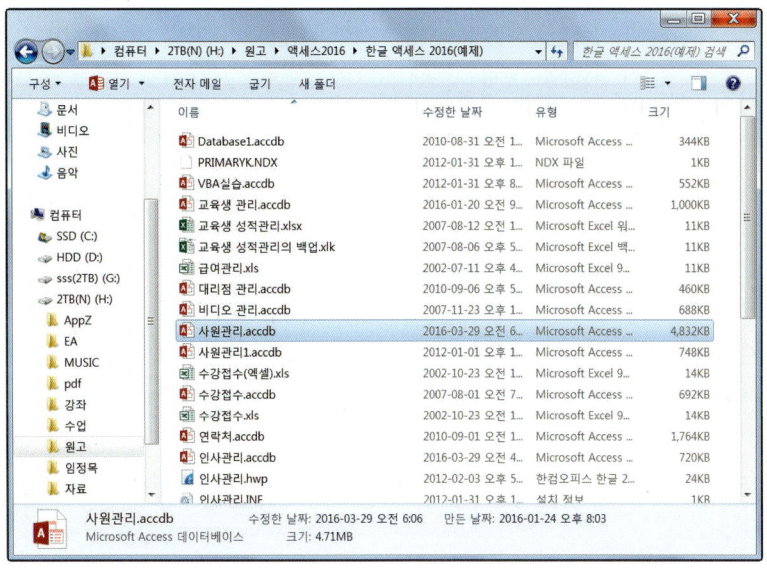

2) 테이블 복사

테이블을 복사하여 붙여넣기 하는 경우 다음 3가지 중에서 한 가지를 선택해야 한다.

옵션의 종류	의 미
구조만	원본 테이블의 테이블 구조만 붙여넣기 한다.
구조와 데이터	원본 테이블의 테이블 구조와 데이터 모두 붙여넣기 한다.
기존 테이블에 데이터 추가	원본 테이블의 데이터를 기존의 테이블에 추가한다.

(1) 사원관리 데이터베이스(사원관리.accdb)를 열기한 다음 인사관리 테이블의 복사된 테이블을 만들기

① 데이터베이스 창의 [테이블 탭]을 선택하면, 현재 작성된 테이블 목록을 보여 준다. 그 중에서 복사할 '인사관리 테이블'을 선택하고, 마우스 포인터를 '인사관리'에 지정하고, 마우스의 오른쪽 버튼을 누르면 단축메뉴가 나타나며, 그 중에서 [복사]를 선택하고 클릭한다.

② 다음에는 마우스 오른쪽 단추를 누르고 다시 테이블 목록 안에서 마우스 오른쪽 단추를 누르고 [붙여넣기]를 차례로 선택하면 [테이블 붙여넣기] 대화상자가 나타난다.

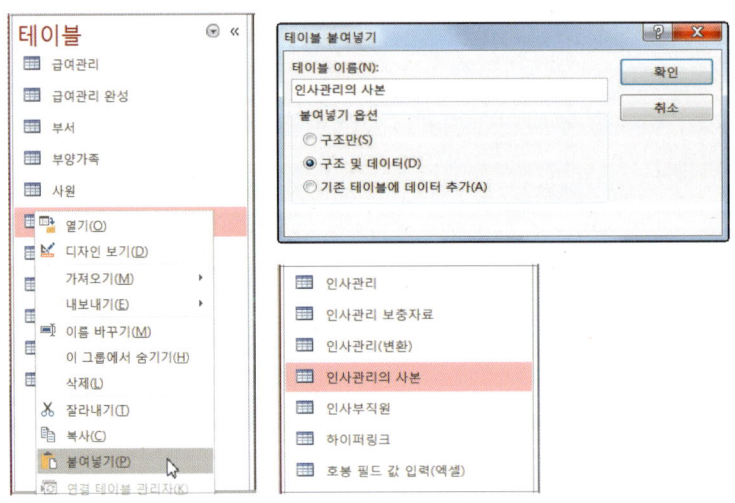

3) 테이블 이름 변경

이미 작성한 테이블의 이름이 사용자 마음에 들지 않는 경우에는 다음과 같은 방법으로 테이블의 이름을 변경할 수 있다.

(1) 복사한 테이블인 '인사관리 복사본' 테이블을 인사관리 테이블의 원본으로 사용하기 위해 '인사관리 원본'이라고 변경하여 보자.

① 데이터베이스 창의 테이블 탭에서 '인사관리의 사본' 테이블을 마우스의 오른쪽 버튼으로 선택하면 단축 메뉴가 나타나고 [이름 바꾸기]를 선택한다.

② 테이블의 이름을 바꿀 수 있는 상태의 목록이 나타나고, 새로운 테이블 이름을 '인사관리 원본'으로 입력한다.

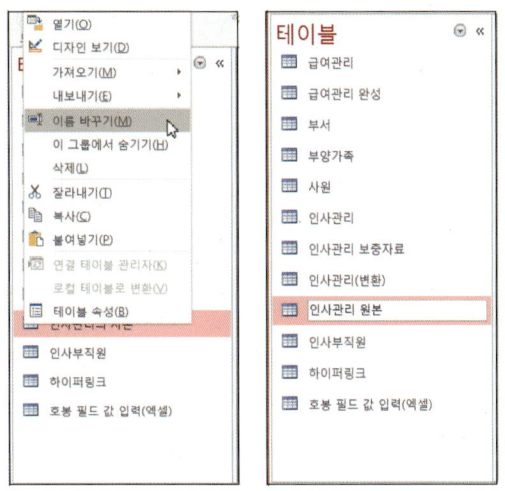

4) 테이블 삭제

이미 한글 액세스 2019에서 이미 작성되어진 테이블 중에는 현재 필요하지 않은 테이블이 존재할 수 있다.

이런 경우에 이 테이블을 그대로 방치하면, 하드디스크 공간만 차지하게 된다.

(1) 불필요한 테이블을 삭제하기 위해 '인사관리 원본' 테이블이 필요 없다고 가정하고 이 테이블을 삭제하여 보기로 보자.

① 데이터베이스 창에서 삭제할 '인사관리 원본' 테이블을 선택한다.

② 테이블을 삭제하기 위해 Delete 키를 누르면 삭제 여부를 묻는 대화상자가 나타나며, 이 대화상자에서 [예]를 누르면 "인사관리 원본" 테이블이 삭제된다.

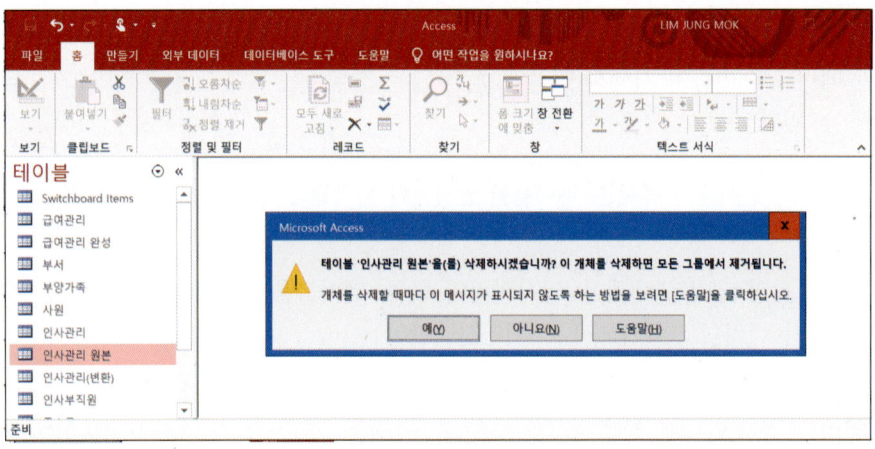

③ 만약 삭제한 테이블을 복귀하기 위해 Ctrl+Z 키를 누르면 삭제된 테이블이 데이터베이스 목록창에 다시 나타난다.

3.4.5 필드의 속성

한글 액세스 2019에는 필드의 속성으로서 형식 속성과 입력 마스크 속성 등이 있다.

1) 형식 속성

실습 3-5

다음과 같은 '교육생 성적관리' 테이블을 작성하여 보기로 한다.

1. 구성방법
① 저장할 폴더명 : 한글 액세스 2019
② 저장할 데이터베이스명 : 교육생 관리
③ 작성할 테이블명 : 교육생 성적관리

<테이블 구조>

필드명	데이터 형식	필드 크기	필드 크기
학번	숫자	정수(Long)	기본 키로 지정
성명	짧은 텍스트	6	
국어	숫자	정수(Long)	
영어	숫자	정수(Long)	
수학	숫자	정수(Long)	
전산개론	숫자	정수(Long)	
총점	숫자	정수(Long)	국어 + 영어 + 수학 + 전산개론
평균	숫자	정수(Long)	총점/4, 소수 1자리
합격여부	예/아니오		각 과목별 점수가 40점 이상이면서 평균이 60점 이상이면 합격

<데이터>

학번	성명	국어	영어	수학	전산개론	총점	평균	등급	순위	합격여부
1	김영웅	95	80	85	70	0				☐
2	조아랑	90	95	85	90	0				☐
3	박재수	85	85	100	35	0				☐
4	황준호	50	65	60	85	0				☐
5	조하민	75	65	60	85	0				☐
6	채하림	85	90	70	85	0				☐
7	이기자	65	80	95	95	0				☐
8	임수혁	55	90	75	40	0				☐
9	노리개	40	55	35	80	0				☐
10	정말로	90	30	35	75	0				☐

2. 처리순서

① 액세스 2019 시작 - [새 데이터베이스]를 선택한다.

② 새 데이터베이스 파일 - 파일 이름(교육생관리)을 만든다.

③ [데이터베이스 창] - [디자인 보기]를 진행한다.

④ [테이블 구조]를 다음과 같이 작성한다.
  ⓐ 필드(필드명, 데이터 형식, 설명, 필드 속성 설정 등)를 정의한다.
  ⓑ '학번' 필드를 기본 키로 지정한다.

필드 이름	데이터 형식	설명(옵션)
영어	숫자	
수학	숫자	
전산개론	숫자	
총점	숫자	국어 + 영어 + 수학 + 전산개론
평균	숫자	총점/4, 소수 1자리
등급	짧은 텍스트	
순위	숫자	
합격여부	Yes/No	각 과목별 점수가 40점 이상이면서 평균이 60점 이상이면 합격

⑤ 작성한 데이터 구조를 (테이블명 : 교육생 성적관리) 저장한다.

⑥ [디자인 보기] 상태에서 [데이터시트 보기] 상태로 전환한다.

⑦ 데이터를 입력한다.

⑧ 지금까지 처리한 내용을 저장한다.

실습 3-6

다음과 같은 '교육생 기록부' 테이블을 작성하여 보기로 한다.

1. 구성 방법

① 저장할 폴더명 : 한글 액세스 2019
② 저장할 데이터베이스명 : 교육생 관리
③ 작성할 테이블명 : 교육생 기록부

<테이블 구조>

필드명	데이터 형식	필드크기	설명
학번	숫자	정수(Long)	
성명	짧은 텍스트	6	
주소	짧은 텍스트	50	
우편번호	짧은 텍스트	11	필드 속성의 입력 마스크에 다음 내용을 입력한다. "(우)"999\-999;0;_
전화번호	짧은 텍스트	15	필드 속성의 입력 마스크에 다음 내용을 입력한다. \(999\)999\-9999;0;
등록일	날짜/시간		필드 속성의 입력 마스크에 다음 내용을 입력한다. 9999\-99\-99;0;

<데이터>

학번	성명	주소	우편번호	전화번호	등록일
1	김영웅	서울시 서초구 양재동 양재빌라 가-506	(우)06788	(02)573 - 4327	2016-01-26
2	조아랑	서울시 강남구 대치동 진달래 APT 105-13	(우)06291	(02)518 - 4903	2016-02-15
3	박재수	경기도 성남시 분당구 영화마을 312-1503	(우)13507	(031)714 - 2714	2016-02-16
4	황준호	경기도 안양시 만안구 안양6동 273	(우)14092	(031)448 - 4936	2016-03-18
5	조하민	서울시 서초구 우면동 159-37	(우)06766	(02)578 - 6954	2016-04-19
6	채하림	서울시 강남구 대치동 금성빌라 1-15	(우)06204	(02)519 - 9872	2016-04-19
7	이기자	서울시 영등포구 문래동 삼송B/D 308	(우)07289	(02)615 - 2816	2016-04-23
8	임수혁	경기도 성남시 수정구 신흥1동 463	(우)13350	(031)4488 - 7577	2016-09-29
9	노리개	서울시 동대문구 장안동 1919	(우)02529	(02)489 - 2345	2016-05-10
10	정말로	서울시 동대문구 제기동 수도(A) 가-503	(우)02571	(02)254 - 4624	2001-05-10

2. 처리순서

① 새 데이터베이스 파일 - 파일 이름(교육생관리)을 만든다.
② [데이터베이스 창] - [디자인 보기]를 진행한다.
③ [테이블 구조]를 다음과 같이 작성한다.
　ⓐ 필드(필드명, 데이터 형식, 설명, 필드 속성 설정 등)를 정의한다.
　ⓑ '학번' 필드를 기본 키로 지정한다.
　ⓒ 필드 속성에서 전화번호, 우편번호 등에 입력 마스크를 설정하면 데이터 입력이 보다 편리해진다.

④ 작성한 데이터 구조를 (테이블명 : 교육생 기록부) 저장한다.
⑤ [디자인 보기] 상태에서 [데이터시트 보기] 상태로 전환한다.
⑥ 데이터를 입력한다.
⑦ 지금까지 처리한 내용을 저장한다.

3.4.6 필드의 속성

한글 액세스 2019에는 필드의 속성으로서 형식 속성과 입력 마스크 속성 등이 있다.

1) 형식 속성

입력할 데이터를 같은 형식으로 표시하기 위해 형식 속성을 사용하면 되는데, 형식 속성은 데이터가 표시되는 방법에만 영향을 주며 테이블에 저장되는 방법에는 아무런 영향을 주지 않는다.

예를 들어, [날짜/시간] 필드의 기본 형식에서 데이터를 입력하면 2019 - 06 - 19와 같은 폼으로 표시된다.

그러나 필드 속성에서의 형식 속성을 [보통 날짜] 형식으로 설정하면 입력하는 데이터는 모두 [2019년 6월 19일]과 같은 폼으로 표시된다.

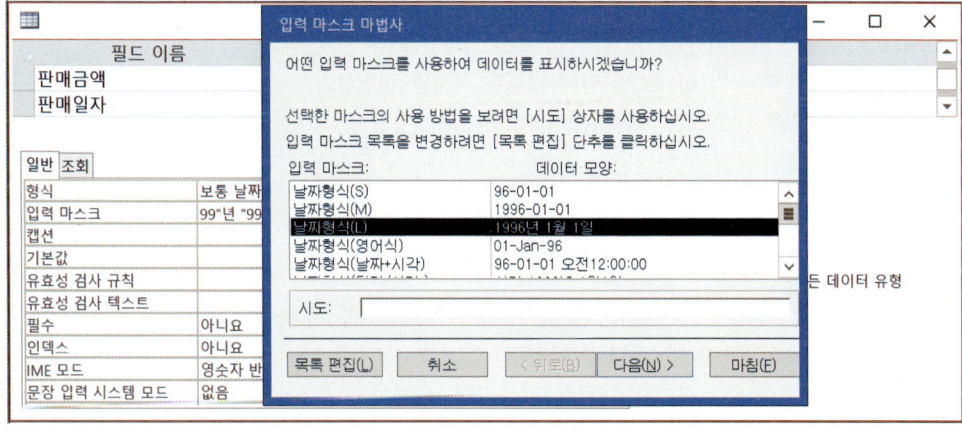

2) 입력 마스크 속성의 정의

테이블과 쿼리의 필드와 폼과 보고서의 입력란에서 데이터의 형식을 설정하고 입력할 수 있는 데이터의 종류를 제어하기 위해 입력 마스크를 사용한다.

입력 마스크는 빈칸을 구분하는 공백, 점, 하이픈, 괄호 등의 기호 문자로 구성되며, 입력 마스크 속성 설정은 해당 위치의 빈칸에 입력할 수 있는 값의 종류를 결정하는 특수 문자와 함께 기호 문자로 구성된다.

입력 마스크는 우선적으로 [문자열]과 [날짜/시간] 필드에 사용되어지며 [숫자] 또는 [통화] 필드에서도 사용할 수 있다. 만약 사용자 임의대로 데이터 입력 방식을 제어할 필요가 있으면 데이터 형식과 함께, 또는 데이터 형식 대신에 입력 마스크를 사용한다.

입력 마스크를 사용하면 설정한 형식에 맞게 데이터를 입력할 수 있으며 비어있는 필드마다 입력할 수 있는 데이터의 종류를 정의할 수 있는데, 이러한 입력 마스크의 설정은 데이터를 입력할 때 사용자에게 편리성을 제공한다.

3) 입력 마스크의 정의

입력 마스크는 다음과 같이 세 가지 영역으로 이루어져 있으며 이 세 가지 영역은 세미콜론(;)으로 구분한다.

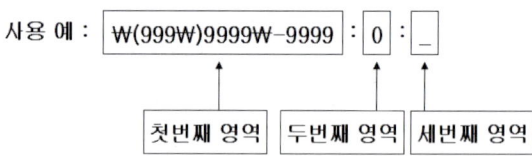

영역	의미
첫 번째	입력 마스크 자체를 의미한다.
두 번째	문자를 나타내는 기호를 저장할 것인지를 결정한다. 0 : 입력된 값과 함께 기호 문자 저장한다. 1 또는 빈 상태 : 빈 칸에 입력된 문자만 저장한다.
세 번째	입력 마스크의 빈칸에는 어떤 문자도 사용할 수 있다. 공백을 표시 하려면 " "(따옴표 열고 한 칸 띄우고 따옴표 닫고)를 입력한다. 이 영역을 빈칸으로 둘 경우에는 기호를 사용한다.

4) 입력 마스크의 속성

입력 마스크 속성 정의의 첫 번째 영역에 사용할 수 있는 문자의 종류와 그 의미는 다음 표와 같다.

문자	설명
0	0에서 9까지의 숫자를 입력할 수 있고, 반드시 입력해야 하며 더하기[+]와 빼기[-] 기호는 사용할 수 없다.
9	0에서 9까지의 숫자와 공백을 입력할 수 있고, 반드시 입력할 필요는 없으며 더하기[+]와 빼기[-] 기호는 사용할 수 없다.
#	0에서 9까지의 숫자와 공백을 입력할 수 있고, 반드시 입력할 필요는 없으며 더하기[+]와 빼기[-] 기호는 사용할 수 없다.
L	A부터 Z까지의 영문자와 ㄱ에서 ㅎ까지의 한글을 입력할 수 있으며, 반드시 입력해야 한다.
?	A부터 Z까지의 영문자와 ㄱ에서 ㅎ까지의 한글을 입력할 수 있으며, 입력은 선택 사항이다.
A	영문자나 숫자를 입력할 수 있고 반드시 입력해야 한다.
a	영문자나 숫자를 입력할 수 있고 입력은 선택사항이다.
&	문자나 공백을 입력할 수 있고 반드시 입력해야 한다.
C	문자나 공백을 입력할 수 있고 입력은 선택사항이다.
. , : ; - /	소수 자릿수와 천 단위 표시, 날짜, 시간의 구분자를 표시하는 문자로서 실제 표시되는 문자는 Windows [제어판]의 [국가별 설정]에서 지정한 대로 사용된다.
<	이 입력 마스크 뒤의 모든 문자를 소문자로 변환한다.
>	이 입력 마스크 뒤의 모든 문자를 대문자로 변환한다.
!	입력 마스크 어디에나 느낌표를 둘 수 있으며 입력 마스크를 오른쪽에서 왼쪽으로 표시한다.
₩	이 입력 마스크 뒤의 문자를 기호 문자 그대로 표시하도록 한다. 이 표에 나열된 문자를 기호 문자로 표시하는데 사용된다. 예를 들어, ₩A는 A만 표시된다.
암호	입력 마스크 속성을 암호로 설정하면 암호 입력란이 만들어지는데, 이 입력란에 입력하는 문자는 저장되며 별포(*)로 표시된다.

만약 기호 문자를 정의하려면 공백과 기호를 포함하여 표에 있는 문자와 다르게 입력하고, 위 표의 문자 중에서 하나를 기호문자로 정의하려면 문자 앞에 \ 문자를 붙인다.

5) 입력 마스크의 사용 예

입력 마스크 정의	값의 예
(000)000 - 0000	(031)738 - 1234
(999)9999 - 9999	(02)3471 - 5904, (032)48 - 2345, ( )248 - 9098
(AAAA)000 - AAAA	(KR08)123 - EAR7, (0349)407 - APRA
000000 - 0000000	701212 - 2357431, 750305 - 1234567
.00000	13001, 14103
99"년 "99"월 "₩일	07년 05월 15일, 07년 08월 08일
₩(999₩)999₩ - 9999	(051)847 - 7787
#9999	-99, +99, -35, +123, 4321, 54321
>L?????L?00000L00	JUNE K 76543T36
>L<???????	Korea, Puzzle

3.5 기본 키의 설정

데이터베이스 안에는 여러 개의 테이블을 구축할 수 있다. 이때 테이블끼리 연관 관계를 설정하기 위해 특정한 필드에 기본 키를 지정하는 것이 좋다. 키를 설정하면 논리적으로 테이블간에 연관관계가 설정되어 쿼리를 이용하여 검색을 할 경우 다양한 정보를 나타낼 수 있다.

3.5.1 기본 키 특징

기본 키는 primary key라는 단어처럼 각 레코드를 고유하게 식별하는 정보를 가지고 있어야 하며, 중복되어서는 안된다. 예를 들면 개인의 주민등록번호 같은 필드나 일련번호 같은 필드는 기본 키의 표본이라고 할 수 있다. 또한 기본 키는 설정된 필드 값이 반드시 데이터가 들어 있어야 하며, null 상태의 값을 유지할 수 없다.

3.5.2 기본 키 설정 방법

1) 인사관리 테이블에서 '번호' 필드에 기본 키를 지정하여 보기로 하자

① 데이터베이스 창에서 '인사관리' 테이블을 선택한다.

② [디자인 보기]를 나타내고 번호 필드의 왼쪽 바를 마우스 오른쪽 단추를 클릭한 다음 [기본 키]를 지정하면 열쇠() 모양이 나타나고 기본 키가 지정된다.

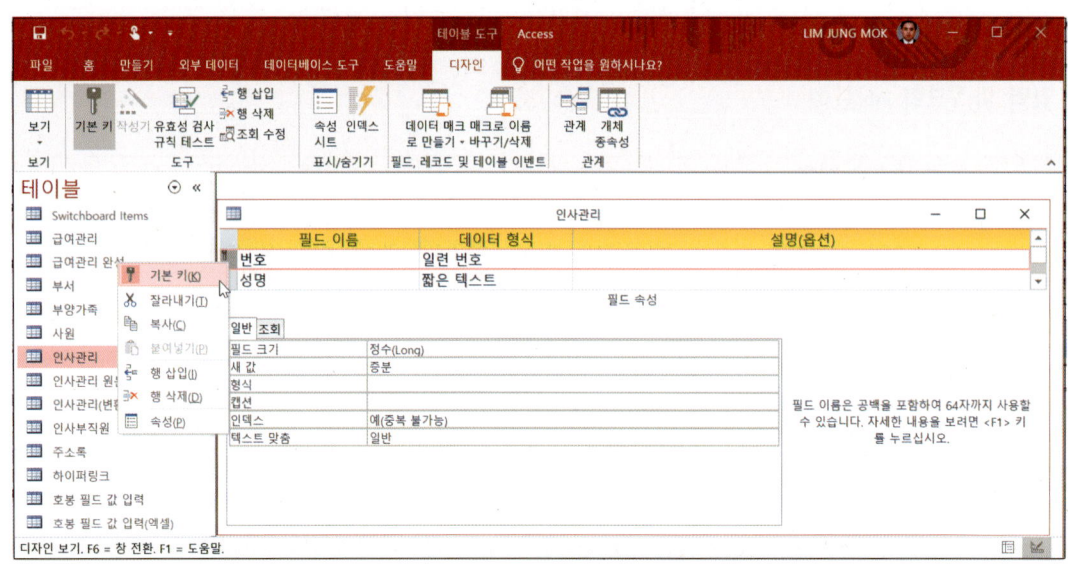

2) 급여관리 테이블에서 '번호' 필드에 기본 키를 지정하여 보기로 하자

실습 3-7

다음과 같은 '대리점 판매현황' 테이블을 작성하여 보기로 한다.
① 저장할 폴더명 : 한글액세스 2019
② 저장할 데이터베이스명 : 대리점 관리
③ 작성할 테이블명 : 대리점 판매 현황

<테이블 구조>

필드명	데이터 형식	필드 크기	필드 크기
대리점명	짧은 텍스트	8	
제품명	짧은 텍스트	8	
제품코드	짧은 텍스트	8	
제품단가	숫자	정수(Long)	필드 속성의 형식은 '표준' 소수 자리수는 0
판매수량	숫자	정수(Long)	필드 속성의 형식은 '표준' 소수 자리수는 0
판매금액	숫자	정수(Long)	필드 속성의 형식은 '표준' 소수 자리수는 0 판매금액=제품단가*판매수량
판매일자	날짜/시간	날짜(M)	필드 속성의 입력 마스크에 다음 내용을 입력한다. 99"년 "99"월 99₩일;0;_
수급상황	예/아니오		
수금일	날짜/시간	날짜(S)	필드 속성의 입력 마스크에 다음 내용을 입력한다. 99"년 "99"월 99₩일;0;_
약도	OLE 개체		

<데이터>

실습 3-8

'교육생 관리' 데이터베이스에서 작성한 테이블에서 다음 순서대로 진행하여 보기로 한다.

① '교육생 성적관리' 테이블에서 '평균' 필드 뒤에 '등급' 필드와 '석차' 필드를 차례로 추가 삽입하시오.

② '교육생 성적관리' 테이블에서 '석차' 필드의 이름을 '순위'로 변경하여 나타내시오.

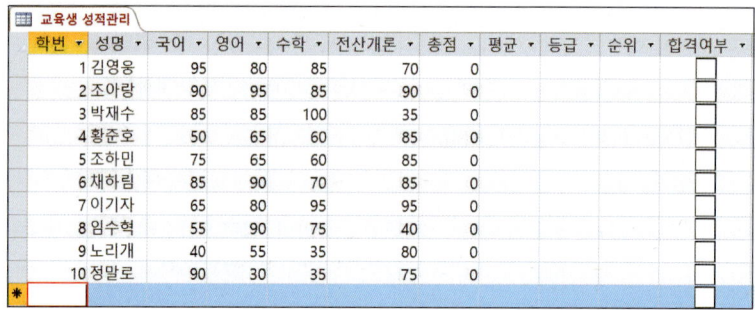

③ '교육생 성적관리' 테이블에 있는 데이터에 대하여 다음과 같은 셀의 서식으로 변경하여 나타내시오.

> ㉠ 글자모양 변경 : 글꼴은 바탕체, 크기는 12, 색은 파랑색
> ㉡ 행 높이와 열너비 변경 : 글자모양에 알맞는 크기로 변경
> ㉢ 셀 서식 변경 : 셀 효과는 기본, 괘선색은 회색, 배경색은 노랑색

④ '교육생 성적관리' 테이블의 데이터를 '성명' 필드의 오름차순으로 정렬하여 나타내시오.
⑤ '교육생 기록부' 테이블에서 주소가 서울인 레코드만을 추출하여 나타내시오.
⑥ '교육생 성적관리' 테이블에서 국어 점수가 70점인 이상인 레코드만을 추출하시오.
⑦ '교육생 성적관리' 테이블에서 전산개론 점수가 70점 이하인 레코드만을 추출하시오.
⑧ '교육생 성적관리' 테이블을 복사하여 복사된 테이블의 이름을 '교육생 성적관리 복사본'이라고 변경하시오.

실습 3-9

'대리점관리' 데이터베이스에서 작성한 테이블에서 다음 순서대로 진행하여 보기로 한다.

① '대리점 판매현황' 테이블의 여러 대리점 중에 '김포점에' 대한 레코드만을 추출하여 보시오.

② '대리접 판매현황' 테이블에서 아직 미수금 상태인 레코드만을(수금상황 필드에 체크(Ⅴ) 표시가 없는 레코드만을) 추출하여 보시오.

③ '대리점 판매현황' 테이블의 여러 대리점에 판매한 제품 중에 '선풍기'에 대한 레코드만을 추출하여 보시오.

④ '대리점 판매현황' 테이블에서 판매일자가 '15년 4월 21일'인 레코드만을 추출하여 보시오.

⑤ '대리점 판매현황' 테이블의 제품명과 제품코드 필드에 조회 마법사를 지정하여 보시오.

연습문제

01. 다음과 같이 작성된 데이터를 보고 테이블을 작성하시오.

> 테이블 작성 방법 중에 디자인 보기를 사용하고, 데이터베이스는 '수강접수.accdb'로 작성하고, 테이블명은 '수강접수'로 한다.

수강번호	성 명	직 업	최종학력	나 이	전화번호
9801	양재기	회사원	대졸	34	02 - 536 - 2738
9802	주전자	학생	대재	22	02 - 571 - 1988
9803	김치국	학생	전문대재	20	031 - 548 - 2918
9804	도루묵	주부	전문대졸	32	02 - 564 - 2357
9805	지하철	회사원	대학원졸	39	02 - 555 - 4936

02. 앞에서 작성한 '수강접수' 테이블의 '직업' 필드와 '최종학력' 필드 사이에 '성별' 필드를 추가하고, 사용자 임의로 성별 필드의 필드 값('남' 또는 '여')을 입력하시오.

03. '수강접수' 테이블의 필드 순서를 다음과 같이 변경하시오.

수강번호	성 명	성 별	나 이	직 업	최종학력	전화번호

04. 앞에서 작성한 '수강접수' 테이블의 데이터시트 모양을 다음과 같이 변경해 보시오.
① 글자모양 변경 : 글꼴은 바탕체, 크기는 12, 색은 파랑색
② 행 높이와 열 너비 변경 : 글자모양에 알맞은 크기로 변경한다.
③ 셀 서식 변경 : 셀 효과는 기본, 괘선색은 회색, 배경색은 노랑색

05. '수강접수' 테이블에 다음 데이터를 추가하시오.

수강번호	성 명	직 업	최종학력	나 이	전화번호
9806	심심해	회사원	대졸	38	02 - 536 - 4967
9807	나팔꽃	학생	대재	24	02 - 579 - 6193

06. '수강접수' 테이블의 레코드 순서를 성명의 오름차순으로 나열해 보시오.

07. '수강접수' 테이블에서 남자만 나타내어 보시오.

08. '수강접수' 테이블에서 회사원중에서 35세 이하인 사람만 나타내시오.

09. '수강접수' 테이블에서 전화번호가 3452를 나타내는 목록을 나타내시오.

10. '수강접수' 테이블에서 '학생' 또는 '주부'만 나타내시오.

11. '수강접수' 테이블에서 최종학력이 전문대재가 아닌 사람만 나타내시오.

12. '수강접수' 테이블에서 30대가 아닌 사람만 나타내시오.

제 4 장

쿼리

4.1 쿼리의 정의

액세스에서 데이터를 축적하는 것이 테이블(Table)이라면, 그 데이터를 활용하는 것이 쿼리의 역할이다.

쿼리는 어떤 테이블에 대해 조건식을 부여하여 그 조건에 해당하는 데이터를 별도의 테이블 형태로 추출해 내는 것이다. 결국 쿼리에 의해 또 하나의 테이블이 생성된다. 또한 데이터를 수식에 사용하거나 열 테이블에서 관련된 데이터를 검색해야 하는 경우에도 쿼리를 사용한다.

쿼리는 일반적으로 크게 선택 쿼리와 실행 쿼리로 나누어진다.

4.1.1 선택 쿼리

가장 일반적인 쿼리의 유형으로 데이터베이스의 테이블에 입력한 데이터를 추출하거나 그룹별 소계 등을 구하는데 사용하는 쿼리이다. 즉 선택 쿼리는 데이터 값을 수정하는 것이 아니라 단지 조건을 부여하여 그 조건에 해당하는 데이터를 추출해 내는 쿼리이다.

4.1.2 실행 쿼리

한 번에 여러 개의 레코드를 변경할 수 있는 쿼리를 말하며 실행 쿼리에는 **테이블 만들기 쿼리**, **추가 쿼리**, **삭제 쿼리**, **업데이트 쿼리** 등이 있다. 즉 실행 쿼리는 선택 쿼리와는 달리 조건을 부여하여 그 조건에 해당하는 데이터의 값을 수정하거나 삭제하는 쿼리이다.

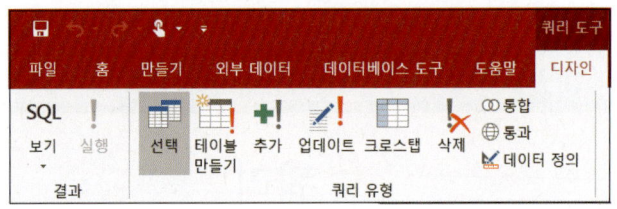

처음 쿼리를 작성할 경우 쿼리 마법사를 이용해서 작성하는 것이 좋다.

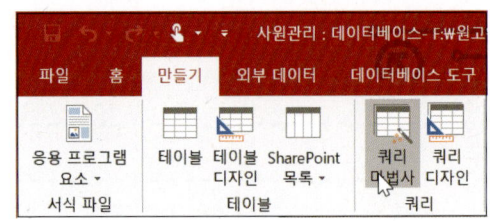

1) 테이블 만들기 쿼리

하나 이상의 테이블에서 데이터의 일부나 전체를 가져와 새로운 테이블을 작성하는 쿼리를 의미한다. 테이블 만들기 쿼리 아이콘을 누르면 다음과 같이 테이블의 모테가 되는 데이터베이스를 선택하라는 창이 나타난다.

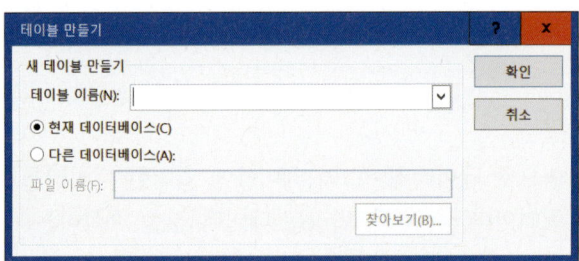

2) 추가 쿼리

하나 이상의 테이블에 있는 레코드 그룹을 하나 이상의 테이블 끝에 추가하여 나타낼 수 있다. 추가 쿼리 아이콘을 누르면, 현재 또는 다른 데이터베이스를 선택하고 추가할 대상의 테이블을 입력하거나 선택할 수 있다.

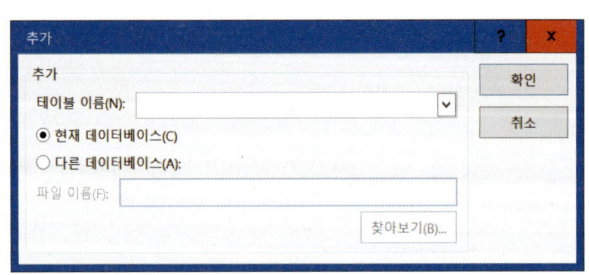

3) 삭제 쿼리

하나 이상의 테이블에서 레코드 그룹을 삭제하는 쿼리로 디자인 보기에서 삭제 조건을 지정하고 아이콘을 누르면 곧바로 조건에 부합되는 데이터가 삭제된다.

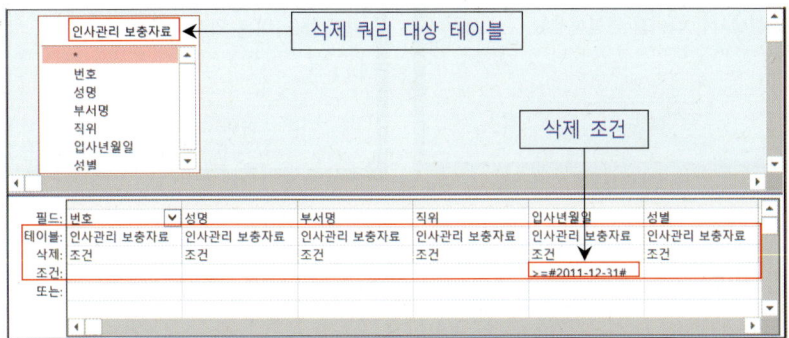

4) 업데이트 쿼리

하나 이상의 테이블에서 레코드 그룹을 전체적으로 변경하는 것을 의미하며, 디자인 보기에 업데이트할 조건을 지정한다.

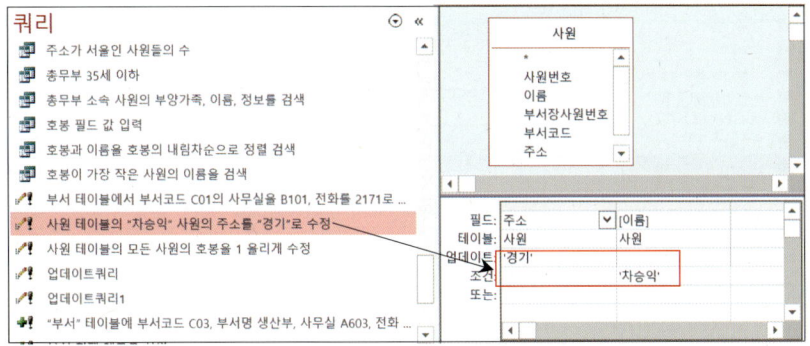

4.1.3 매개변수 쿼리

매개변수 쿼리란 실행할 때 레코드 검색 조건이나 필드에 삽입할 값과 같은 정보를 물어보는 대화상자를 표시하는 쿼리로서 둘 이상의 정보를 물어보는 쿼리를 디자인할 수 있다.

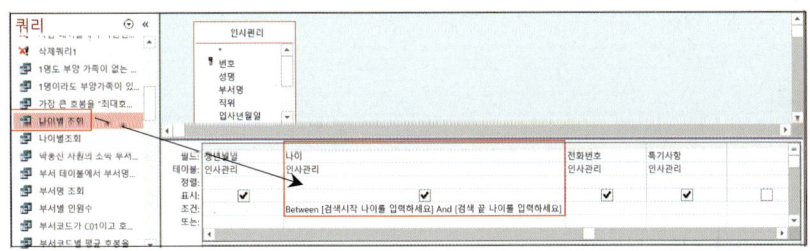

매개변수 쿼리를 실행하면 조건에 지정된 목록이 시작과 끝 창으로 나타나고 해당 조건 값을 입력하면 부합되는 목록이 가상 테이블로 나타난다.

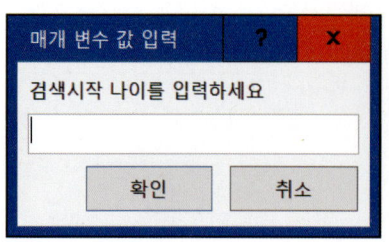 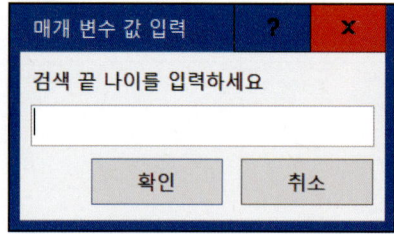

4.1.4 크로스탭 쿼리

크로스탭 쿼리는 테이블의 한 필드 내의 총계, 평균 등의 요약 값을 표시하고 그 값들을 묶어 한 집합은 데이터시트의 왼쪽에 또 한 집합은 데이터 시트의 상단에 나열한다. 디자인 보기로 테이블에서 조건을 지정할 수 있다.

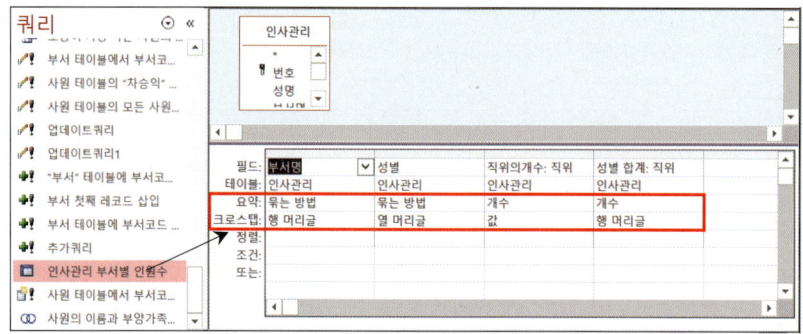

행과 열 머리글, 묶는 방법과 개수로 구분하여 가로 세로의 결과를 나타난다.

4.1.5 SQL 쿼리

SQL 쿼리는 쿼리 디자인 괘선(QBE)을 사용하지 않고 직접 SQL언어로 작성한 쿼리로 SQL문으로 직접 쿼리를 만들어 줄 수 있다.

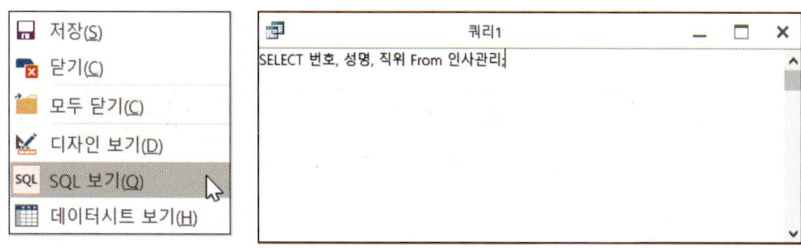

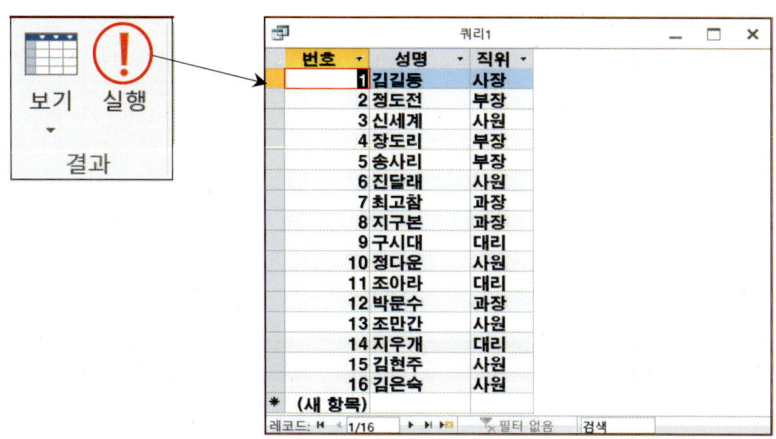

4.2 쿼리의 창 구성

테이블에서 쿼리를 나타내기 위해서는 다음과 같이 지정하여 나타낸다.

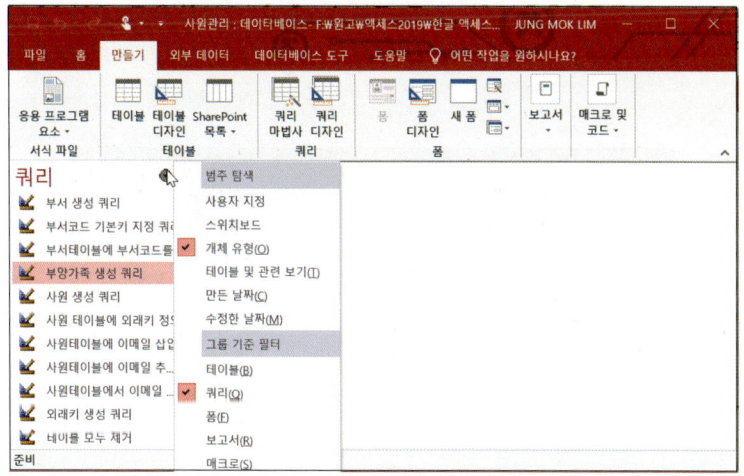

제4장 쿼리

쿼리 창으로 전환을 위해 여러 가지 쿼리를 작성하면 다음과 같은 쿼리 목록의 종류가 나타난다.

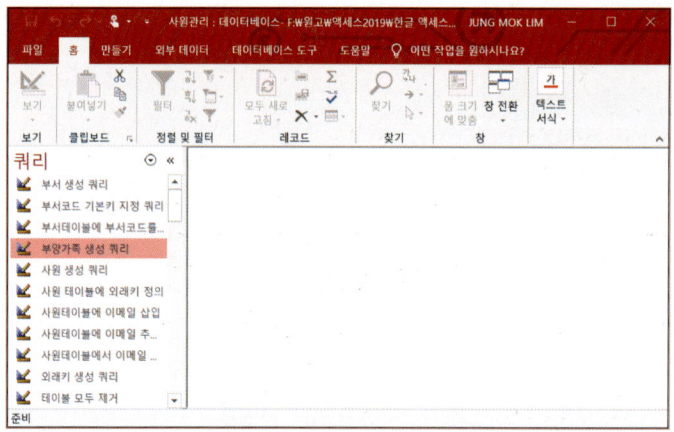

선택 쿼리의 대화상자는 다음과 같다.

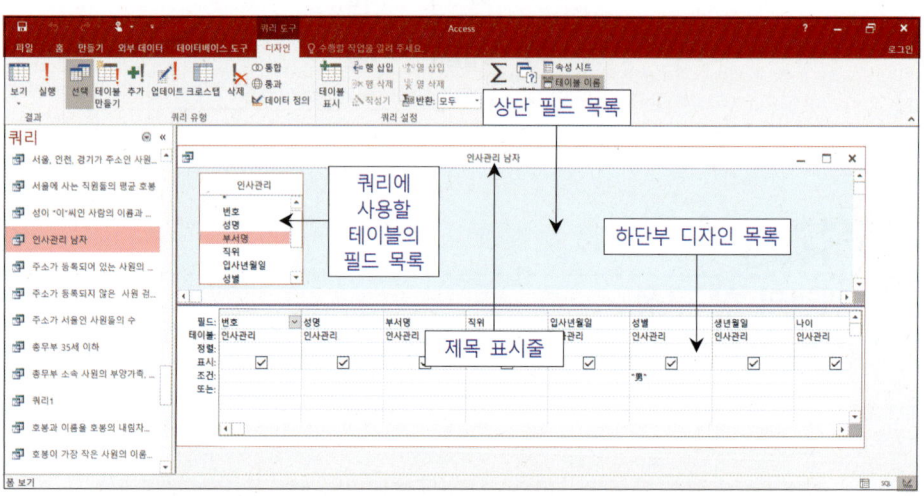

1) 쿼리 빠른 도구

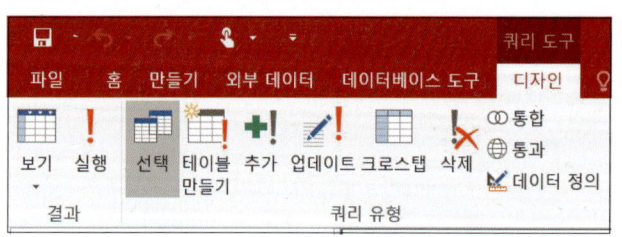

2) 제목표시줄

쿼리 창의 제목 표시줄에는 현재 작성 중인 쿼리의 이름과 쿼리의 종류를 보여준다.

3) 상단부

쿼리 창의 상단부에는 현재 쿼리에 사용할 테이블의 필드목록을 보여준다. 또한 두 개 이상의 테이블에 대한 연결 관계를 설정할 수 있다.

4) 하단부

쿼리 창의 하단부를 디자인 괘선이라 하며, 이 괘선에는 쿼리에 추가할 필드, 정렬 순서, 화면에 표시 여부, 조건식 부여 등을 결정할 수 있다.

다음 내용은 하단부의 디자인 괘선에 있는 각 항목과 각 항목에 대한 의미이다.

항목	의미
필드	상단부의 필드목록에서 쿼리에 사용할 필드를 이 곳에 추가한다.
테이블	디자인 괘선에 추가한 필드가 속한 테이블 이름을 보여준다.
정렬	쿼리 결과를 디자인시트로 보여줄 때 레코드의 순서를 오름차순, 또는 내림차순으로 설정한다.
표시	디자인 괘선에 추가한 필드를 쿼리 실행 시에 디자인시트로 보여줄 때의 표시 여부를 설정한다.
조건	상단부의 전체 레코드에 대한 조건식을 부여한다.
또는	두 개의 조건식에 대해 OR 조건을 부여한다.

4.3 선택 쿼리 작성

선택 쿼리는 테이블의 전체 레코드 중에서 조건식을 부여하여 그 조건에 해당하는 레코드만을 추출해서 하나의 가상 테이블을 만들어 내는 쿼리이다.

4.3.1 쿼리 작성 및 결과 테이블 출력

1) 쿼리 작성

(1) 인사관리 테이블에서 전체 레코드 중에 성별이 '남자'인 레코드를 추출하여 보기로 하자.

① 사원관리 데이터베이스의 데이터베이스 창에서 [만들기] - [쿼리 디자인]을 누르면 새 쿼리를 위한 대화상자가 다음과 같이 나타난다.

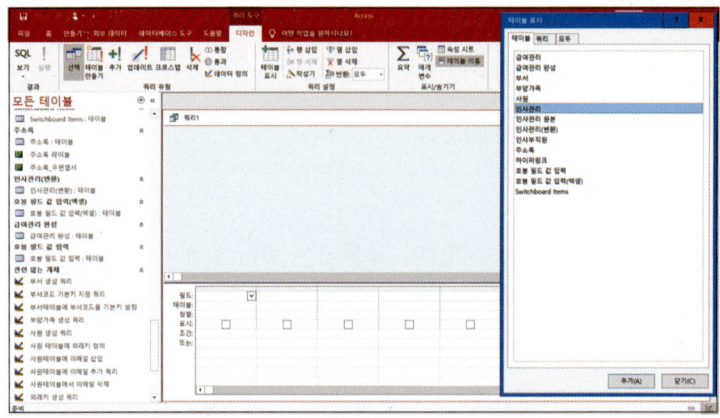

② 테이블 표시 대화상자에서는 쿼리에 사용할 테이블이나 쿼리를 선택하고, [추가]를 누른다. 여기서는 테이블 탭의 '인사관리'를 선택하고, [추가]를 누른다. 만약에 추가할 테이블이나 쿼리가 더 있으면 같은 방법으로 추가하고, 그렇지 않으면 [닫기]를 누른다.

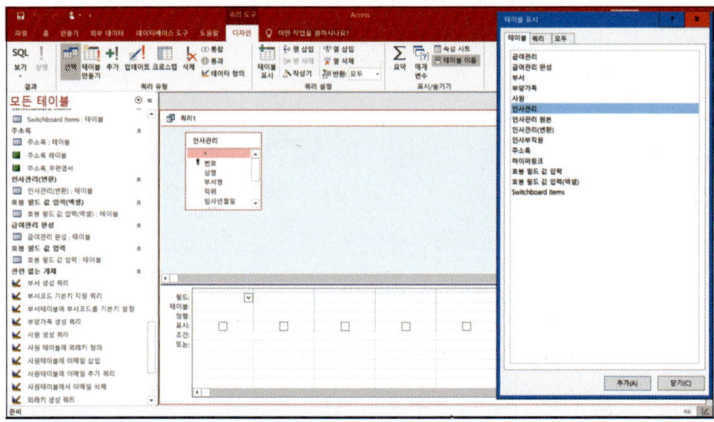

③ 창의 상단부에는 쿼리에 사용할 테이블인 인사관리 테이블의 필드목록을 보여주고 있으며 이 중에서 필요한 필드를 하단부의 디자인 괘선으로 끌어온다. 마찬가지로 다음 필드도 작성해 보자.

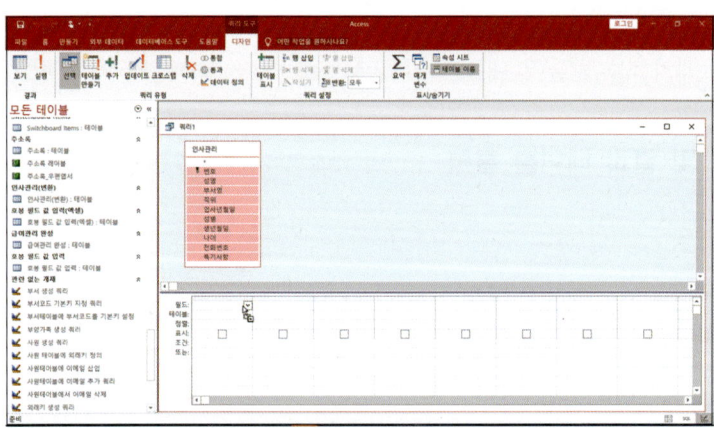

> 쿼리 창에서 상단부의 필드목록을 디자인괘선으로 추가하기 위한 다른 한 가지의 방법은 필드목록에서 추가하기 원하는 필드를 더블클릭하면 된다. 또한 필드목록에서의 전체 필드를 선택하는 방법은 필드 목록의 처음과 끝 필드 모두 Shift 키를 이용하여 전부 선택한 다음 디자인괘선으로 끌어온다.

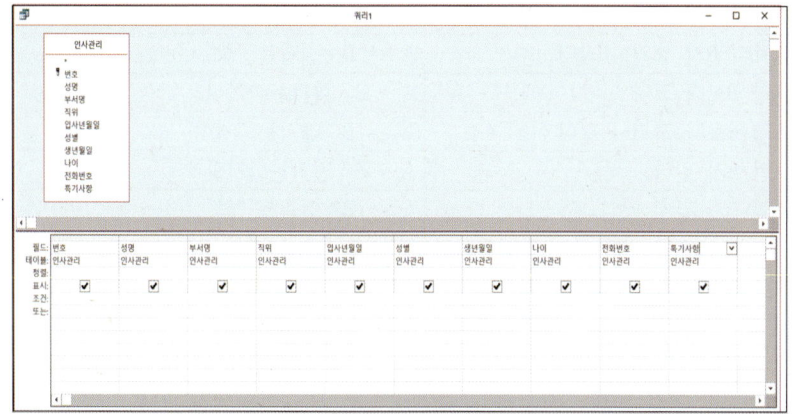

④ 조건식을 부여하기 위해 디자인 괘선에서 [성별] 필드의 [조건 :]에 '男'을 입력한다.

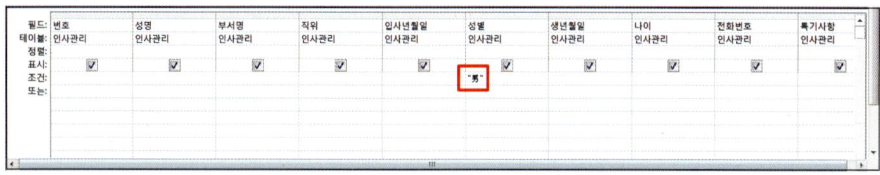

⑤ 이제 작성한 쿼리를 실행하기 위해 도구 모음에서 [결과]-[실행](❗)을 누르면 다음과 같은 결과 화면이 나타난다.

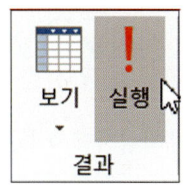 

⑥ 쿼리를 작성한 결과를 저장하기 위해 도구 모음의 저장 도구(💾)를 누르면 [다른 이름으로 저장] 대화상자가 나온다. 이 대화상자에서는 저장할 쿼리의 이름을 입력해야 하는데, 여기서는 '인사관리 남자'를 입력하고 [확인]을 누른다.

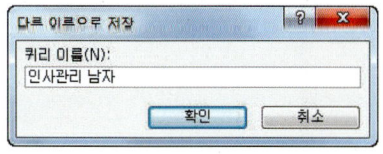

추출(필터), 쿼리, 폼, 보고서 등에서 조건식을 부여할 때 사용하는 연산자와 그 의미, 사용 예를 다음과 같다.

연산자	의 미	사용 예(A=10,B=20이라 하자)
A < B	A보다 B가 크다.	A < B : 결과는 "참"
A <= B	A보다 B가 크거나 같다.	A <= B : 결과는 "참"
A > B	A가 B보다 크다.	A > B : 결과는 "거짓"
A >= B	A가 B보다 크거나 같다.	A >= B : 결과는 "거짓"
A = B	A와 B가 같다.	A = B : 결과는 "거짓"
A <> B	A와 B가 같지 않다.	A <> B : 결과는 "참"
A AND B	조건 A와 조건 B를 동시에 만족하면 참	A <= 10 AND A >= 15 : A는 10부터 15사이
A OR B	조건 A와 조건 B 중에 하나만 만족해도 참	A < 10 OR B = "사원"
NOT B	B가 아닌 것만 찾음	NOT B : B가 아닌 모든 것을 수용
Between	값의 범위를 지정함	Between 10 AND 20 : 10과 20 사이
*	모든 것을 의미함	"김"* : 김으로 시작하는 모든 문자열
?	한 글자를 의미	"김"?? : 총 4바이트 문자 중에 첫 번째, 두 번째 바이트는 '김'을 의미하고, 뒤의 두 바이트는 모든 문자를 수용함
A Like() B	A와 B가 일치한다.	Like "김"*
A IN() B	A는 B중 하나와 같다.	IN(5,10,15,20), IN("김"*,"박"*,"이"*)
&	첫 번째 문자열과 두 번째 문자열을 연결해서 하나의 문자열로 만든다.	= Page & "페이지" : 쪽 번호 뒤에 Page 문자열을 표시한다.

(2) 인사관리 테이블의 전체 레코드 중에 '총무부'에 근무하면서 나이가 35세 이하인 레코드를 추출하자(쿼리 마법사 이용).

① 데이터베이스 창을 화면의 맨 앞으로 가져오기 위해 현재 열려져 있는 테이블이나 쿼리 창은 닫는다.

② 데이터베이스 창에서 [만들기] - [쿼리 마법사]를 선택하고, [새 쿼리] 대화상자에서 [단순 쿼리 마법사]를 지정하고 [확인]을 클릭한다.

 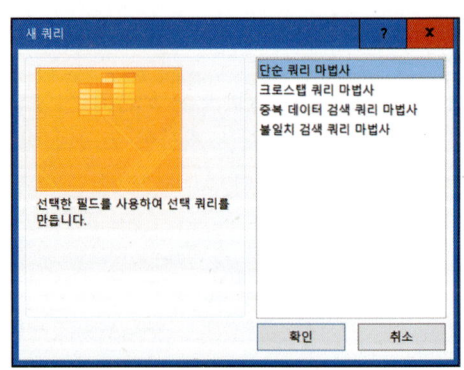

③ 단순 쿼리 마법사 대화상자에서 전체 필드를 선택하기 위해 >> 단추를 누르면 다음과 같이 선택된 필드가 오른쪽으로 이동한다. [다음]을 클릭한다.

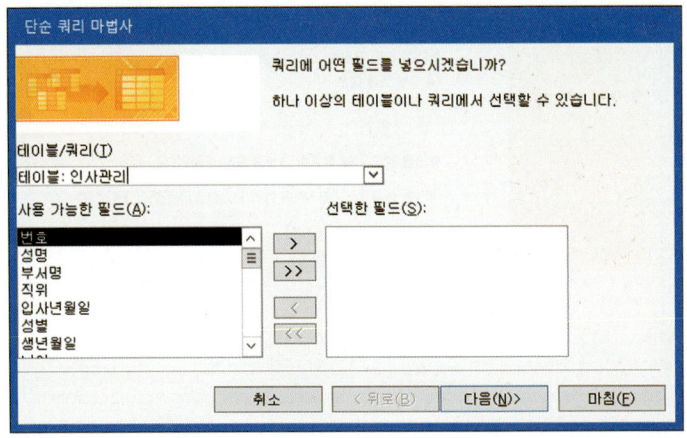

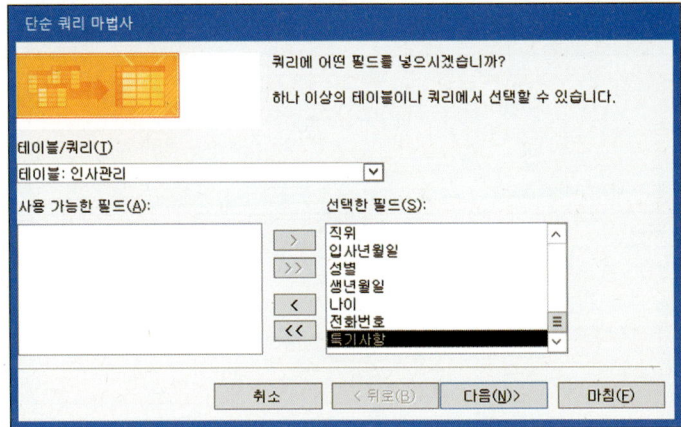

④ 이 화면에서는 상세 또는 요약 쿼리 중에서 [상세] 쿼리를 선택하고 [다음]을 클릭한다.

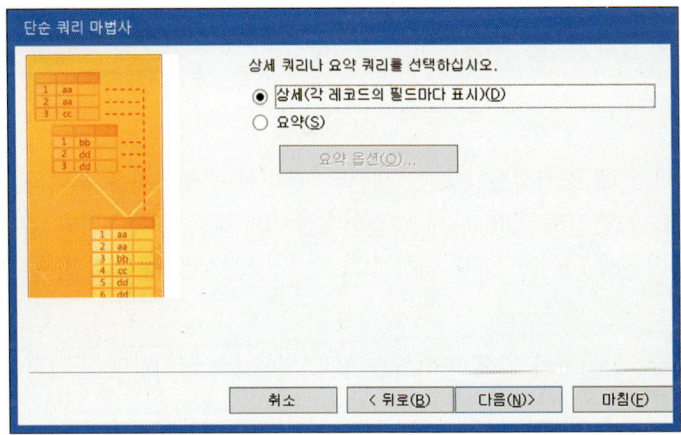

⑤ "총무부 35세 이하" 쿼리의 제목을 입력하고 [쿼리 디자인 수정]을 선택한 다음 [마침]을 클릭한다.

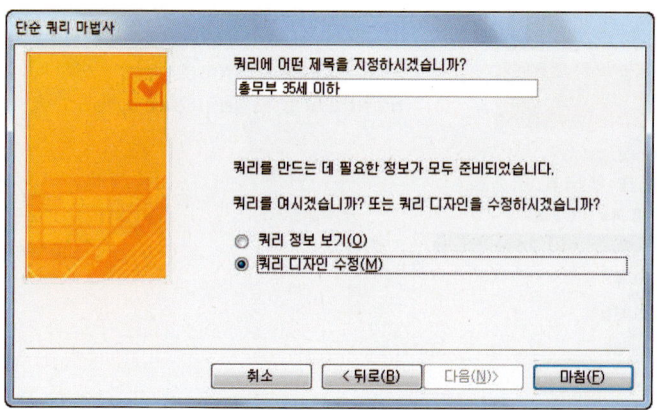

⑥ 쿼리 디자인 대화상자가 나타난다.

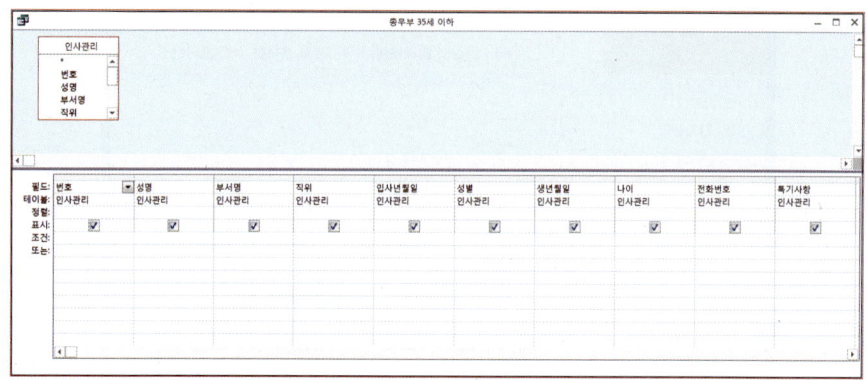

⑦ 데이터 추출 조건이 부서명이 총무부이면서 나이가 35세 이하이므로 조건식은 디자인 괘션의 [조건 :] 행에 다음과 같이 입력한다.

필 드 :	부서명	나이
조건	"총무부"	<=35

⑧ 데이터를 추출하기 위해 조건식을 부여할 때, 두 개 이상의 조건식을 부여하는 경우에는 이 조건식이 AND(그리고) 조건인지, OR(또는) 조건인지를 명시해야 한다. 위와 같은 경우에는 조건이 '부서명이 총무부이면서 나이가 35세 이하'이므로 두 조건식을 동시에 만족해야 하는 AND 조건이 된다.

⑨ 먼저 AND 조건으로 지정하기 위해 해당하는 필드 열의 [조건 :]란에 조건식을 각각 나란히 부여한다.

⑩ 다음으로 작성한 쿼리를 실행하기 위해 [결과] 도구 모음에서 실행 아이콘(!)을 누르면 다음과 같은 결과 테이블이 나타난다.

⑪ 이번에는 OR 조건으로 지정하기 위해 첫 번째 조건은 [조건 :] 열의 부서명에 '영업부'를 입력하고, 두 번째 조건은 그 아래 [또는 :] 열의 나이 필드에 <=35를 다음과 같이 입력한다.

⑫ OR 조건으로 작성한 쿼리를 실행하기 위해 [결과] 도구 모음에서 실행 아이콘(!)을 누르면 다음과 같은 결과 테이블이 나타난다.

2) 쿼리 수정

'총무부 35세 이하' 쿼리의 결과를 보면 레코드의 순서가 번호순으로 보인다. 이렇게 보이는 것은 '총무부 35세 이하' 쿼리의 원본 테이블인 인사관리 테이블에서 데이터를 입력할 때, 입력 순서가 번호순(일련번호)으로 입력했기 때문이다.

제4장 **쿼리** 127

(1) '총무부 35세 이하' 쿼리를 다음과 같이 두 가지만 수정해 보기로 하자.

> • 첫 번째 수정내용 : 쿼리의 데이터시트에서 레코드의 순서를 성명의 오름차순으로 한다.
> • 두 번째 수정내용 : [입사년월일] 필드의 필드 값이 기본유형인 '07-05-12'와 같은 형식을 '07년 5월 12일'과 같은 형식으로 출력될 수 있도록 수정한다.

① 쿼리를 수정하기 위해서 먼저 데이터베이스 창의 쿼리 탭에서 '총무부 35세 이하'를 선택하고, [디자인]을 클릭한다.

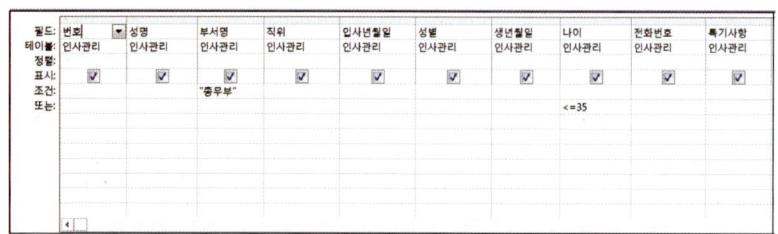

② 쿼리 디자인 보기 창에서는 첫 번째 수정할 내용으로 쿼리의 데이터시트에서 레코드 순서를 성명의 오름차순으로 하기 위해, 디자인 괘선에서 [성명] 필드 열의 [정렬 :] 행에서 [아래 목록보기] 버튼을 클릭한 후 나온 3가지 선택항목 중에 오름차순을 선택한다.

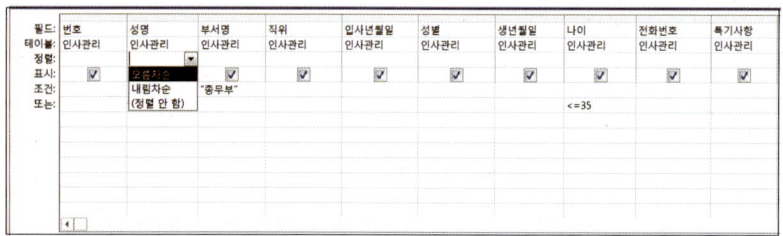

③ 두 번째 수정할 내용인 [입사년월일] 필드의 날짜 유형을 변경하기 위해서는 먼저 [입사년월일] 필드이름을 클릭해서 커서의 위치를 정하고, [표시/숨기기] 도구모음에서 [속성 시트] 아이콘( )을 선택한 다음 [형식] 목록에서 [보통 날짜]를 지정한다.

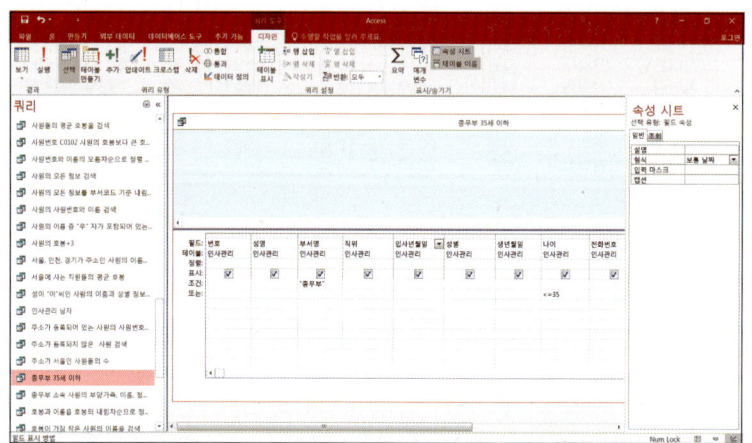

④ 저장 아이콘(💾)을 클릭하여 쿼리를 저장한 다음 쿼리 결과를 실행(❗)하면 다음과 같은 결과가 나타난다.

번호	성명	부서명	직위	입사년월일	성별	생년월일	나이	전화번호
9	구시대	기획실	대리	09년 02월 13일	男	1983-04-05	33	02-880-2918
16	김은숙	기획실	사원	13년 12월 03일	女	1989-12-09	27	02-703-0494
15	김현주	총무부	사원	14년 12월 12일	女	1990-02-04	26	02-738-8324
3	신세계	총무부	사원	15년 11월 15일	女	1993-04-29	23	02-573-4294
10	정다운	영업부	사원	10년 04월 28일	女	1991-03-07	25	032-730-3927
2	정도전	총무부	부장	90년 04월 01일	男	1969-03-21	47	02-573-4327
13	조만간	기획실	사원	11년 11월 15일	男	1990-11-11	26	02-418-8216
11	조아라	기획실	대리	09년 10월 15일	女	1984-07-04	32	02-832-4092
14	지우개	총무부	대리	07년 03월 09일	男	1982-09-29	34	032-703-9327
6	진달래	영업부	사원	11년 12월 12일	女	1989-11-01	27	031-714-2714
7	최고참	총무부	과장	08년 08월 08일	男	1981-01-06	35	031-448-8757

4.3.2 조인

여러 테이블을 이용하여 쿼리를 작성하고자 할 때 테이블간의 관계를 설정하여야 하는데 이것을 조인(Join)이라고 한다.

조인을 하기 위해서는 2개 이상의 테이블에서 같은 종류의 필드를 연결하여 상호 필드를 공통으로 사용할 수 있도록 연결하는데, 각각의 필드를 마우스로 지정하여 연결한다.

조인의 종류	기능 설명
내부 조인	연결된 두 테이블 사이에 기준이 되는 필드의 값이 일치하는 레코드에 대해서만 쿼리의 결과에 포함한다.
왼쪽 외부조인	연결된 두 테이블 중에 왼쪽 테이블의 전체 레코드를 쿼리의 결과에 모두 포함하고, 오른쪽 테이블은 두 테이블을 연결할 때에 기준이 되는 필드의 값이 일치하는 레코드만을 쿼리의 결과에 포함한다.
오른쪽 외부조인	연결된 두 테이블 중에 오른쪽 테이블의 전체 레코드를 쿼리의 결과에 모두 포함하고, 왼쪽 테이블은 두 테이블을 연결할 때에 기준이 되는 필드의 값이 일치하는 레코드만을 쿼리의 결과에 포함한다.

연결된 선을 지정하고 마우스 오른쪽 단추를 누르고 조인 속성을 지정하면 조인 속성 대화상자가 나타난다. 조인의 종류에는 내부 조인(1:), 왼쪽 외부 조인(2:), 오른쪽 외부 조인(3:)의 3가지 종류가 있다.

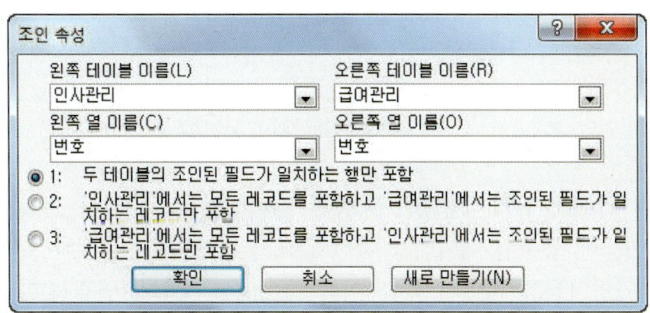

(1) 인사관리 테이블과 급여관리 테이블을 연결하기 위해 테이블간의 공통된 필드를 연결하여 보자.

① 데이터베이스 창에서 [만들기] - [쿼리] - [쿼리 디자인]을 지정하면 [테이블 표시] 대화상자가 나타난다.

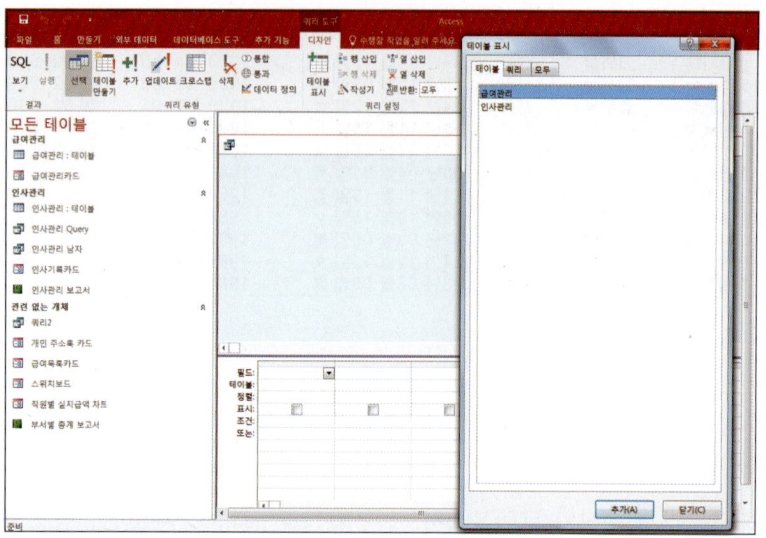

② 새 쿼리 작성에 사용할 테이블 또는 쿼리를 선택한다. 여기서는 '인사관리' 테이블과 '급여관리' 테이블을 각각 [추가] 버튼을 눌러 선택하고, [닫기] 버튼을 클릭하면 다음과과 같은 쿼리 디자인 창이 나타난다.

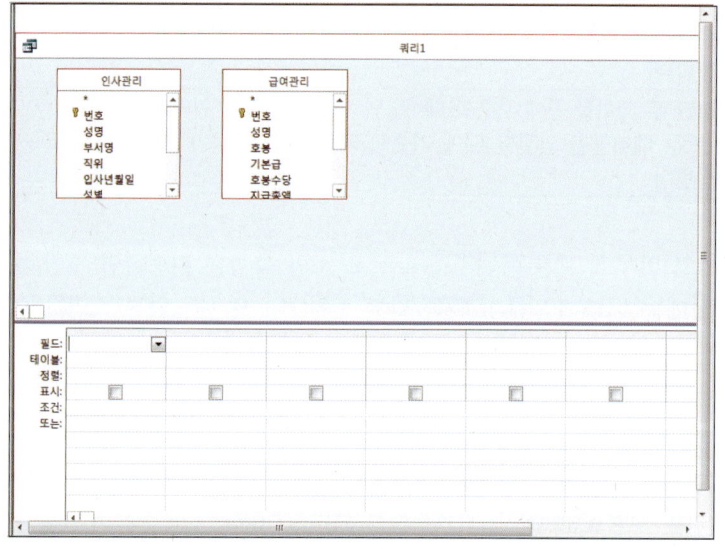

③ 인사관리 테이블과 급여관리 테이블에는 공통된 데이터를 갖고 있는 필드가 존재한다(번호, 성명). 이렇게 두 테이블에 공통된 데이터를 가진 필드가 하나 이상 존재하면 액세스는 자동으로 연결시켜 주며, 연결되었다는 의미에서 두 테이블 사이에는 조인선(연결선)이 그려져 있다.

④ 이미 연결되어 있는 조인 선을 삭제하기 위해 조인 선에서 마우스 오른쪽 단추를 누르면 다음과 같은 단축 메뉴가 나타나고 삭제를 지정한다.

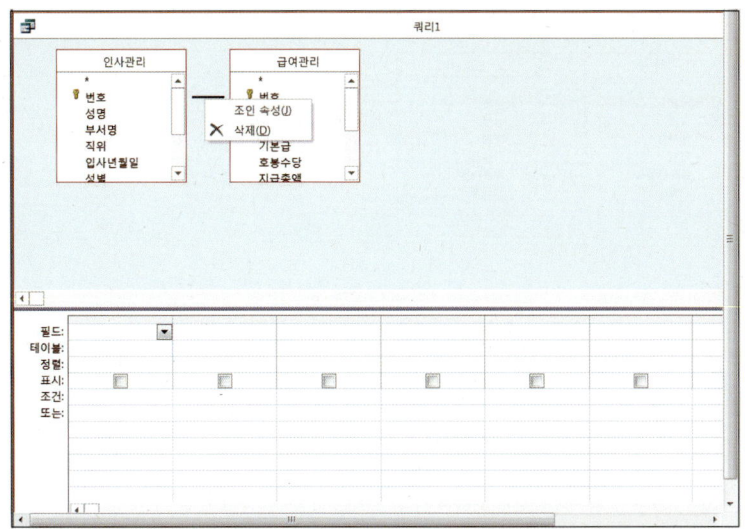

⑤ 만약 조인 선이 나타나지 않았거나 삭제한 상태라면 두 테이블을 연결하기 위해 먼저 두 테이블에서 필드의 데이터 값이 서로 일치하는 필드를 찾아서 인사관리 테이블의 [번호] 필드를 마우스로 클릭하고, 마우스 왼쪽 버튼을 누른 상태에서 급여관리 테이블의 [번호] 필드로 드래그한다.

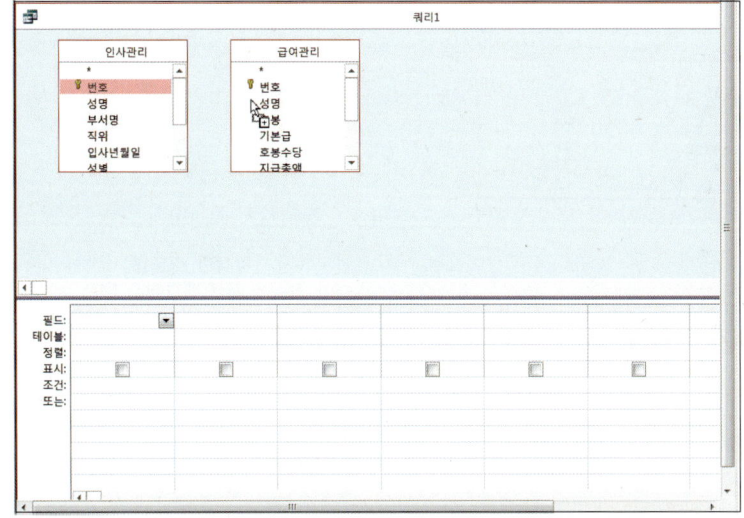

(2) 조인된 인사관리 테이블과 급여관리 테이블의 호봉 필드 값을 구하여 보자.

① 조인 속성을 설정하였으면, 디자인 보기 창의 상단부에 있는 필드목록 중에서 쿼리의 데이터시트에 나타낼 필드와 조건식에 사용할 필드를 디자인 괘선의 [필드 :] 행으로 드래그하거나 더블 클

릭하여 설정한다. 여기서는 다음과 같이 급여관리 테이블의 [모든 필드]를 설정하고, 인사관리 테이블에서는 [입사년월일] 필드를 설정한다.

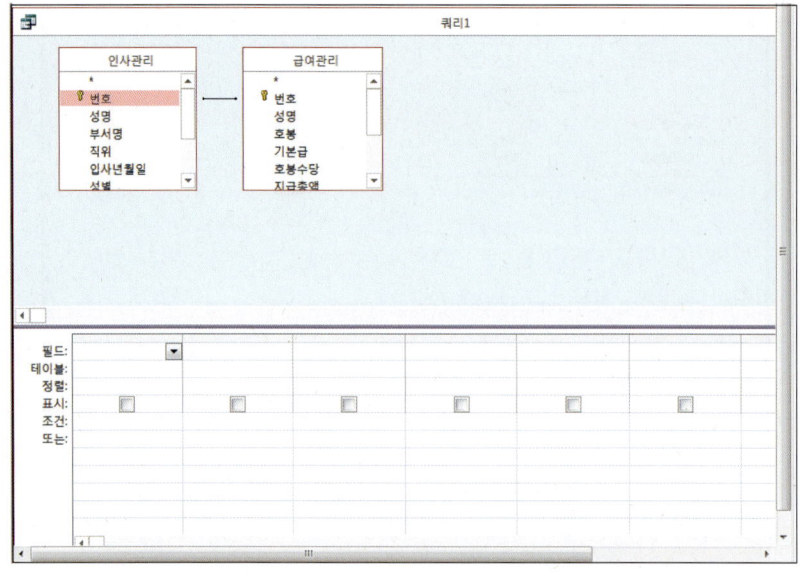

② 쿼리 디자인 보기 창의 [표시 :]란에는 쿼리의 데이터시트에 나타낼 [번호], [성명], [입사년월일], [호봉], [기본급] 필드를 드래그해서 아래의 필드 목록에 끌어온다.

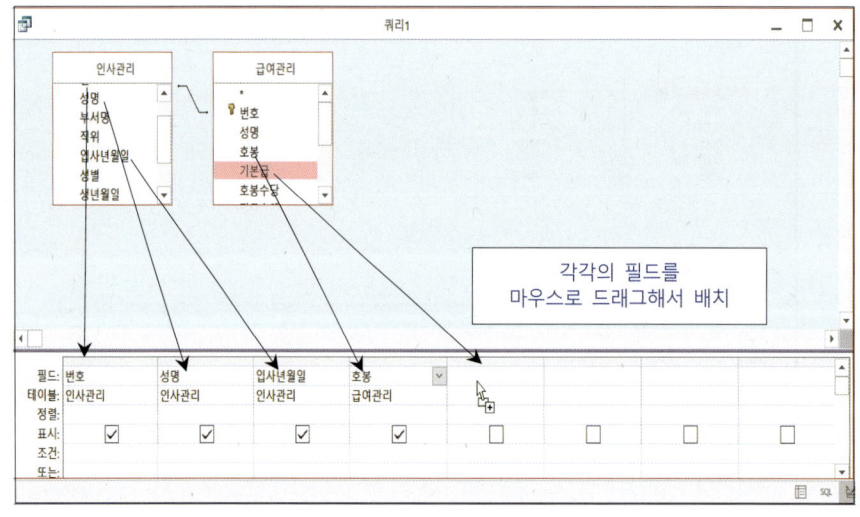

③ 호봉의 필드 값을 구하기 위해 먼저 쿼리 디자인 보기 창에서 [호봉] 필드 열의 [필드 :]란을 클릭하여 커서가 놓일 수 있게 하고, 다음과 같이 입력한다.

- 입력내용 : 호봉:(date() - [입사년월일])/365
- 입력내용에서 date는 현재 시스템의 날짜를 의미한다.
- 계산식에 필드를 입력하는 경우에는 '대괄호'[ ] 안에 입력한다. 따라서 위의 계산식에서 입사년월일 필드를 대괄호[ ] 안에 입력해야 한다(예 : [입사년월일]).

④ 급여관리 테이블의 호봉 필드의 값은 근무 년수의 정수 값으로 표시한다. 따라서 근무 년수는 오늘 날짜(date())에서 인사관리 테이블의 입사년월일을 뺀 것을 365로 나누어 계산한다.

⑤ 위와 같이 디자인한 내용의 결과를 확인하기 위해 [결과] 도구모음의 실행 아이콘(!)을 클릭하면 다음과 같이 결과 창이 나타난다.

4.3.3 표현식 작성기

쿼리 디자인보기 창에서 디자인 괘선의 [필드 :] 행에 계산식을 입력하는 경우 셀의 너비가 너무 좁아 계산식을 입력하기가 불편하다.

이러한 경우에 해당 필드를 클릭하고, Ctrl+F2 키를 누르면 다음과 같은 표현식 작성기가 나타나는데, 이 표현식 작성기를 사용하면 보다 편리하게 계산식을 입력할 수 있다. 여기에는 액세스에서 사용할 수 있는 함수들도 기본적으로 제공한다.

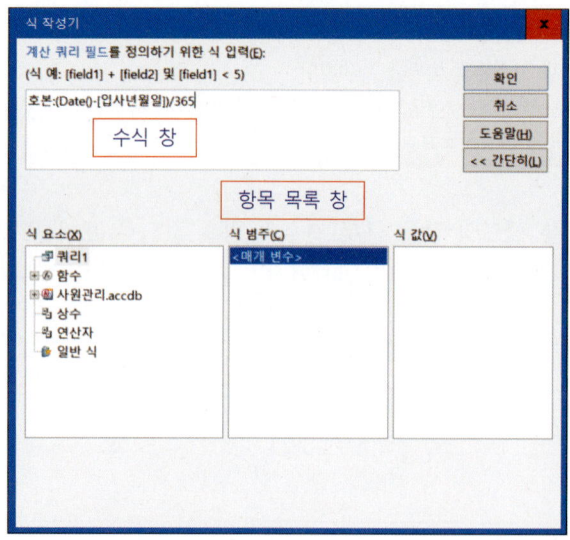

작성기 요소	기능 설명
수식 창	만들어진 수식을 보여주는 부분이다.
항목 목록창	수식에 필요한 필드나 함수를 지정하여 나타내는 부분이다.

1) 필드 값 및 유형의 변경

위에서 계산식에 구해진 호봉 필드의 필드 값을 보면 문제점을 발견할 수 있다. 호봉 필드의 값은 근무 년 수의 정수 값으로 표시한다고 했는데, 여기서는 필드 값이 모두 소수 자릿수가 '자동'으로 되어 있는 실수 값으로 표시되어 있다.

(1) 입사년월일의 날짜 유형을 '15-5-12'와 같은 기본 유형에서 '15년5월12일'과 같은 유형으로 변경하여 보자.

① 현재 [데이터시트 보기] 창에서 도구모음의 [디자인 보기] 도구를 클릭하면 선택 쿼리 창이 나타난다.

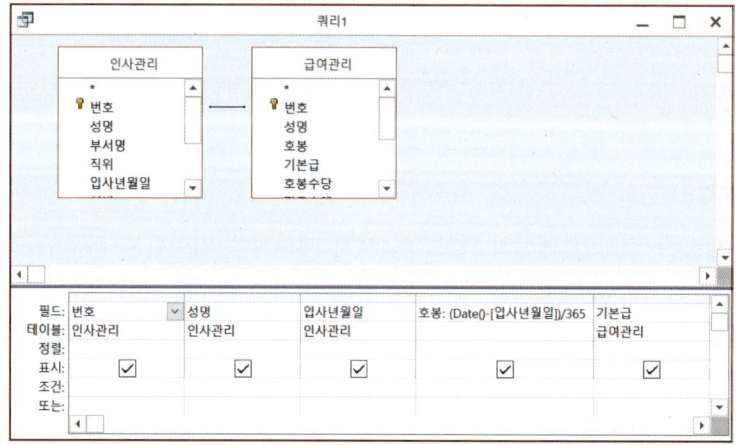

② 쿼리 디자인 창에서 커서를 [호봉] 필드의 계산식에 위치하고, 도구모음에서 속성시트 아이콘(▥)을 클릭하면 다음과 같은 속성 대화상자가 나타난다.

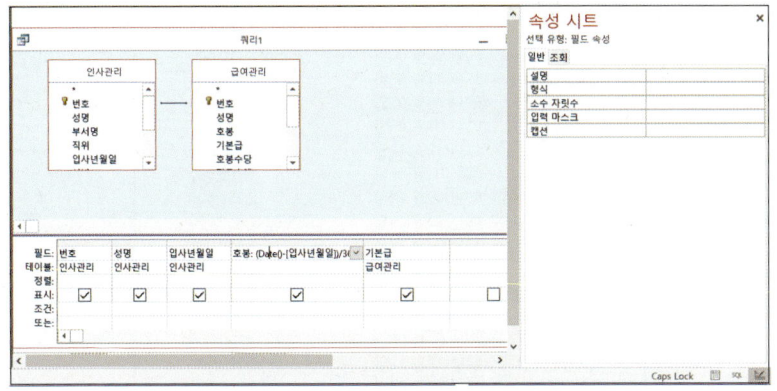

③ 속성시트 대화상자에서는 먼저 [형식] 입력란을 클릭하고, 형식 입력란의 아래 목록보기 버튼을 클릭하면 형식 입력란에 보여지는 여러 종류의 형식 중에 '표준'을 선택한다.

④ 다음은 커서를 필드 속성의 소수 자릿수로 이동하여 소수 자릿수 입력 난의 아래 목록보기 버튼을 클릭한다. 소수 자릿수는 호봉의 필드 값을 정수로 나타내기 위해 '0'을 선택한다.

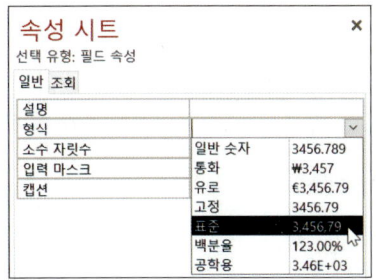 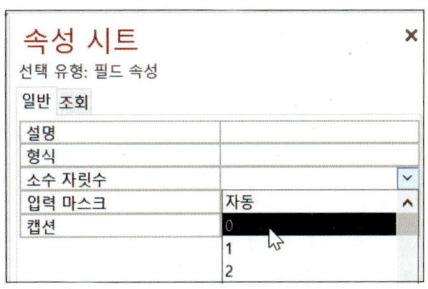

⑤ 다음으로 [입사년월일] 필드의 날짜 유형을 변경하기 위해 쿼리 디자인 보기 창에서 입사년월일 필드를 클릭하여 커서를 위치시키고, 도구모음의 [속성시트] 아이콘을 클릭하면, 속성시트 대화상자가 나타난다.

⑥ 입사년월일 필드속성 대화상자에서는 입력 [형식]란을 클릭하고, 아래 목록보기 버튼을 눌러 나온 날짜 형식 목록 중에 다음과 같이 [보통 날짜]를 선택한 후, 대화상자를 닫는다.

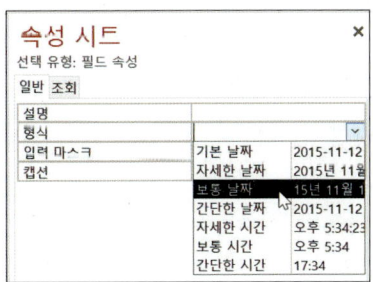

⑦ 쿼리의 수정한 결과를 보기 위해 도구모음의 실행 아이콘(!)을 클릭하면 결과 테이블이 나타난다.

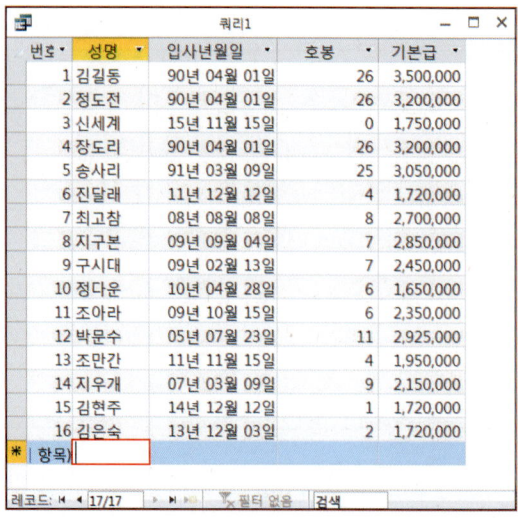

⑧ 디자인한 쿼리를 저장하기 위해 도구모음의 저장도구를 클릭하여 [다른 이름으로 저장] 대화상자에서 쿼리의 이름을 '호봉 필드 값 입력'이라 작성하고, [확인] 버튼을 클릭한다.

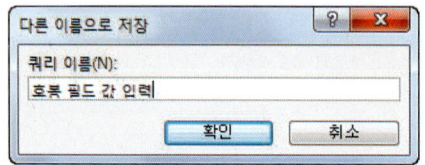 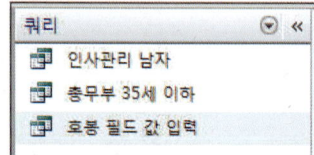

위의 쿼리에서 디자인한 결과 호봉 필드에 대한 필드 값을 구할 수 있었다. 그러나 이 값은 쿼리에 의해 새롭게 생성된 가상테이블에 대한 값이고, 급여관리 테이블의 실제 호봉 필드의 필드 값을 구한 것은 아니다. 따라서 급여관리 테이블의 호봉 필드는 그대로 비어있는 상태이다.

결국 쿼리에 의해 생성된 가상테이블에는 원본 테이블인 인사관리와 급여관리에 없는 필드를 계산식의 결과를 수록하기 위해 [호봉]이라는 이름으로 사용자 정의 필드가 만들어진 것이다.

물론 [호봉]이라는 필드명은 급여관리 테이블에 있는 것과 같은 이름이지만 그 의미와 성격은 다르다. 이렇게 쿼리에서 호봉필드의 필드 값을 구하게 된 것은 일반적으로 테이블에서는 계산식을 사용할 수 없기 때문이다.

2) 급여 관리 테이블의 비어있는 필드 값 생성

(1) 호봉수당, 지급총액, 소득세, 주민세, 공제총액, 실지급액 등의 필드들에 대한 필드 값도 구해 보자.

① 먼저 데이터베이스 창에서 쿼리 탭을 선택하고, 쿼리 목록 중에 '호봉 필드 값 입력'을 선택한 다음, [디자인] 버튼을 클릭한다.

② '호봉 필드 값 입력'의 쿼리를 디자인 보기로 선택하면 다음과 같은 쿼리 디자인 창이 나타난다.

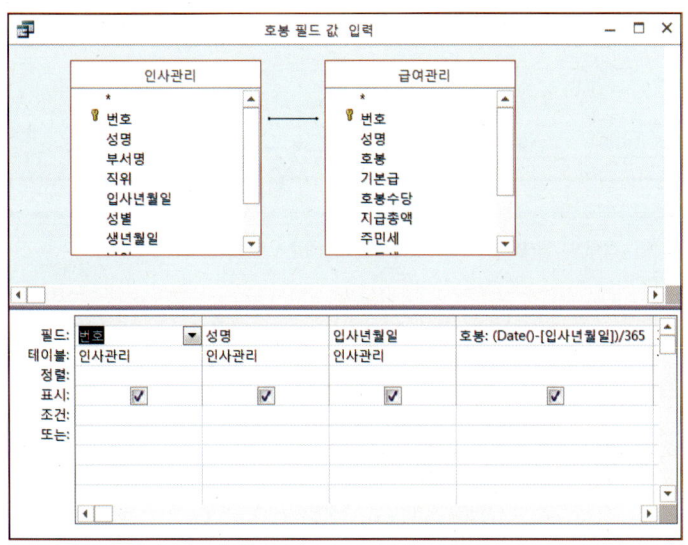

③ 다음 계산식을 이용하여 호봉수당, 지급총액, 소득세, 주민세, 공제총액, 실지급액 등의 필드들에 대한 필드 값을 구한다.

필드명	계산식	비고
호봉수당	[호봉] * 30000	호봉수당은 호봉을 1일 단위로 계산하여 1년 평균 3만원씩 추가하는 것으로 계산한다.
지급총액	[기본급]+[호봉수당]	받을 금액에 대한 총액
소득세	[지급총액] * 0.05	지급총액에 대한 5%로 계산
주민세	[소득세] * 0.1	소득세에 대한 10%로 계산
공제총액	[소득세]+[주민세]	전체 지출에 대한 총액
실지급액	[지급총액] - [공제총액]	지급총액에서 공제총액을 뺀 액수

④ 쿼리 디자인 보기 창의 디자인 괘선에서 호봉수당 열의 [필드 :]란에 호봉수당 계산식을 입력하고, 금액관련 필드에 대한 [속성 시트]에서 형식은 [표준] 형식으로, 소수 자릿수는 '0'으로 한다. 같은 방법으로 호봉수당부터 실지급액까지의 계산식을 입력하고 그 결과는 다음과 같다.

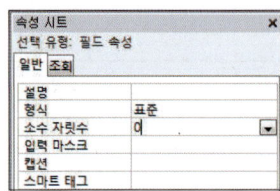

⑤ 다음은 디자인한 결과를 데이터시트로 보여 주고 있다.

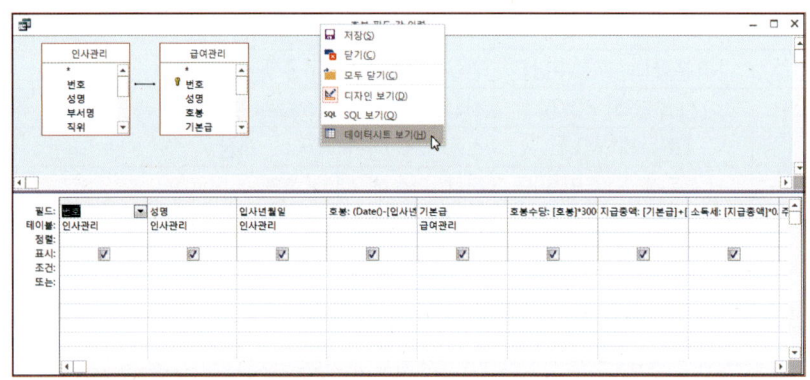

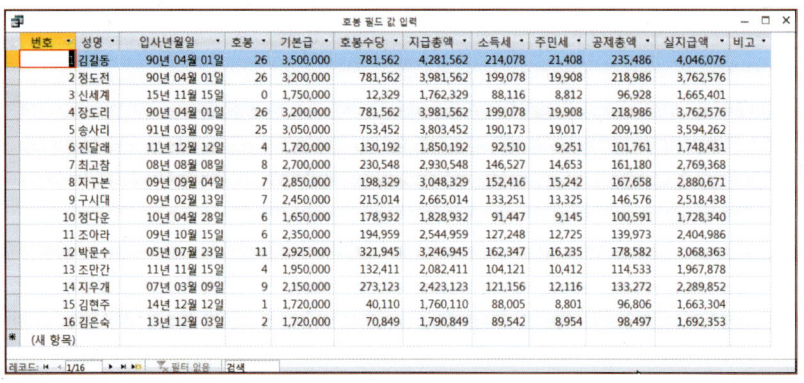

3) 쿼리로 그룹별 소계를 구하기

(1) 인사관리 테이블에서 전체 레코드를 각각의 부서별로 그룹을 정해 부서별 인원수와 평균 나이를 구해 보자.

① 데이터베이스 창에서 [만들기] - [쿼리 디자인] 버튼을 클릭한다.

② 테이블 표시 대화상자에서는 쿼리에 사용할 '인사관리' 테이블을 추가하고, 선택이 모두 끝난 다음 [닫기] 버튼을 클릭하면 새로운 쿼리 디자인 창이 나타나고, 쿼리에 사용할 부서명, 성명, 나이 필드를 차례로 선택한다.

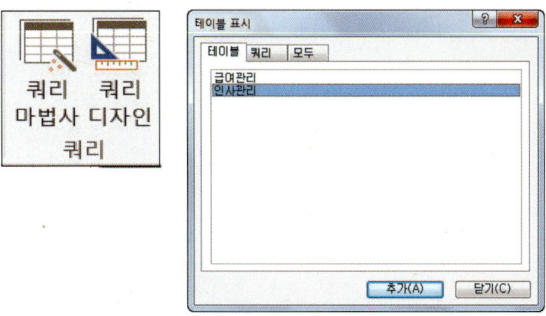

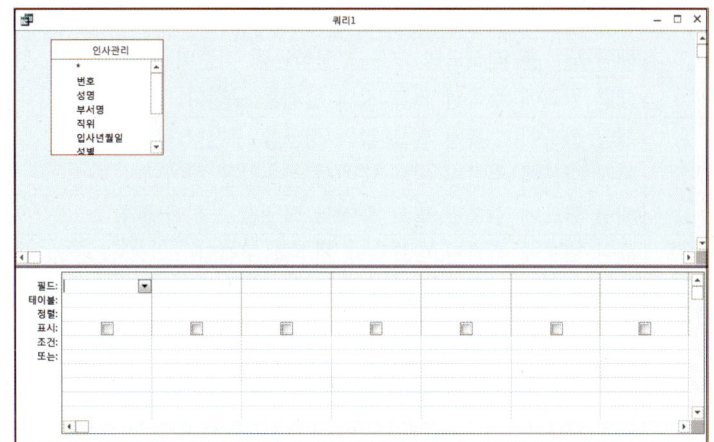

③ 쿼리에서 필드 값의 합계나 평균 등을 구하기 위해 [부서명], [성명], [나이] 필드를 드래그하고, [정렬] 탭에 커서를 위치한 후 [요약] 아이콘(Σ)을 누르면 [요약] 목록이 삽입되어 나타난다.

④ 부서별 인원수를 구하기 위해 먼저 [부서명] 열의 [요약 :] 행을 클릭해서 커서의 위치를 정하고, 아래 목록보기 버튼을 클릭하여 [부서명] 필드를 "묶는 방법", [성명] 필드는 "개수", [나이] 필드는 "평균"을 선택한다.

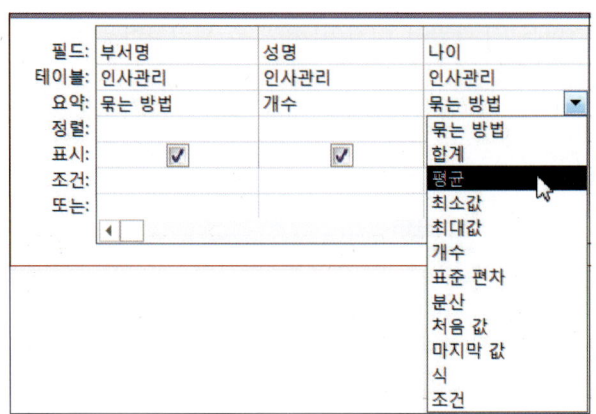

⑤ 디자인 괘선에서 [합계 :] 행의 목록보기 버튼을 클릭하면 목록 종류를 보여 주며, 그 종류와 의미는 다음 표와 같다.

목록 명	의미
묶는 방법	해당 필드를 레코드의 그룹을 정하는데 기준이 되는 필드로 정한다.
합계	해당 필드에 수록된 필드 값의 합계를 구한다.
평균	해당 필드에 수록된 필드 값의 평균을 구한다.
최솟값	해당 필드에 수록된 필드 중에서 최솟값을 찾아낸다.
최댓값	해당 필드에 수록된 필드 중에서 최댓값을 찾아낸다.
개수	해당 필드에 수록된 필드들의 개수를 구한다.
표준편차	해당 필드에 수록된 필드 값의 표준편차를 구한다.
분산	해당 필드에 수록된 필드 값의 분산을 구한다.
처음 값	해당 필드의 처음 데이터를 나타낸다.
마지막 값	해당 필드의 마지막 데이터를 나타낸다.
식	계산 함수나 그룹의 식을 나타낸다.
조건	해당 필드의 조건식을 나타낸다.

⑥ [결과] 도구모음의 실행(❗)을 클릭하면, 다음과 같이 실행 결과를 나타낸다.

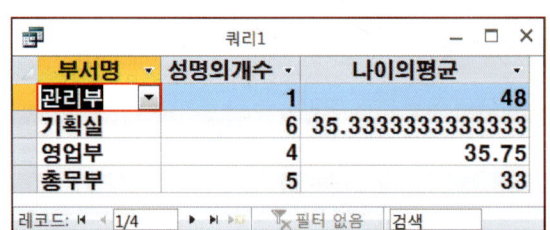

⑦ 이전의 결과에서 나이의 평균에 소숫점이 나타난다. 이를 없애기 위해 [디자인 보기]를 호출해서 [요약]의 [평균]을 마우스 오른쪽 단추를 눌러서 [속성]을 호출하고, [형식]을 "표준" 그리고 [소수 자릿수]를 0으로 수정한 다음 실행을 누르면 소수 이하 자릿수가 없어져서 나타난다.

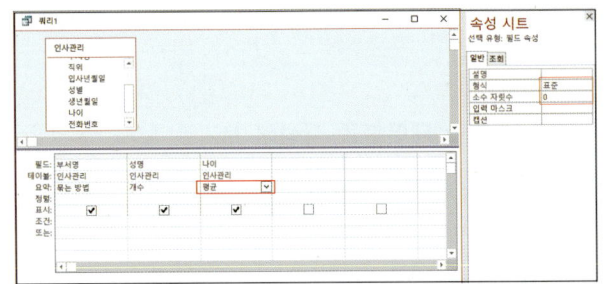 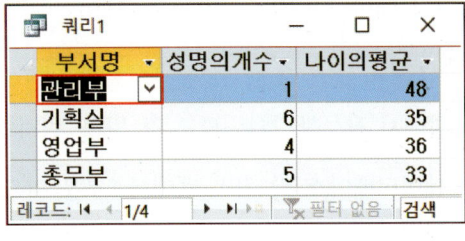

⑧ 도구모음의 저장도구를 클릭하고, [다른 이름으로 저장] 대화상자에서 쿼리의 이름을 '부서별 인원수'라고 입력한 다음 [확인]을 누른다.

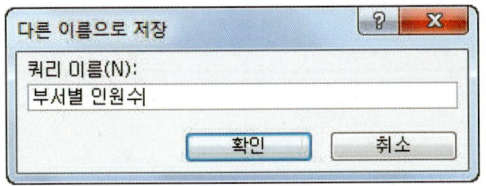

4.4 실행 쿼리 작성

지금까지는 선택 쿼리를 사용해서 테이블에 수록된 데이터 중에 조건식을 부여하여 조건에 만족하는 데이터를 추출해 보았고, 또 각 그룹별로 소계를 구하는 방법에 대해서 알아보았다.

액세스 2019에서는 대표적인 쿼리로서 선택 쿼리 이외에도 실행 쿼리가 있다. 실행 쿼리는 선택 쿼리와는 달리 한 번에 여러 개의 데이터를 변경할 때, 또는 조건을 부여하여 조건에 해당하는 데이터를 단 한번으로 삭제해 주는 쿼리이다.

실행 쿼리에는 **테이블 만들기 쿼리**, **업데이트 쿼리**, **추가 쿼리**, **삭제 쿼리** 등이 있다.

4.4.1 테이블 만들기 쿼리

선택 쿼리는 디자인한 결과를 가상 테이블의 형태로 저장된다. 따라서 쿼리에 사용한 원본 테이블을 삭제하면 가상 테이블에도 영향이 있다.

그러나 테이블 만들기 쿼리는 선택 쿼리에서의 결과가 수록된 또 하나의 테이블을 생성할 수 있다.

따라서 이 쿼리에 의해 생성된 테이블은 가상테이블이 아니라 실제 독립적인 테이블이 되는 것이다.

하나 이상의 테이블이나 쿼리에서 데이터의 일부나 전체 데이터를 별도의 새로운 테이블에 저장하는 쿼리이다. 이렇게 하면 또 하나의 테이블이 생성된다.

다량의 데이터가 수록되어 있는 테이블에 대해 필요한 데이터를 골라내어 별도의 새 테이블에 따로 저장하기 위한 쿼리이다.

1) 앞에서 작성한 '호봉 필드 값 입력' 쿼리의 결과를 수록할 테이블을 작성해 보기로 보자

① 데이터베이스 창 쿼리 탭에서 '호봉 필드 값 입력'을 선택하고, [디자인]을 클릭하면 다음과 같은 선택 쿼리 디자인 창이 나타난다.

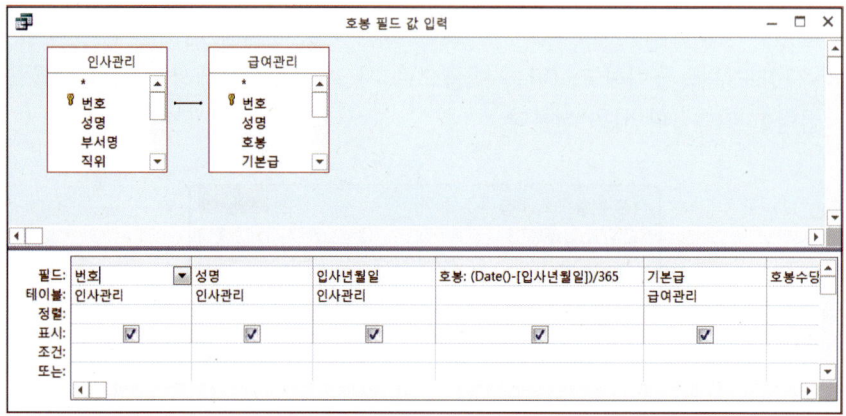

② 테이블 만들기 쿼리를 사용하기 위해서 [쿼리 유형] - [테이블 만들기]를 차례로 선택한다.

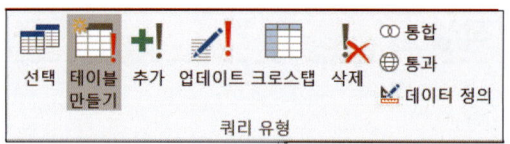

③ 테이블 만들기 쿼리를 선택하면 테이블 만들기 대화상자가 나오는데, 여기서는 새로 만들어질 테이블을 현재 데이터베이스에 작성할 것인지 아니면 다른 데이터베이스에 작성할 것인지를 결정하고, 필드의 이름을 "급여관리 완성"으로 입력하고 [확인]을 클릭한다.

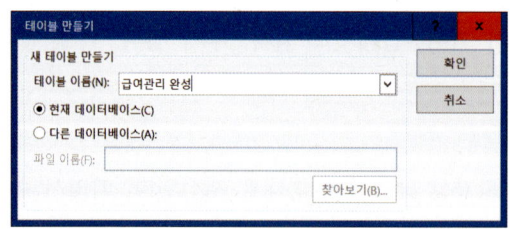

④ 다음으로 디자인 창의 제목 표시줄을 보면 '호봉 필드 값 입력 : 테이블 만들기 쿼리'라고 나타난다.

⑤ 도구 모음 중에 쿼리 실행 아이콘(❗)클릭하면 쿼리가 실행되어, 다음과 같은 메시지를 보여주며, 여기서는 [예] 버튼을 클릭한다.

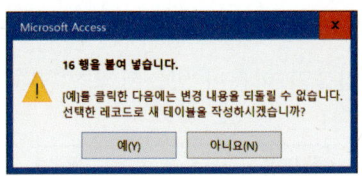

⑥ 새로운 테이블이 생성되었는지 데이터베이스 창을 열어 확인한다.

4.4.2 추가 쿼리

하나 이상의 테이블에 대한 조건식을 부여하여 그 조건에 만족하는 레코드를 다른 테이블의 끝에 추가하는 쿼리이다. 이 쿼리는 두 개의 테이블에 각각 나누어 수록한 레코드를 하나의 테이블로 결합하는데, 사용하면 유용한 쿼리이다.

1) 새 테이블을 작성하여 인사관리 테이블에 추가해 보자

① 먼저 다음과 같은 '인사관리 보충자료' 테이블을 작성한다. 필드 데이터의 형식과 필드 속성은 인사관리 테이블과 동일하게 한다.

번호	성명	부서명	직위	입사년월일	성별
1	김치국	영업부	과장	2015-01-03	남
2	조은정	영업부	사원	2015-01-03	남
3	심심해	영업부	사원	2015-01-03	여

필드명	데이터 형식	길이
번호	일련번호	
성명	짧은 텍스트	8
부서명	짧은 텍스트	6
직위	짧은 텍스트	6
입사년월일	날짜/시간	
성별	짧은 텍스트	2

② 위 테이블을 작성하는 순서는 다음과 같다.

㉠ 데이터베이스 창에서 테이블 탭을 선택하고, [만들기] - [테이블 디자인]을 클릭한다.

ⓒ 새 테이블 대화상자에서 [디자인 보기]를 선택하고 [확인] 버튼을 클릭한다.

ⓒ 테이블 디자인 창에서는 위와 같이 필드를 정의하고, 데이터를 입력한다.

ⓔ 테이블의 이름을 '인사관리 보충자료'로 해서 테이블을 저장한다.

ⓜ 데이터베이스 창에 작성한 테이블의 이름이 있는지 확인한다.

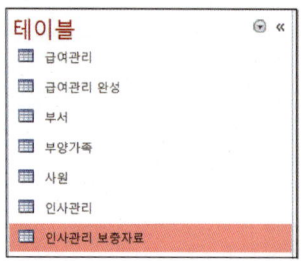

③ 새로운 추가 쿼리를 작성하기 위해 데이터베이스의 쿼리 탭을 선택하고, [만들기] - [쿼리 디자인] 버튼을 클릭하면 [테이블 표시] 대화상자가 나타난다. 이 대화 상자에서는 추가 쿼리에 사용할 테이블인 인사관리 테이블을 추가하고, 대화상자를 닫으면, 다음과 같이 쿼리 디자인 창이 나타난다.

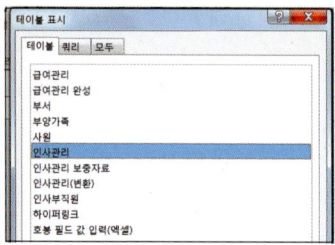

④ 쿼리 디자인 창의 필드목록 중에 쿼리에 사용할 필드를 드래그하여 디자인 괘선의 [필드 :] 행에 추가한다.

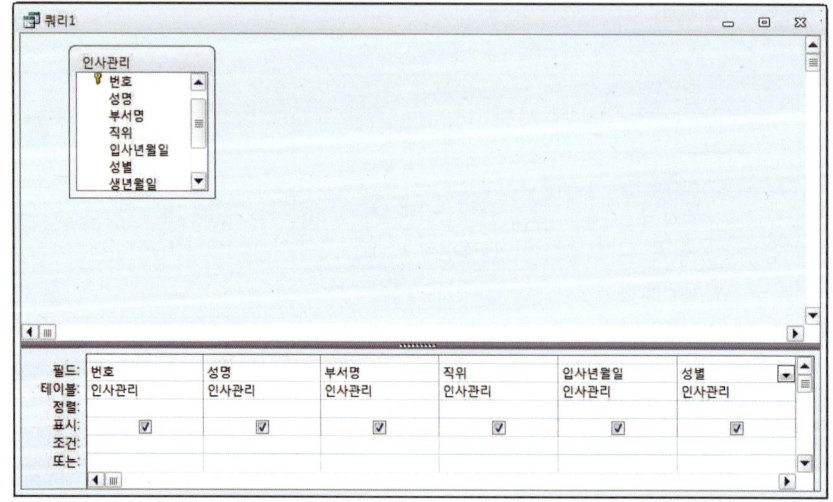

⑤ 다음과 같이 [쿼리 유형]-[추가]를 차례로 선택한다.

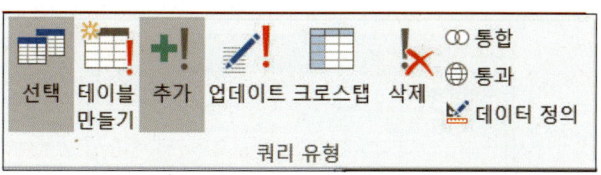

⑥ 다음으로 추가 테이블 지정 대화상자가 나타나는데, 여기서는 추가할 테이블의 이름을 현재 데이터베이스에서 혹은 다른 데이터베이스에서 파일을 찾아 입력란에 직접 입력하거나 목록보기 버튼을 눌러 나온 목록 중에 선택하고, [확인] 버튼을 클릭한다.

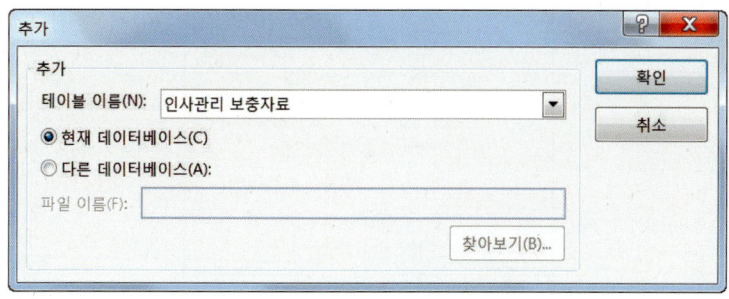

⑦ 테이블을 추가하면 디자인 괘선에는 [추가 :] 행이 삽입되고, 이곳에는 추가할 필드를 등록하면 되는데, 원본 테이블과 추가할 테이블의 필드가 동일한 경우에 자동으로 등록된다. 한편 테이블을 추가할 때 조건이 필요한 경우에는 디자인 괘선의 [조건 :] 행에 입력한다.

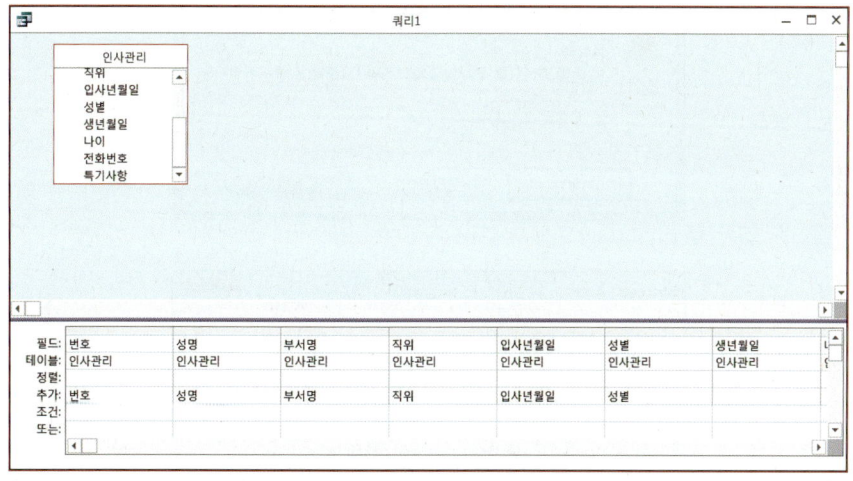

⑧ 디자인 창에 [추가 :] 필드가 완성되면 새로운 쿼리를 저장한다.

⑨ 디자인한 쿼리를 저장하기 위해 [저장]을 차례로 선택하고, [다른 이름으로 저장] 대화상자에서 쿼리의 이름으로 '추가 쿼리'를 입력하고, [확인] 버튼을 클릭한다.

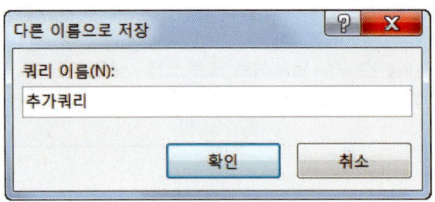

⑩ 다음으로 데이터베이스 창의 쿼리 탭에서 '추가 쿼리'를 선택하고, [열기] 버튼을 클릭하면 연속해서 다음 2가지의 대화상자가 나타나며, 이 두 대화상자에서는 [예] 버튼을 클릭하면 된다.

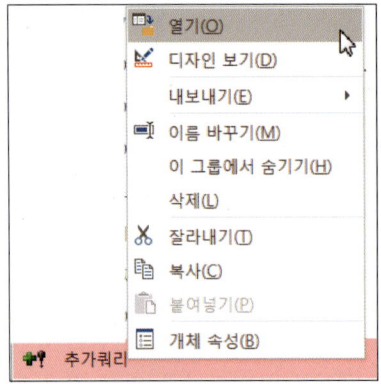

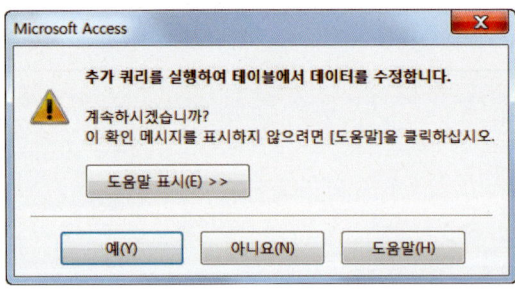

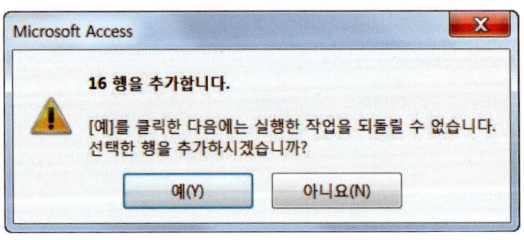

⑪ 추가된 결과를 보기 위해 데이터베이스 창의 테이블 탭을 클릭하고, 보이는 테이블 목록 중에 "인사관리 보충자료"를 선택한 후, [열기] 버튼을 클릭하면 다음과 같이 추가된 결과의 데이터시트가 나타난다.

4.4.3 삭제 쿼리

하나 이상의 테이블에 필요 없는 레코드에 조건식을 부여하여 조건에 해당하는 레코드를 한꺼번에 삭제하는 쿼리이다. 레코드를 일괄적으로 삭제하기 위해서는 먼저 삭제 조건을 선정해야 하며, 지정한 삭제 조건을 이용하여 삭제 쿼리를 실행한다.

1) "인사관리 보충자료" 테이블에 추가한 16개의 레코드를 삭제하여 보기로 하자

① 데이터베이스의 쿼리 탭을 선택하고, [만들기] - [쿼리 디자인] 버튼을 클릭하면 [테이블 표시] 대화상자가 나온다. 이 대화상자에서는 삭제 쿼리에 사용할 테이블인 '인사관리 보충자료' 테이블을 추가하고, [닫기]를 눌러서 대화상자를 닫는다.

② 위와 같이 진행하면 다음과 같은 쿼리 디자인 창이 나타나며, 쿼리 디자인 창에서 먼저 필드목록의 모든 필드를 디자인괘선의 [필드 :]란에 등록한다.

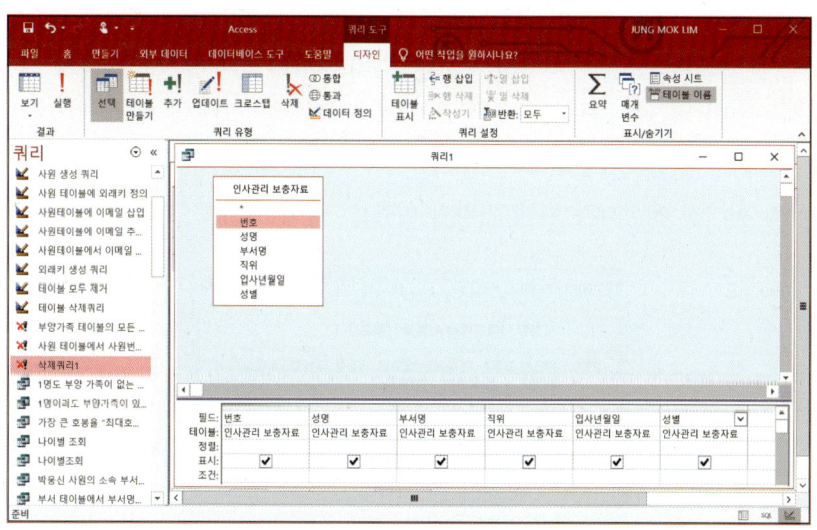

③ [쿼리] - [삭제 쿼리]를 차례로 선택하면, 쿼리 디자인 창의 디자인괘선에 [삭제 :] 행이 추가되었고, 이 행의 각 필드 열에는 모두 '조건'이라고 표시되어 나타난다.

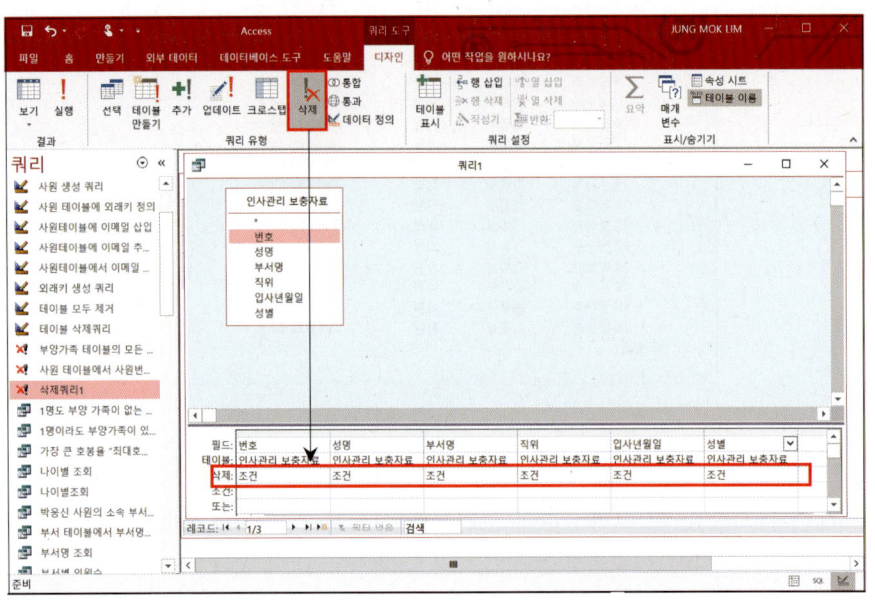

④ 디자인 괘선에서 입사년월일 필드 열의 [조건 :]란에 다음 내용을 입력한다. 입력 내용은 >=#2015-01-01#으로 입력 내용의 의미는 입사년월일이 2015년 1월 1일 이전인 레코드를 삭제한다는 뜻이며, 계산식에 사용한 날짜 데이터의 앞.뒤로 #기호를 사용해야 한다.

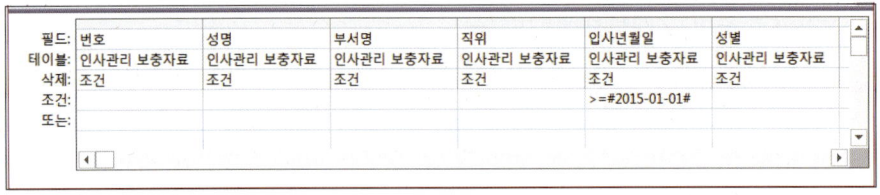

⑤ 다음으로 도구모음에서 실행 도구 아이콘(!)을 클릭하면 다음과 같은 삭제여부 대화상자가 나타나며, 여기서는 [예] 버튼을 클릭하면 인사관리 보충자료 테이블에 수록되었던 레코드 중에 입사년월일이 2015년 1월 1일 이전인 레코드가 삭제된다.

⑥ 디자인한 삭제 쿼리를 저장하기 위해 쿼리의 이름을 '삭제 쿼리'로 한다.

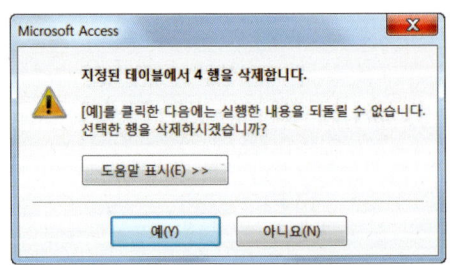

⑦ 삭제된 결과를 확인하려면 데이터베이스 창에서 테이블 탭을 클릭하고, 나오는 테이블 목록 중에 인사관리 보충자료 테이블을 선택한 후 [열기] 버튼을 클릭하면, 다음과 같이 추가된 레코드가 삭제되어 나타난다.

번호	성명	부서명	직위	입사년월일	성별
1	김길동	기획실	사장	1990-04-01	男
2	정도전	총무부	부장	1990-04-01	男
4	장도리	영업부	부장	1990-04-01	男
5	송사리	관리부	부장	1991-03-09	男
6	진달래	영업부	사원	2011-12-12	女
7	최고참	총무부	과장	2008-08-08	男
8	지구본	영업부	과장	2009-09-04	男
9	구시대	기획실	대리	2009-02-13	男
10	정다운	영업부	사원	2010-04-28	女
11	조아라	기획실	대리	2009-10-15	女
12	박문수	기획실	과장	2005-07-23	男
13	조만간	기획실	사원	2011-11-15	男
14	지우개	총무부	대리	2007-03-09	男
15	김현주	총무부	사원	2014-12-12	女
16	김은숙	기획실	사원	2013-12-03	女

4.4.4 업데이트 쿼리

하나 이상의 테이블에 수록되어 있는 필드 값을 전체적으로 또는 조건에 해당하는 레코드에 대해서 한꺼번에 다른 값으로 변경할 때 사용하는 쿼리이다.

1) 인사관리 테이블의 성별 필드의 값인 '男'을 '남'으로 변경해 보기로 하자

① 데이터베이스의 쿼리 탭을 선택하고, [만들기] - [쿼리 디자인] 버튼을 클릭하면 [테이블 표시] 대화상자가 나온다. 이 대화 상자에서는 [업데이트] 쿼리에 사용할 테이블인 인사관리 테이블을 추가하면 다음과 같은 쿼리 디자인 창이 나타나며 쿼리 디자인 창에서는 먼저 필드목록의 모든 필드를 디자인괘선의 [필드 :]란에 등록한다.

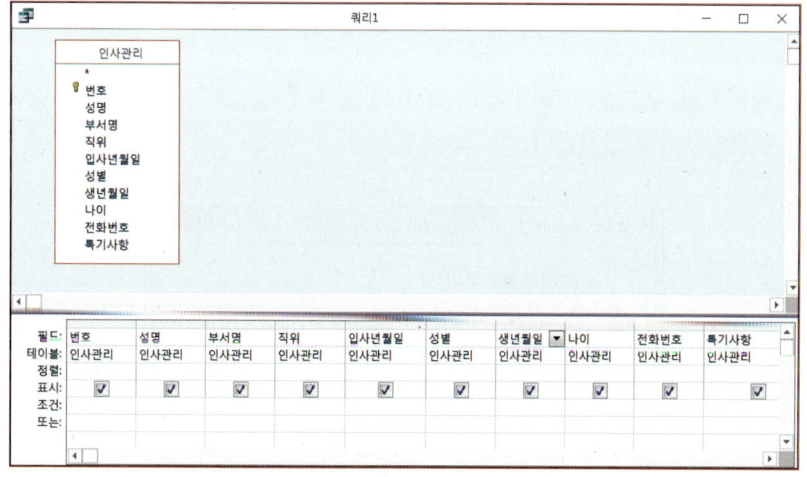

② 다음으로 [쿼리 유형] - [업데이트]를 차례로 선택하면 다음과 같이 디자인 괘선에는 [업데이트 :] 행이 추가된다.

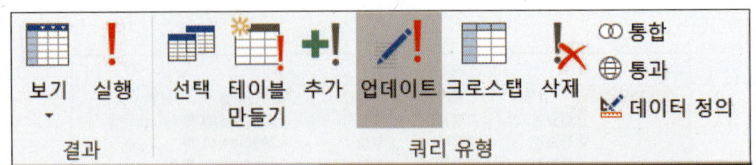

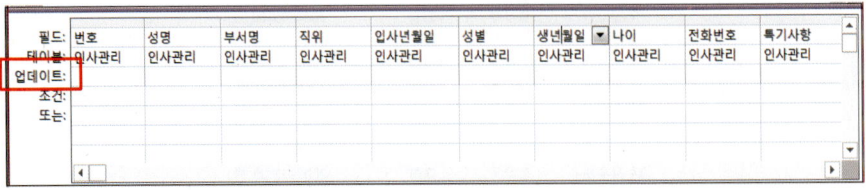

③ 디자인 괘선에서 성별 필드 열의 [업데이트 :]란에는 "남"을 입력하고, [조건 :]란에는 "男"을 입력한다.

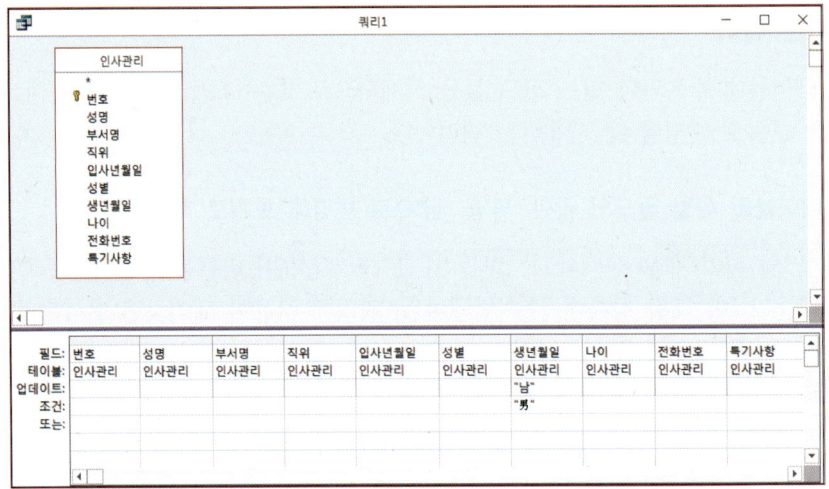

④ 위와 같이 입력하고 도구모음의 쿼리 실행 도구 아이콘(❗)을 클릭하면 다음과 같은 변경여부 대화상자가 나타나며 [예]를 클릭한다.

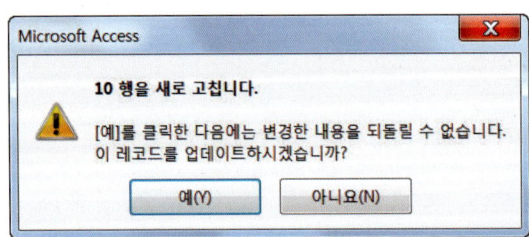

⑤ 디자인한 업데이트 쿼리를 저장하기 위해 쿼리의 이름을 '업데이트 쿼리'로 지정한다.

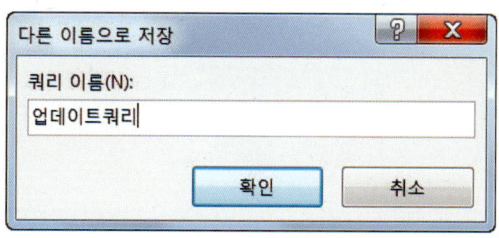

⑥ 결과를 확인하기 위해 데이터베이스 창의 테이블 탭에서 인사관리 테이블의 선택하고, [열기] 버튼을 클릭하면 다음과 같이 나타난다.

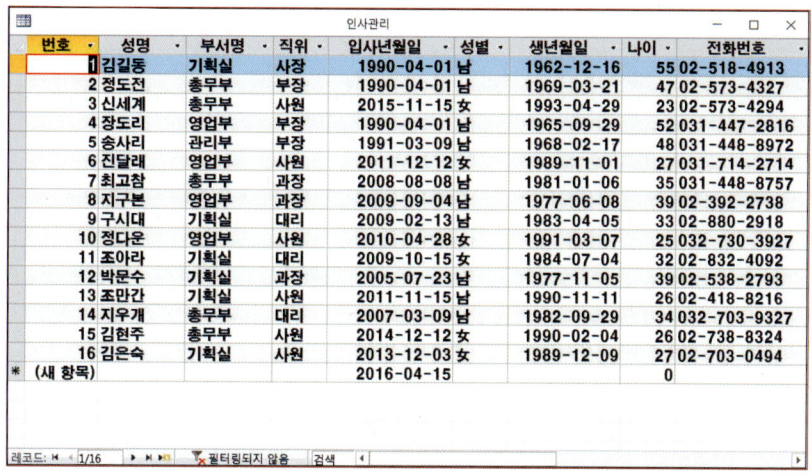

4.4.5 매개변수 쿼리

매개변수 쿼리는 실행될 때마다 조건을 물어보는 쿼리이며, 쿼리를 실행할 때마다 검색 조건을 입력하기 위한 대화상자가 나타난다.

이때 조건에 부합되는 데이터를 입력하면 그때그때 쿼리 결과가 나타나며 여러 번 사용이 가능하므로 선택 쿼리에 주로 많이 사용된다. 둘 이상의 조건을 지정할 수 있는 쿼리도 작성할 수 있다.

1) '인사관리' 테이블에서 부서명을 입력하여 조회하기 위한 매개변수 쿼리를 작성하여 보기로 하자

① 쿼리 탭을 지정하여 [만들기] - [쿼리 디자인]을 지정하고 [디자인 보기]를 선택한 다음 [확인] 단추를 누르면 선택 쿼리 디자인 화면이 나타나며, 인사관리 테이블을 지정한 다음 [추가] 단추를 누른 다음 인사관리의 필드 전체를 지정하여 나타낸다.

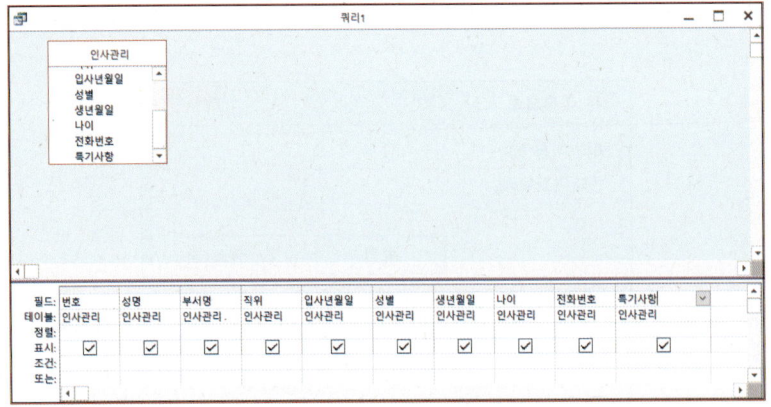

② 부서명 필드의 [조건]에 "[부서명을 입력하세요]"라는 문장을 입력한다.

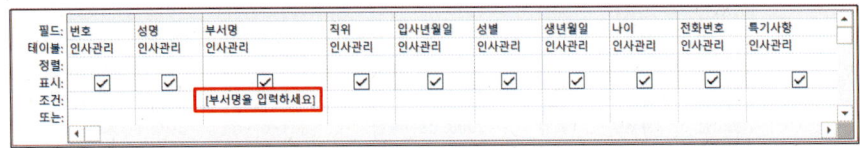

③ 선택 쿼리 디자인 화면의 종료 단추를 누르고 변경 내용을 저장하려면 다음과 같이 [다른 이름으로 저장]의 대화상자가 나타나고, '부서명 조회'라는 쿼리 이름을 입력한 다음 [확인] 단추를 누르면 쿼리 탭에 지정되어 나타난다.

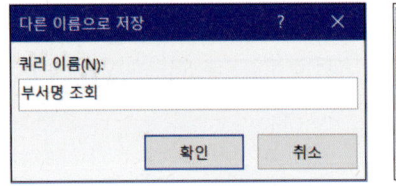 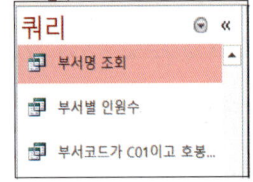

④ '부서명 조회' 쿼리를 지정하고 [열기] 단추를 누르면 매개변수 입력 대화상자가 나타나고 '영업부'를 입력한 다음 [확인] 단추를 누르면 '영업부' 레코드만 지정되어 나타난다.

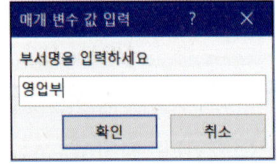

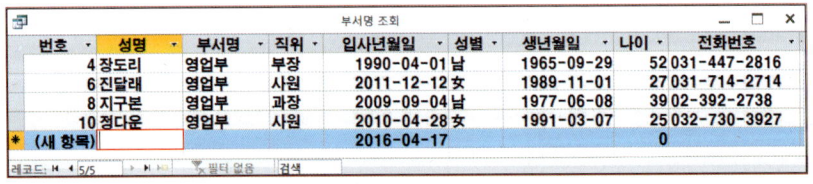

2) '인사관리' 테이블에서 나이의 범위를 지정하여 조회하기 위한 매개변수 쿼리를 작성하여 보기로 하자

① 쿼리 탭을 지정하여 [만들기]-[쿼리 디자인]을 지정하면 쿼리 디자인 화면이 나타나고 인사관리 테이블을 지정한 다음 [추가] 단추를 누른 후 인사관리의 필드 전체를 지정하여 나타낸다.

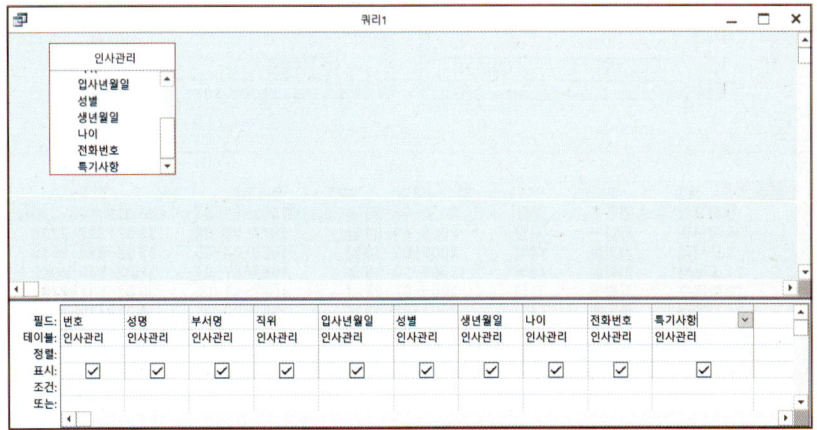

② 나이 필드 조건에 "Between [검색시작 나이를 입력하세요] And [검색 끝 나이를 입력하세요]"의 조건을 입력한다.

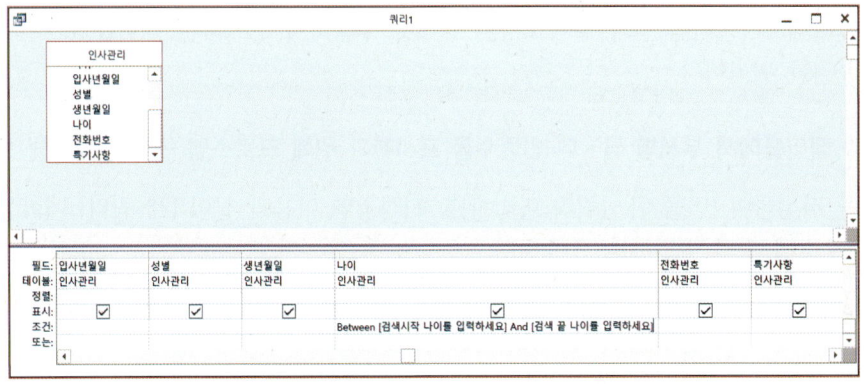

③ 선택 쿼리 디자인 화면의 [종료] 단추를 누르고 변경 내용을 저장하면 다음과 같이 [다른 이름으로 저장]의 대화상자가 나타나고, '나이별 조회'라는 쿼리 이름을 입력한 다음 [확인] 단추를 누르면 쿼리 탭에 지정되어 나타난다.

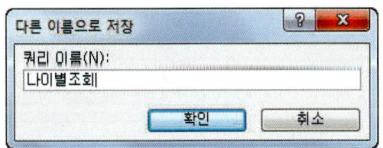

④ 다음으로 나이별 조회 쿼리를 실행하면 첫 번째 매개변수 대화상자가 나타나고 30을 입력한 다음 [확인] 단추를 누르면 두 번째 매개변수 대화상자가 나타나고 39를 입력하고 [확인] 단추를 누르면 나이가 30대인 레코드가 검색되어 나타난다.

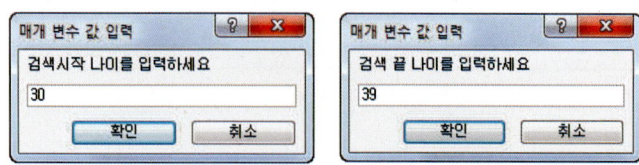

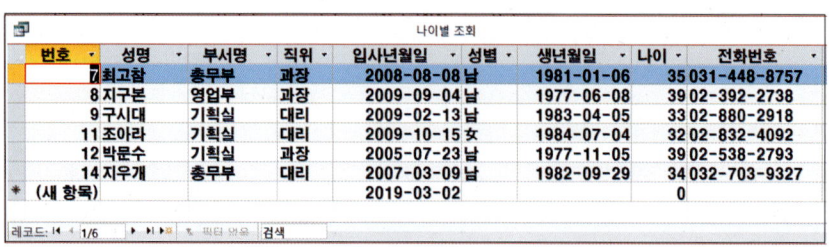

4.4.6 크로스탭 쿼리

크로스탭 쿼리는 테이블의 한 필드에서 합계, 평균, 개수 등의 값을 표시하고, 그 값들을 각각 묶어 하나의 집합은 데이터시트의 왼쪽에, 또 하나의 집합은 데이터시트의 상단에 나열한다. 이 쿼리는 엑셀과 같은 스프레드시트처럼 행과 열의 2차원 형태로 구분하여 표시하는 테이블(table : 표) 형식으로 작성하기 위한 쿼리이다.

1) '인사관리' 테이블에서 부서별 남·여 인원수를 표시하기 위해 크로스탭 쿼리를 작성해 보기로 하자

① 쿼리 탭을 지정하여 [만들기]-[쿼리 마법사]를 지정하면 다음과 같이 [새 쿼리] 대화상자가 나타나고, [크로스탭 쿼리 마법사]를 지정한다.

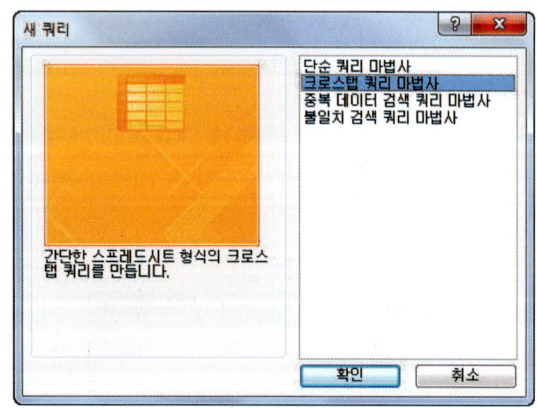

② 크로스탭 쿼리 마법사 첫 번째 단계에서는 쿼리에 사용할 인사관리 테이블 또는 쿼리를 선택한다.

③ 크로스탭 쿼리 마법사 두 번째 단계에서는 앞 단계에서 선택한 테이블에 있는 필드 중에 행 머리글로 사용할 필드를 다음과 같이 선택한다. 행 머리글은 최대 3개까지 선택이 가능하다.

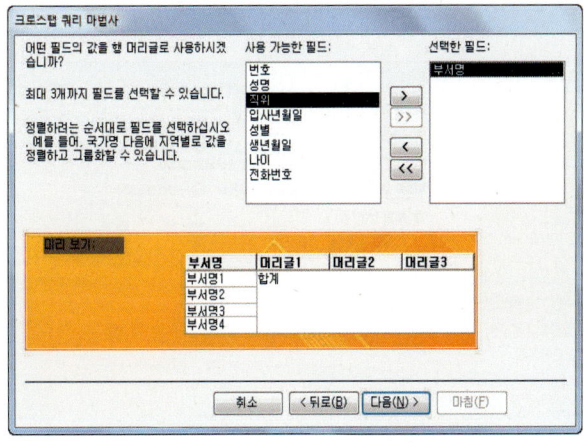

④ 마법사 세 번째 단계에서는 열 머리글로 사용할 필드를 다음과 같이 선택한다.

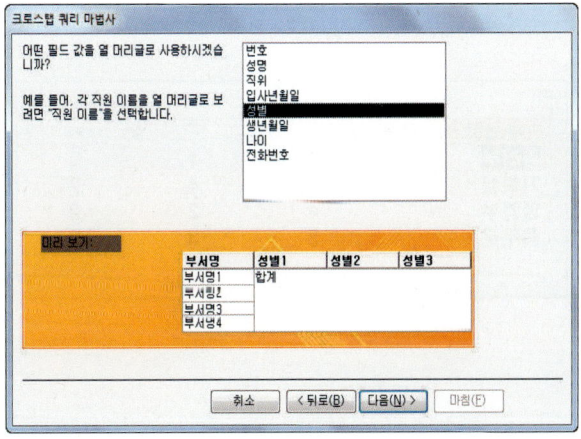

⑤ 마법사 네 번째 단계에서는 열과 행이 교차하는 곳에 필요한 함수를 선택한다.

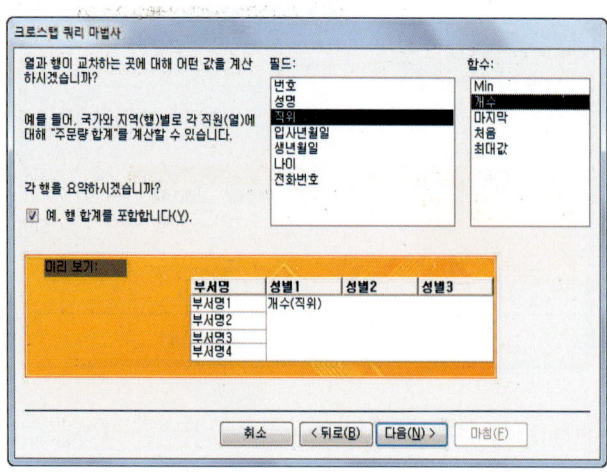

⑥ 마법사 다섯 번째 단계에서는 크로스탭 쿼리의 이름을 다음과 같이 입력한다.

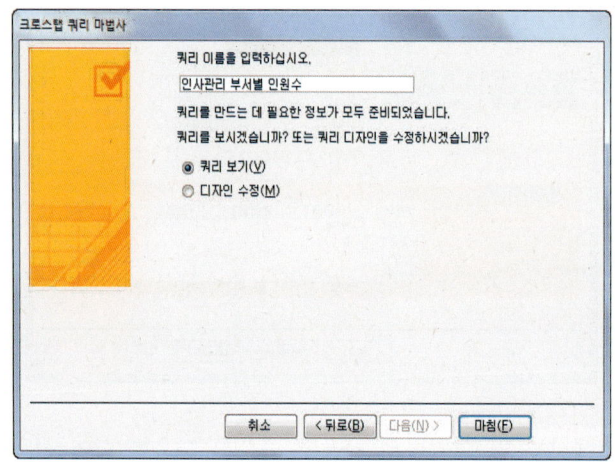

⑦ 앞의 크로스탭 쿼리 마법사를 완료하면, 다음과 같이 크로스탭 쿼리 결과가 나타난다.

⑧ 위 그림을 보면 두 번째 열의 이름이 '합계 직위'로 되어있다. 이것은 현재 쿼리에서는 의미가 없으므로 이것을 '성별 합계'로 변경하려면 도구 모음줄의 디자인 보기 도구를 클릭하여 다음과 같이 디자인 창 상태로 만들어 주어야 한다.

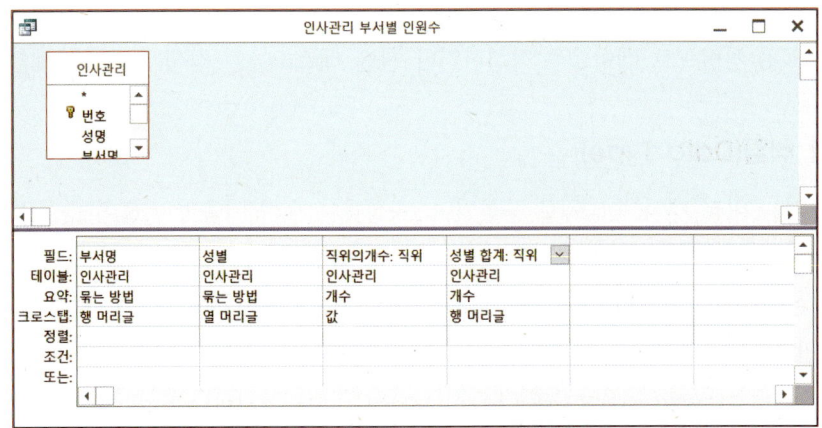

⑨ 도구 모음 줄에서 데이터시트 보기 실행 도구 아이콘(❗) 클릭하면, 다음과 같이 수정된 테이블 결과가 나타난다.

⑩ 위와 같이 결과를 확인하였으면 작성한 내용을 저장한다.

4.5 SQL 쿼리의 정의 및 작성

4.5.1 질의어(Query Language)

데이터베이스 관리 시스템과 대화하기 위해서는 데이터베이스가 이해하는 질의어(Query Language)를 사용하여야 한다. 현재 가상 많이 사용되고 있는 질의어는 SQL(Structured Query Language)이다.

SQL의 시초는 1970년대 초 미국 IBM 연구소에서 개발한 SEQUEL이었으며 1986년 미국 표준화 기구인 ANSI에서 SQL의 표준화 작업을 진행하였다.

각 상업용 DBMS에 따라 사용하는 SQL 언어의 형태가 조금씩 다를 수 있으므로 실무에서 데이터베이스를 사용할 때는 각 상업용 DBMS 업체에서 제공하는 SQL 설명서를 참조하여 어떤 기능이 지원되는지 확인 후 사용하도록 해야 한다.

액세스에서는 SQL 명령으로 테이블을 작성하거나 관련 레코드들을 검색, 수정, 삭제할 수 있다.

4.5.2 데이터 타입(Data Type)

릴레이션 스키마는 여러 개의 속성들로 구성되며, 속성들은 속성 이름과 더불어 속성의 형태인 데이터 타입(Data Type)이 정의되어야 한다.

기본적인 데이터 타입은 문자, 숫자, 날짜와 시간, 멀티미디어 등의 대분류로 구분될 수 있으며 이들 데이터 타입 안에 다시 세부적인 분류가 이루어진다.

데이터 타입은 상업용 DBMS에 따라 SQL에서 사용하는 세부 명칭과 데이터 값의 범위 등이 달라질 수 있으므로 사용하기 전에 사용자 설명서를 참조하여야 한다.

대분류	세분류	SQL 표현	의미
문자	고정형	char(n)	n 문자만큼의 고정된 문자열을 정의
	가변형	varchar(n) memo, text	n 문자만큼의 가변 길이 문자열을 정의 대용량 문자열
숫자	비트형	bit, boolean	0, 1 비트로 정의
	정수형	int, integer, number	정수형 숫자 데이터 정의
	실수형	real, double, float	실수형 숫자 데이터 정의
	자동증가형	autoincrement, identity	사용자가 지정하지 않아도 일련번호가 자동 증가
날짜, 시간		date, time datetime	날짜와 시간을 정의
멀티미디어		binary, longrow, blob	멀티미디어 개체 정의

데이터 타입의 문자와 숫자의 선택 기준으로는 계산(덧셈, 뺄셈 등)을 필요로 하는 속성에는 숫자를 그렇지 않으면 문자를 선택한다. 문자 데이터 타입에서는 저장되는 데이터의 길이가 모두 일정하면(사번, 주민번호, …) 고정형을 그렇지 않으면(이름, 주소, 전화번호, …) 가변형을 선택한다.

고정형과 가변형의 차이는 고정형의 경우 지정한 문자 길이보다 적게 입력되면 나머지 빈 공간도 공백으로 저장하는 반면 가변형의 경우는 입력된 만큼 저장하게 된다.

char(5)	⇒ ABC 입력 ⇒	A	B	C	공백	공백
varchar(5)		A	B	C		

4.5.3 테이블의 생성(Create)

```
Create Table 테이블이름
(필드이름    데이터형식  [NOT NULL] ,
    ...
    [Primary Key ( 필드이름  )]
);
```

테이블을 생성할 때 사용하는 SQL 명령은 Create Table로 [ ] 안의 내용은 생략이 가능하다.

1) 테이블 이름, 속성 이름

테이블이름과 속성이름은 영어, 한글 등이 사용 가능하나 띄어 쓰거나 특수문자 등이 사용되어서는 안 되며 가능한 한 영어를 사용하는 습관을 키우도록 한다.

하나의 속성에 대한 설정이 끝난 후 사용하는 콤마(,)를 다음 줄 첫 번째 위치에 적어주어 콤마를 적지 않아 발생하는 오류를 줄이기도 한다.

2) 데이터 타입

속성의 데이터 타입을 지정한다.

3) NOT NULL

not null로 선언된 속성이름은 데이터 값에 널(null) 값을 가질 수 없음을 의미한다. 테이블 설계를 마친 후 데이터 입력 시 데이터를 꼭 입력하여야 함을 의미한다.

4) Primary Key

속성이름 중에 기본 키로 선언할 속성이름을 선언해 준다. 복합 키인 경우는 Primary Key(속성1, 속성2)와 같이 콤마(,)로 구분하여 나열해 준다. 다음과 같은 두 가지 형태의 표현이 가능하기도 하다.

```
[표현 1]
Create Table 부서
( 부서코드 char(3) NOT NULL
, 부서명 varchar(10) NOT NULL
, Primary key(부서코드)
);
```

```
[표현 2]
Create Table 부서
( 부서코드 char(3) NOT NULL Constraint  PK_부서코드 Primary key
, 부서명 varchar(10) NOT NULL
);
```

테이블 설계 완료 후 Alter 명령을 이용하여 별도로 기본 키를 정의할 수도 있다.

4.5.4 액세스에서 SQL 명령의 적용

액세스에서는 SQL 쿼리에서 명령을 직접 입력하고 실행하여 적용할 수 있다.

1) 새로운 '부서' 테이블을 Create Table 명령으로 작성해 보자

① 먼저 SQL 쿼리를 실행하기 위해 [만들기]-[쿼리 디자인]을 지정한다.

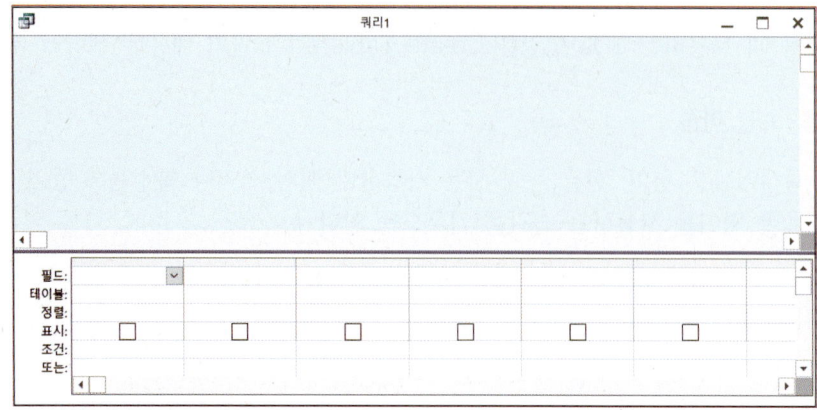

② 테이블 표시 대화상자의 [닫기]를 누르고, [디자인]-[쿼리 유형]-[통합]를 지정하면 SQL 명령을 입력할 수 있는 화면이 나타난다.

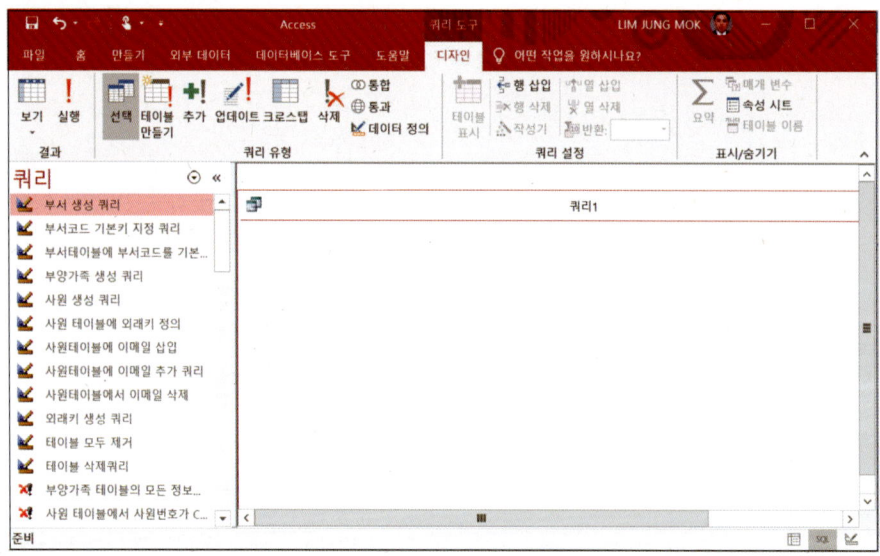

③ '부서' 테이블을 작성하기 위해 쿼리 화면에 다음과 같이 Create 명령을 입력하고, 실행(❗)을 클릭하면 부서 테이블이 곧바로 생성되어 나타난다.

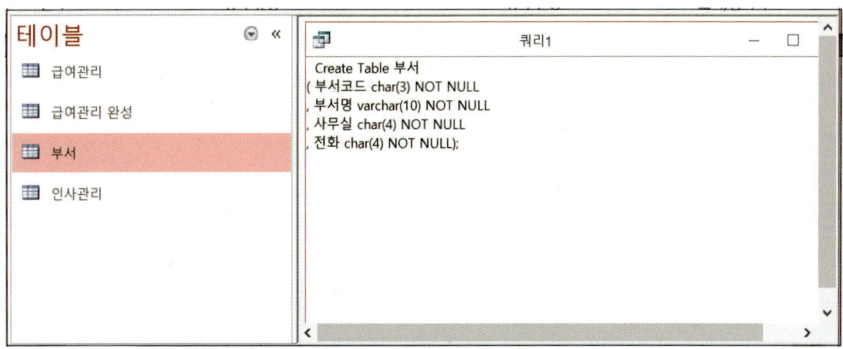

④ '부서 생성 쿼리'로 저장한다.

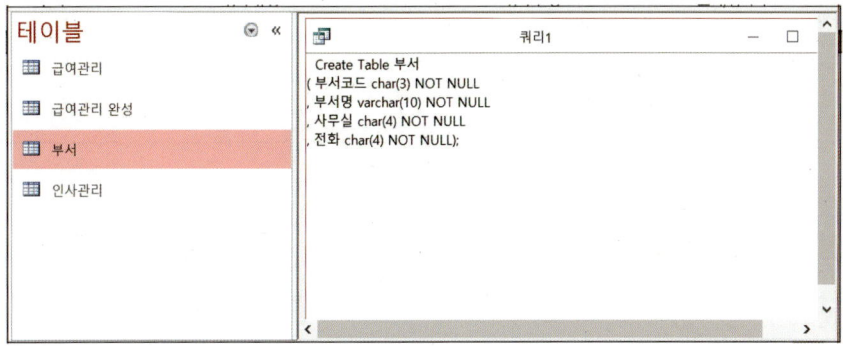

2) '사원' 테이블을 Create Table 명령으로 작성하고 '사원 생성 쿼리'로 저장하여 보자

```
Create Table 사원
( 사원번호 char(5) NOT NULL , 이름 varchar(6) NOT NULL
, 부서코드 char(3) NOT NULL , 주소 char(4)
, 호봉 int NOT NULL
) ;
```

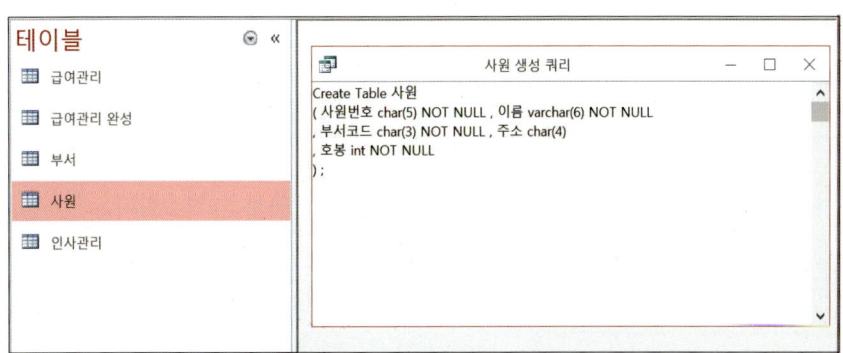

3) '부양가족' 테이블을 Create Table 명령으로 작성하고 '부양가족 생성 쿼리'로 저장하여 보자

```
Create Table 부양가족
( 일련번호 autoincrement , 이름 varchar(6) NOT NULL
, 부양사원 char(5) NOT NULL , 성별 char(2) NOT NULL
) ;
```

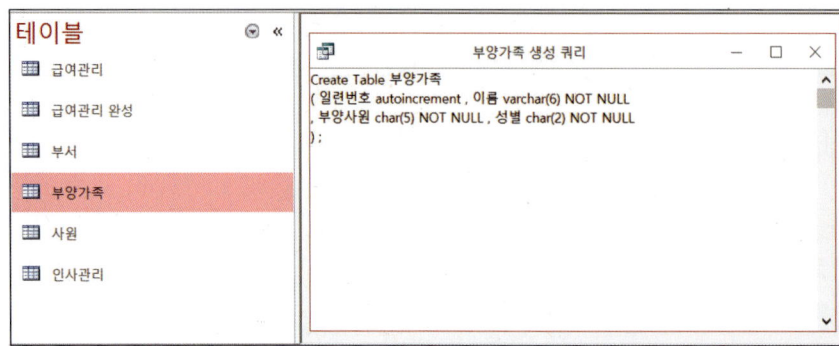

4.5.5 테이블의 구조 변경(Alter)

이미 작성된 테이블의 구조를 변경하고자 하는 경우 Alter Table 명령을 사용할 수 있다.

```
○ 필드의 추가
    Alter Table 테이블이름  Add  필드이름  데이터타입

○ 필드의 삭제
    Alter Table 테이블이름  Drop 필드이름
```

1) 사원 테이블에 데이터타입이 가변형 문자 50자리인 이메일 필드를 추가하여 보기로 하자

① 쿼리 화면에 다음과 같이 Alter 명령을 입력하고 실행한다.

```
Alter Table  사원
Add  이메일  varchar(50);
```

② 사원 테이블을 디자인 보기로 열어 "이메일" 필드의 추가 여부를 확인한다.

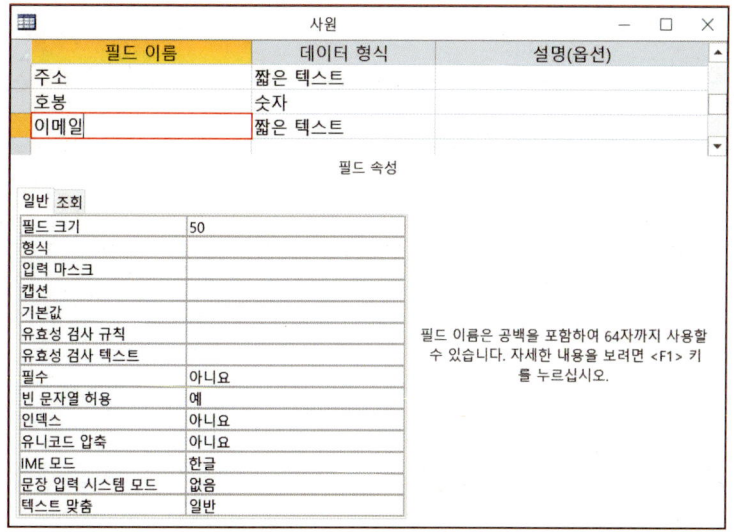

이미 작성된 테이블에 기본 키, 외래 키 등을 지정할 수 있다.

2) 기본 키 정의

(1) 부서 테이블의 부서코드 필드에 기본 키를 설정하여 보기로 하자.

```
Alter Table  부서
ADD CONSTRAINT  부서_PK   PRIMARY KEY  (부서코드 )
```

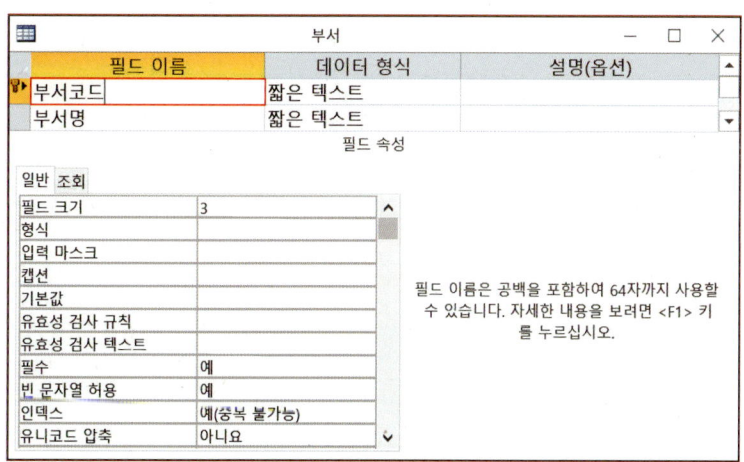

3) 외래 키 정의

특정한 테이블의 필드에서 다른 테이블의 정보를 참조하기 위해 연결고리 역할을 하는 필드를 지정하는 키를 외래 키라고 한다.

(1) 부서 테이블의 부서코드 필드와 사원테이블의 부서코드에 외래 키를 설정하여 보기로 하자.

```
ALTER TABLE   사원
ADD CONSTRAINT   사원_FK
FOREIGN KEY (부서코드)   REFERENCES   부서(부서코드)
```

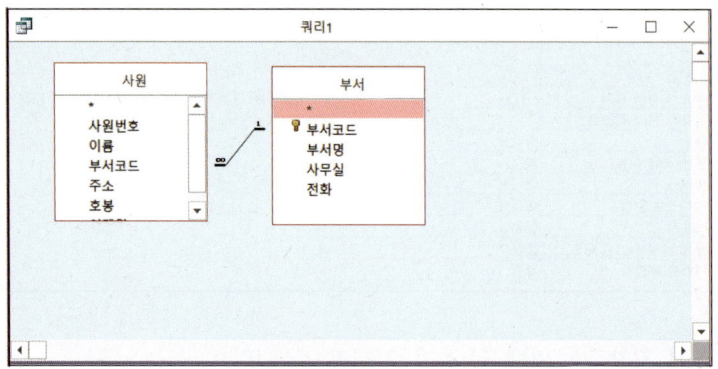

4) 제약 조건의 삭제

(1) 부서 테이블의 부서코드 필드와 사원테이블의 부서코드에 1대다의 관계 설정을 1대1로 지정하여 보기로 하자.

```
ALTER TABLE   사원
DROP CONSTRAINT   사원_FK
```

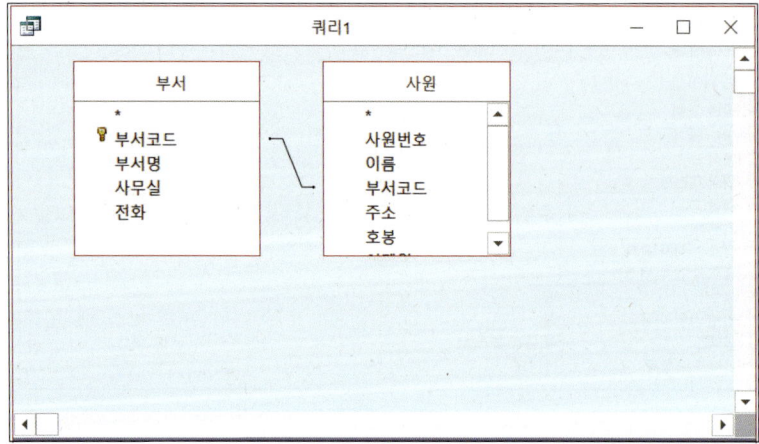

4.5.6 테이블의 삭제(Drop)

테이블을 삭제하기 위해서는 Drop Table 명령어를 사용한다.

```
Drop Table 테이블이름
```

Drop Table 명령어를 실행하면 테이블 내에 저장된 데이터와 테이블까지 모두 삭제되며 복구하기 어렵기 때문에 신중하게 사용하여야 한다. 테이블의 구조는 삭제하지 않고 테이블 안의 데이터만을 모두 삭제하고자 하는 경우는 Delete 명령을 사용한다.

1) 부서, 사원, 부양가족 테이블을 삭제하여 보기로 하자

<테이블 삭제 전 테이블 목록>

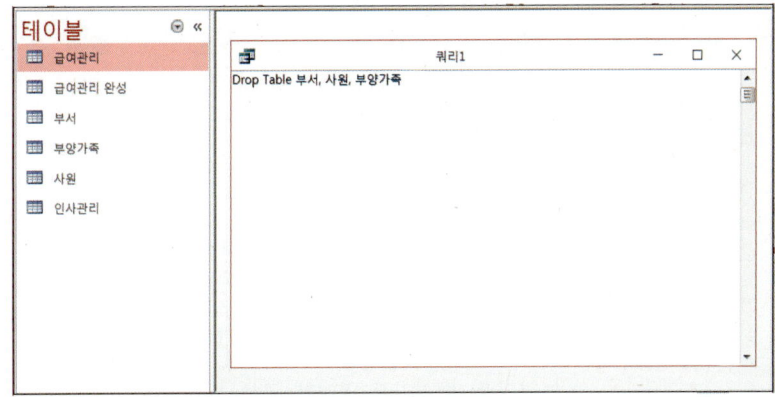

<테이블 삭제 후 테이블 목록>

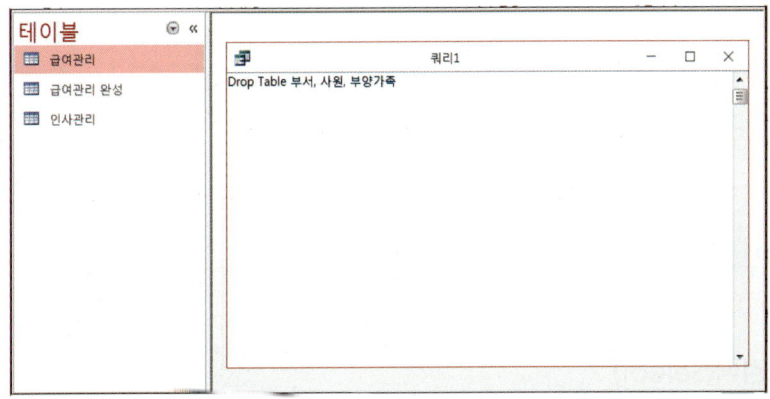

4.6 SQL 쿼리의 운영

앞에서 작성하고 삭제한 테이블을 재구성하고 다음 레코드들을 작성한다.

부서<부서 테이블 구성>

부서코드	부서명	사무실	전화
C01	인사부	A601	1171
C02	총무부	A602	1181

사원<사원 테이블 구성>

사원번호	이름	부서코드	주소	호봉
C0101	유승우	C01	서울	25
C0102	박웅신	C01	인천	18
C0103	허영무	C01	경기	16
C0104	황민규	C01		12
C0201	차승익	C02	서울	22
C0202	이재우	C02	서울	15

부양가족<부양가족 테이블 구성>

일련번호	이름	부양사원	성별
1	문미영	C0101	여
2	최선자	C0102	여
3	박채원	C0102	여
4	이현주	C0103	여
5	허누리	C0103	여
6	허광옥	C0202	여
7	이기헌	C0202	남
8	이기훈	C0202	남

4.6.1 데이터 검색(Select)

SQL 질의어 중에서 가장 많이 사용되는 질의어로 테이블에 저장된 데이터 중 원하는 데이터를 검색하는 경우에 사용된다. [ ] 안의 내용은 생략되어질 수 있음을 나타내며 | 기호는 선택하여 사용할 수 있음을 나타낸다.

```
Select   [distinct]  속성리스트  [as  제목명칭]
From     테이블리스트
[Where     조건]
[Group  by  속성리스트]
[Having    조건]
[Order  by  속성리스트  [asc|desc] ]
```

Select, From 명령은 꼭 기술되어야 하며 나머지는 생략될 수 있으나 사용된다면 문법에 나열한 순서대로 사용되어야 한다. 즉, Select, From, Group by, Where와 같은 순서로는 사용될 수 없다는 의미이다.

1) 테이블의 특정 필드 데이터 모두 검색

Select 문장 옆에 검색하고자 하는 필드명을 명시한다. 여러 개의 속성을 검색하고자 하는 경우는 콤마(,)로 구분한다.

(1) 사원 테이블의 사원번호와 이름을 검색하여 보기로 하자.

① 쿼리 화면에 다음과 같이 Select 명령을 입력하고 실행한다.

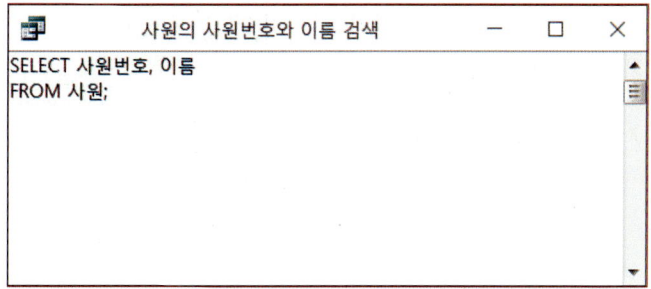

② 실행 결과는 다음과 같다.

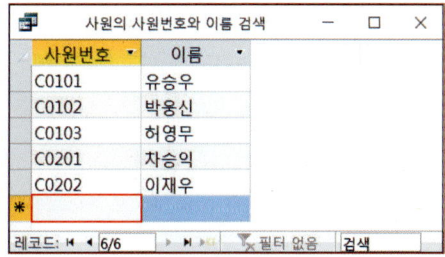

(2) 부양가족의 이름과 성별 정보를 나타내어 보기로 하자.

① 쿼리 화면에 다음과 같이 Select 명령을 입력하고 실행한다.

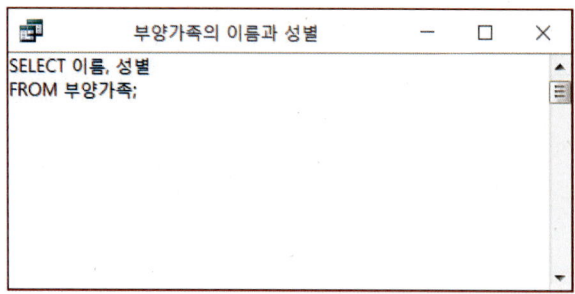

② 실행 결과는 다음과 같다.

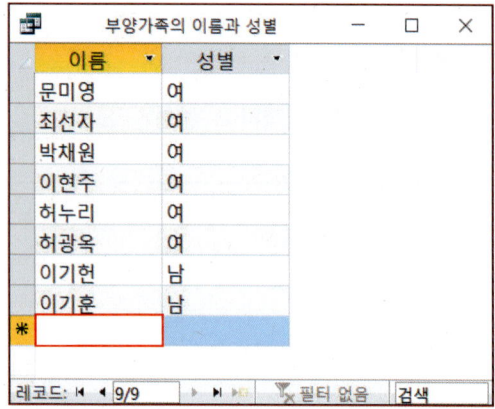

(3) 사원 테이블에서 이름과 호봉 필드의 값에 3을 더하여 결과를 나타내어 보기로 하자.

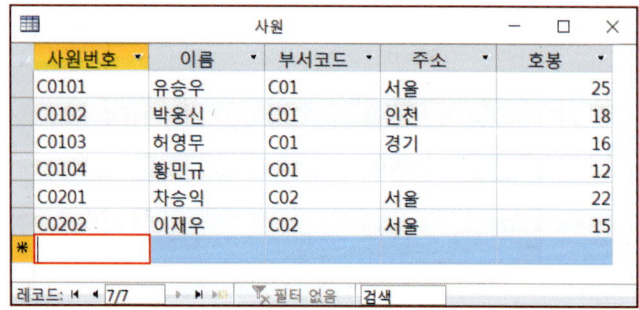

① 쿼리 화면에 다음과 같이 Select 명령을 입력하고 실행한다.

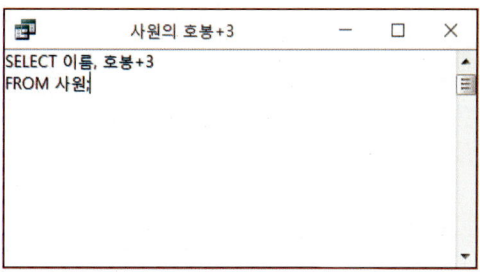

② 실행 결과는 다음과 같다.

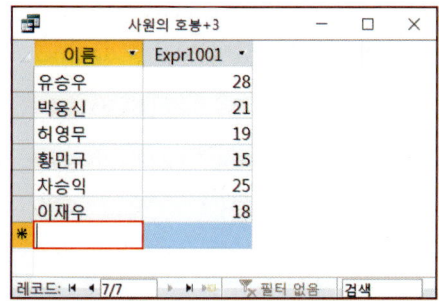

2) 테이블의 모든 속성 데이터 검색(*)

테이블의 모든 속성을 검색하기 위해 모든 속성명을 기술하는 대신 * (Asterisk) 기호를 사용한다.

(1) 사원의 모든 정보를 검색하여 보기로 하자.

```
Select 사원번호, 이름, 부서코드, 주소, 호봉
From 사원
또는
Select  *
From  사원
```

① 쿼리 화면에 다음과 같이 Select 명령을 입력하고 실행한다.

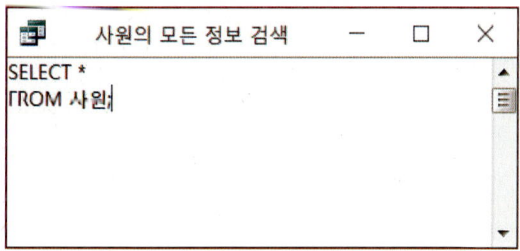

② 실행 결과는 다음과 같다.

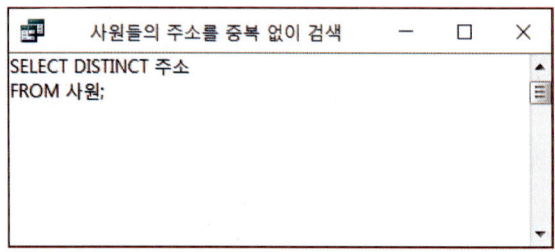

3) 데이터의 중복 없는 검색(Distinct)

데이터의 검색 결과 동일한 내용이 중복되어 나타나는 경우 distinct 명령을 사용하여 한번만 결과로 출력되게 할 수 있다.

(1) 사원들의 주소를 중복 없이 검색하여 보기로 하자.

① 쿼리 화면에 다음과 같이 Select 명령을 입력하고 실행한다.

```
SELECT DISTINCT 주소
FROM 사원;
```

② 실행 결과는 다음과 같다.

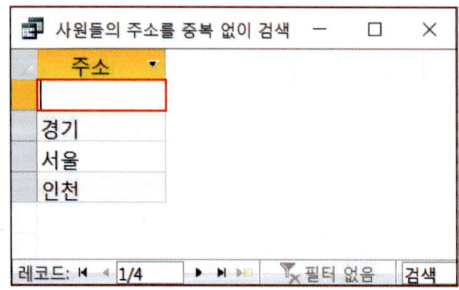

Distinct 명령을 사용하면 중복되는 내용은 한번만 출력된다. 단, 다음과 같이 사용할 수는 없으니 주의해야 한다.

```
(주의)  Select  이름,  distinct 주소
        From    사원
```

Select 명령어의 '이름'으로 출력되는 레코드의 개수와 'distinct 주소'로 출력되는 레코드의 개수가 틀리므로 직사각형의 테이블 구조가 출력되지 않는다. 이러한 구조는 관계형 데이터베이스의 기본인 테이블 형태를 위반하므로 사용될 수 없는 것이다.

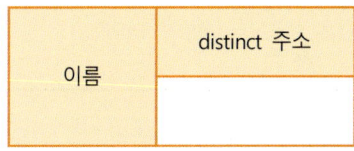

4) 조건을 지정한 검색(Where)

Where 명령문 다음에 조건절을 기술하여 검색한다.

(1) 부서 테이블에서 부서명이 총무부인 정보를 검색하여 보기로 하자.

① 쿼리 화면에 총무부 검색 Select 명령을 입력하고 실행한다.

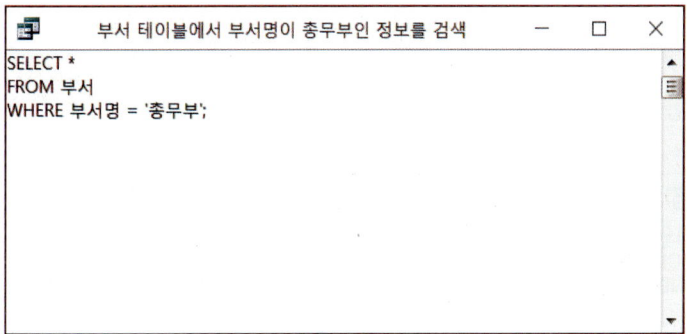

② 실행 결과는 다음과 같다.

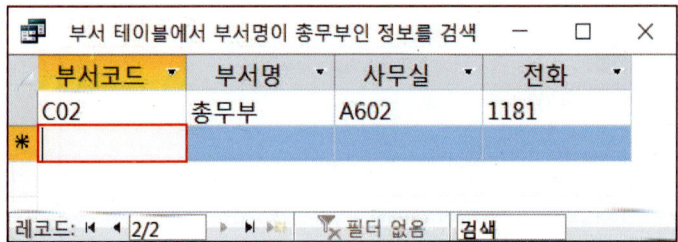

(2) 사원 테이블에서 부서코드가 C01이고 호봉이 20이상 사원의 사원번호와 이름을 검색하여 보기로 하자.

① 쿼리 화면에 다음과 같이 Select 명령을 입력하고 실행한다.

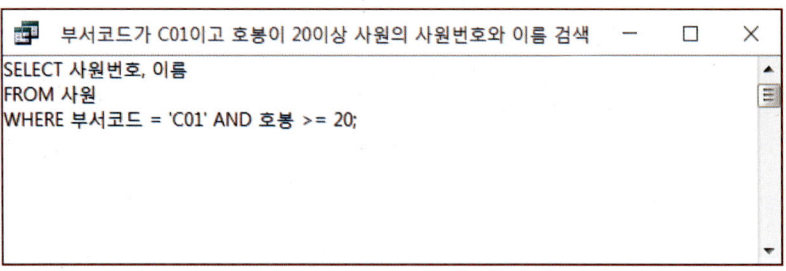

② 실행 결과는 다음과 같다.

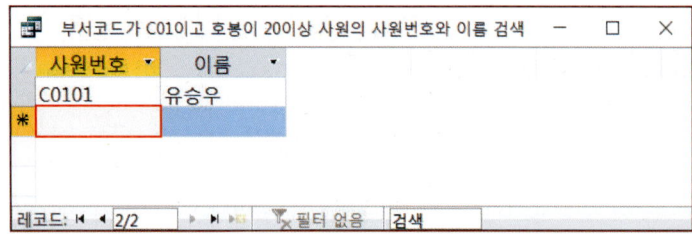

(3) 부양가족 테이블에서 부양사원이 C0202인 정보의 이름과 성별을 검색하여 보기로 하자.

① 쿼리 화면에 다음과 같이 Select 명령을 입력하고 실행한다.

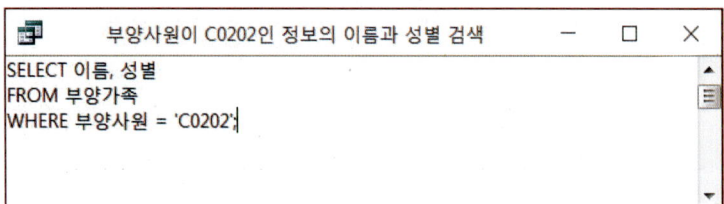

② 실행 결과는 다음과 같다.

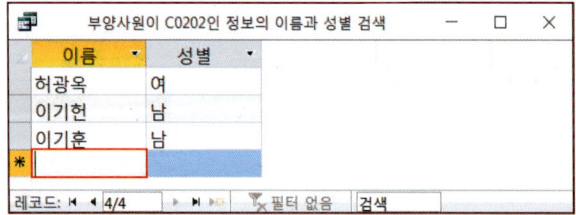

5) NULL 검색

관계 데이터 모델에서 null 개념으로 데이터가 입력되어 있지 않은 null 정보를 검색하고자 하는 경우에 사용한다. 데이터베이스에서는 공백 문자(blank, space bar)도 하나의 문자로 인식하므로 다음과 같은 명령으로는 null 정보를 찾을 수 없다.

```
Select *
From 사원
Where 주소 = " "
```

(1) 사원 테이블에서 주소 정보가 등록되지 않은 사원의 모든 정보를 검색하여 보기로 하자.

① 쿼리 화면에 null 검색 Select 명령을 입력하고 실행한다.

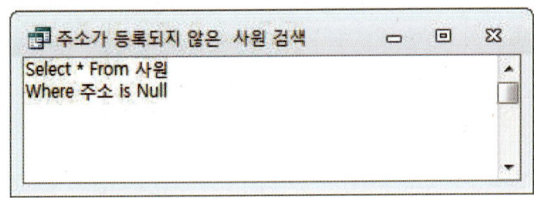

② 실행 결과는 다음과 같다.

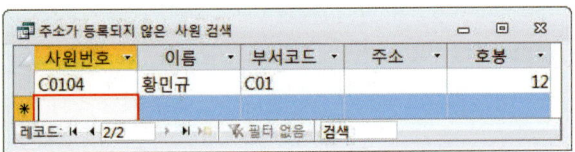

(2) 사원 테이블에서 주소 정보가 등록되어 있는 사원의 사원번호와 이름을 검색하여 보기로 하자.

① 쿼리 화면에 다음과 같이 Select 명령을 입력하고 실행한다.

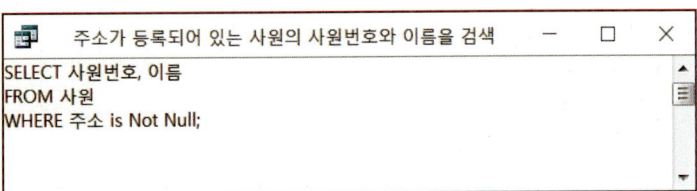

② 실행 결과는 다음과 같다.

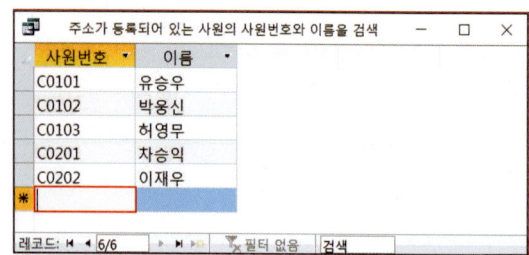

4.6.2 집단 함수를 이용한 검색

SQL은 사용자들의 편의를 위하여 자주 사용되는 계산 기능을 집단 함수(Aggregate Function)로 제공하고 있다. 집단 함수를 사용한 결과 테이블에는 속성 이름이 나타나지 않는다. 상용 DBMS에 따라 제공되는 집단 함수의 종류가 다양함으로 사용자 설명서를 참조하여 사용하도록 한다.

함수 명	의미
COUNT()	값의 개수
SUM()	값의 합
AVG()	값의 평균
MAX()	최대 값
MIN()	최소 값

1) COUNT() 함수 이용

출력될 레코드의 개수를 계산한다. (   ) 안에는 *를 사용하는 것이 일반적이다.

(1) 주소가 서울인 사원들의 수는 몇 명인가 검색하여 보기로 하자.

① 쿼리 화면에 다음과 같이 Select 명령을 입력하고 실행한다.

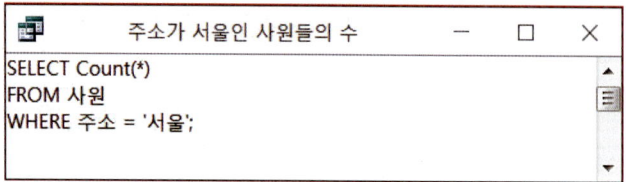

② 실행 결과는 다음과 같다.

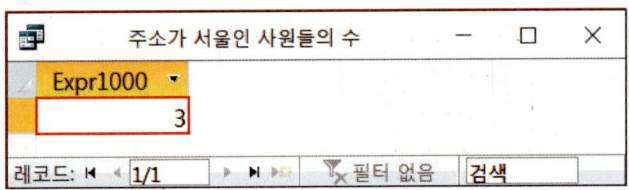

(2) 부양가족 테이블에서 성별이 "여"인 정보는 몇 개인지 검색하여 보기로 하자.

① 쿼리 화면에 다음과 같이 Select 명령을 입력하고 실행한다.

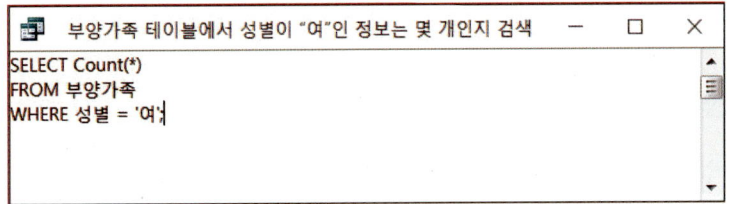

② 실행 결과는 다음과 같다.

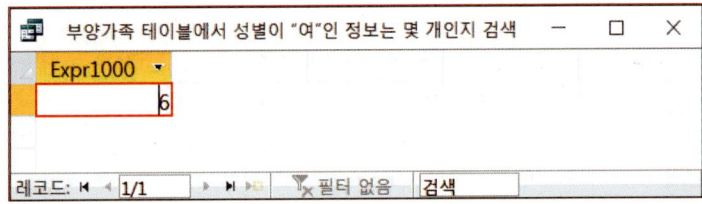

2) AVG() 함수의 이용

숫자형 데이터의 평균 값을 계산할 때 사용된다. (   ) 안에 평균을 구하고자 하는 필드이름을 기술한다.

(1) 사원 테이블에서 사원들의 평균 호봉을 검색하여 보기로 하자.

① 쿼리 화면에 다음과 같이 Select 명령을 입력하고 실행한다.

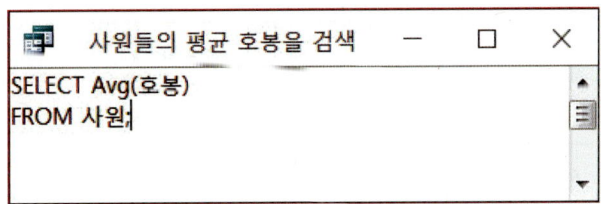

② 실행 결과는 다음과 같다.

3) AS를 이용한 검색 결과의 표현

일반 SQL의 실행 결과에는 Select 절에 표현된 속성 이름이 결과 테이블의 속성 이름으로 나타나게 된다. 그러나 Count(*) 같은 함수를 사용하는 경우는 결과 테이블에 속성 이름이 나타나지 않아 그 의미를 정확하게 파악하기 어려운 경우가 발생한다. 이를 보완하기 위해 AS 명령어 뒤에 결과에 대한 속성 제목을 명시할 수 있다.

4) MAX(), MIN() 함수의 이용

( ) 안에 지정한 속성이 가진 데이터 값 중에서 가장 큰 값과 가장 작은 값을 구한다.

(1) 사원 테이블에서 가장 큰 호봉을 "최대호봉"이라는 제목으로 나타내도록 하여 보기로 하자.

① 쿼리 화면에 다음과 같이 Select 명령을 입력하고 실행한다.

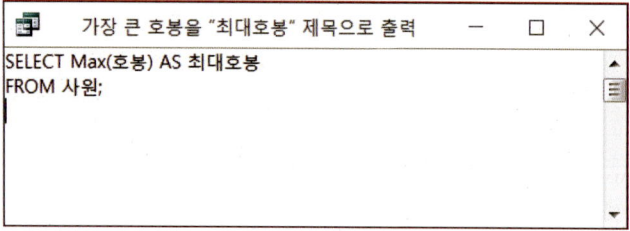

② 실행 결과는 다음과 같다.

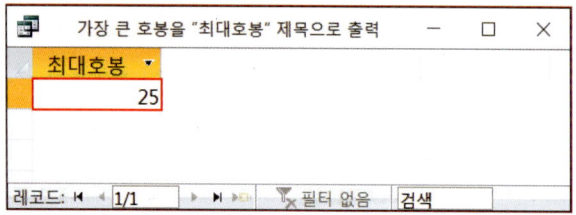

출력되는 제목을 띄어쓰기 하고 싶다면 대괄호 [ ]를 사용할 수 있다.

```
Select  MIN(호봉) AS [최소  값]
From  사원
```

(2) 서울에 사는 직원들의 평균 호봉은 얼마인지 검색하여 결과 테이블에 "서울 평균 호봉"이라는 제목으로 출력하여 보기로 하자.

① 쿼리 화면에 다음과 같이 Select 명령을 입력하고 실행한다.

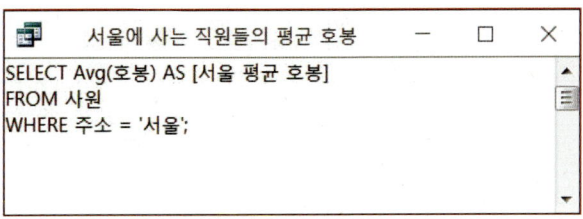

② 실행 결과는 다음과 같다.

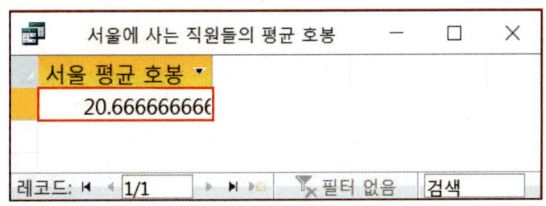

4.6.3 문자열의 검색

문자열(String)은 조건식(Where)에서 인용부호("") 안에 검색 내용을 지정함으로써 검색이 가능하다. 그러나 인용부호를 이용한 검색은 검색되는 내용과 검색하려는 내용이 정확하게 일치하여야 하기 때문에 문자열의 일부분만을 가진 검색은 불가능하다.

문자열의 일부분만을 가지고 문자열을 검색하기 위해서는 where 명령어에서 검색하고자하는 속성 뒤에 like 명령과 문자열 검색 연산자(*, %, _, /)를 사용하여야 한다.

1) 사원의 이름 중에 "우" 자가 포함되어 있는 사원 정보를 검색하여 보기로 하자

① 쿼리 화면에 다음과 같이 Select 명령을 입력하고 실행한다.

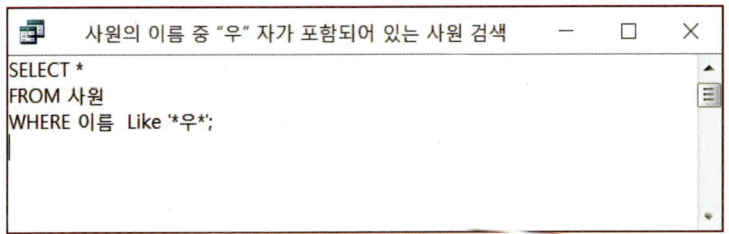

② 실행 결과는 다음과 같다.

문자열 검색 연산자	의미
* 또는 %	0개 이상의 문자열을 비교
_ (Underscore)	_ (밑줄)의 개수만큼의 문자열을 비교
/ (Backslash)	특수 문자를 일반 문자로 사용할 수 있도록 지정
"서울*"	문자열 앞에 "서울"이 포함되어 있는 문자열 "서울", "서울시", "서울시청"
"*서울*"	문자열에 "서울"이 포함되어 있는 모든 문자열 "서울", "서울시", "스포츠서울", "스포츠서울닷컴", "도서울릉도"
"서울__"	문자열 앞에 "서울"이 포함되어 있는 4문자 문자열 "서울시청", "서울신문", "서울시민"
"____"	4문자로 구성된 모든 문자열
"__*"	2개 이상의 문자로 구성된 문자열
"100/*"	문자열 "100%" 찾기

2) 부양가족 중에 성이 "이"씨인 사람의 이름과 성별 정보를 검색하여 보기로 하자

① 쿼리 화면에 다음과 같이 Select 명령을 입력하고 실행한다.

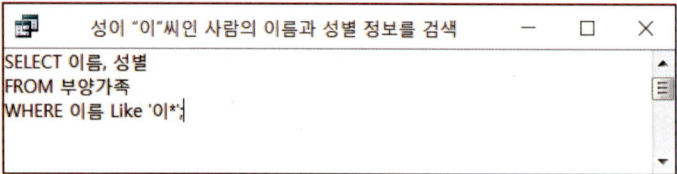

② 실행 결과는 다음과 같다.

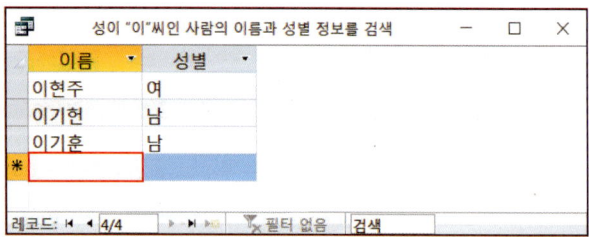

4.6.4 검색 결과의 정렬(Order by)

사용자가 지정한 기준으로 검색 결과를 출력하려 할 때 사용하는 명령이 Order by이다. Order by 명령의 기본은 오름차순 정렬(Ascending 1, 2, …, 10, ㄱ, ㄴ, …, ㅎ)이며 내림차순 정렬(Descending)을 하고자 하면 desc 명령을 추가해 준다.

1) 사원들의 사원번호와 이름을 이름 기준 오름차순으로 정렬하여 검색하여 보기로 하자

① 쿼리 화면에 다음과 같이 Select 명령을 입력하고 실행한다

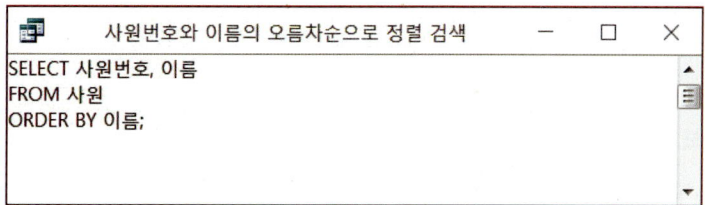

② 실행 결과는 다음과 같다.

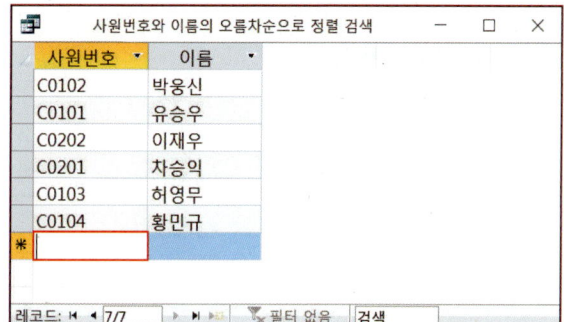

2) 사원들의 호봉과 이름을 호봉 기준 내림차순으로 정렬하여 검색하여 보기로 하자

① 쿼리 화면에 다음과 같이 Select 명령을 입력하고 실행한다.

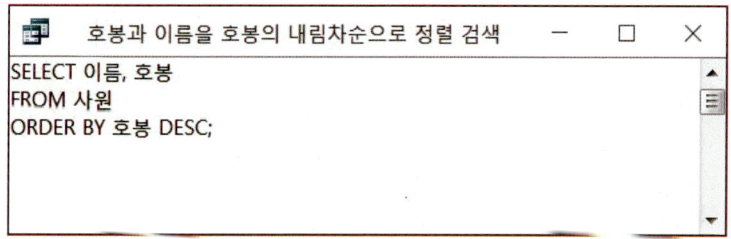

② 실행 결과는 다음과 같다.

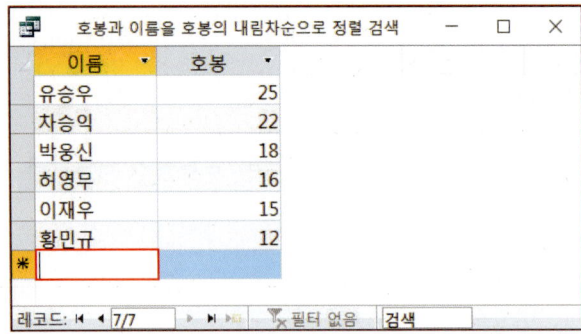

3) 사원의 모든 정보를 부서코드 기준 내림차순으로 검색하여 보기로 하자

① 쿼리 화면에 다음과 같이 Select 명령을 입력하고 실행한다.

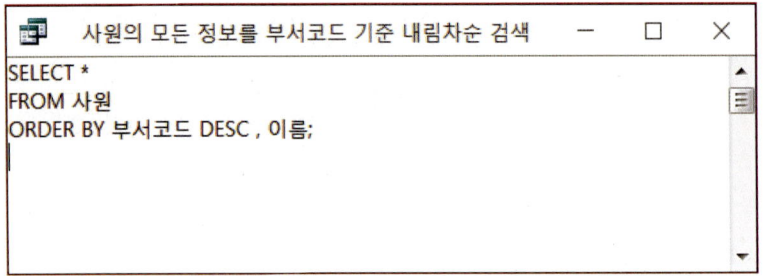

② 실행 결과는 다음과 같다.

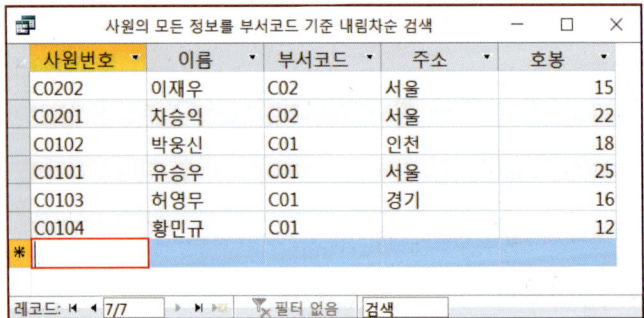

4.6.5 그룹별 검색(Group by)

Select 명령에 함께 사용되는 Group by 명령은 지정한 속성의 값이 동일한 정보를 모아 그룹을 만든 후 오름차순으로 결과를 출력한다. Group by 명령은 각 그룹의 요약 값을 계산하는 집단함수와 함께 사용하는 것이 일반적이다.

1) 그룹 명령어

다음 SQL 명령 (1), (2)는 동일한 결과를 얻게 되며 (3)은 정상 실행되나 (4), (5)는 오류가 발생한다.

(1)	(2)	(3)	(4)	(5)
Select distinct 주소 From 사원 Order by 주소	Select 주소 From 사원 Group by 주소	Select * From 사원 Order by 주소	Select * From 사원 Group by 주소	Select 이름, 주소 From 사원 Group by 주소

(1) 사원 테이블에서 사원들은 각 도시별로 몇 명 사는지 검색하여 보기로 하자.

① 쿼리 화면에 다음과 같이 Select 명령을 입력하고 실행한다.

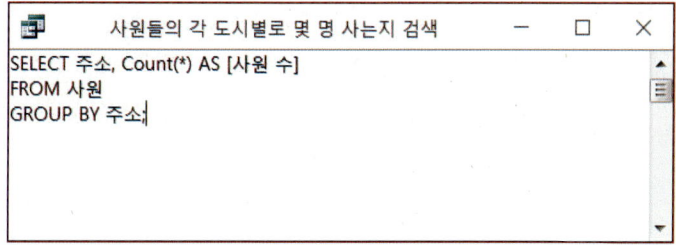

② 실행 결과는 다음과 같다.

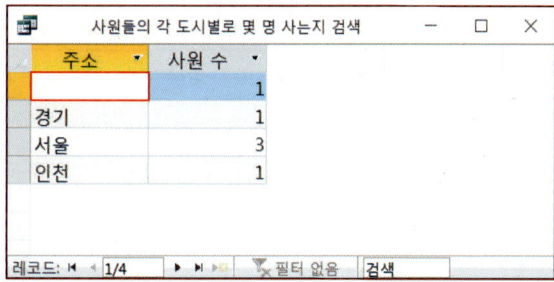

(2) 사원 테이블에서 부서코드별 평균 호봉을 검색하여 보기로 하자.

① 쿼리 화면에 부서별 평균 호봉 검색 Select 명령을 입력하고 실행한다.

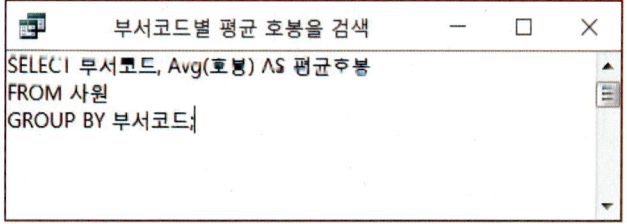

② 실행 결과는 다음과 같다.

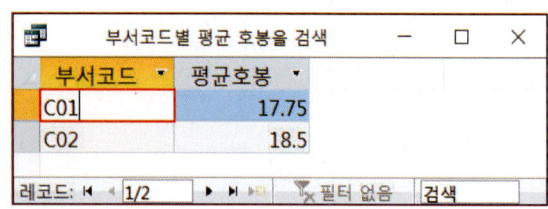

(3) 부양가족을 성별로 구분하여 각각 몇 명인지 검색하여 보기로 하자.

(4) 사원번호를 기준으로 각 사원은 몇 명을 부양하는지 검색하여 보기로 하자.

(5) 사원들의 주소별 평균 호봉을 검색하여 보기로 하자.

2) 그룹별 검색 기능에 조건을 추가한 검색(Having)

그룹별 검색 기능에 조건을 추가하기 위하여 Having 명령을 추가하여 사용한다. 그러므로 Having 명령은 단독으로 사용될 수 없으며 Group by 명령 뒤에 사용되어야 한다.

(1) 사원 테이블에서 사원들은 각 도시별로 몇 명 사는지 검색하라. 단, 2명 이상 사는 곳의 정보를 검색하여 보기로 하자.

① 쿼리 화면에 다음과 같이 Select 명령을 입력하고 실행한다.

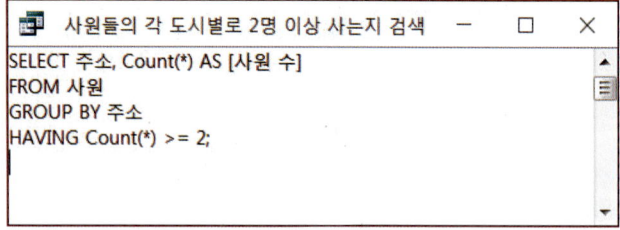

② 실행 결과는 다음과 같다.

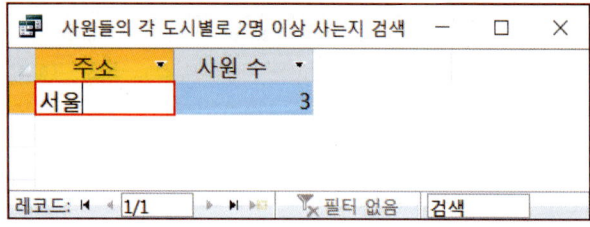

(2) 두 명 이상을 부양하고 있는 사원의 사원번호를 검색하여 보기로 하자.

4.6.6 두 개 이상의 테이블을 연결한 검색(Join)

조인은 두 개 이상의 테이블을 연결하여 원하는 정보를 검색하고자 하는 경우에 사용된다. SQL을 이용한 조인 표현법에는 두 가지가 있다.

① 첫 번째 방법은 조인에 필요로 하는 테이블 이름을 From 명령어 다음에 나타내며(콤마로 구분) 조인하기 위한 공통 속성을 Where 명령에 표기한다.

② 두 번째 방법은 조인에 필요한 두 테이블 이름을 From과 Inner Join 명령어 양쪽에 기술하고 조인 속성을 on 명령어 다음에 기술한다. 어느 방법을 사용하던지 결과는 같으나 일반적으로 첫 번째 방법을 많이 사용한다.

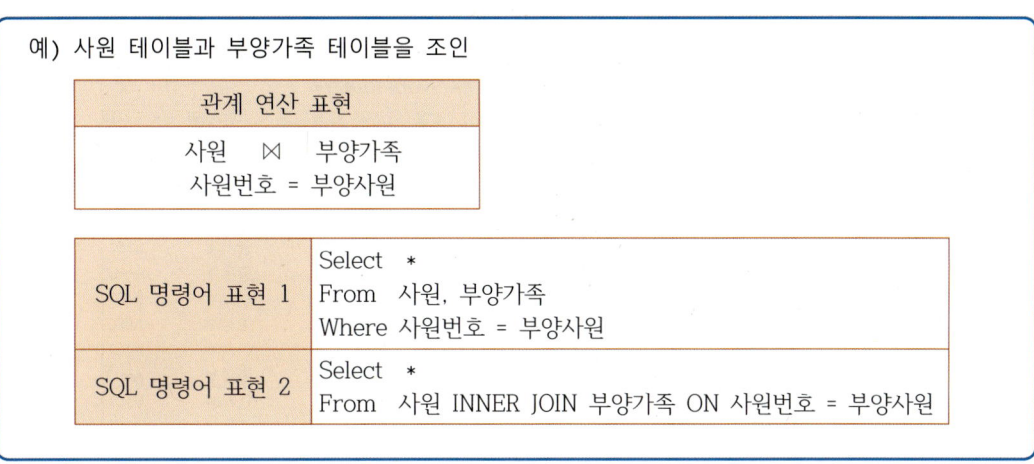

1) 중복된 속성 이름의 표현

사원이 소속된 부서명을 검색하기 위하여 사원, 부서 두 테이블을 조인하려 하는 경우 조인 속성의 이름이 "부서코드"로 두 테이블에 중복된다. 이런 경우 Where 명령어의 조인 속성 표현 부분에서 동일한 이름의 속성이 어느 테이블에 속하는 것인지를 나타내기 위하여 테이블.속성이름 방식으로 표현한다.

```
Select  *
From  사원, 부서
Where 사원.부서코드 = 부서.부서코드
```

(1) 사원과 부서 테이블을 조인하여 유승우 사원의 소속 부서명과 전화번호 정보를 검색하여 보기로 하자.

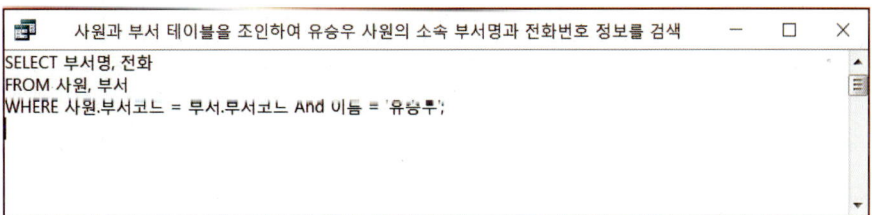

이 SQL 명령어를 순차적으로 분석해 보면

① From 사원, 부서 명령어에 의하여 다음 테이블이 생성된다. "사원"의 레코드 개수가 6이고 "부서"의 레코드 개수가 2이므로 6×2, 12개의 레코드의 임시 결과 테이블이 만들어진다.

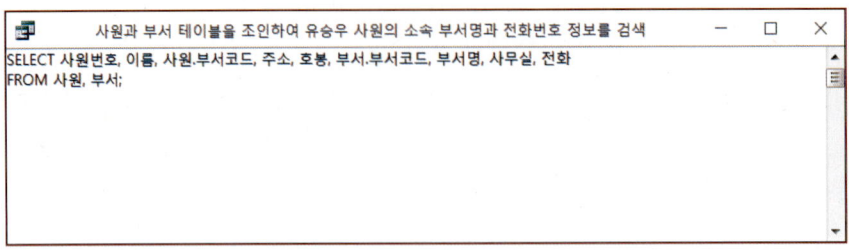

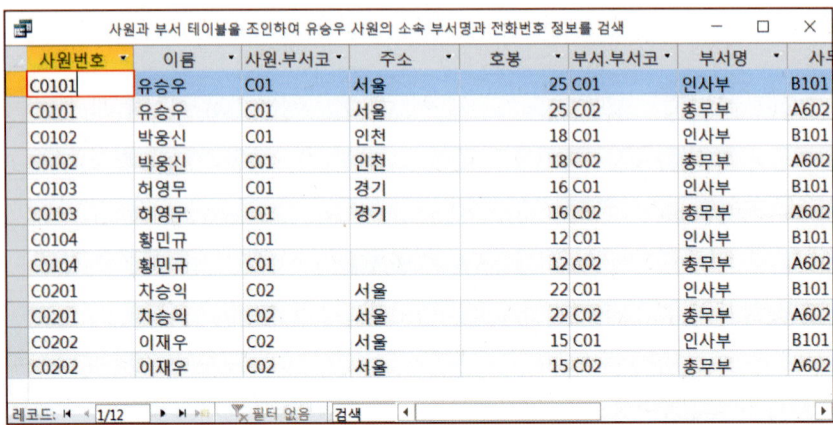

② Where 사원.부서코드 = 부서.부서코드 조건에 의하여 결과 테이블의 레코드는 다음과 같이 줄어든다.

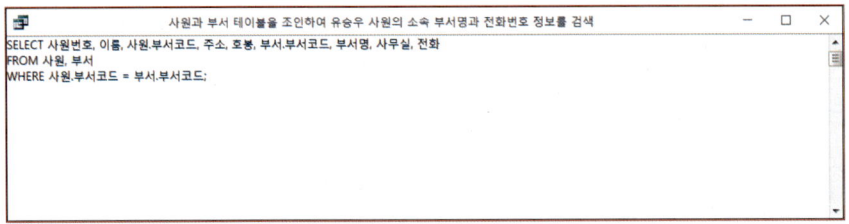

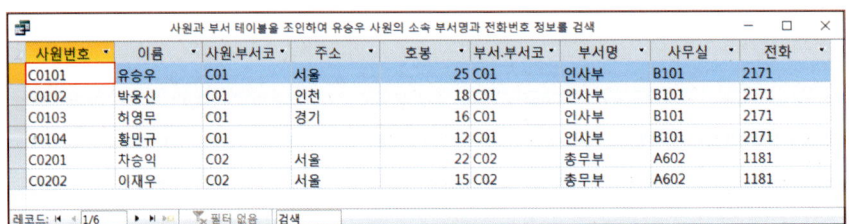

③ And 이름 = "유승우" 조건에 의하여 테이블의 레코드는 다음과 같이 줄어든다.

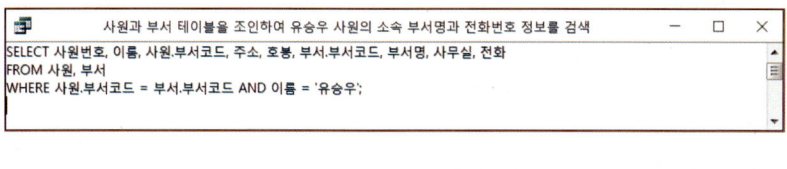

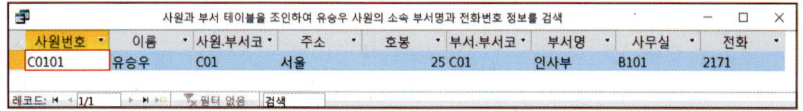

④ Select 부서명, 전화 명령에 의하여 최종 다음 결과 테이블이 생성된다.

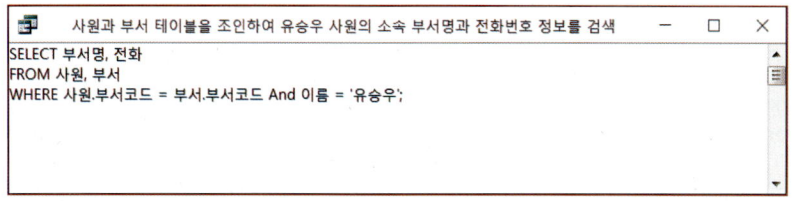

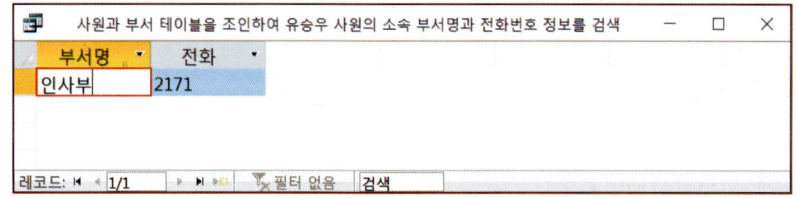

(2) 총무부 소속 직원의 이름과 주소를 검색하여 보기로 하자.

(3) 황민규 사원의 소속 부서명을 검색하여 보기로 하자.

(4) 이재우 직원의 부양가족 이름을 검색하여 보기로 하자.

(5) 부양가족 문미영은 어떤 사원의 부양가족인지 사원 이름을 검색하여 보기로 하자.

(6) 인사부 직원들의 평균 호봉은 얼마인가 검색하여 보기로 하자.

(7) 부서별 직원의 수를 검색하여 보기로 하자.

(8) 각 사원 이름별 부양가족 수를 검색하여 보기로 하자.

2) 테이블의 별칭을 이용한 표현

실제 업무에서 사용하는 테이블 이름, 속성 이름은 거의 모두가 영어로 표현된다. SQL 사용의 편의를 위하여 테이블 이름의 별칭을 From 명령어 뒤에서 지정할 수 있다. 이 외에 하나의 테이블만으로 조인이 필요한 경우에도 사용되어진다.

> 예) 유승우 사원의 소속 부서코드와 부서명 정보를 검색하려 할 때 테이블 이름과 모든 속성 이름이 영어로 되어 있다면 다음과 같이 표현될 것이다.
>
> Select 부서코드, 부서명
> From 사원, 부서
> Where 사원.부서코드 = 부서.부서코드
> And 이름 = "유승우"
>
> | 별칭을 사용하지 않은 표현 | 별칭을 사용한 표현 |
> |---|---|
> | Select department.dept_code, dept_name
From employee, department
Where employee.dept_code =
       department.dept_code
And   name = "유승우" | Select d.dept_code, dept_name
From employee e, department d
Where e.dept_code = d.dept_code
 And name = "유승우" |

(1) 자기 자신과의 조인한 예로 다음 사원 테이블에서 "이재우" 사원의 부서장 이름을 검색하여 보기로 하자.

① 사원 테이블에 부서장사원번호로 다음과 같이 필드를 추가한다.

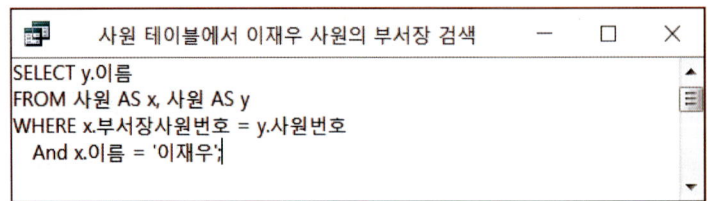

② 쿼리 화면에 다음과 같이 Select 명령을 입력하고 실행하면 결과는 다음과 같다.

```
사원 테이블에서 이재우 사원의 부서장 검색
SELECT y.이름
FROM 사원 AS x, 사원 AS y
WHERE x.부서장사원번호 = y.사원번호
   And x.이름 = '이재우';
```

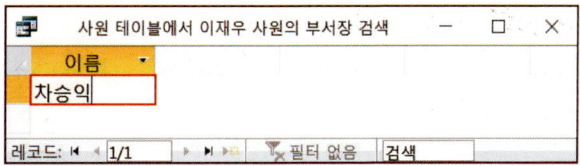

3) 세 개의 테이블을 이용한 정보 검색

(1) 총무부 소속 사원의 부양가족, 이름, 정보를 검색하여 보기로 하자.

① 이 문제를 해결하기 위해서는 부서, 사원, 부양가족의 세 테이블을 필요로 한다. 부서와 사원 테이블이 부서코드 속성으로 조인되고 사원과 부양가족 테이블이 사원번호, 부양사원 속성으로 조인된다.

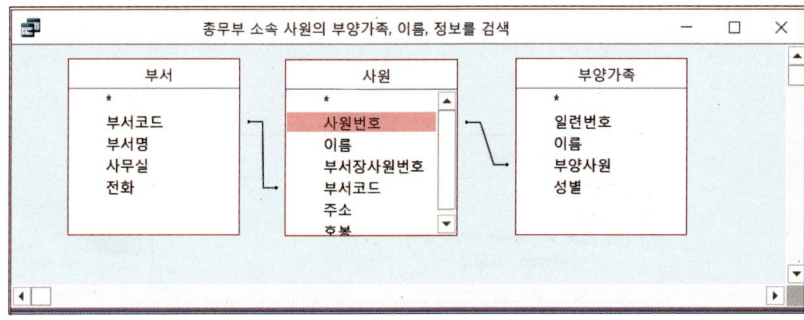

② 쿼리 화면에 다음과 같이 Select 명령을 입력하고 실행하면 결과는 다음과 같다.

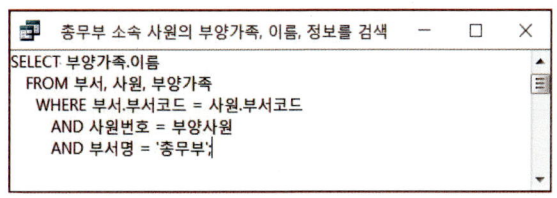

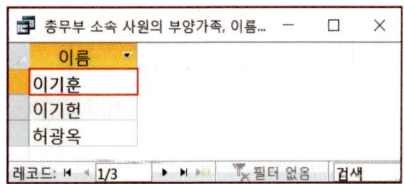

Where 명령어 안의 세 비교식은 순시가 바뀌어도 결과는 같게 나타나지만 대용량 데이터베이스에서는(레코드가 많은 경우) 결과가 나타나기까지 걸리는 시간이 달라질 수 있다.

(2) 문미영을 부양하는 사원은 어느 부서 소속인가 검색하여 보기로 하자.

4.6.7 부속질의(Subquery)를 이용한 검색

부속질의란 Where 명령 내부에 또 다른 Select From 질의가 내포되어 있는 것을 말하며 부속질의는 상위 질의보다 먼저 실행되어지고 괄호()로 묶여진다.

1) 호봉이 가장 작은 사원의 이름을 검색하여 보기로 하자

데이터베이스 사원 테이블에서 가장 작은 호봉은 12라는 것을 쉽게 알 수 있으며 다음과 같은 SQL 명령이 될 것이다.

```
Select   이름
From    사원
Where  호봉 = 12
```

그러나 가장 작은 호봉이 12라는 사실을 알지 못하는 상황에서는 위와 같은 SQL 명령어를 사용할 수 없으므로 다음과 같이 부속질의를 사용하여 가장 작은 호봉을 알아낸 후 사원의 이름을 알아낼 수 있다.

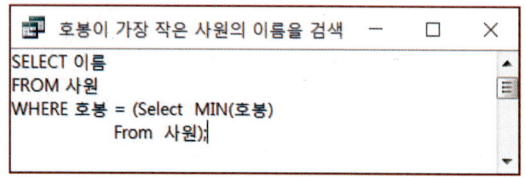

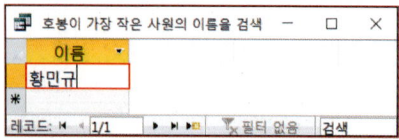

부속질의에 사용되는 조건 명령	의미
IN	부속질의에서 검색된 결과에 대하여 일치하는 경우 참(TRUE) Where 비교속성 [NOT] IN(부속질의)
ALL	부속질의에서 검색된 모든 결과를 만족할 경우 참(TRUE) Where 비교속성 비교연산자 ALL(부속질의)
ANY	부속질의에서 검색된 결과 중 하나라도 만족할 경우 참(TRUE) Where 비교속성 비교연산자 ANY(부속질의)
EXISTS	부속질의에서 검색된 결과가 존재하는지 검사 Where [NOT] Exists(부속질의)

(1) IN 명령

IN 명령은 부속질의 뿐만 아니라 일반 Where 명령에서도 명령어를 간단하게 표현하기 위하여 사용하기도 한다.

(2) 서울, 인천, 경기가 주소인 사원의 이름을 검색하여 보기로 하자.

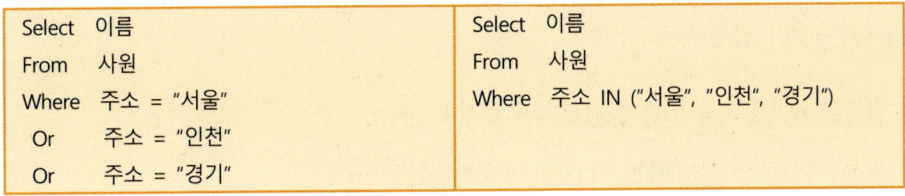

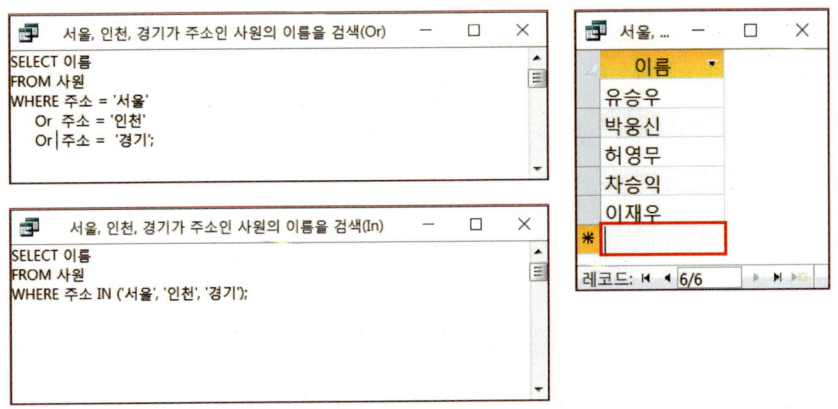

일반적인 조인 명령을 부속질의와 IN 명령을 이용하여 표현할 수 있다.

(3) 박웅신 사원의 소속 부서명을 검색하여 보기로 하자.

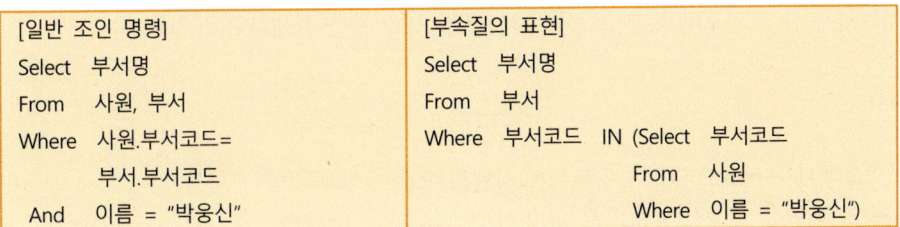

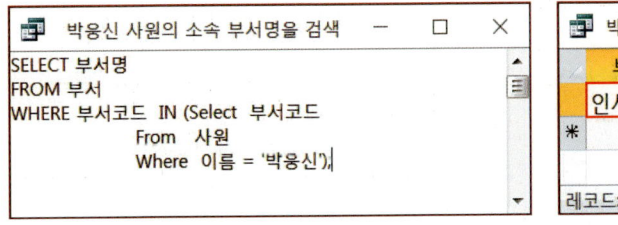
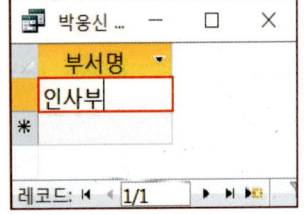

(1) Where 부서코드 = (Select ... From ...)
(2) Where 부서코드 IN (Select ... From ...)

(1), (2)의 두 SQL은 약간 다른 의미를 갖는다. 등호(=)는 부속질의에서 오직 하나의 결과만이 추출될 때 사용되며 IN은 부속질의에서 여러 결과가 추출될 수 있을 때 사용하게 되므로 일반적으로는 IN 명령을 사용하는 것이 안전하다.

(4) 다음의 질의를 부속질의를 이용해 검색하여 보기로 하자.

- 문미영 또는 최선자를 부양하는 사원의 이름을 검색하시오.
- 총무부 소속 직원의 이름과 주소를 검색하시오.
- 황민규 사원의 소속 부서명을 검색하시오.
- 이재우 직원의 부양가족 이름을 검색하시오.

  부속질의에는 등호(=)뿐 아니라 여러 비교 연산자(>,<,>=,<=,<>)를 사용할 수 있다.

(5) 사원 테이블에서 사원번호 C0102 사원의 호봉보다 큰 호봉을 갖는 사원의 이름을 검색하여 보기로 하자.

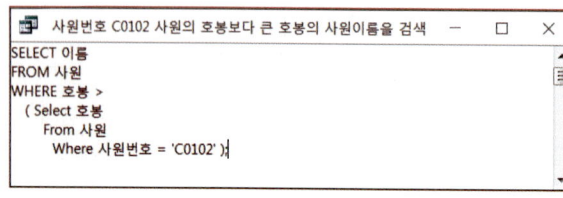 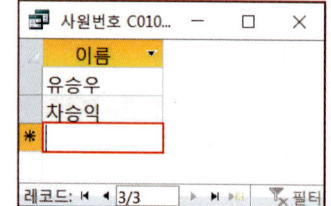

(6) 전체 사원의 평균 호봉보다 작은 호봉을 갖는 사원의 이름을 검색하여 보기로 하자.

2) ALL, ANY

(1) 사원 테이블에서 부서코드 C02에 근무하는 사원의 모든 호봉보다 큰 호봉을 갖는 부서코드 C01에 근무하는 사원의 이름을 검색하여 보기로 하자.

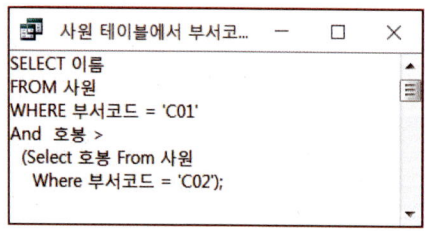 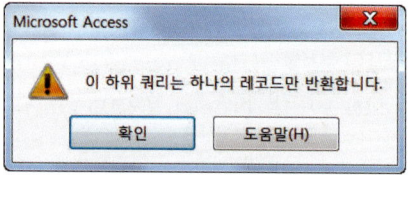

이렇게 SQL을 작성하면 오류가 발생한다. 호봉 > (Select From ...) 문장에서 Select From 결과가 복수개의 답이 나오기 때문에 호봉 > 10 20 30과 같은 명령이 되어 오류가 발생하는 것이다. 이 문제를 해결하기 위해 ALL, ANY를 사용할 수 있다.

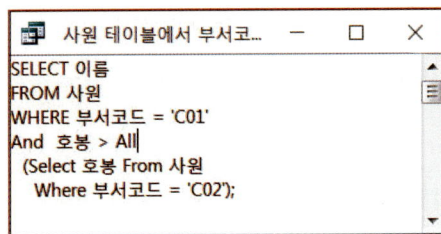 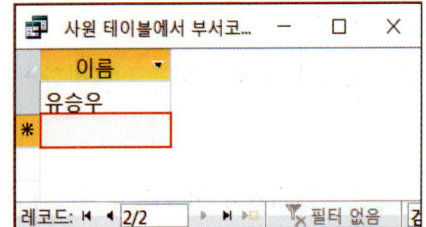

ALL 명령을 사용함으로써 부속질의에서 나오는 모든(ALL) 값에 대하여 비교 연산이 가능해지는 것이다. C02 부서코드의 호봉 22와 15가 부속질의 결과로 나오게 되고 두 값 모두(ALL)보다도 큰 값인 25호봉만 결과 테이블에 나타나게 된다.

And 호봉 > ANY (Select 호봉)와 같이 ANY 명령을 사용하면 22, 15 두 값 중에서 아무거나(ANY) 하나라도 큰 값이 되면 조건을 만족하게 되어 25, 18, 16호봉을 갖는 사원이 결과 테이블에 나타나게 된다. 12호봉은 22보다도 작고 15보다도 작아서 결과 테이블에 선택되지 못한다.

3) Exists 명령

Exists 명령 뒤의 부속질의에서 생성되는 결과에 상위 테이블에 해당하는 정보가 있는지 검사하여 정보가 있다면 결과를 나타낸다.

(1) 1명이라도 부양가족이 있는 사원의 이름을 검색하여 보기로 하자.

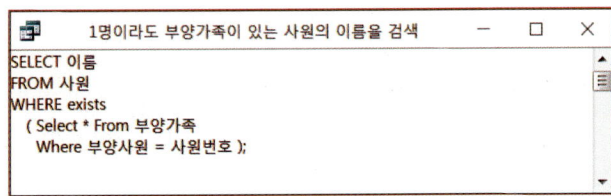 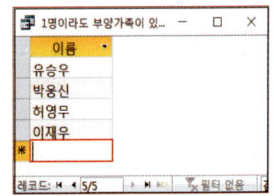

Exists 명령은 부속질의의 From 명령에 하나의 테이블 이름만을 기술하여도 Where 명령에서 상위질의에 사용된 테이블 이름을 이용하여 조인 명령을 사용할 수 있는 특징이 있다.

(2) 1명도 부양 가족이 없는 사원의 이름을 검색하여 보기로 하자.

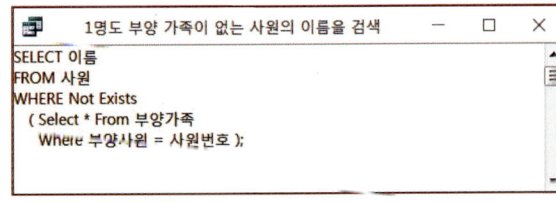 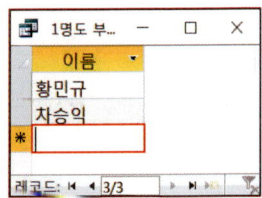

4.6.8 UNION 명령

두 개의 질의 결과를 하나의 테이블로 결합하여 검색을 실행한다. 단, 두 질의 결과는 합병 가능하여야 한다.

1) 사원의 이름과 부양가족의 이름을 검색하여 보기로 하자

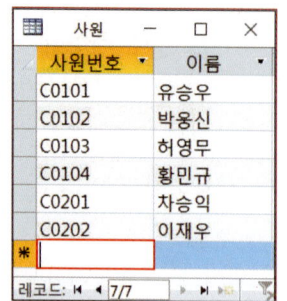 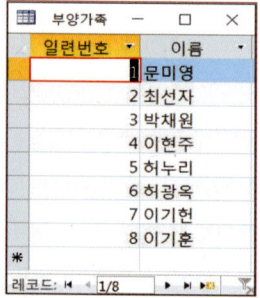

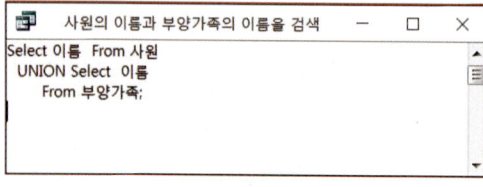

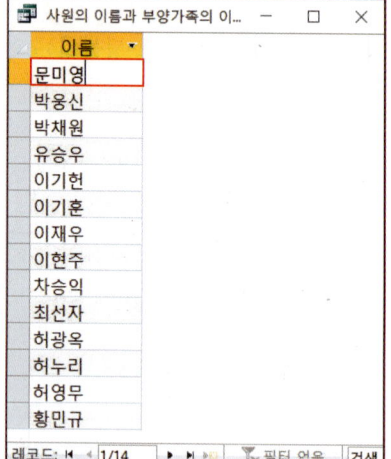

4.6.9 데이터 삽입(Insert)

테이블에 데이터를 삽입하기 위하여 사용하는 명령어가 Insert이다.

```
Insert
Into  테이블이름[(속성이름리스트)]
Values  (데이터값리스트)
```

Into 명령의 (속성이름리스트)는 다음과 같은 조건이면 생략이 가능하다. 삽입하려는 (데이터값리스트)에 입력된 데이터 순서가 테이블 스키마의 순서와 일치하여야 하며 테이블 스키마에 정의된 모든 데이터가 기술되어 있어야 한다.

1) "부서" 테이블에 부서코드 C03, 부서명 생산부, 사무실 A603, 전화 1191 정보를 삽입하여 보기로 하자

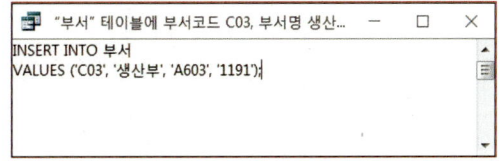
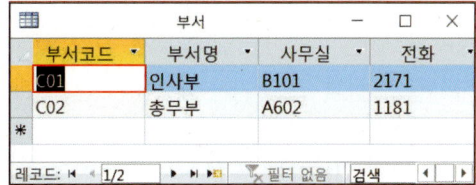
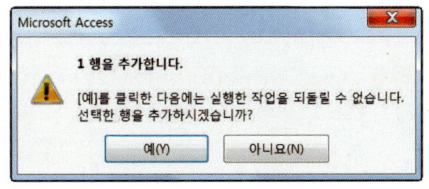
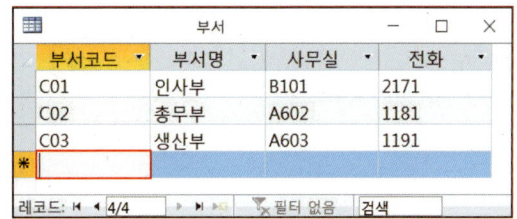

(속성이름리스트)의 순서를 테이블 스키마에서 지정한 순서가 아닌 임의의 순서로 지정한 후 (데이터 값리스트)의 순서를 지정한 순서와 동일하게 하여도 데이터 입력은 가능하다.

테이블 스키마 지정 시 속성이 null이 가능하도록 되어 있다면 레코드 삽입 시 데이터의 생략이 가능하나 속성이 기본 키이거나 not null로 지정되어 있다면 데이터는 필수로 입력되어야 한다.

2) 부서 테이블에 부서코드 C04, 부서명 연구부, 전화 1101 정보를 삽입하여 보기로 하자(사무실, 정보가 아직 없음)

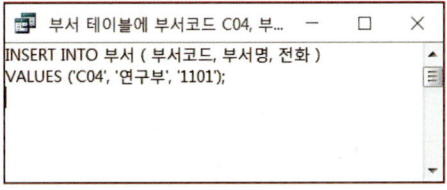
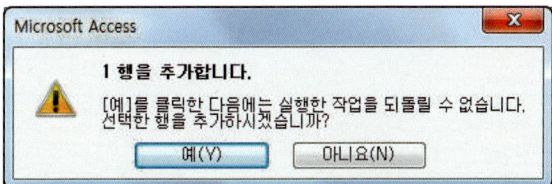
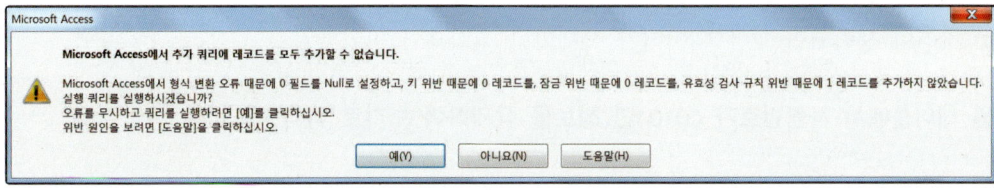

(1) 외래 키와 삽입명령

부서 테이블과 사원 테이블은 외래 키로 관계되어 있다. 사원 테이블에 레코드 삽입 시 부서코드 C03과 같이 부서 테이블 부서코드의 내용에 없는 데이터를 삽입하려면 데이터베이스에서 자동으로 오류를 발생시키게 된다.

(2) Select ... Into ... 명령

Select Into 명령은 기존에 있던 테이블의 일부 자료를 추출하여 새로운 테이블을 만드는데 사용된다. 다음 아래 예는 사원 테이블에서 부서코드가 C01인 직원의 사원번호와 이름을 검색하여 "인사부직원"이라는 새로운 테이블을 만들게 된다. 이때 만들어지는 "인사부직원" 테이블에는 Select 문장에서 지정된 속성과 같은 개수의 속성, 같은 데이터 타입이 만들어진다.

3) 사원 테이블에서 부서코드가 C01인 직원의 사원번호와 이름을 검색하여 "인사부직원"이라는 새로운 테이블을 만들어 보기로 하자

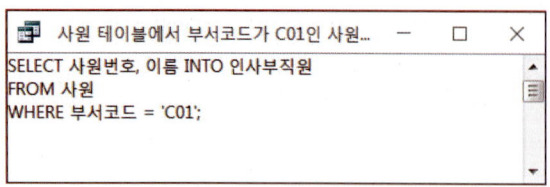
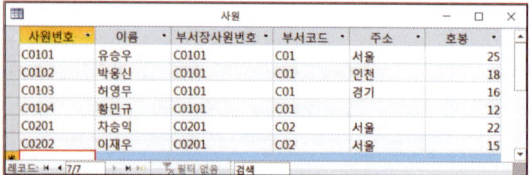

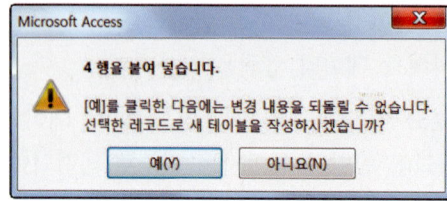
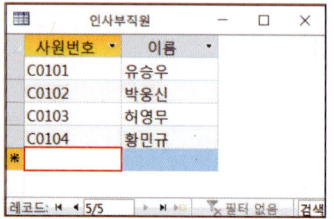

4.6.10 데이터 삭제(Delete)

테이블에 저장된 레코드를 삭제하는 명령어가 Delete이다.

```
Delete
From    테이블이름
[Where  조건]
```

Where 조건이 생략되면 모든 데이터가 삭제되니 주의해야 한다.

1) 사원 테이블에서 사원번호가 C0104인 정보를 삭제하여 보기로 하자

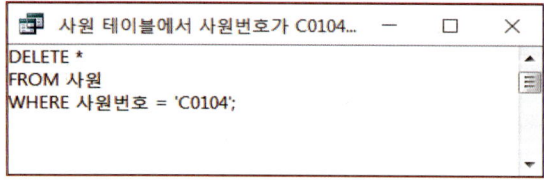
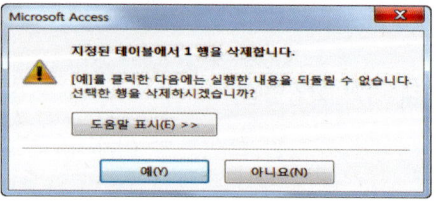

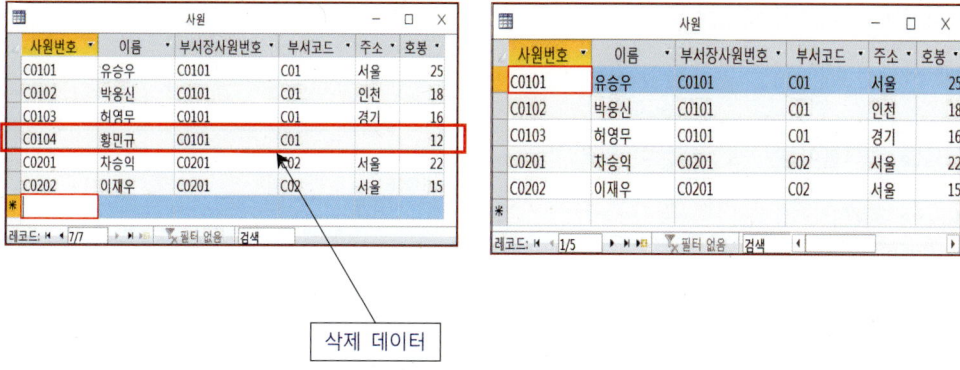

삭제 데이터

2) 부양가족 테이블의 모든 정보를 삭제하여 보기로 하자

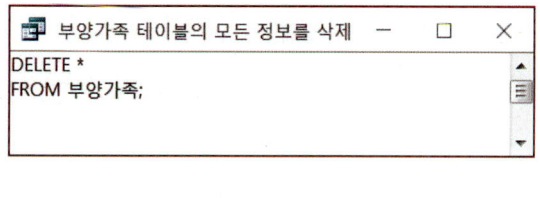

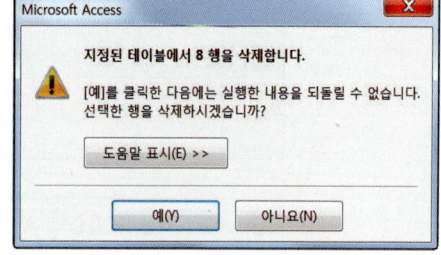

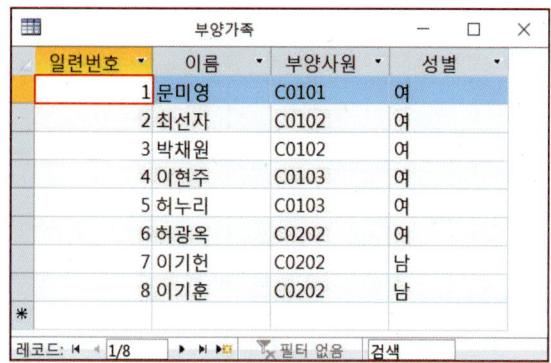

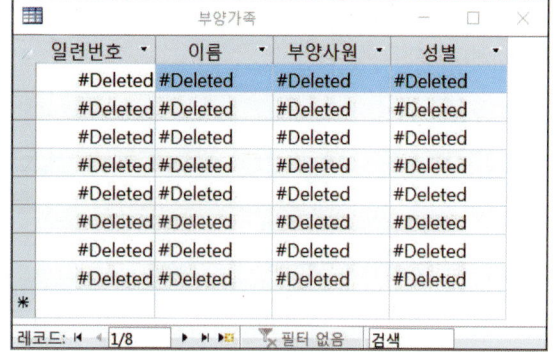

(1) 외래 키와 삭제 명령

사원 테이블과 부양가족 테이블은 외래 키 관계로 연결되어 있다. 이 경우 사원 테이블에서 사원번호 C0104, C0201 사원 정보를 삭제하는 것은 아무런 문제가 없으나 나머지 사원 정보를 삭제하려하면 데이터베이스에서 오류 메시지를 발생시킨다.

사원 테이블에서 사원번호 C0101 정보를 삭제하려면 먼저 부양가족 테이블에서 일련번호 1 레코드를 삭제한 후 삭제하여야 한다.

4.6.11 데이터 수정(Update)

테이블에 저장된 데이터를 수정한다.

```
Update 테이블이름
Set    속성이름 = 수정데이터 {, 속성이름 = 수정데이터}+
[Where 조건]
```

Where 조건이 생략되면 모든 데이터가 수정되니 주의하여야 한다.

1) 사원 테이블의 "차승익" 사원의 주소를 "경기"로 수정하여 보기로 하자

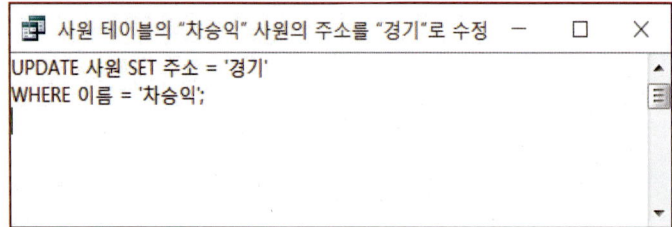

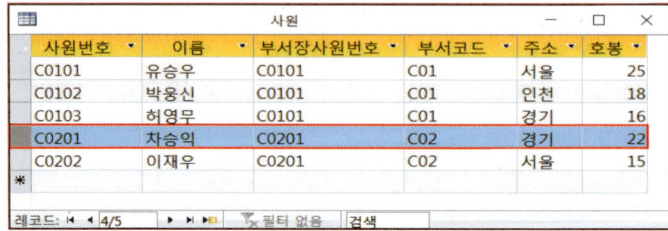

2) 부서 테이블에서 부서코드 C01의 사무실을 B101, 전화를 2171로 수정하여 보기로 하자

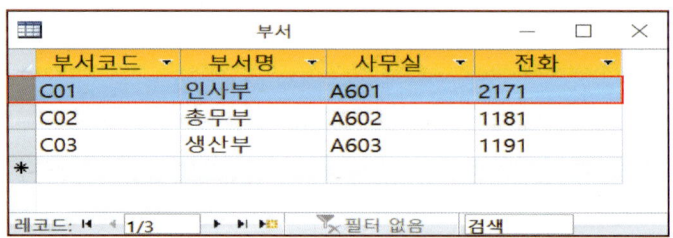

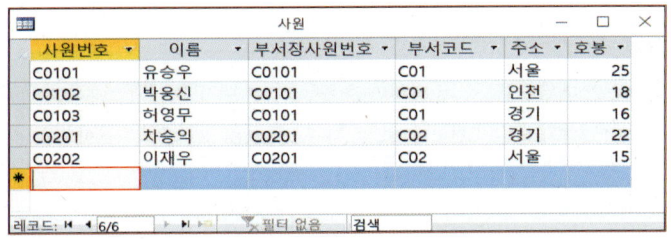

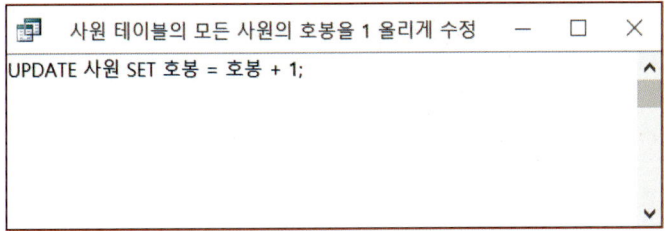

3) 사원 테이블의 모든 사원의 호봉을 1 올리게 수정하여 보기로 하자

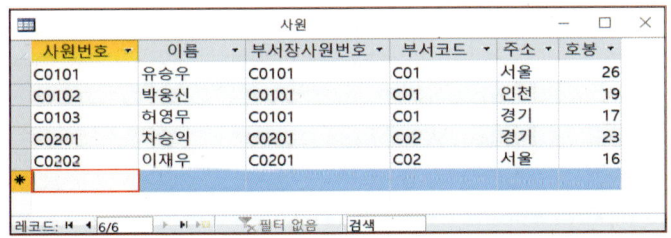

실습 4-1

선택 쿼리를 사용해서 교육생 기록부 테이블의 전체 레코드 중에 주소가 서울인 레코드만을 추출하여 가상의 테이블을 작성하여 보기로 한다.

1. 처리 순서

① 데이터베이스 창에서 [만들기] - [쿼리 디자인] 버튼을 클릭한다.
② 새 쿼리 대화상자에서 [디자인 보기]가 나타난다.
③ 테이블 표시 대화상자에서 테이블 탭을 클릭하고, [교육생 기록부] 테이블을 추가한다.
④ 쿼리 디자인 보기 창에서 상단부의 필드 목록 중에 쿼리에 사용할 필드로서 전체 필드를 선택하여 하단부의 디자인 괘선으로 보낸다.
⑤ 디자인 괘선에서 주소 필드 행의 [조건 :]란에 조건식을 다음과 같이 부여한다(조건식 : 서울*).
⑥ 쿼리를 저장한다(쿼리의 이름은 '서울에서 사는 교육생'으로 하여 저장한다.).
⑦ 데이터시트 보기 도구를 클릭하여 쿼리의 결과를 확인한다.

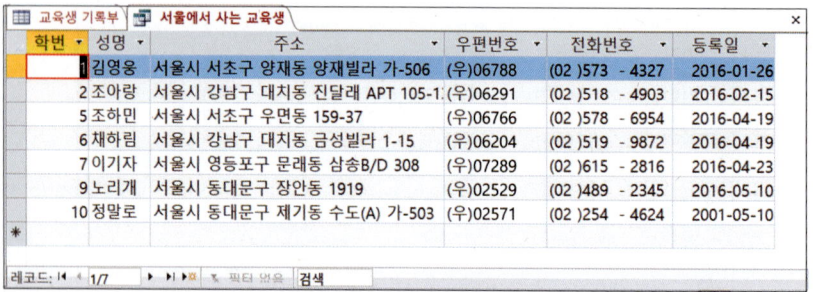

실습 4-2

선택 쿼리를 사용해서 대리점 판매현황 테이블의 판매일자가 15년 4월 21일인 레코드만을 추출하여 보자.

실습 4-3

선택 쿼리를 사용해서 대리점 판매현황 테이블의 여러 대리점에 판매한 제품 중에 선풍기에 대한 레코드만을 추출하여 보자.

실습 4-4

매개변수 쿼리를 이용하여 주소를 검색할 수 있는 기능을 작성하여 보자.

실습 4-5

교육생 성적관리 테이블의 총점과 평균 필드에 대한 값을 선택 쿼리를 사용해서 총점과 평균 필드를 구해보자.

1. 처리 순서

① 데이터베이스 창에서 [만들기] - [쿼리 디자인] 버튼을 클릭한다.
② 새 쿼리 대화상자에서 [디자인 보기]가 나타난다.
③ 테이블 표시 대화상자에서 테이블 탭을 클릭하고, 교육생 성적관리 테이블을 추가한다.
④ 쿼리 디자인 보기 창에서 상단부의 필드 목록 중에 쿼리에 사용 할 필드로서 총점과 평균 필드를 제외한 모든 필드를 선택하여 하단부의 디자인 괘선으로 보낸다.
⑤ 총점을 구하기 위해 전산개론 필드 뒤 비어있는 열의 [필드 :] 행에 다음 내용을 입력한다.
  입력할 내용 : 총점 : [국어]+[영어]+[수학]+[전산개론]
⑥ 평균을 구하기 위해 총점 필드 뒤에 비어있는 열의 [필드 :] 행에 다음 내용을 입력한다.
  평균 : ([국어]+[영어]+[수학]+[전산개론])/4
⑦ 평균 필드의 속성을 다음과 같이 설정한다.

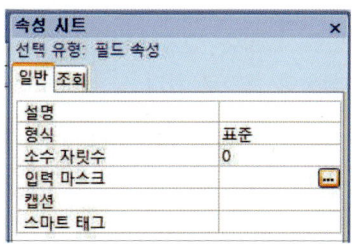

⑧ 디자인한 쿼리 내용을 저장한다(쿼리 이름은 '교육생 성적관리 총점 입력'으로 하여 저장한다.).
⑨ 데이터시트 보기 도구를 클릭하여 쿼리의 결과를 확인한다.

학번	성명	국어	영어	수학	전산개론	총점	평균	등급	순위	합격여부
1	김영웅	95	80	85	70	330	83			
2	조아랑	90	95	85	90	360	90			
3	박재수	85	85	100	35	305	76			
4	황준호	50	65	60	85	260	65			
5	조하민	75	65	60	85	285	71			
6	채하림	85	90	70	85	330	83			
7	이기자	65	80	95	95	335	84			
8	임수혁	55	90	75	40	260	65			
9	노리개	40	55	35	80	210	53			
10	전만로	90	30	35	75	230	58			

실습 4-6

대리점 판매현황 테이블의 판매금액을 다음과 같이 선택 쿼리를 사용해서 구해보자.

실습 4-7

다음과 같이 `교육생 성적관리 총점 입력` 쿼리와 `교육생 기록부` 테이블을 연결하여 다음과 같은 `교육생 가정 통신문`이라는 가상테이블을 작성하여 보기로 한다.

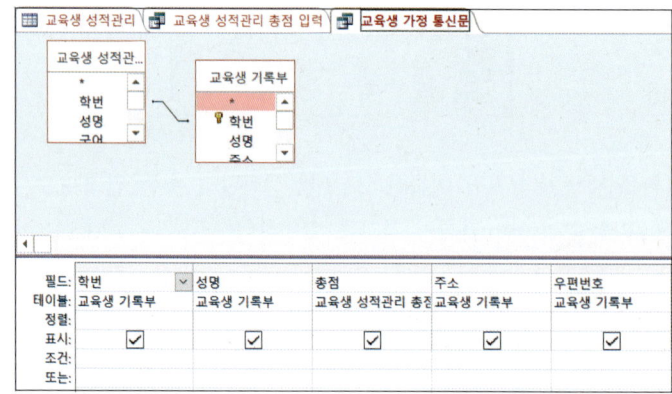

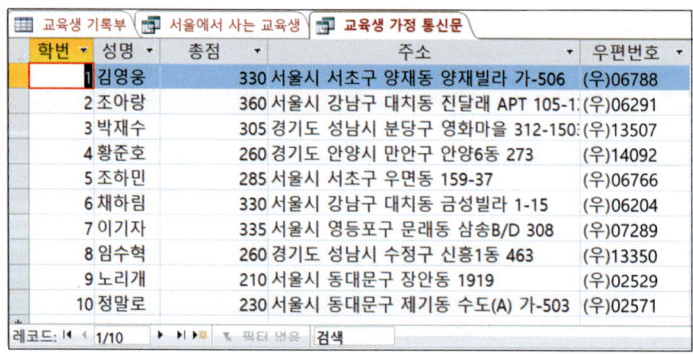

실습 4-8

대리점관리` 데이터베이스에서 작성한 테이블에서 다음 순서대로 진행한다.

① 대리점 판매현황 테이블에서 각 제품별 판매수량의 합계를 다음과 같이 나타내시오.

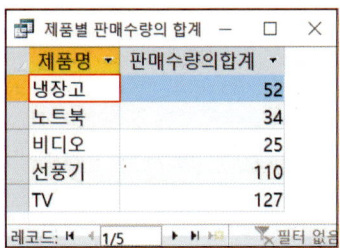

② 대리점 판매금액 쿼리에서 각 대리점별 판매금액의 합계를 다음과 같이 나타내시오.

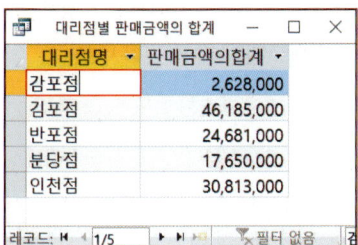

③ 대리점 판매현황 테이블에서 제품명 필드의 필드 값 중에 '노트북'을 'NoteBook'으로 변경하여 나타내시오(업데이트 쿼리를 사용하여 일괄적으로 변경한다.).

④ 대리점 판매현황 테이블에서 제품코드 ST825의 단가를 320,000에서 345,000으로 변경하여 나타내시오(업데이트 쿼리를 사용하여 일괄적으로 변경한다.).

연습문제

01. 앞에서 작성한 '수강접수' 테이블의 전체 레코드 중에서 성별이 남자인 레코드만을 선택 쿼리를 사용하여 추출하시오.

02. '수강접수' 테이블에서 최종학력이 대졸이거나 나이가 30세 미만인 레코드를 선택 쿼리를 이용하여 추출하시오.

03. 2번 문제에서 나온 결과를 가상 테이블이 아닌 하나의 독립적인 테이블을 테이블 작성 쿼리를 이용하여 작성하고 테이블 명은 수강생 대졸로 지정하시오.

04. '수강접수' 테이블에서 업데이트 쿼리를 사용하여 [성별]의 필드 값을 '남'은 '男'으로 '여'는 '女'로 변경하여 나타내시오.

05. '수강접수' 테이블에서 수강생의 직업별 최종학력에 대한 평균 나이를 다음과 같은 크로스탭 쿼리를 작성하여 나타내시오.

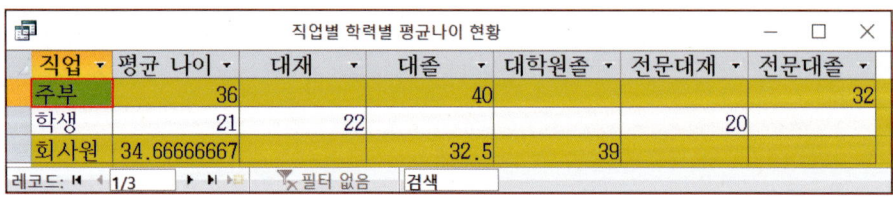

제5장

폼

5.1 폼의 정의

이 장 앞에서는 액세스의 7가지 구성요소 중에 테이블과 쿼리에 대해서 알아보았다. 테이블은 액세스 구성요소 중에서 가장 기본이 되는 요소로서 테이블 구조를 형성하고, 데이터를 축적한다. 또한 테이블에서는 데이터를 추가입력하고, 수정, 삭제, 추출, 정렬 등의 작업을 할 수 있으며, 인쇄도 가능하다.

이처럼 테이블만으로도 어느 정도의 사용자가 요구하는 바를 충족시켜 준다. 그러나 테이블에서는 계산식을 이용한 필드의 값을 구할 수 없고, 어떤 필드의 값에 대한 총계나 평균 등도 구할 수 없다. 또한 화면에 보이는 기본 폼을 사용자가 원하는 형태로 배치할 수도 없다. 이러한 테이블의 결점을 보완하기 위한 것이 바로 쿼리, 폼, 보고서, 페이지 등이다.

그 중 쿼리는 앞에서도 알아 보았듯이 계산식을 통해 어떤 필드의 값을 구할 수 있고, 두 개 이상의 테이블이나 쿼리를 연결시킬 수도 있으며, 조건을 부여하여 조건에 해당하는 레코드를 별도의 테이블로 생성하거나, 기존의 다른 테이블에 추가, 필요없는 레코드의 삭제, 그리고 수정 등이 가능하다.

이 장에서는 액세스의 7가지 구성요소 중에 세 번째로 테이블이나 쿼리에서 할 수 없었던 사용자 임의의 폼을 작성하는 방법과 그 폼의 변형을 통해 사용자가 쉽고, 편리하게 데이터베이스를 관리하는 방법에 대해서 알아보기로 한다.

5.2 폼 작성

앞에서 작성해 보았던 테이블이 여러 레코드를 한 화면에 보여줄 수 있는 다중 레코드 화면을 제공한다면, 폼은 한 화면에 단 하나의 레코드만을 보여주는 단일 레코드 화면, 즉 카드 형식의 화면을 기본적으로 제공한다.

또한 테이블은 필드를 정의하면 화면 양식이 자동으로 형성되지만 폼은 사용자가 스스로 원하는 모습으로 만들어야만 한다. 폼을 작성하는 방법이 액세스 초보 사용자에게는 다소 어렵게 느껴질 수도 있지만, 액세스의 폼 마법사(Form Wizard)를 사용하면 보다 편리하게 폼을 만들어 낼 수 있다.

1) 인사관리 테이블에 대한 폼을 작성해 보기로 한다

① 폼을 작성하기 위해서는 [만들기]-[폼 마법사]를 지정한다.

② [폼 마법사]를 선택하고, 폼 작성에 사용할 인사관리 테이블을 선택한 후에 [확인] 버튼을 클릭하면 다음과 같은 폼 마법사 첫 번째 창이 나타난다.

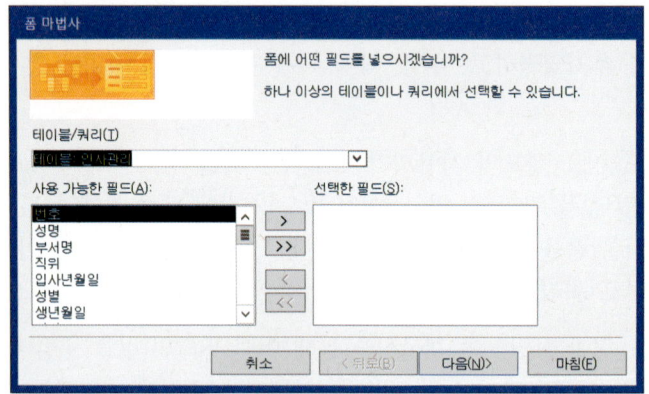

③ 필드를 선택하는 방법은 창의 왼쪽에 있는 [사용 가능한 필드] 부분에서 원하는 필드를 선택하고, > 버튼을 클릭하면 창의 왼쪽에서 선택한 필드가 창의 오른쪽 부분인 [선택필드]로 이동한다. 다음은 창의 왼쪽에서 선택한 필드가 창의 오른쪽 부분으로 이동한 화면이다.

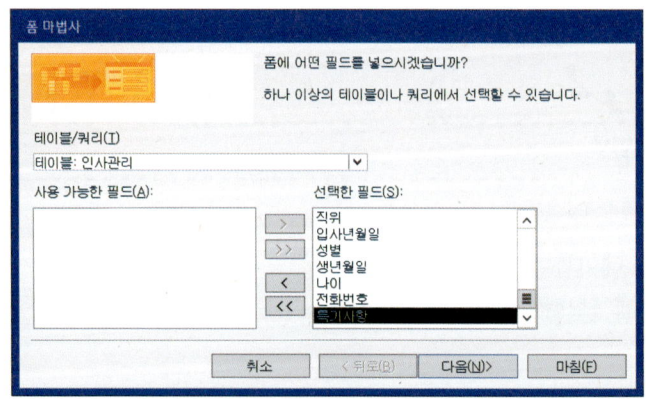

④ 필드 선택시 모든 필드를 선택해서 창의 오른쪽 부분으로 보내는 경우 창에서 >> 버튼을 클릭하면, 왼쪽 [사용 가능한 필드]에 있던 모든 필드가 오른쪽 [선택한 필드] 부분으로 이동된다.

> 만약 선택한 필드를 취소하는 경우에는 오른쪽 [선택한 필드(S)]에서 취소할 필드를 선택하고, < 버튼을 클릭하면, 취소한 필드가 다시 [사용 가능한 필드(A)] 부분으로 이동되며, 한편 선택한 모든 필드를 취소하려면 << 버튼을 클릭한다. 만약 필드 선택작업이 모두 끝났으면 [다음(N)] 버튼을 클릭한다.

⑤ 폼 마법사의 두 번째 창에서는 다음과 같이 폼에 대한 4가지 모양을 보여주고 있다. 이 4가지 모양 중에 하나를 선택해야 하며, 여기서는 [열 형식]을 선택하고, [다음(N)] 버튼을 클릭한다.

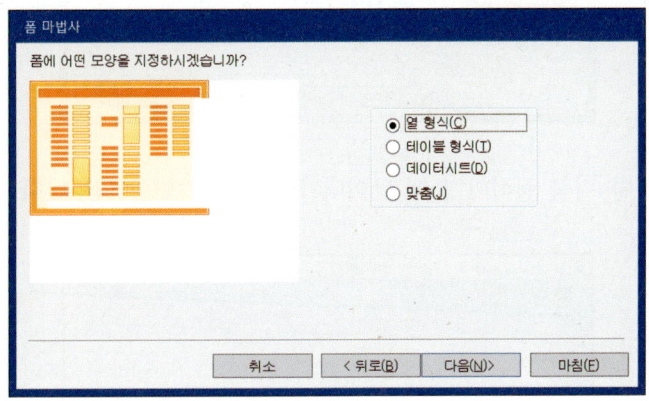

- 다음 그림은 폼의 4가지 종류의 모양이다.

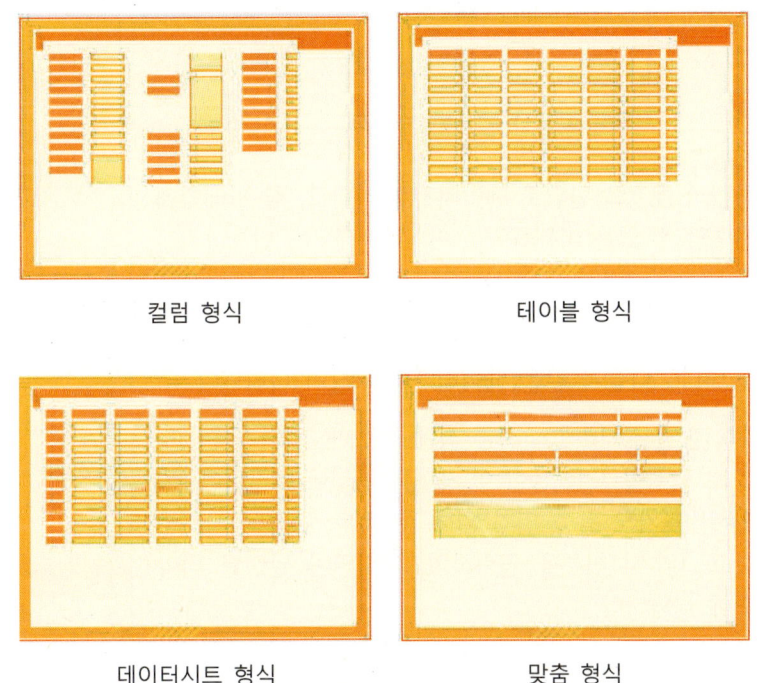

컬럼 형식   테이블 형식

데이터시트 형식   맞춤 형식

⑥ 폼 마법사의 세 번째 창에는 폼의 제목을 입력하라는 내용을 보여주며, 여기서는 폼의 제목으로서 '인사기록카드'라고 입력한다. 또한 이 창의 아래쪽에는 폼을 열어 정보를 볼 것인지 또는 폼 디자인 창을 열어 그 내용을 수정할 것인지의 여부를 묻는 내용을 보여준다. 여기서는 [폼 정보를 보거나 입력(O)]을 선택하고, [마침(F)] 버튼을 클릭한다.

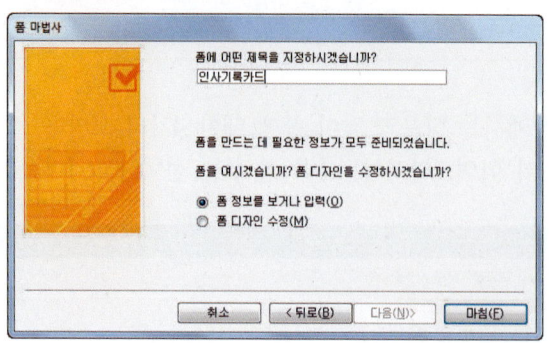

⑦ [마침] 단추를 누르면 컬럼 형식의 폼에 데이터가 수록된 화면이 나타난다.

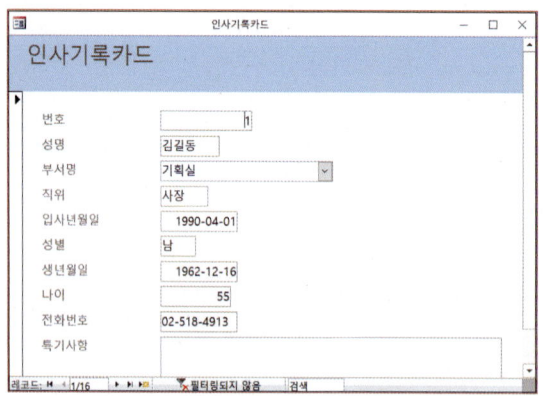

⑧ 폼의 창에는 하나의 레코드 단위로 데이터가 나타나고, 창 아래쪽에는 레코드를 선택할 수 있는 버튼들이 모여 있는 레코드 번호상자가 설정되어 있다.

⑨ 현재 폼 보기 창을 닫기 위해 창 제목표시줄의 [닫기] 버튼을 클릭하면 폼의 창은 닫히고, 다음과 같은 데이터베이스 창이 나타난다.

⑩ 이 데이터베이스 창의 폼 탭에는 조금 전에 작성한 '인사기록카드'가 보이며, 앞으로 작성할 모든 폼이 이 곳에 수록되어 나타난다. 여기에서 다시 인사기록카드 폼을 열기 위해 폼 목록 중에 '인사기록카드'를 선택하고, [열기] 버튼을 클릭하면, 디자인이 완성된 위와 같은 폼이 화면에 나타난다.

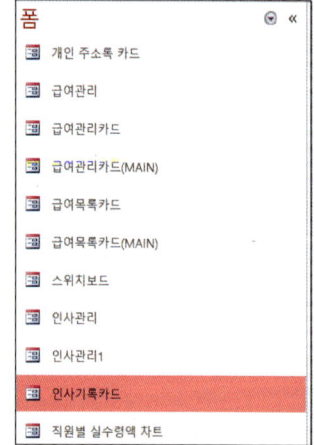

5.3 폼의 수정

앞에서는 폼 마법사를 사용해서 '인사기록카드' 폼을 작성하였으나, 이 폼은 단지 폼 마법사에 의해 만들어진 기본적인 형태의 폼이기 때문에 대부분 사용자의 취향에 맞게 폼을 다시 수정할 필요가 있다.

이처럼 액세스 2019 에서는 이미 만들어진 폼에 대해 사용자 요구에 따라 언제나 폼을 수정할 수 있다.

1) 앞에서 작성했던 '인사기록카드' 폼을 다른 형태로 수정해 보기로 한다

① 폼을 수정하기 위해서는 먼저 데이터베이스 창에서 폼 탭을 선택하고, 나오는 폼 목록 중에 수정하고자 하는 인사기록카드 폼을 선택한 다음 [디자인] 버튼을 클릭한다.

② 마우스 오른쪽 단추를 누르고 디자인 버튼을 지정하면 다음과 같이 폼을 수정할 수 있는 폼 디자인 창이 열리고, 폼 수정 시 사용되어지는 도구를 모아 놓은 도구상자가 나타난다.

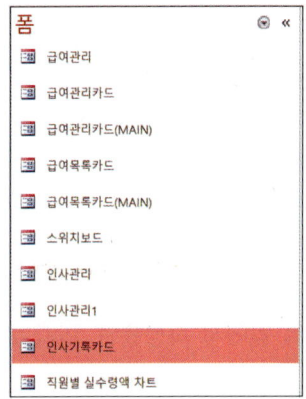

5.3.1 폼 디자인 창의 구성 요소

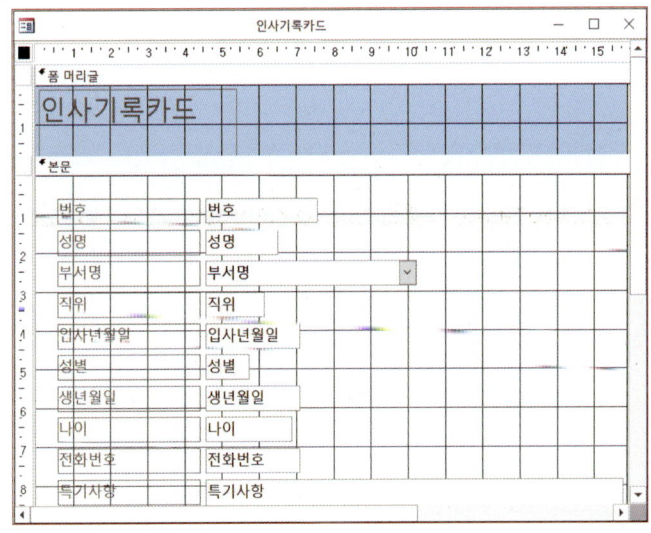

폼은 테이블에 수록되어 있는 데이터들을 하나의 레코드 단위로 화면에 보여 주는 한 장의 기록카드와 같은 역할을 한다. 이렇게 테이블에 수록되어 있는 데이터는 자동적으로 폼에 나타나며, 반대로 폼에서 입력한 데이터도 역시 테이블에 수록된다. 하지만 폼은 새롭게 디자인하는 것은 테이블에 대해 아무런 영향도 끼치지 않는다. 이처럼 폼의 수정은 테이블의 어떠한 데이터에도 영향을 주지 않기 때문에 언제나 수정이 가능하다. 폼 디자인 창에는 본문 영역에 테이블에서 작성한 필드의 이름과 그 필드에 대한 값을 보여 준다. 여기서 필드의 이름 부분과 그 필드의 값을 보여주는 부분을 '컨트롤'이라 하며, 필드의 이름 부분을 '레이블'이라 하고, 필드의 값을 보여주는 부분을 '텍스트'라 한다.

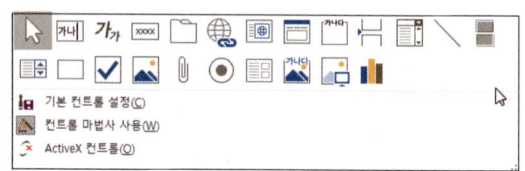

폼을 디자인 하는데 작성 도구들을 이용하여 다양한 폼을 작성할 수 있다. 다양한 폼 작성 도구는 [컨트롤]을 이용하여 작성할 수 있으며 다양한 작성 도구들은 다음과 같다.

5.3.2 컨트롤의 위치변경

1) 앞에서 작성했던 '인사기록카드' 폼에서 '레이블'과 '텍스트'의 위치를 동시에 변경해 보기로 한다

① 먼저 이동하고자 하는 레이블을 클릭하면 선택된 레이블의 외곽에는 조절점(■)이라는 것이 나타나며, 이 조절점은 '어떤 개체가 선택되었다'라는 의미에서 선택된 개체의 외곽에 보이는 것이며, 이 조절점이 나타난 상태에서 개체의 이동이 가능하고, 또 이 조절점을 이용해서 개체의 크기를 변경할 수 있다.

② 여기서는 여러 레이블 중에 번호를 선택하면 다음과 같이 번호 컨트롤의 외곽에는 조절점이 나타난다.

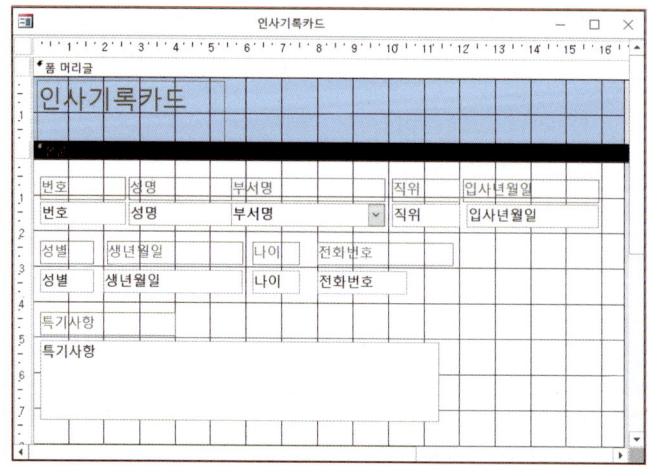

③ 번호 컨트롤 외곽에 조절점이 나타난 상태에서 마우스 포인터를 번호 위치에 갖다 놓으면, 마우스 포인터의 모양이 화살표(↖) 모양에서 십자가 모양(✥)으로 변하며, 변한 상태에서 마우스를 원하는 위치까지 드래그 앤 드롭(끌어서 갖다 놓기)하면 번호 컨트롤의 위치가 변경된다.

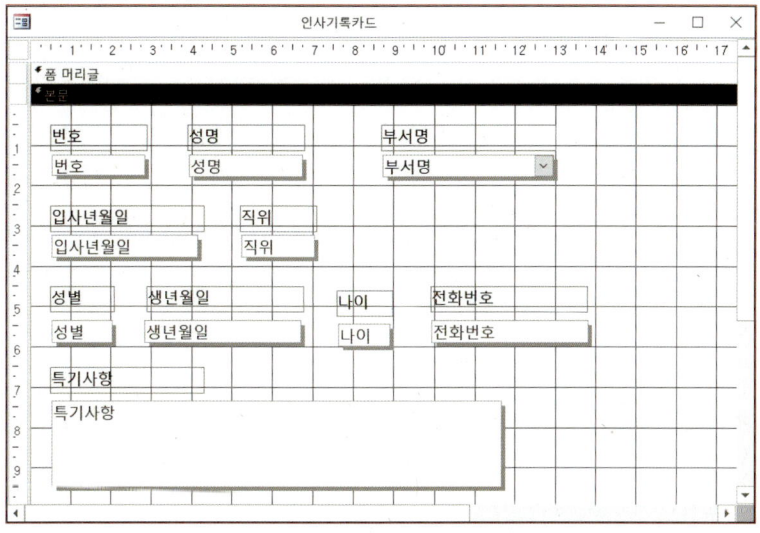

④ 다른 컨트롤도 위와 같은 방법으로 위치를 아래와 같이 변경하고, 텍스트에 특수 효과(▬)를 지정하여 본다.

⑤ 폼 디자인 영역이 좁은 경우에는 위와 같이 넓힐 수 있다. 이때 오른쪽으로 드래그(마우스 끌기)하면 폼 디자인 영역의 너비가 늘어난다.

⑥ 지금까지 수정한 폼의 결과를 보기 위해서는 메뉴 표시줄의 [보기] - [폼 보기]를 차례로 선택한다.

⑦ [폼 보기]를 선택하면 다음과 같이 수정한 폼의 결과가 나타난다.

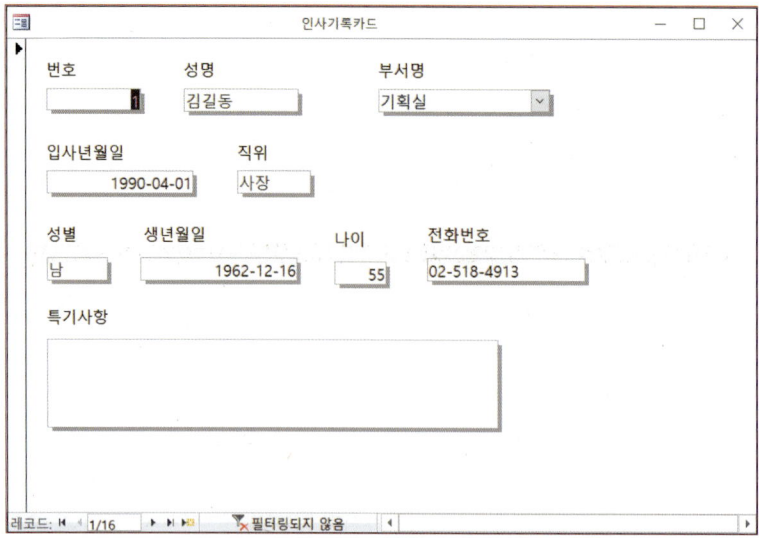

⑧ 수정한 폼의 결과를 보고 더 이상 수정할 필요가 없으면 [닫기]를 선택하여 그 내용을 저장한다.

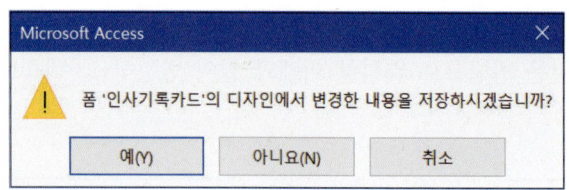

5.4 폼에서 데이터의 입력과 수정

이 장의 앞부분에서 원본 테이블(인사관리 테이블)에 대한 폼을 작성해 보았고, 또 사용자 임의로 폼을 수정해 보았다.

이제 사용자가 원하는 대로 폼이 작성되었으므로 이제부터 폼에서도 데이터를 입력할 수 있게 되었다.

5.4.1 데이터의 추가

1) '인사기록카드' 폼을 열어 다음과 같이 데이터를 추가 입력해 보고, 또 입력한 데이터 중에 잘못 입력된 데이터를 수정하여 보기로 한다

① 폼에서 데이터를 추가하려면 먼저 폼의 창 아래에 있는 레코드 번호상자에서 여러 가지의 버튼 중에 [새 레코드] 버튼(▶*)을 클릭하면 다음과 같이 폼 화면의 텍스트가 모두 공란으로 표시된다.

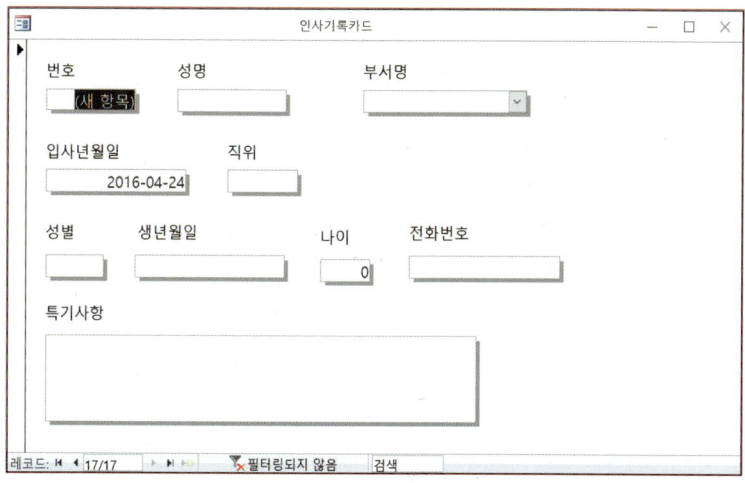

② 폼에서 데이터를 입력하거나 추가하는 경우 텍스트와 텍스트 사이의 이동을 원하는 텍스트를 마우스로 클릭하거나, 키보드의 Enter↵ 키, 또는 ⇥ 키를 사용하면 폼 마법사에서 선택한 필드의 순서로 이동된다. 또한 Shift + ⇥ 키를 누르면, 반대 방향으로 커서가 이동된다.

③ 텍스트가 모두 공란으로 나타난 것은 데이터를 추가할 수 있다는 것을 의미하므로 다음 표에 있는 내용을 차례로 입력한다.

추가 입력할 데이터							
성명	부서명	직위	입사년월일	성별	나이	생년월일	전화번호
안경태	총무부	사원	16 - 05 - 18	男	22	1994.2.12	332 - 9435
김치국	영업부	사원	16 - 05 - 18	男	21	1993.4.21	624 - 7124
임수정	기획실	대리	16 - 05 - 18	女	21	1993.12.7	846 - 3574

④ 다음은 위에서 데이터를 추가 입력한 결과를 보여주고 있다.

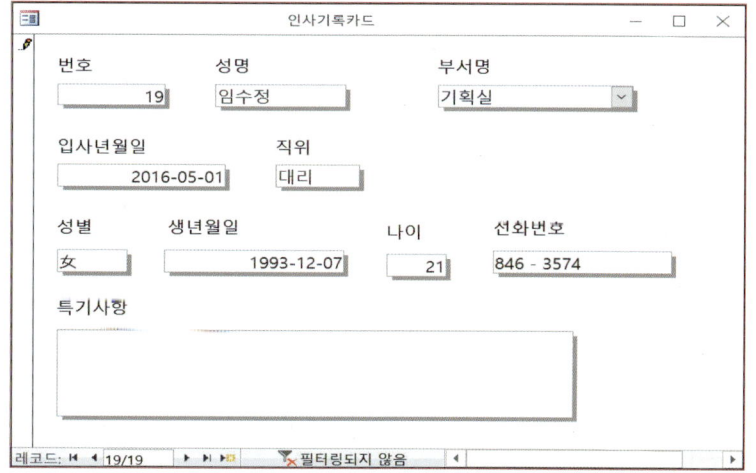

5.4.2 데이터의 수정

폼에서의 데이터 수정은 비교적 간단하다. 수정하고자 하는 필드의 텍스트를 클릭하면, 커서가 그 텍스트 안으로 들어가고, 그 상태에서 텍스트의 내용을 수정하면 된다.

역시 데이터를 수정할 때에도 폼 창의 왼쪽에 연필 모양의 아이콘이 나타난다.

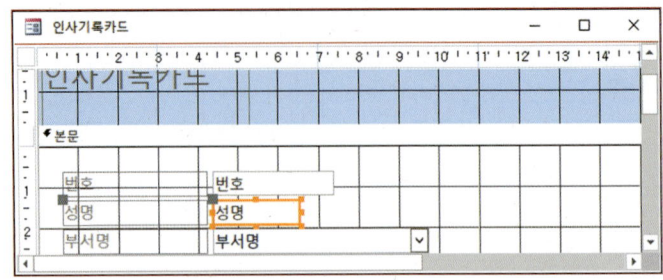

앞에서와 같이 폼에서 추가 입력한 데이터나 수정한 데이터는 모두 자동적으로 저장되기 때문에 별도의 기능으로 저장할 필요는 없다.

5.5 폼의 인쇄

데이터의 인쇄는 주로 보고서를 통해서 하는 것이 일반적이지만 경우에 따라 테이블이나 폼에서도 인쇄를 할 수 있다. 폼에서의 인쇄는 테이블에서와 같이 여러 레코드를 일람표 형식으로 인쇄되는 것이 아니라, 폼 보기 창에서 화면에 보이는 그대로, 즉 폼을 디자인한 상태가 그대로 인쇄된다.

1) '인사기록카드' 폼을 인쇄해 보기로 한다.

① 먼저 '인사기록카드' 폼을 [폼 보기] 상태로 나타낸다.

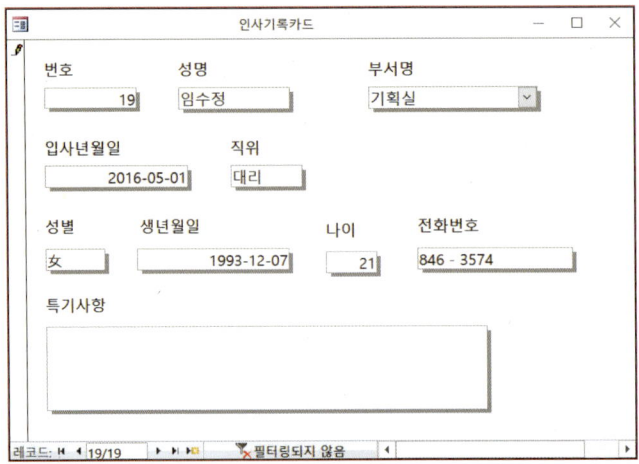

② 만약 프린터로 인쇄하기 전에 인쇄될 상황을 미리 화면으로 확인하기 위해 [파일]-[인쇄]-[인쇄 미리보기]를 차례로 선택하면 다음과 같이 미리보기 화면이 나타난다.

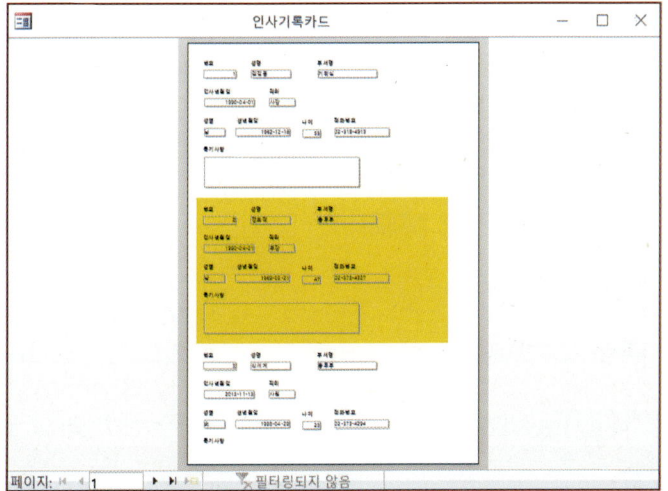

③ [인쇄]를 선택하면, 인쇄 설정 대화상자가 나타나며, 이 대화상자에서의 설정이 완료되어 [확인] 버튼을 클릭하면 인쇄 내용이 출력된다.

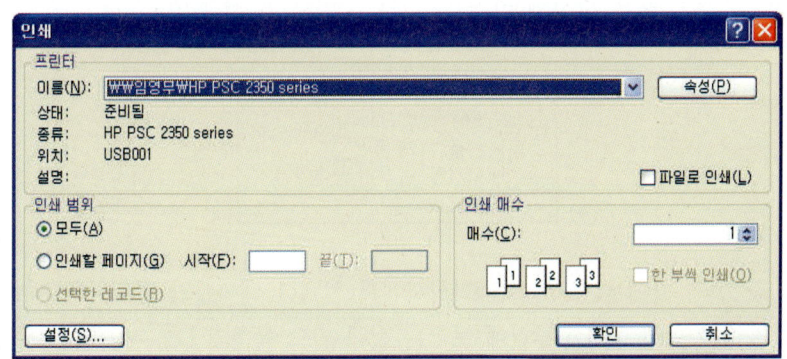

5.6 급여관리 카드 폼을 작성

5.6.1 폼 디자인 창의 구성 요소

급여관리카드의 폼은 '급여관리' 테이블의 폼으로서 다음과 같이 디자인해 보기로 한다.

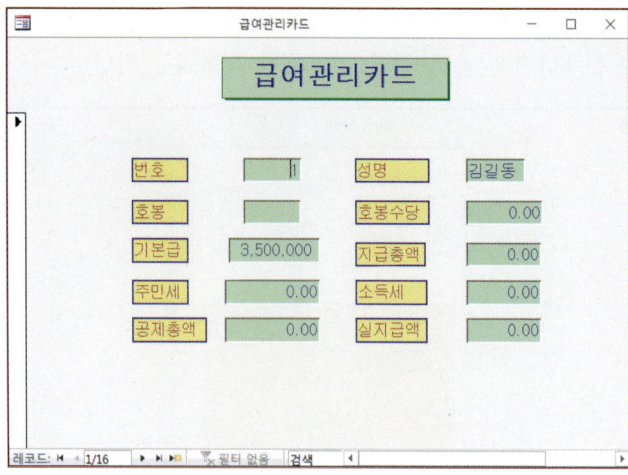

폼을 디자인하는 것은 사용자의 임의대로 할 수 있는 것인 만큼 아래 그림을 복사한 것처럼 똑같이 디자인 할 필요는 없다.

1) 폼 마법사를 사용해서 폼을 작성하여 보기로 한다

① 데이터베이스 창에서 폼 탭을 선택하고, [새로 만들기] 버튼을 클릭한다.

② 새 폼 대화상자에서는 폼을 작성할 방법으로 [폼 마법사]를 선택한다.

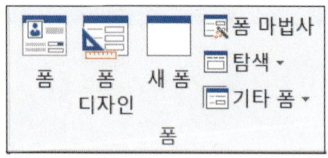

③ 폼 마법사의 첫 번째 창에서는 새 폼 대화상자에서 선택한 테이블의 필드목록을 보여주고 있는데, 이 창에서는 [사용 가능한 필드:] 부분에 보이는 전체 필드 목록의 〉〉 버튼을 사용해서 선택한다.

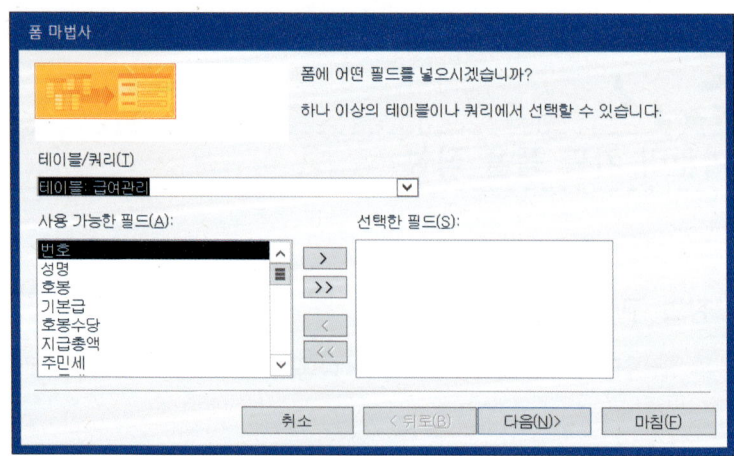

④ 만약 [사용 가능한 필드:] 부분의 모든 필드를 선택하기 위해 >> 버튼을 클릭하면 폼에 표시할 필드가 화면의 오른쪽 부분인 [선택한 필드(S):]로 이동한다. 여기서는 급여관리 테이블의 모든 필드를 선택하고, [다음] 버튼을 클릭한다.

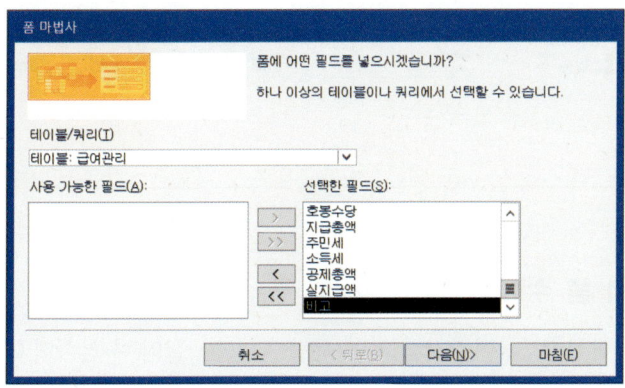

⑤ 폼 마법사의 두 번째 창에서는 폼에 대한 모양에서 [맞춤]을 선택하고, [다음] 버튼을 클릭한다.

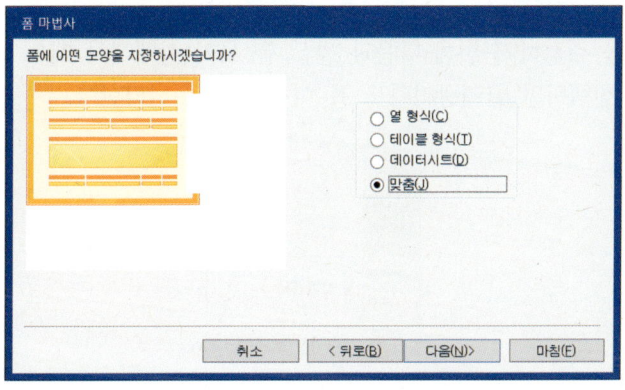

⑥ 폼 마법사 네 번째 창에서는 폼의 제목을 입력하고, 창의 [폼 정보를 보거나 입력]을 선택한 다음 [마침] 버튼을 클릭한다.

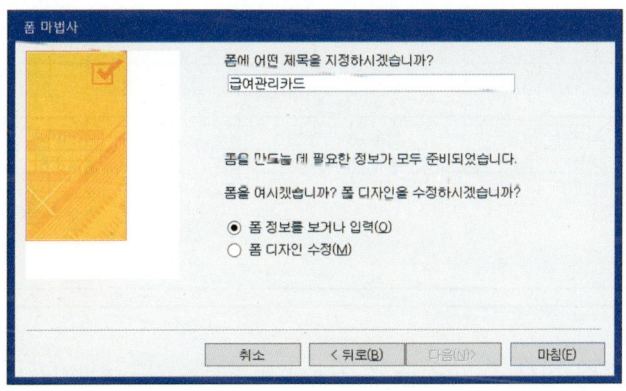

⑦ 폼 기본 화면이 나타나고 데이터를 추가하거나 수정할 수 있다.

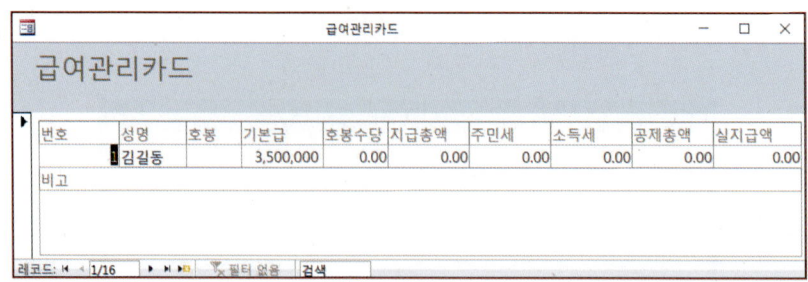

5.6.2 급여관리카드의 폼 수정

폼 마법사를 사용해서 작성한 '급여관리카드'의 폼을 다음과 같이 수정하여 보기로 한다.

1) 급여관리카드 폼에서 컨트롤의 위치와 크기 변경

(1) 급여관리카드 폼에서 컨트롤의 위치 및 크기를 변경 보기로 한다.

① 급여관리카드의 폼을 수정하기 위해 다음과 같은 폼 보기 상태에서 메뉴 표시줄의 [보기] - [디자인 보기]를 차례로 선택하면 급여관리카드 폼 디자인 창이 나타난다.

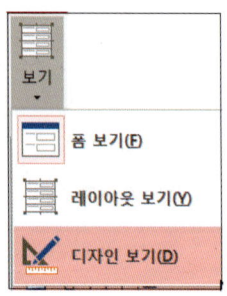

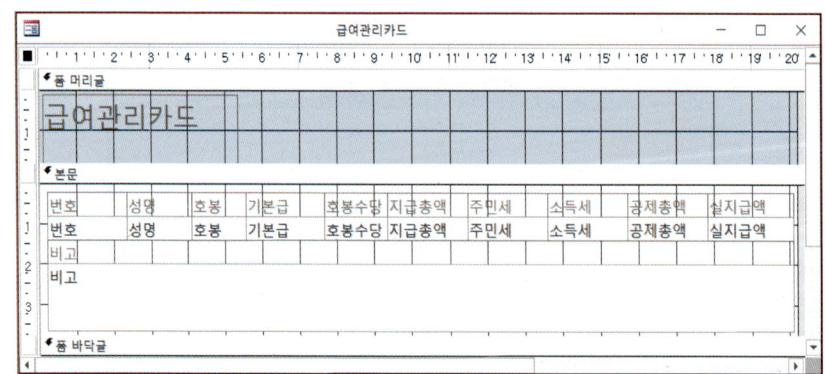

② 폼의 수정할 내용 중에 먼저 폼 머리글 부분에 폼의 제목인 '급여관리카드'를 수정한다.

③ 이 상태에서 서식 도구모음을 사용해서 글꼴, 글자크기, 바탕색, 글자색, 효과 등을 설정한다.

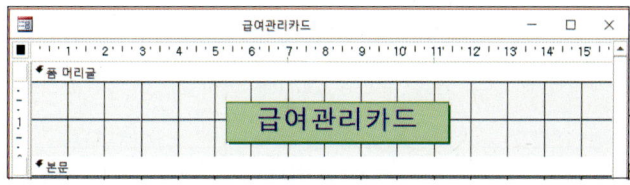

④ 이번에는 폼의 본문 영역에 있는 컨트롤들을 다음과 같이 될 수 있도록 컨트롤을 드래그하여 위치를 변경한다.

2) 급여관리카드 폼에서 컨트롤의 글자모양 변경

컨트롤의 글자모양을 변경하기 위해서는 글자모양을 변경하고자 하는 그 대상을 먼저 선택해야 한다. 하나의 컨트롤을 선택하는 방법은 해당 컨트롤을 클릭하면 되고, 두 개의 컨트롤을 선택하려면 하나의 컨트롤을 클릭한 다음 또 하나의 컨트롤을 선택할 때 Shift 키를 누른 상태에서 클릭하면 된다.

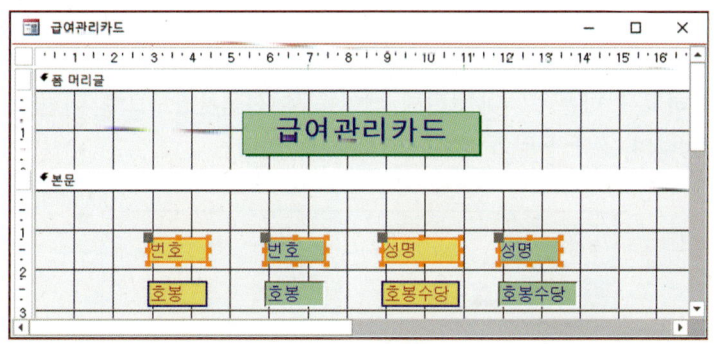

(1) 본문의 컨트롤 중에 '레이블'만 전부 선택하여 글자의 모양을 변경하여 보기로 한다.

① 본문의 레이블 부분을 모두 선택해서 한꺼번에 동일한 글자 모양으로 변경할 수 있다. 먼저 글자 모양을 변경할 대상의 레이블을 모두 선택하기 위해 본문 좌측 상단에 마우스 포인터를 위치한 다음 마우스를 드래그하여 [비고] 필드까지의 레이블 부분을 선택하면 다음과 같이 나타난다.

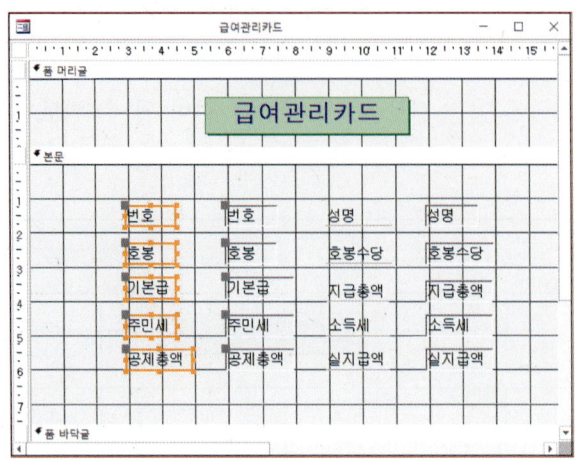

② 이번에는 '성명' 레이블 앞에 마우스 포인터를 위치시킨 다음 키보드의 Shift 키를 누른 상태에서 '실지급액' 레이블까지 드래그하면 다음과 같이 나타난다.

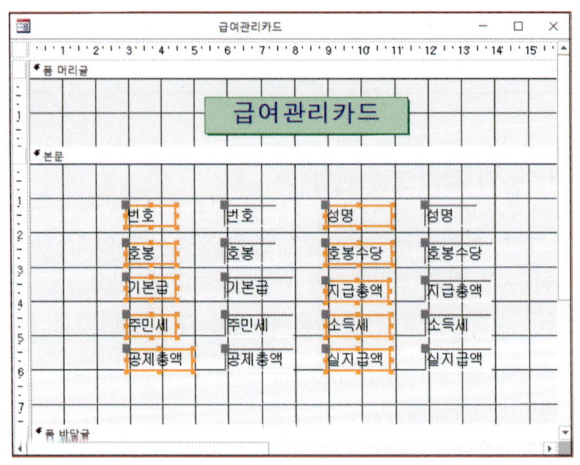

③ 글자모양을 변경하고자 하는 그 대상(전체 레이블)을 선택하였으므로 이번에는 서식도구모음을 사용하여 다음과 같이 글자 모양을 변경하여 보기로 한다.

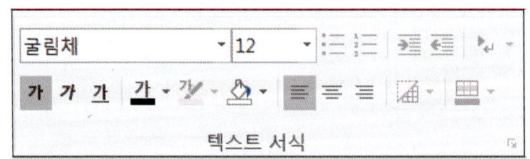

④ 위와 같은 방법으로 '텍스트' 부분도 다음과 같이 변경하여 본다.

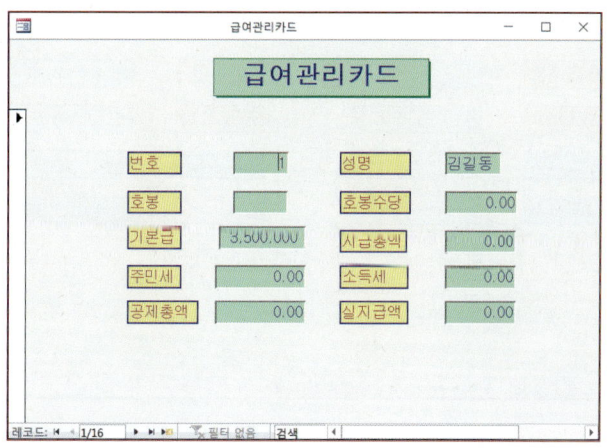

⑤ 메뉴 표시줄의 [보기]-[폼 보기]를 차례로 선택하면 다음과 같이 디자인한 폼의 결과를 볼 수 있으며, 폼의 결과를 살펴보고, 수정할 사항이 필요하면 [보기]-[디자인 보기]를 차례로 선택하여 다시 폼을 디자인 한다.

⑥ 모든 작업이 끝났으면 폼을 저장해야 하며, 폼을 저장하기 위해서 폼의 [예]를 차례로 선택한다.

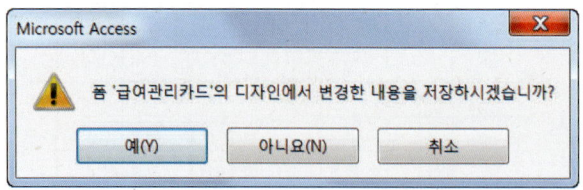

5.7 폼의 연결

이 장 앞의 쿼리 부분에서 인사관리 테이블과 급여관리 테이블을 연결하여 '호봉 필드 값 입력'이라는 쿼리를 작성해 보았다. 이처럼 두 개 이상의 테이블이나 쿼리를 연결하는 것은 일반적으로 쿼리를 통해서 이루어진다. 이번에는 폼에서 연결하는 방법에 대해 알아보기로 한다.

이 절에서는 앞 절에서 작성한 '인사기록카드' 폼에 '호봉 필드 값 입력' 쿼리를 연결하는 방법을 작성하여 본다.

5.7.1 호봉 필드 값 입력 쿼리의 폼을 작성

호봉 필드 값 입력 쿼리를 인사기록카드 폼에 연결하기 위해서는 다음과 같이 급여목록카드 폼의 화면을 작성해야 한다.

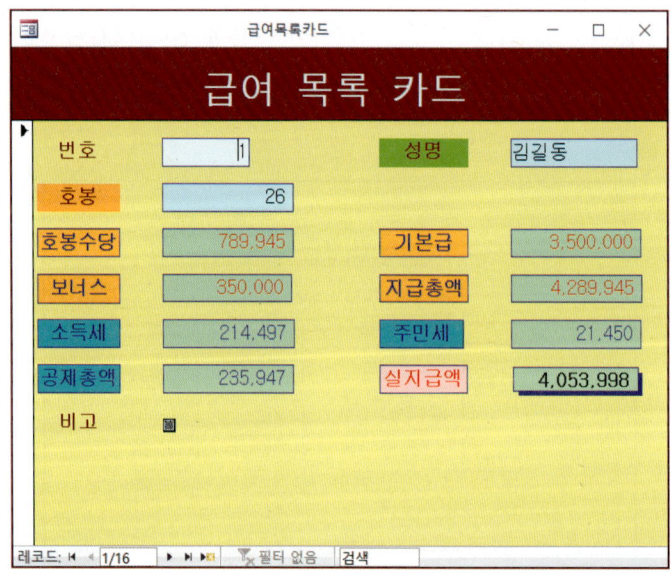

1) '호봉 필드 값 입력' 쿼리를 인사기록카드 폼에 연결하여 보기로 한다

① 먼저 '호봉 필드 값 입력' 쿼리의 폼을 작성하기 위해서는 데이터베이스 창에서 폼 탭을 선택하고, [만들기] - [폼 마법사]를 클릭한다.

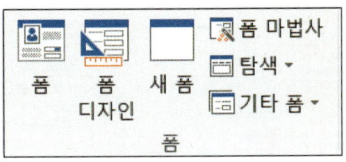

② 폼 마법사 첫 번째 창에서는 '호봉 필드 값 입력' 쿼리를 지정하고, 폼에 사용할 테이블의 모든 필드를 선택한 다음, [다음(N)] 버튼을 클릭한다.

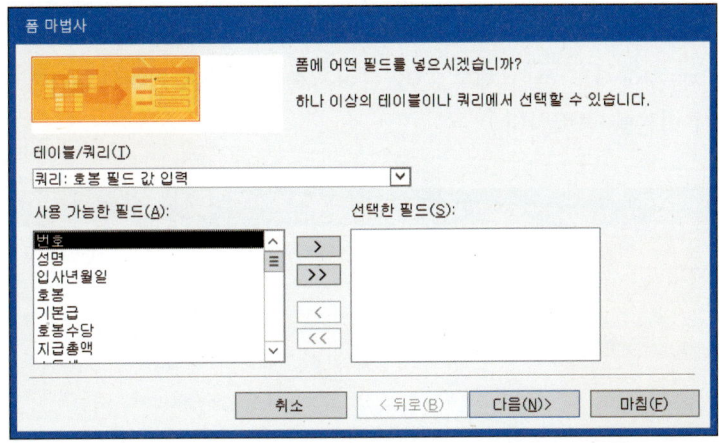

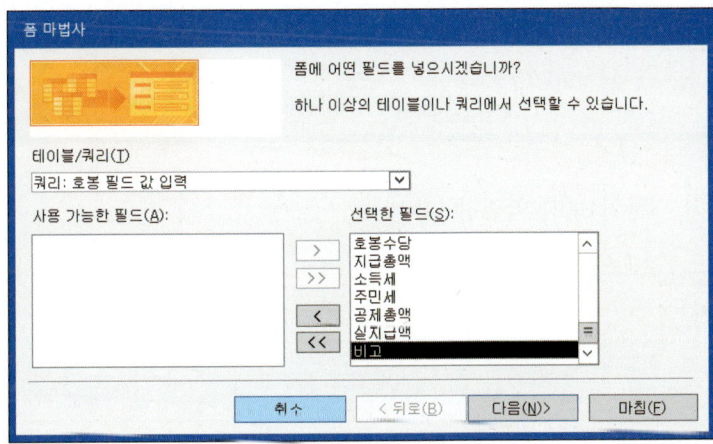

③ 폼 마법사 두 번째 창에서는 폼 모양으로 [맞춤] 형식을 선택하고, [다음(N)]을 클릭한다.

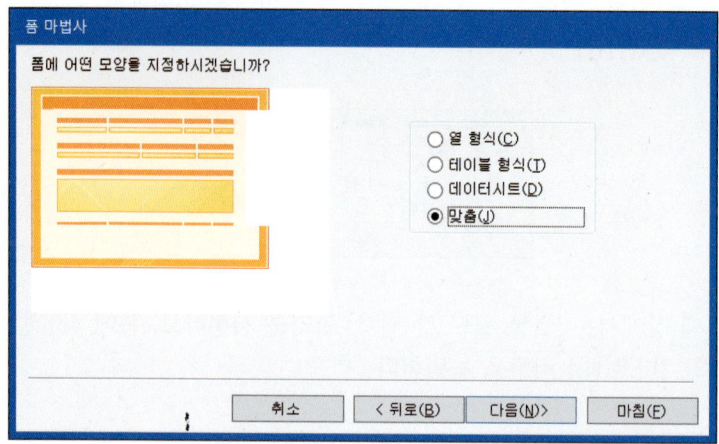

④ 폼 마법사 세 번째 창에서는 폼의 제목으로 '급여목록카드'라고 입력하고, [폼 디자인 수정]을 지정한 다음 [마침] 버튼을 클릭한다.

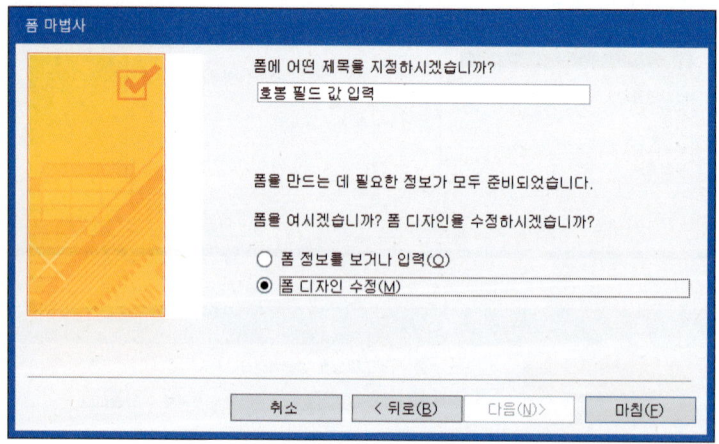

⑤ 다음과 같은 폼의 디자인 보기 화면이 나타난다.

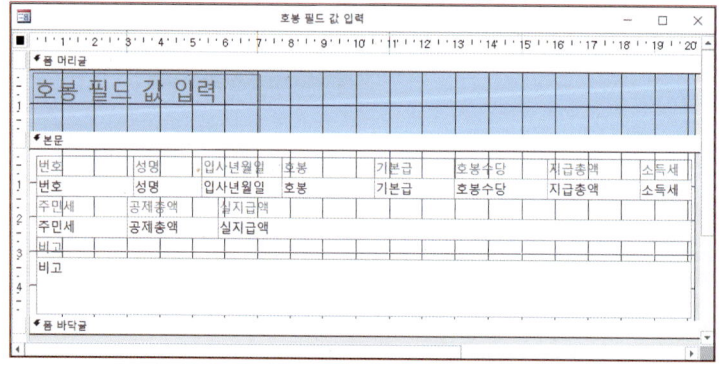

⑥ 폼 본문의 편집영역을 다음과 같이 수정한 다음 폼의 제목을 "급여목록카드"로 저장한다.

⑦ 수정한 폼의 "급여목록카드"를 마우스 오른쪽 단추를 누르고, [열기]를 지정하고 확인한다.

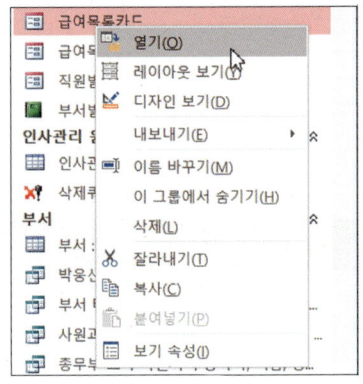

5.7.2 두 개의 폼 연결

이제 '인사기록카드'와 '급여목록카드' 두 개의 폼이 준비 되었으므로 인사기록카드 폼에 급여목록카드 폼을 연결하여 보기로 한다. 이렇게 연결되는 두 폼 중에 주(主)가 되는 폼을 기본 폼(또는 Main 폼)이라 하고, 다른 하나의 폼을 하위 폼(또는 Sub폼)이라 한다. 결국 폼에서 두 개의 폼을 연결한다는 것은 기본 폼에 하위 폼을 삽입한다는 의미이다.

두 폼의 연결을 위해서는 두 폼이 공통으로 가지고 있는 필드를 가지고 있어야 한다. 만약 그렇지 않으면 폼의 결과를 확인할 때 기본 폼에 대한 데이터는 화면에 출력되지만 하위 폼에 대한 결과는 화면에 출력되지 않는다.

다행히 지금 연결하고자 하는 두 개의 폼에는 서로 일치하는 필드가 있다(공통필드 = 번호, 성명 필드). 이 필드 중에 한 개의 필드를 이용해서 두 개의 폼을 연결할 수 있는 것이다.

1) '인사기록카드'와 '급여목록카드' 두 개의 폼이 준비 되었으므로 인사기록카드 폼에 급여목록카드 폼을 연결하여 보기로 한다

① 두 개의 폼을 연결하는 작업은 항상 기본 폼에서 이루어진다. 따라서 연결 작업을 위해서는 먼저 기본 폼을 디자인 상태로 열어 놓아야 한다. 여기서는 '인사기록카드' 폼이 기본 폼이므로 데이터베이스 창에서 폼을 선택하고, 보이는 목록 중에 인사관리카드를 선택한 다음 [디자인]을 클릭하고 다음과 같이 수정하고 저장한다.

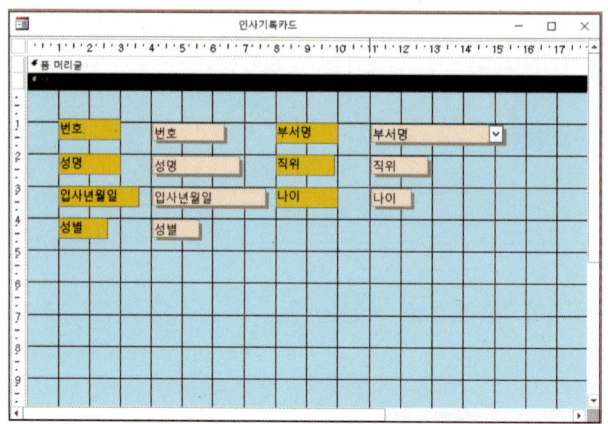

② 다음으로 [폼 디자인 도구] - [디자인]에서 컨트롤 마법사 사용(W)을 지정하고, 아이콘 그룹중 '하위 폼/하위 보고서' 아이콘을 클릭한 다음 하위 폼의 영역을 지정하면 화면이 나타난다.

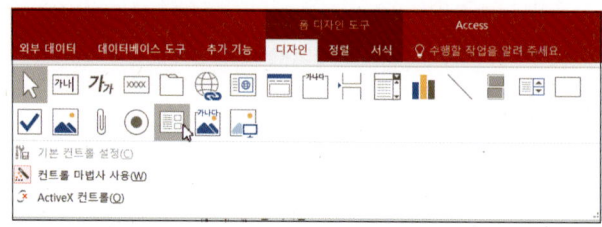

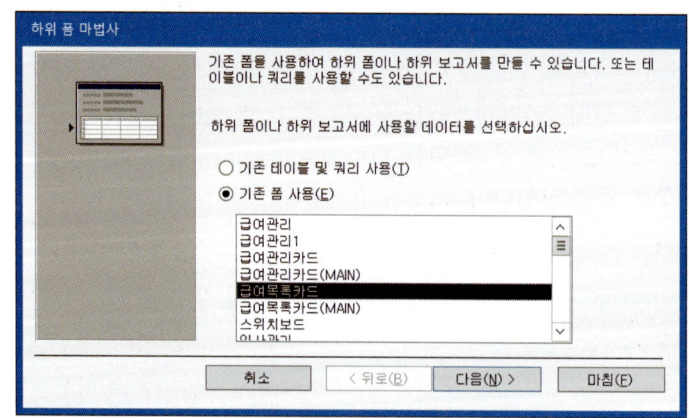

③ 하위 폼 마법사에서 [기존 폼 사용]을 지정한 다음 '급여목록카드'를 선택한 후 [다음]을 클릭하면 폼 연결 필드 지정을 하기 위한 화면이 나타난다.

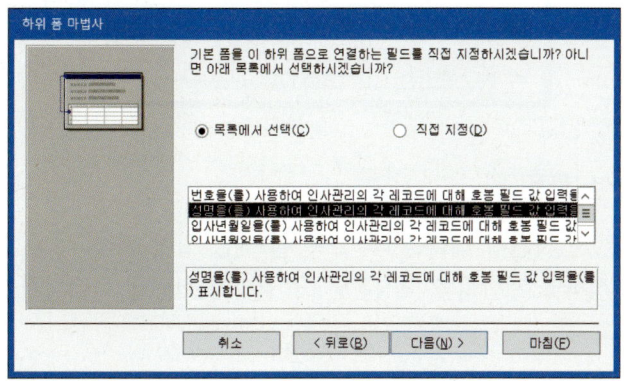

④ [다음]을 클릭하면 폼의 이름을 지정하기 위한 그 화면이 나타나고 폼의 이름을 '급여목록카드'로 입력한 다음 [마침]을 클릭한다.

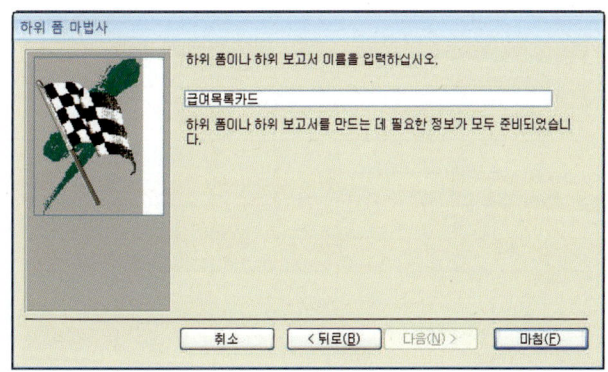

⑤ [마침]을 클릭하면 기본 폼과 하위 폼이 연결된 화면이 나타나고, 기본 폼의 레코드를 이동하면 연결된 하위 폼의 레코드 내용이 같이 나타난다.

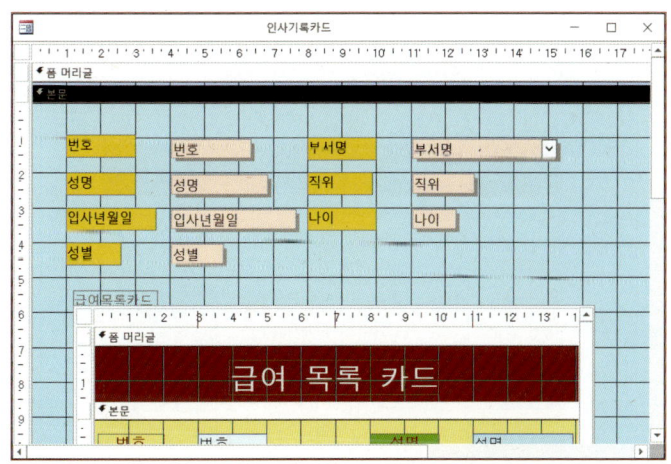

⑥ 폼을 저장하기 위해 [예]를 선택한다.

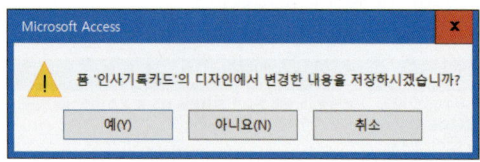

5.7.3 폼에서의 계산식 사용

이제 인사기록카드 폼은 '인사관리 테이블'과 '호봉 필드 값 입력 쿼리'가 연결된 상태가 되었다. 폼에서 새로운 필드를 지정하고 계산식을 작성하면 그 결과가 화면에 나타나지만 관련 테이블에는 지정되지 않는다.

1) '인사기록카드 폼에 '보너스' 필드를 추가하고, 이 필드에 대한 값을 계산식을 통해 구해 보기로 한다

① 먼저 인사기록카드 폼을 다음과 같이 [디자인 보기] 상태로 준비한다.

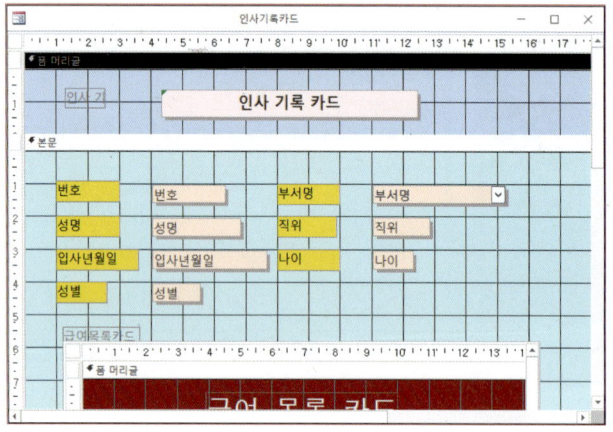

② 인사기록카드의 하위 폼에 [보너스]를 추가하기 위해 하위 폼 부분을 지정하고, 위치를 다음과 같이 수정한다.

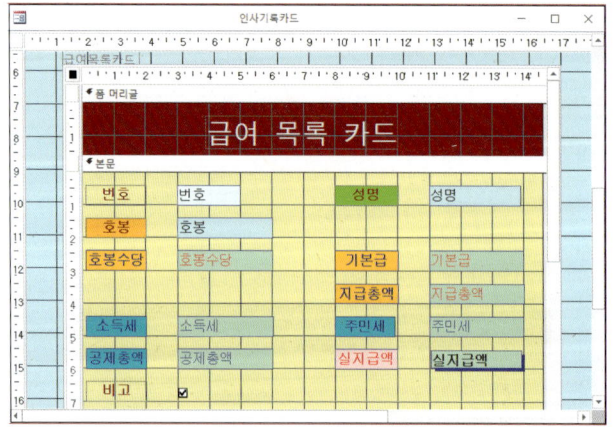

③ 도구상자에서 '텍스트' 도구를 선택하고, 본문 영역에서 보너스 필드를 추가할 곳에 마우스 포인터를 놓은 다음 드래그하여 컨트롤의 크기를 지정하면 다음 같이 텍스트 마법사의 첫 번째 창이 나타난다.

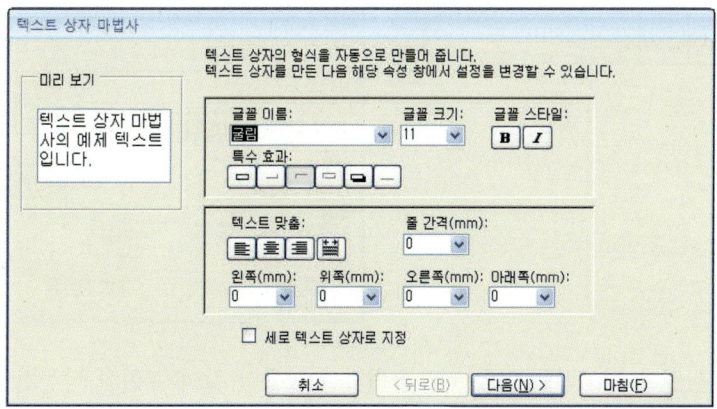

④ 텍스트 마법사의 두 번째 창에서는 문자 입력상태를 지정하고 [다음]을 클릭한다.

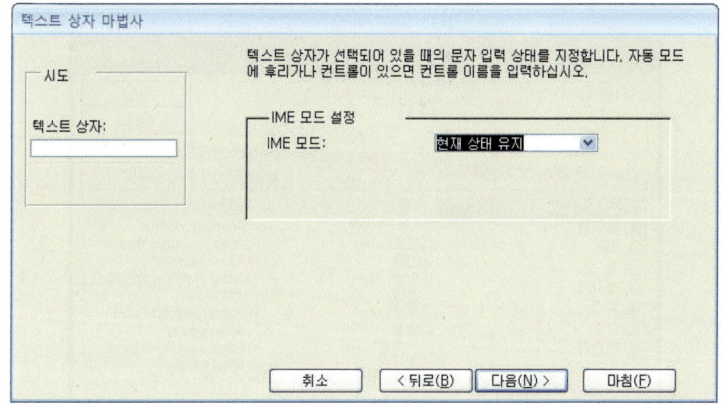

⑤ 텍스트 마법사의 세 번째 창에서는 마지막으로 입력란의 이름을 지정하며 지정한 후 [마침]을 클릭한다.

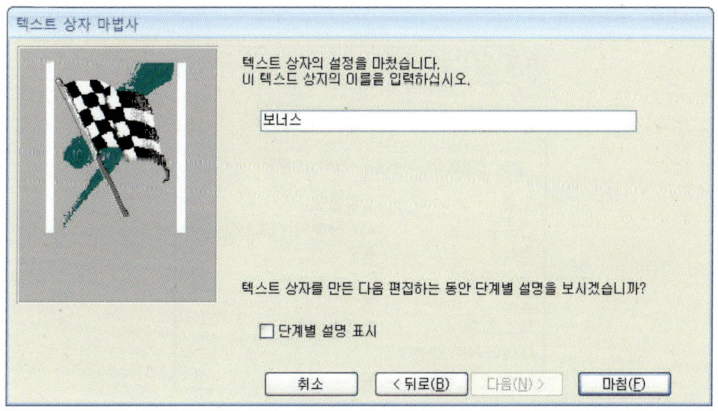

⑥ 위의 화면에서 [마침] 단추를 누르면 디자인 위치의 지정한 화면에 다음과 같이 레이블과 입력란이 지정되어 나타나고 값의 속성을 지정하면 보너스 레이블에 대한 입력란 속성 지정 대화상자가 나타난다.

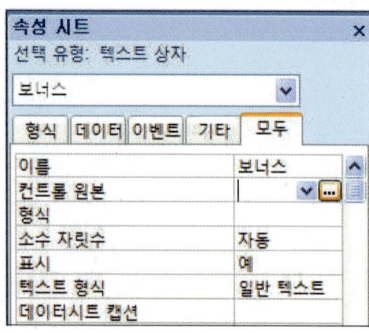

⑦ 다음으로 컨트롤 원본 입력란을 마우스로 클릭하면 다음과 같이 표현식 작성기 또는 컨트롤을 지정하기 위한 단추가 나타나며, 이때 표현식 작성기 단추 를 누르면 식 작성기 화면이 나타나고 보너스 공식 "=[기본급]*.1"을 입력한 다음 [확인]을 클릭하면 컨트롤 원본에 공식이 등록되어 나타난다.

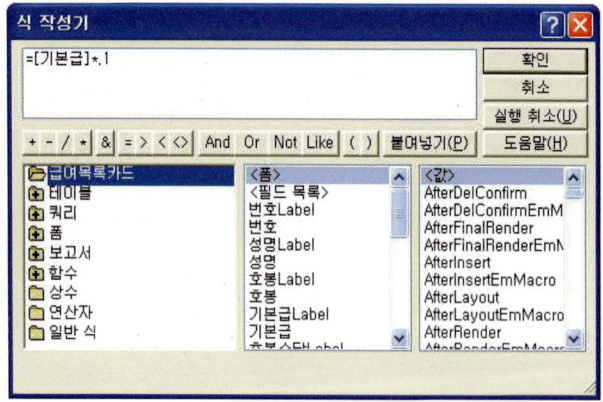

⑧ 다음으로 실지급액에 보너스의 금액을 재계산하기 위해 실지급액의 값 속성을 지정하고 공식 =[지급총액]+[보너스]-[공제액]을 입력하여 실지급액의 결과를 나타낸다.

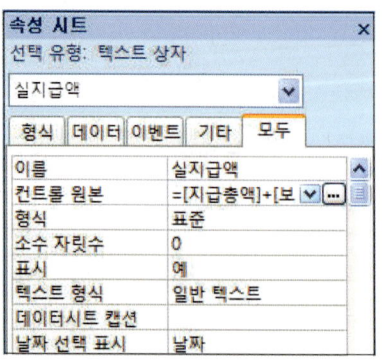

⑨ 모든 처리가 끝나고 폼 보기를 지정하면 보너스 컨트롤의 결과가 포함된 화면이 나타나고, [저장] 단추를 클릭하여 결과를 수록한다.

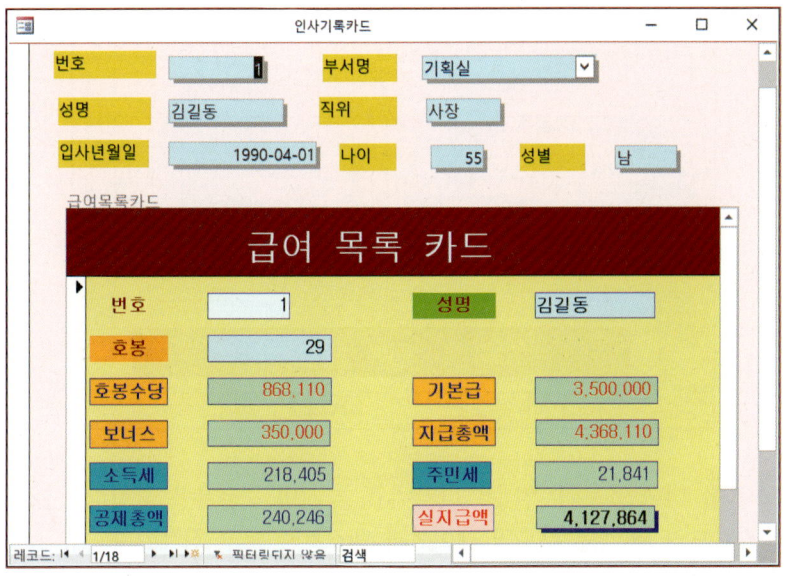

 **데이터 입력이 편리한 폼의 작성**

우리는 이미 테이블에서 필드를 정의하여 데이터를 수록해 보았고, 쿼리를 통해서는 두 개의 테이블을 연결시켜 데이터를 추출 및 정렬 등도 해 보았으며, 보다 편리한 작업 환경을 위해 폼을 작성해 보았다.

물론 지금까지 알아본 것만으로도 액세스 2019를 어느 정도 사용하는 것에는 만족할 수 있지만 지금부터 소개할 내용을 충분히 이해하고 활용한다면 액세스를 더욱 다양하게 사용할 수 있다.

5.8.1 인사기록카드의 부서명을 콤보 상자로 표현

인사기록카드의 부서명 필드에 대한 데이터를 목록에서 선택하여 쉽게 입력할 수 있도록 다음 그림처럼 콤보 상자를 폼에 삽입하여 보기로 한다.

1) 다음 그림처럼 콤보 상자를 폼에 삽입하여 보기로 한다

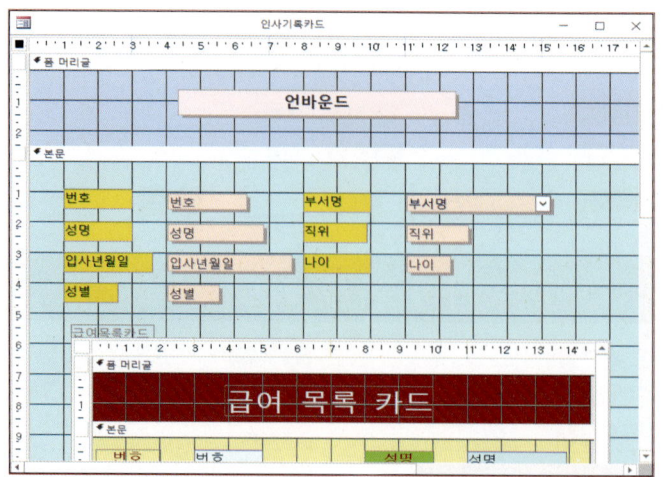

① 인사기록카드 폼을 디자인 보기 상태로 나타내고, 부서명 컨트롤을 클릭하면 조절점이 나타나며 그 상태에서 키보드의 Delete 키를 누르면 레이블과 텍스트가 모두 삭제된다.

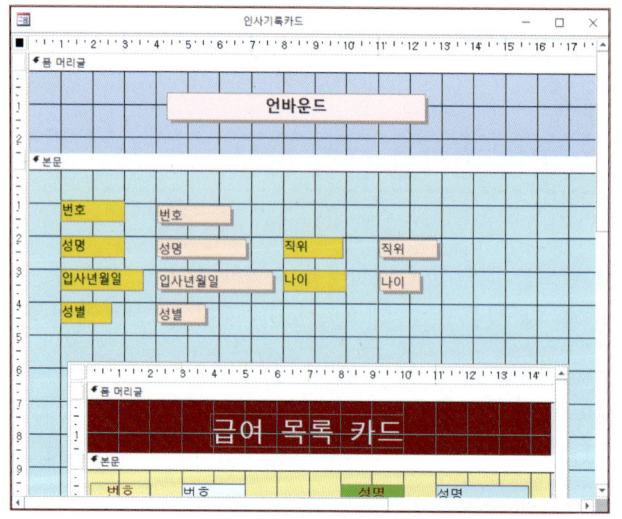

> 부서명 컨트롤을 삭제할 때 레이블을 클릭하고, 키보드의 Delete 키를 누르면 레이블만 삭제되고, 텍스트는 삭제되지 않는다.

② 폼 디자인 도구상자에서 콤보상자를 클릭하고, 콤보상자를 삽입할 위치에 마우스 포인터를 갖다 놓은 다음 드래그하여 콤보 상자의 크기를 정한다.

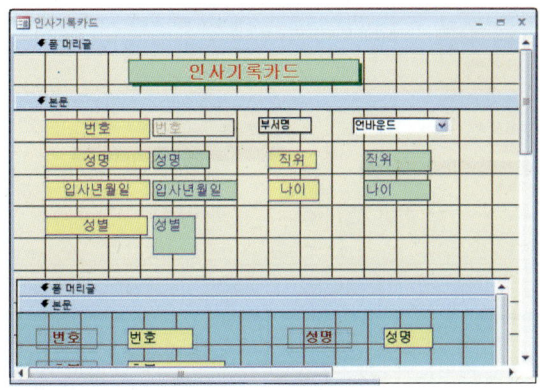

③ 부서명의 영역 위치가 지정되면 콤보 상자 마법사의 첫 번째 창이 나타나고, 콤보상자를 작성하여 선택할 수 있는 값의 목록을 구하는 방법에 대해 창의 3가지 옵션 중에서 선택해야 하는데, 여기서는 [콤보 상자에서 테이블이나 쿼리에서 값을 조회하도록 합니다.(L)]를 선택하고 [다음(N)]을 클릭한다.

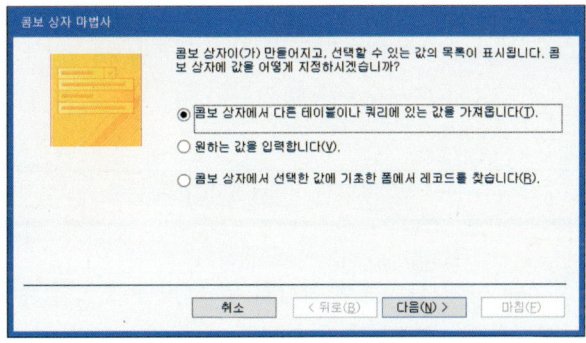

④ 콤보 상자 두 번째 창에서는 콤보 상자에 값을 제공하는 테이블이나 쿼리를 선택한다. 여기서는 [인사관리] 테이블을 선택하고, [다음(N)]을 클릭한다.

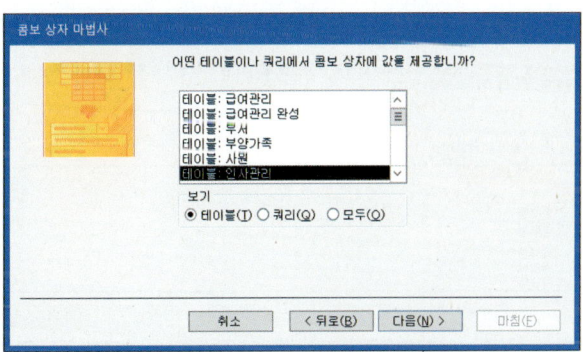

⑤ 콤보 상자 마법사 세 번째 창에서는 콤보 상자의 값이 들어있는 필드를 선택한다. 여기서는 [부서명]을 선택하고, > 버튼을 클릭한 후, [다음(N)]을 클릭한다.

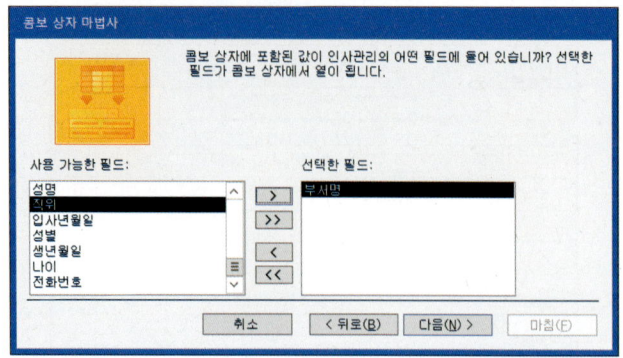

⑥ 콤보 상자 마법사 네 번째 창에서는 콤보 상자의 저장 값에 대하여 오름 차순 또는 내림 차순으로 정렬 여부를 지정한다.

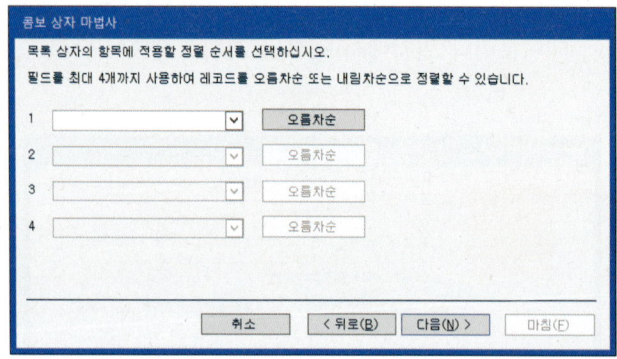

⑦ 콤보 상자 마법사 다섯 번째 창에서는 콤보 상자의 열 너비를 조절할 수 있는데, 그 방법은 마우스 포인터를 오른쪽 모서리의 열 경계선에 위치시킨 후 드래그하여 열 너비를 조절하거나 열 머리글의 오른쪽 열 경계선을 더블 클릭하면 적당한 크기로 자동 조절이 된다. 열 너비 조절이 끝났으면, [다음(N)] 버튼을 클릭한다.

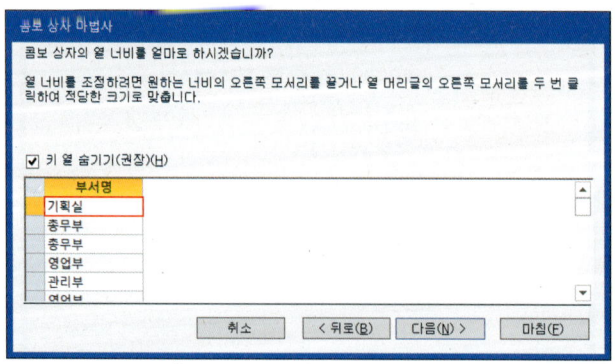

⑧ 콤보 상자 마법사의 여섯 번째 창에서는 다음과 같이 설정하고, [다음(N)]을 클릭한다.

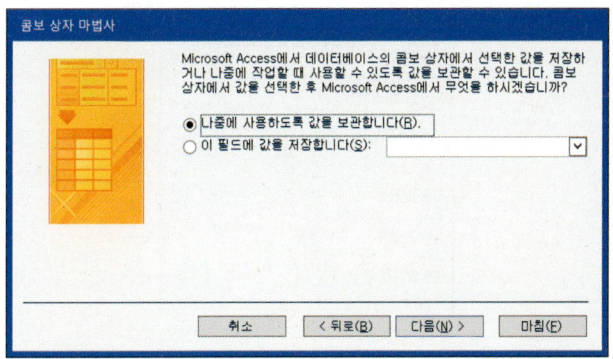

⑨ 콤보 상자 마법사 일곱 번째 창에서는 콤보 상자에 어떠한 레이블을 사용할 것인지를 결정한다. 여기서는 '부서명'을 입력하고, [마침] 버튼을 클릭한다.

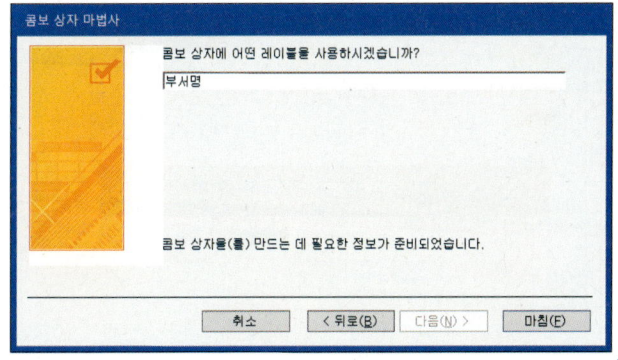

⑩ 다음으로 [마침] 단추를 누르면 디자인 보기 창에 콤보 상자의 컨트롤이 나타나지만 제대로 위치가 맞지 않으므로 콤보 상자 컨트롤의 위치 이동, 크기 조절, 글자모양 등을 다음과 같이 수정하기로 한다.

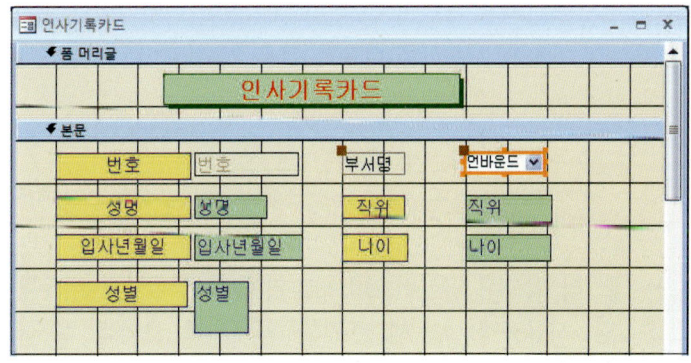

⑪ 콤보 상자 컨트롤의 속성을 변경하기 위해 콤보 상자의 텍스트를 더블 클릭하면 속성 대화상자가 열리는데, 이 속성 창에서는 콤보 상자 컨트롤의 속성을 다음과 같이 변경한다.

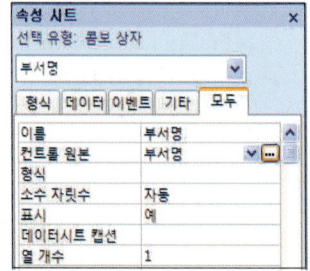

⑫ 다음 그림은 디자인한 폼의 결과를 보여 주고 있으며, 이제부터 인사기록카드 폼에서의 데이터 추가 입력 작업을 할 경우보다 편리하게 작업할 수 있다.

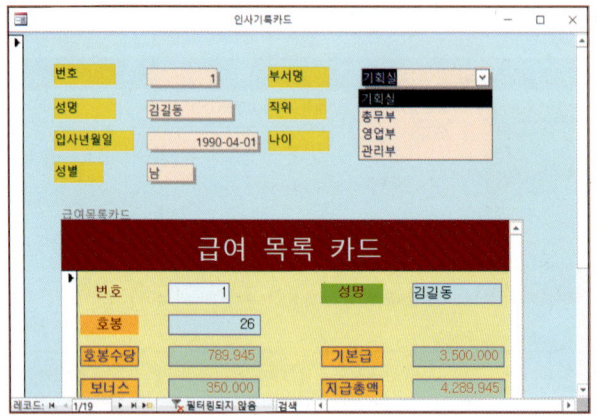

⑬ [닫기]를 지정하여 위에서 디자인한 내용을 저장한다.

5.8.2 커서 이동 순서의 변경

폼 보기 상태에서 Enter 또는 Tab 키를 누르면 현재 필드에 있던 커서가 다른 필드로 이동한다. 현재 인사기록카드 폼에서 커서가 이동하는 순서를 다음과 같은 커서의 이동 순서를 다음과 같이 변경시켜 보기로 한다.

> 기본 폼의 번호 → 성명 → 입사년월일 → 성별 → 부서명 → 직위 → 나이 → 하위 폼의 번호 → 성명 → 기본급

기본 폼의 번호 필드는 데이터 형식이 일련번호이므로 커서가 이 필드로 이동할 필요가 없으며, 하위 폼에서의 호봉, 호봉수당, 지급총액, 소득세, 주민세, 공제총액, 보너스, 실지급액 등의 필드 값은 직접 입력할 필요 없이 계산식에 의해 입력되는 값들이기 때문에 이 필드들의 텍스트로도 커서가 이동할 필요가 없다.

1) 커서의 이동 순서를 변경시키고, 커서의 이동이 필요 없는 필드에 대해서는 커서가 위치하지 않도록 그 속성을 설정하여 보기로 한다

① 인사기록카드 폼 디자인 상태에서 메뉴 표시줄의 [디자인] - [탭 순서(B)]를 차례로 선택하면 기본적으로 지정된 탭 순서 대화상자가 나타난다.

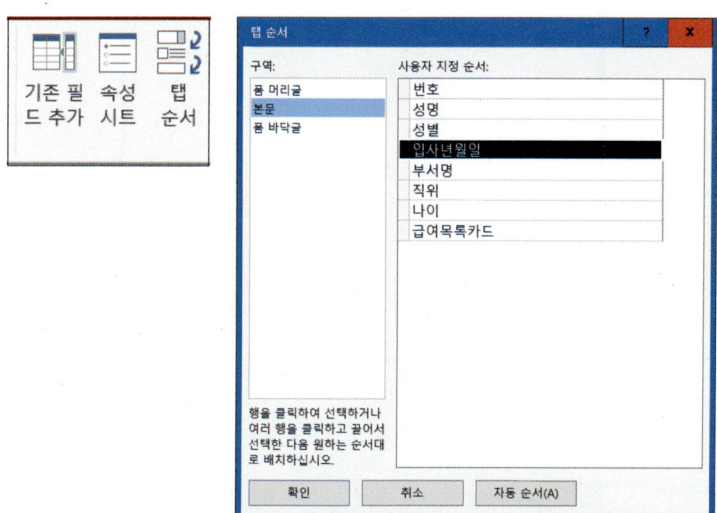

② 네 번째에 있는 입사년월일의 위치를 세 번째 위치로 이동하려면 대화상자의 [입사년월일] 필드명 앞에 있는 행 선택기를 클릭한 상태에서 [직위]의 윗부분으로 이동한다.

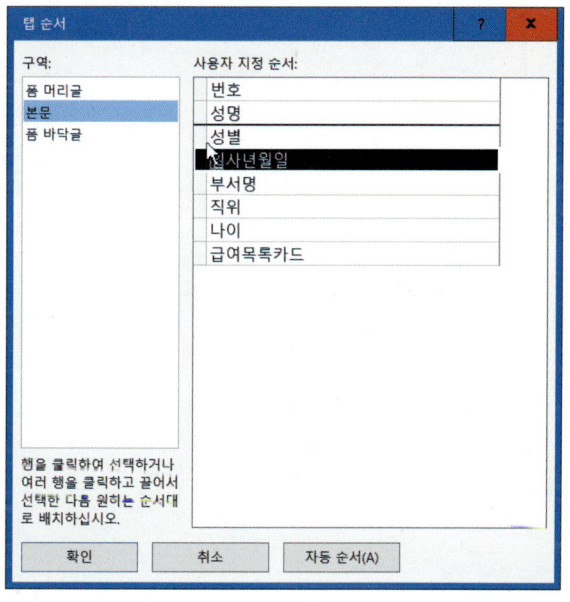

③ 이동결과는 다음과 같다.

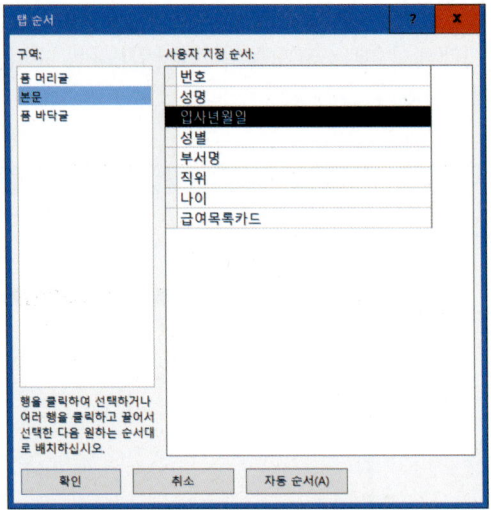

④ 다른 필드들도 위와 같은 방법으로 다음과 같이 이동하고 [확인] 버튼을 클릭한다.

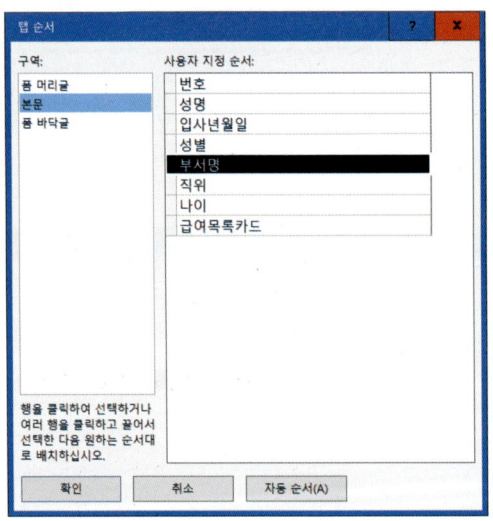

⑤ 기본 폼의 [번호] 필드의 텍스트로 커서를 이동하지 않게 하려면 번호의 텍스트를 더블 클릭하고, 속성을 다음과 같이 [사용가능]을 "아니오"로 설정한다.

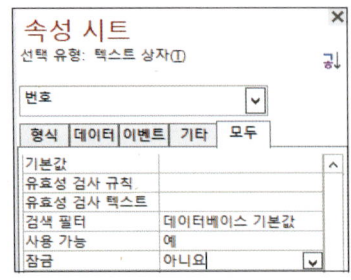 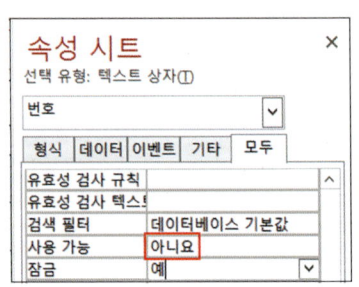

⑥ 속성 시트 대화상자에서 [사용 가능]을 '아니오'로 하면 커서가 나타나지 않으며, [잠금]을 '예'로 하면 데이터의 편집이 불가능하다.

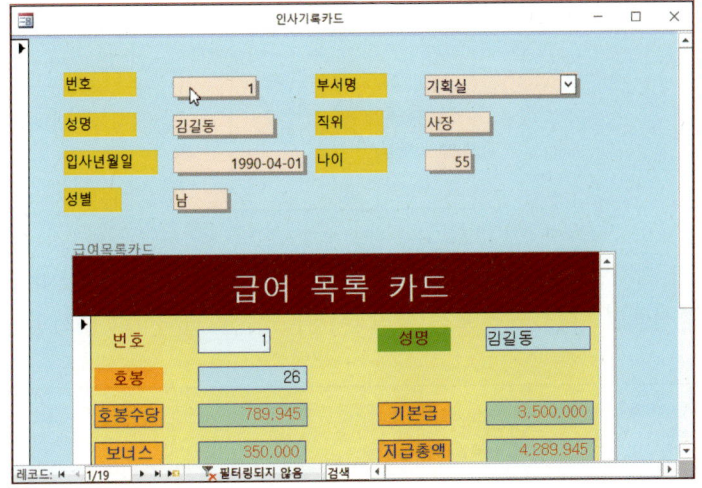

⑦ 위와 같은 방법으로 하위 폼의 계산식이 입력된 필드들도 커서가 나타나지 않게 설정한다.

5.9 폼에 OLE개체의 삽입

OLE는 'Object Linking Embedding'의 약자로서 개체연결 및 포함이라는 것을 의미한다. OLE개체는 액세스 2002 이외의 다른 프로그램에서 작성한 Microsoft Word나 Microsoft Excel문서, 그림, 소리, 이진 데이터 등을 말하며, 이러한 OLE 개체는 Microsoft Access 테이블에 있는 필드에 연결하거나 포함될 수 있다.

폼이나 보고서에서 OLE 개체를 표시하기 위해서는 컨트롤을 사용해야 하며, 폼이나 보고서에 포함된 개체는 데이터베이스 파일에 저장된다. 한편 폼이나 보고서에서 개체를 수정하면 데이터베이스에 저장된 개체가 변경된다. 따라서 포함된 개체는 언제든지 사용이 가능하다.

이 장에서는 여러 가지 형태의 OLE개체를 테이블이니 폼에 삽입해 보기로 한다.

5.9.1 테이블에 OLE개체의 추가

1) "주소록" 테이블에 사진 필드를 추가하고, 이 필드의 데이터 형식을 OLE개체로 하여, 그림 파일을 추가해 보기로 한다

① [주소록] 테이블에 OLE개체를 추가하기 위해 먼저 데이터베이스 창에서 테이블 탭을 선택하고, [주소록]을 클릭한 다음 [디자인] 버튼을 클릭한다.

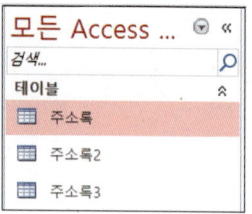

② [주소록] 테이블의 디자인 창에서는 다음과 같이 [사진] 필드를 추가하고, 이 필드의 데이터 형식으로 OLE개체를 선택한 다음 도구 모음 줄의 [저장] 도구를 클릭하여 디자인한 내용을 저장한다.

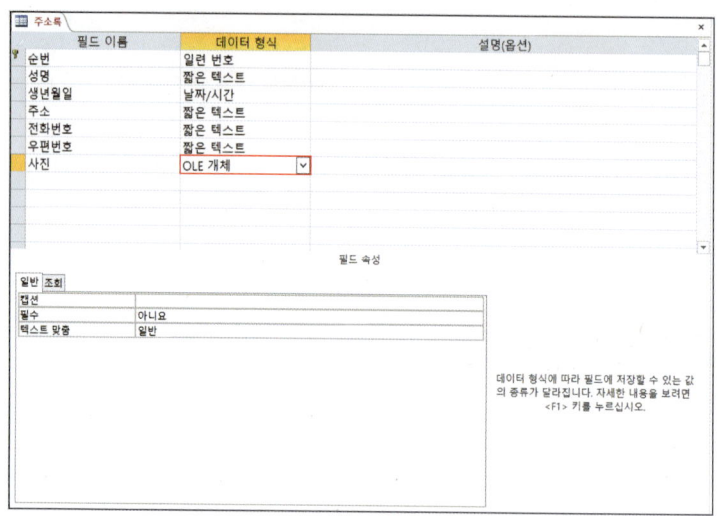

③ 디자인 창에서 도구 모음 줄의 데이터시트 보기 도구를 클릭하면 다음과 같이 사진 필드가 추가된 데이터시트 창이 나타난다.

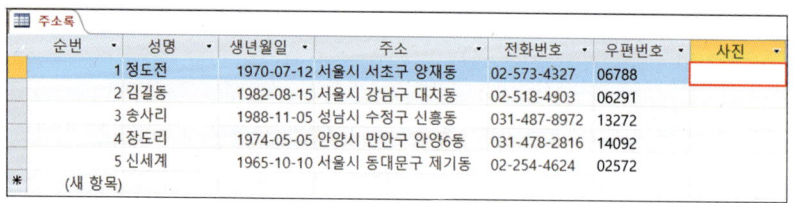

④ [주소록] 테이블의 첫 번째 레코드에 OLE개체를 추가하기 위해 [순번-1]의 사진 행에 마우스 포인터를 놓고, 마우스의 오른쪽 버튼을 클릭하면 다음과 같은 단축 메뉴가 나타나며, 이 중에서 [개체삽입(J)] 메뉴를 선택한다.

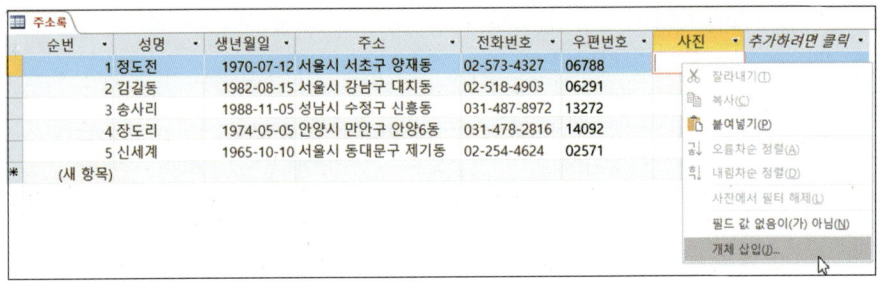

⑤ 위와 같이 진행하면 다음과 같이 개체 삽입 대화상자가 나타나는데, 이 대화상자에서는 삽입할 개체의 형식을 지정하고, 이 개체를 새로 만들 것인지 또는 파일로부터 만들 것인지를 결정한다. 여기서는 개체형식으로 [Bitmap Image]를 선택하고, [파일로부터 만들기]를 선택하면 새로운 개체의 선택 화면의 대화상자가 나타난다.

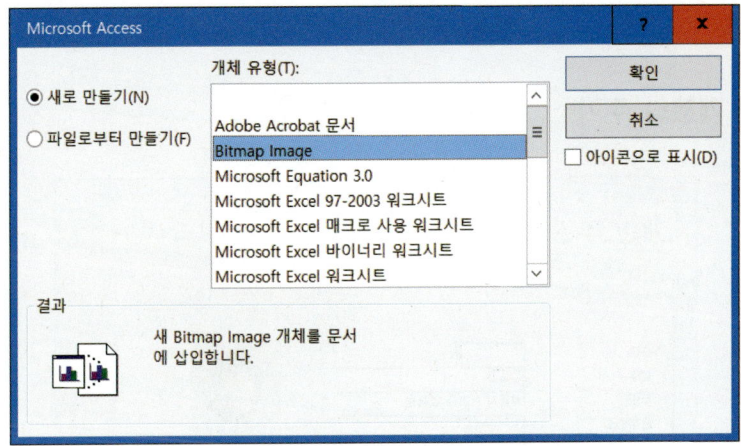

⑥ 개체 파일 지정 대화상자 삽입할 개체 파일이 들어있는 폴더를 찾아 삽입할 개체를 선택하고 [확인] 버튼을 클릭한다.

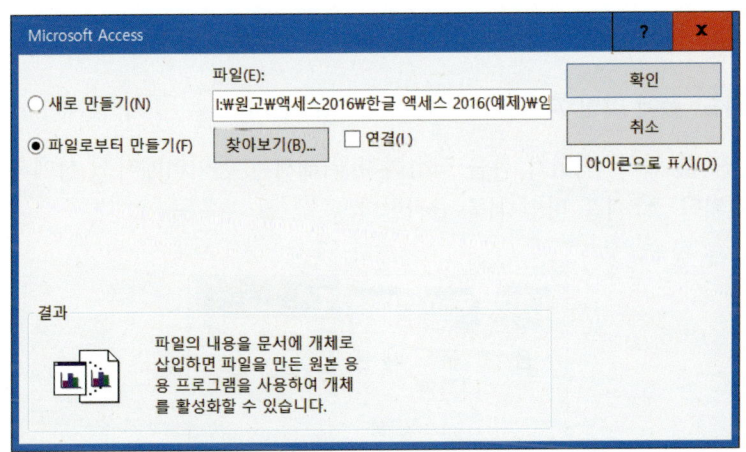

⑦ 다음으로 데이터시트에 OLE개체가 삽입되어 이 데이터시트를 보면 '비트맵 이미지'가 입력되어 있는 셀에 개체가 삽입되어 나타난다.

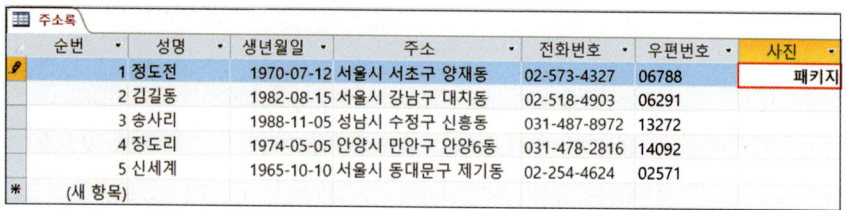

⑧ '비트맵 이미지'가 입력되어 있는 셀을 더블 클릭하면 해당 개체가 화면에 나타난다.

> OLE개체를 작성하여 액세스에 제공해 주는 프로그램을 'OLE서버(SERVER)'라 하고, 액세스와 같이 OLE를 가져다 사용하는 프로그램을 'OLE클라이언트(Client)'라 한다.

5.9.2 폼에 OLE 개체의 추가

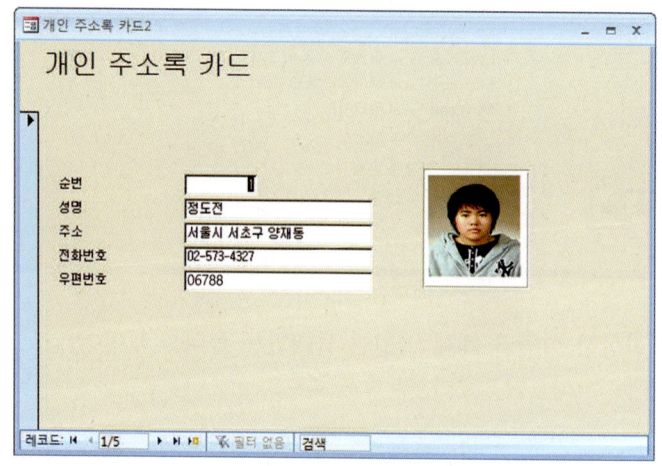

1) '개인 주소록 카드' 폼에 그림 파일을 삽입하여 보기로 한다

① 먼저 '호봉 필드 값 입력' 쿼리의 폼을 작성하기 위해서는 데이터베이스 창에서 폼 탭을 선택하고, [만들기] - [기타 폼] - [폼 마법사]를 클릭한다.

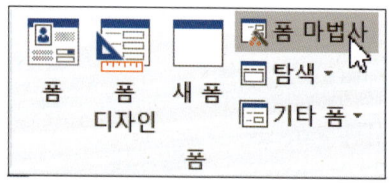

② 폼 마법사 첫 번째 창에서는 '주소록' 테이블을 지정하고, 폼에 사용할 테이블의 모든 필드를 선택한 다음, [다음(N)] 버튼을 클릭한다.

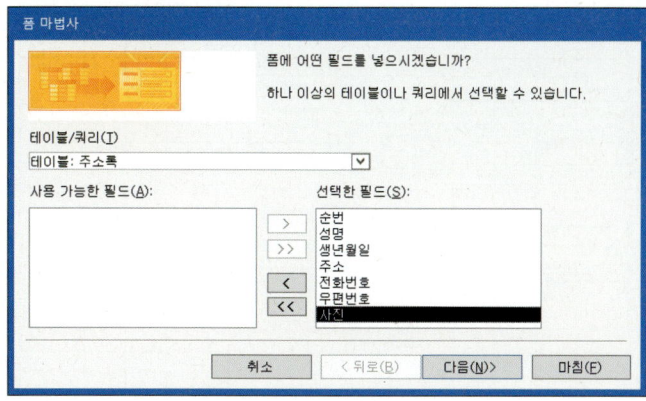

③ 폼 마법사 두 번째 창에서는 폼 모양으로 [맞춤] 형식을 선택하고, [다음(N)]을 클릭한다.

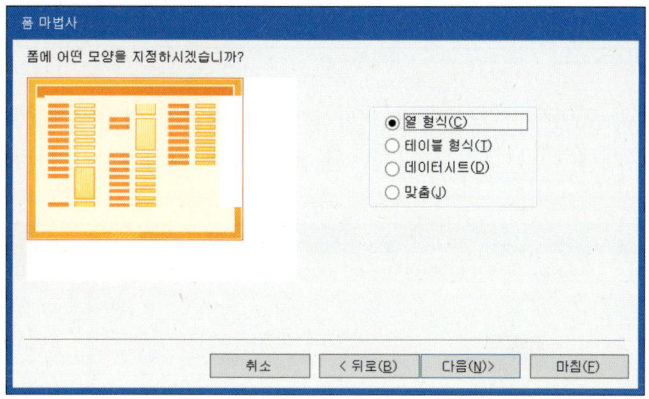

④ 폼 마법사 세 번째 창에서는 폼의 제목으로 '개인 주소록 카드'라고 입력하고, [폼 디자인 수정]을 지정한 다음 [마침] 버튼을 클릭한다.

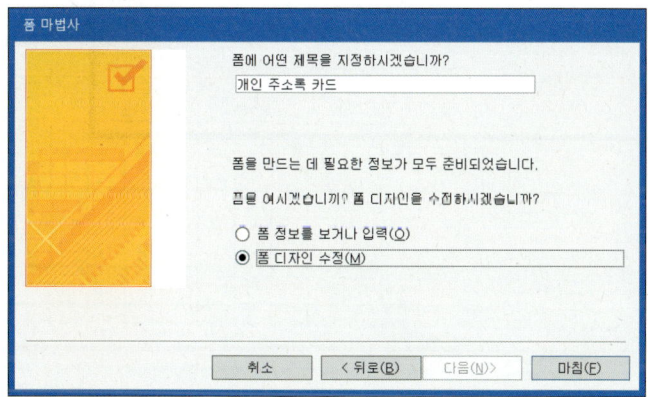

⑤ 다음으로 폼의 디자인 보기 화면이 나타난다.

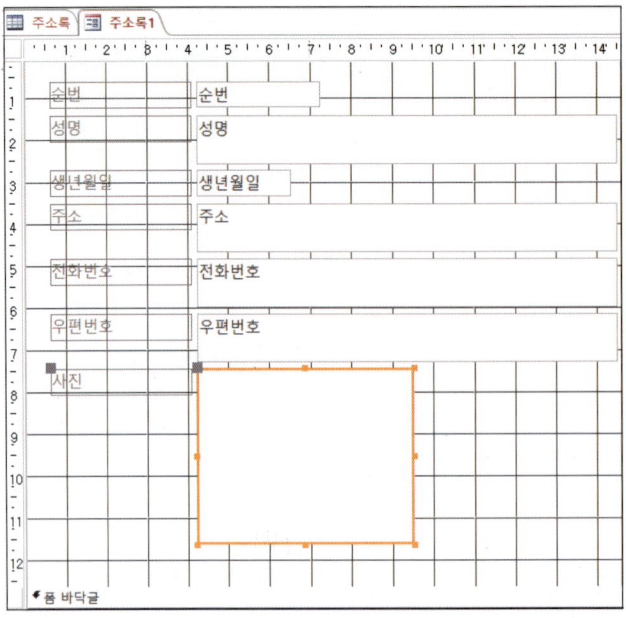

⑥ 디자인 도구상자에서 이미지 컨트롤을 선택하고, 본문 영역에 삽입할 개체의 위치를 정한 다음, 마우스를 끌기해서 개체 틀의 크기를 지정하면 그림 삽입 대화상자가 나타난다.

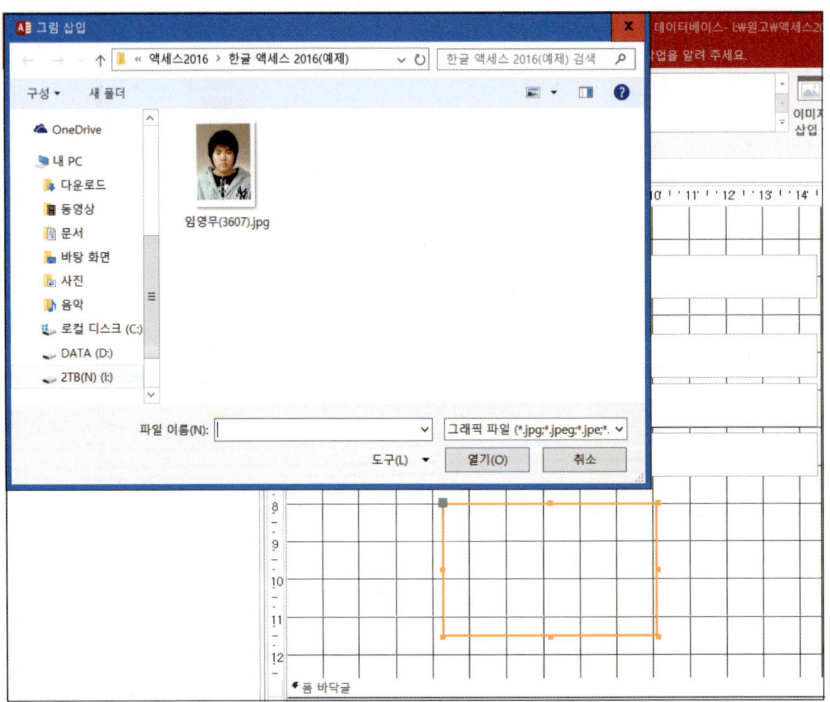

⑦ 위의 그림을 보면 삽입된 그림의 일부만 나타나므로, 이것을 수정하기 위해 마우스 오른쪽 단추를 누르고 [속성시트]을 차례로 선택하면 독립 개체 틀 속성 대화상자가 나타나고, 크기 조절 모드에 지정되어 있는 [원래 크기로]를 [전체 확대/축소]로 다음과 같이 바꾸어서 설정한다.

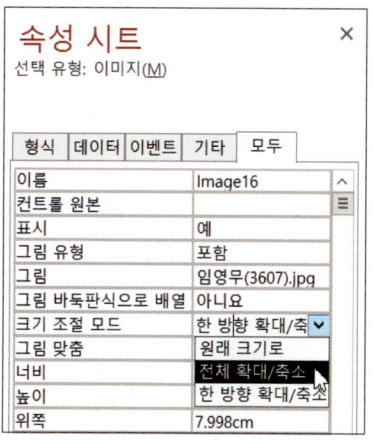

⑧ 다음 그림은 위의 속성 값을 수정한 결과이다.

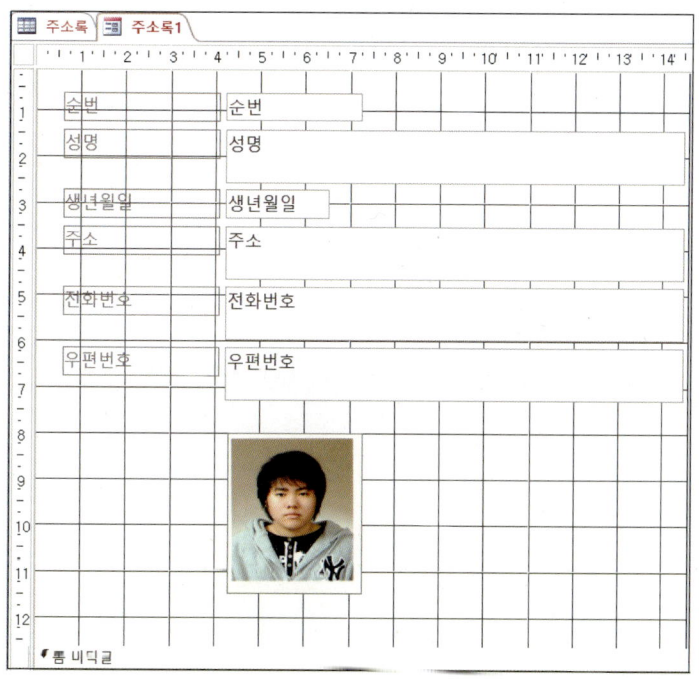

⑨ 개체 삽입이 완료되었으면 [닫기]를 선택하여 디자인한 내용을 저장한 후 데이터베이스 창의 [열기] 단추를 누르면 다음과 같은 화면이 나타난다.

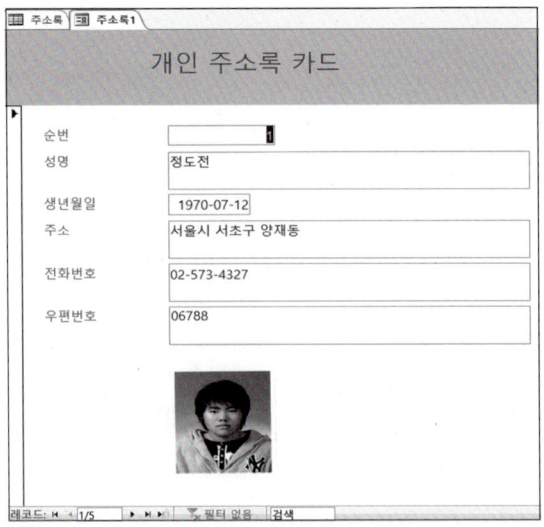

5.10 폼에 명령 단추의 작성

명령단추란 액세스 2019에서 폼에 자동으로 설정된 레코드 관리 단추의 사용 이외에 사용자가 임의로 작성하여 사용하기 위한 도구단추를 의미한다.

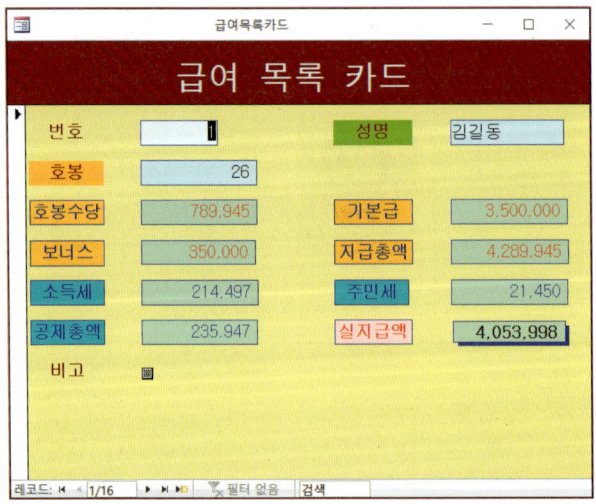

기존의 레코드 관리 단추는 작기 때문에 처음 사용자들은 해당 기능을 잘 몰라서 불편을 초래할 수 있다. 그러므로 자주 사용되는 명령 단추를 작성해 놓으면 레코드를 관리하는데 편리하게 사용할 수 있다.

5.10.1 폼에 레코드 찾기 단추의 작성

1) 급여목록카드 폼에 [레코드 찾기] 단추를 작성하여 보기로 한다

① 폼에 글로벌 차트를 작성하기 위해 사원관리 데이터베이스 창에서 폼 탭을 선택하고 '급여목록카드' 폼을 선택한 다음 [디자인 보기]를 지정한다.

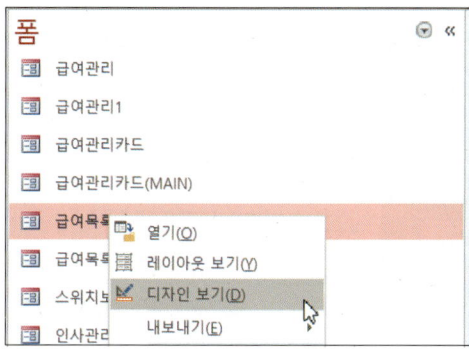

② 도구상자에서 명령단추를 지정한 다음 급여관리카드 폼의 적당한 위치에 끌어서 작성한다.

③ 명령단추를 디자인 폼에 끌면 명령 단추가 지정되고, 명령 단추 마법사가 나타난다.

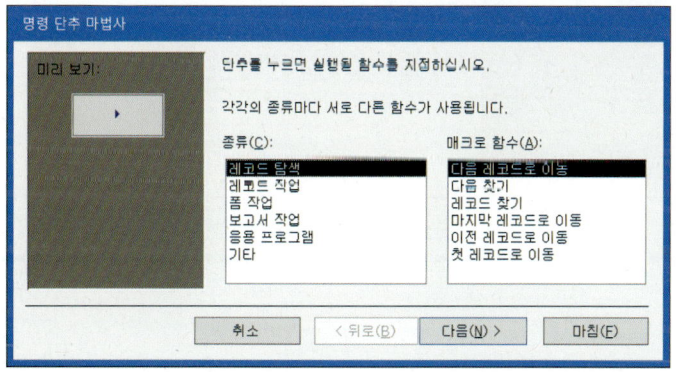

④ 명령단추 마법사에서 [레코드 찾기]를 지정하고 [다음]을 클릭하면 단추에 문자열이나 그림을 넣기 위한 2단계 화면이 나타난다.

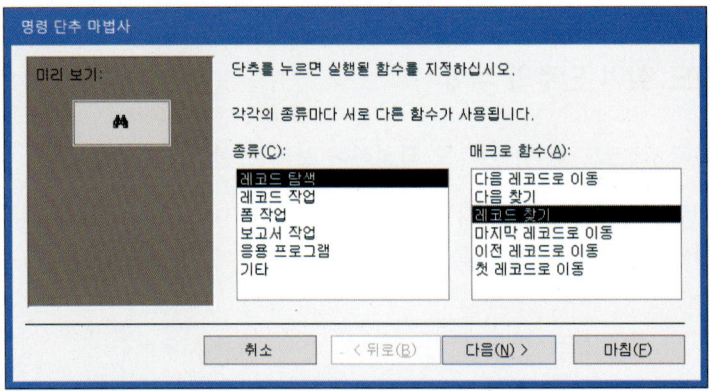

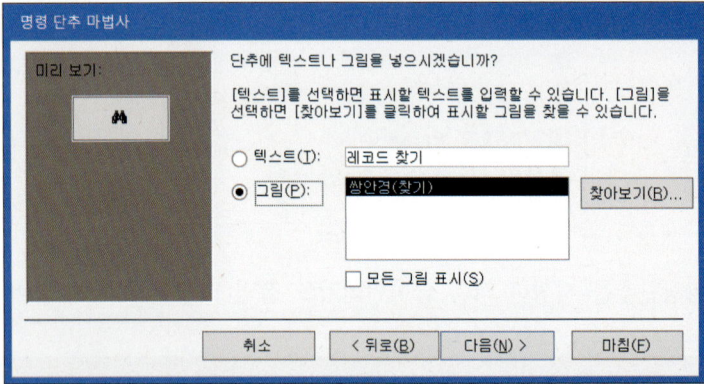

⑤ [다음] 단추를 누르면 명령 단추를 참조하기 위한 이름을 지정하는 3단계 명령 단추 마법사의 화면이 나타나고 이름을 "레코드 찾기"로 지정하고 [마침]을 클릭하면 명령 단추 지정이 완료된다.

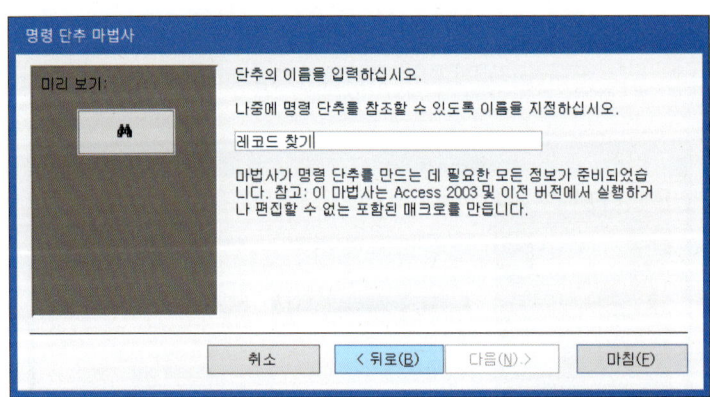

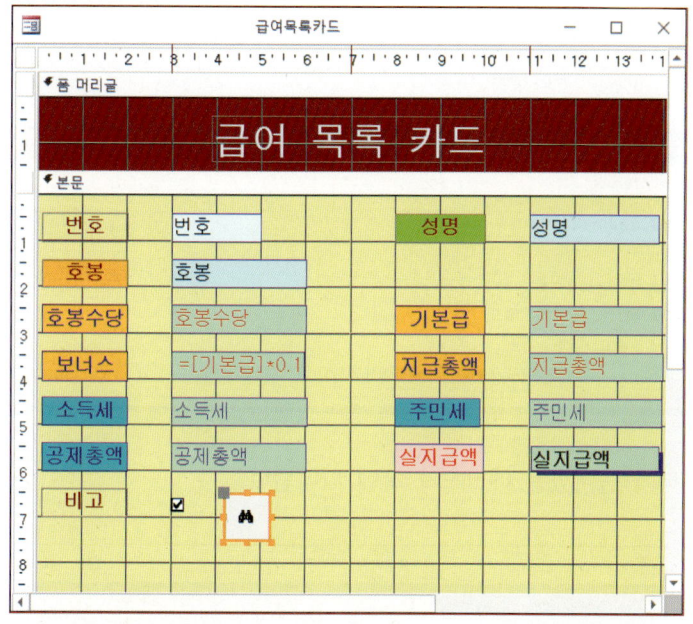

⑥ 폼을 종료하기 위해 [닫기] 단추를 누르면 폼을 저장하기 위한 대화상자가 나타나고 [예] 단추를 클릭하면 종료된다.

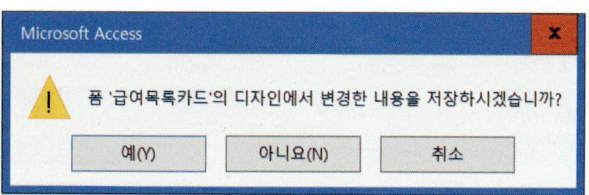

⑦ 급여목록카드 폼을 실행하기 위해 [열기] 단추를 누르면 폼이 실행되고 [레코드 찾기] 단추를 클릭하면 [찾기 및 바꾸기] 대화상자가 나타난다.

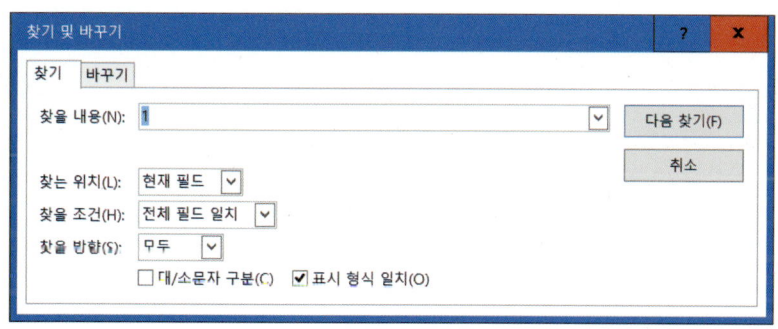

⑧ 찾기 및 바꾸기 대화상자의 [찾을 내용]에서 '2'를 입력하고 [다음 찾기] 단추를 누른 다음 X 를 누른다.

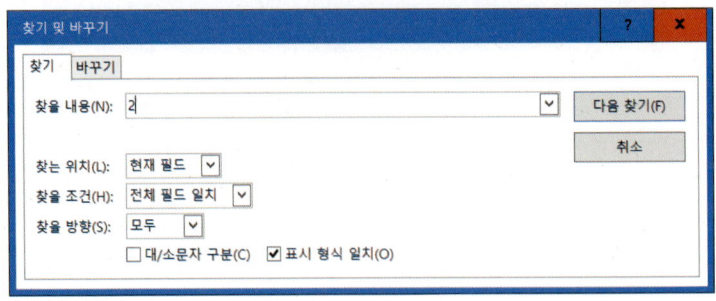

⑨ 번호 2번의 데이터가 들어있는 레코드가 폼에 나타난다.

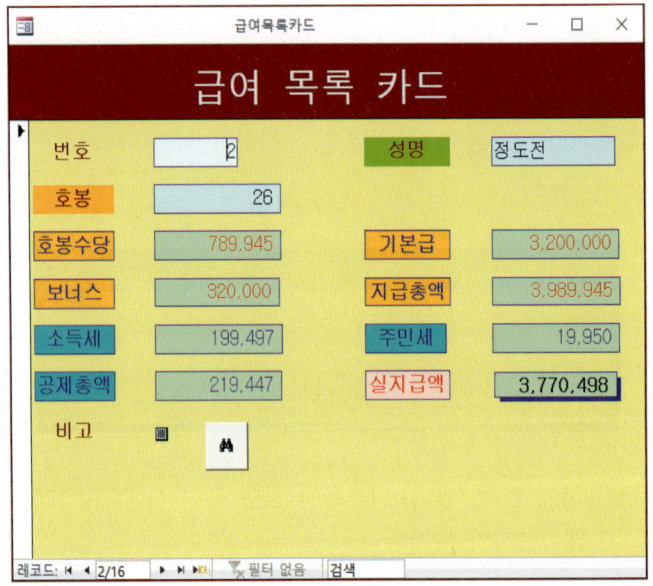

실습 5-1

'교육생 성적관리 총점 입력' 쿼리에 대한 폼을 다음 순서대로 작성해 보자.

<처리 순서>

① [데이터베이스 창]을 클릭한다.
② [만들기] - [기타 폼] - 폼 마법사를 선택한다.
③ [폼 마법사 첫 번째 창] - 폼에 사용할 질의로서 '교육생 성적관리 총점 입력' 쿼리를 선택하고, 쿼리의 모든 필드를 선택한다.
④ [폼 마법사 두 번째 창] - 폼의 모양 중에 [맞춤]을 선택한다.
⑤ [폼 마법사 네 번째 창] - 폼의 제목으로 '교육생 성적관리 폼'을 입력한다.
⑥ 메뉴 표시줄의 [보기] - [폼 보기]를 차례로 선택하여 디자인한 폼을 수정한 다음 결과를 확인하고, 저장한다.

실습 5-2

'교육생 기록부' 테이블에 대한 폼에 레코드 추가 / 레코드 삭제 / 닫기 단추를 작성해 보자.

실습 5-3

'대리점 판매금액' 쿼리에 대한 폼을 사용자 임의대로 작성해 보자.

실습 5-4

'교육생 성적관리 폼'을 기본 폼으로 하고, 실습 4-2에서 작성한 '교육생 기록부 폼'을 하위 폼으로 하는 '교육생 성적관리 연결 폼'을 다음 순서에 의해 작성해 보자.

<처리 순서>

① 두 개의 폼을 한 개의 폼으로 나타내기 위해 기본 폼인 '교육생 성적관리 폼'과 '교육생 기록부 폼'을 먼저 작성한다.
② 기본 폼인 '교육생 성적관리 폼'을 디자인 보기 상태로 열어 놓는다.
③ 데이터베이스 창의 폼 탭에 보이는 폼 목록 중에 '교육생 기록부 폼'을 '교육생 성적관리 폼'의 본문 영역으로 드래그한다.
④ 하위 폼인 '교육생 기록부 폼'을 더블 클릭하여 글자모양 및 컨트롤에 대한 서식 지정을 한다.
⑤ 도구 모음줄의 폼 보기 도구를 클릭하여 작성한 폼을 확인한 후 저장한다(폼의 이름은 '교육생 성적관리 연결 폼'으로 한다.).

실습 5-5

실습 5-4에서 작성한 '교육생 성적관리 연결 폼'의 합격여부 필드에 대한 필드 값으로 각 과목의 점수가 40점 이상이며, 총점이 60점 이상인 레코드에 대해서 체크표시(v)를 하자.

실습 5-6

실습 5-3에서 '대리점 판매금액' 쿼리에 대한 폼을 작성하였다면 대리점명 필드를 콤보상자로 표현해 보자.

<처리 순서>
① 대리점 판매금액 폼을 디자인 보기 상태로 열기한다.
② 대리점명 필드를 삭제한다.
③ 도구상자에서 콤보상자를 선택하여 본문영역의 적당한 곳에 위치시키고, 드래그하여 크기를 정한다.
④ 콤보상자 마법사 1단계부터 5단계까지 순서대로 설정한다.
⑤ 콤보상자에 대한 컨트롤 속성과 서식 등을 변경한다.
⑥ 디자인한 결과를 폼 보기 창에서 확인하고, 저장한다.

실습 5-7

실습 5-3에서 '대리점 판매금액' 쿼리에 대한 폼을 작성하였다면 제품명 필드를 목록상자로 표현해 보자.

실습 5-8

'대리점 판매현황' 테이블의 '약도' 필드에 OLE 개체를 다음과 같이 삽입 해보자.

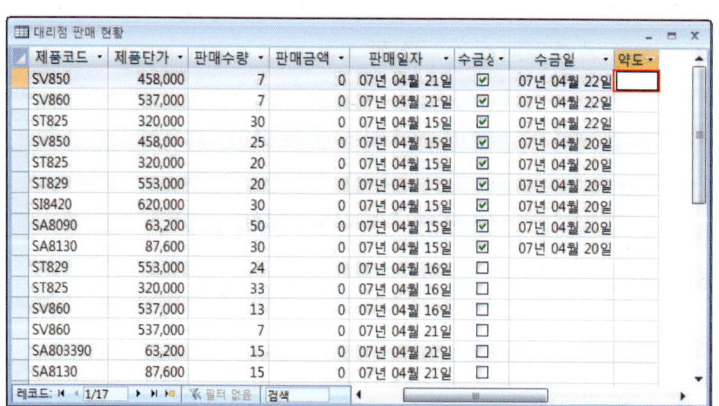

① OLE개체를 삽입할 테이블인 '대리점 판매현황' 테이블을 데이터시트 창 상태로 열기한다.

② 첫 번째 레코드의 약도 입력란에 마우스 포인터를 놓고 오른쪽 버튼을 눌러 [개체 삽입...] 메뉴를 선택한다.
③ 개체 삽입 대화상자에서 [새로 만들기]를 선택하고, [개체 형식:]은 페인트 그림을 선택한다.
④ 서버 프로그램인 그림판에서 약도 필드에 대한 개체를 작성하고 이미지를 반영한다.
⑤ OLE개체가 삽입된 것을 확인하고, 저장한다.

실습 5-9

'교육생 기록부 폼'에 다음과 같이 임의의 OLE개체를 삽입해 보자.

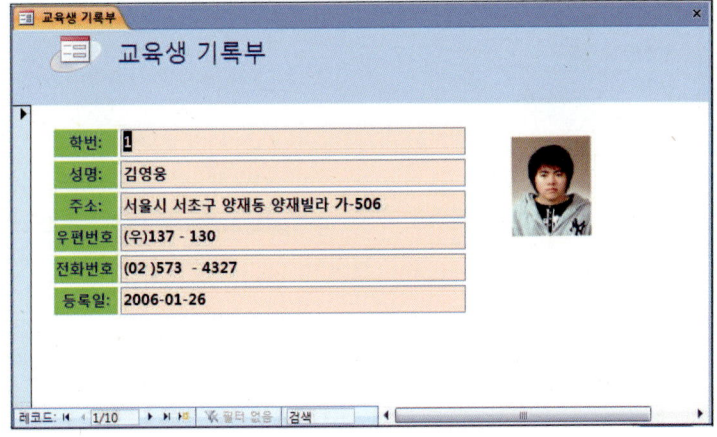

<처리 순서>
① 데이터베이스 창의 폼 탭에서 교육생 기록부 폼을 선택하고 [디자인] 버튼을 클릭한다.
② 도구상자에서 '독립개체 틀'을 선택하고, 본문의 빈 영역에 개체 틀의 위치와 크기를 정한다.
③ 개체 삽입 대화상자에서는 파일로부터 만들기를 선택하고, 삽입 하고자 하는 개체가 들어있는 폴더를 찾아 원하는 개체를 삽입한다.
④ 삽입한 개체의 속성을 변경한다(개체 속성에서 '크기조절모드'를 '전체 확대/축소'로 변경한다.).
⑤ 디자인한 결과를 확인하고, 저장한다.

실습 5-10

실습 5-9의 폼에서 적당한 위치에 레코드 추가/레코드 찾기/레코드 삭제/폼 닫기 단추를 지정하여 보자.

연습문제

01. 앞에서 작성한 수강접수 테이블에 대한 폼을 다음과 같이 작성하시오(폼의 이름은 '수강접수 폼'으로 한다.).

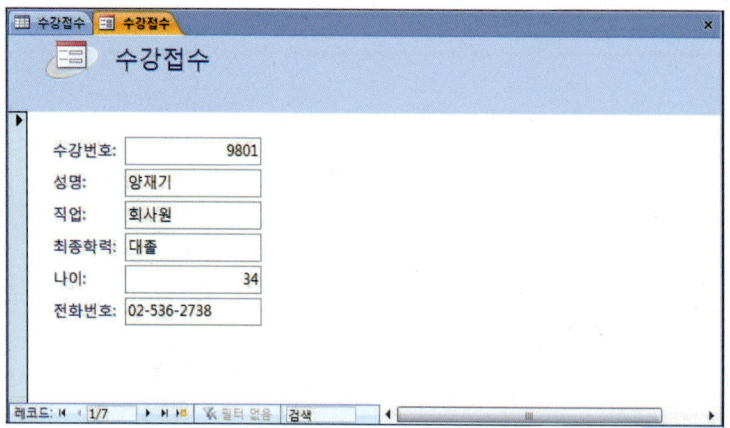

02. 앞의 1번에서 작성한 '수강접수 폼'을 다음과 같이 수정하여 나타내시오.

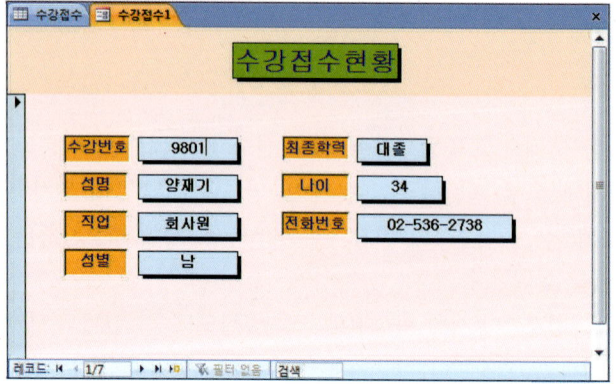

03. '수강접수 폼'에서 최종 학력의 필드 값을 콤보상자로 나타내시오.

04. '수강접수 폼'에 다음과 같은 레코드를 추가하시오.

9808	진달래	여	19	학 생	대재	02 - 372 - 4877
9809	김삿갓	남	55	회사원	대졸	02 - 652 - 5632
9810	신세계	여	25	회사원	대졸	032 - 748 - 3572

05. '수강접수 폼'에 레코드 찾기 명령 단추를 작성한 후 전화번호 필드에서 652를 찾아보시오.

06. '수강접수 폼'에 레코드 삭제 명령 단추를 작성한 후 5번에서 찾은 전화번호 필드 652가 포함된 레코드를 삭제하시오.

07. '수강접수 폼'에 폼 닫기 명령 단추를 작성한 후 폼을 닫아 보시오.

08. '수강접수 폼'에 레코드 탐색 그룹에서 다음 레코드를 이동/이전 레코드로 이동의 명령 단추를 작성하고 실행하여 보시오.

제6장

보고서

6.1 보고서의 기능 및 정의

액세스 2019의 7가지 구성요소 중에 가장 기본이 되는 것이 테이블이라면 보고서는 출력을 위한 기능이라 볼 수 있다. 우리는 앞에서 테이블을 사용해서 필드를 정의하여 데이터를 축적해 보았고, 쿼리에서는 두 개 이상의 테이블을 연결시켜 하나의 가상테이블도 만들어 보았으며, 폼에서는 테이블이나 쿼리에서 할 수 없었던 사용자가 요구하는 형태의 화면양식도 만들어 보았다.

이 장에서 배우게 될 보고서는 작성하는 방법에 있어서는 폼과 그 성격이 비슷하다. 예를 들어 컨트롤 등의 배치를 통해 사용자가 원하는 형태의 양식을 만들어 낼 수 있고, 문자열이나 컨트롤 등에 배경 색이나 글자색을 넣어 사용자의 취향에 맞는 양식을 만들어 내는 것은 보고서나 폼에 대한 공통점이라 볼 수 있다.

그러나 보고서와 폼 사이에 다른 점이 있다면, 폼은 사용자가 데이터를 관리할 때, 편리성이라는 목적을 두고 만들어 주는 화면양식이라면, 보고서는 테이블에 수록한 데이터를 전문적으로 출력해 내기 위해 만들어 주는 인쇄양식이라는 점에서 차이가 있다. 또한 폼에서는 전체 레코드에 대한 각 그룹별 요약 등을 구해 낼 수 없었지만, 보고서에서는 이러한 작업이 용이하게 이루어진다.

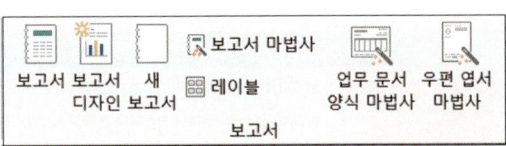

6.2 보고서의 작성

지금부터는 액세스의 네 번째 구성요소인 보고서를 사용해서 여러 가지 형태의 출력물을 작성해 보기로 한다.

6.2.1 인사관리 테이블을 이용한 인사관리 보고서 작성

1) 인사관리 테이블에 대한 인사관리 보고서를 작성해 보기로 한다

① 보고서를 작성하기 위해서는 먼저 데이터베이스 창에서 보고서 탭에서 [보고서 마법사]를 선택하고, [확인] 버튼을 클릭한다.

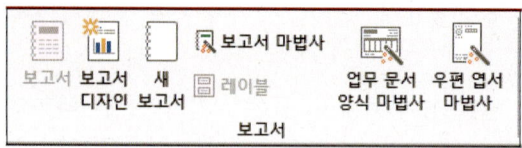

② 다음과 같은 보고서 마법사 첫 번째 단계가 나타나고, 여기에서는 보고서에 사용할 테이블이나 쿼리에 대한 필드를 선택한다.

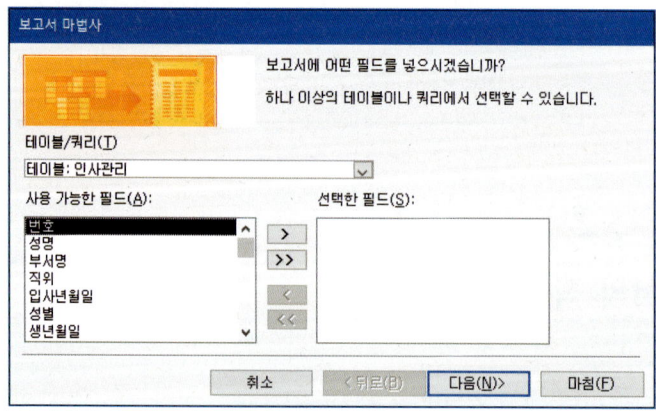

③ 창의 왼쪽에는 보고서에 사용할 테이블에 대한 전체 필드 목록을 보여주고 있으며, 창의 오른쪽에는 보고서에 사용하기 위해 선택한 필드 목록을 보여 준다. 여기서는 보고서에 사용할 필드로서 [특기사항] 필드 이외의 모든 필드를 선택하고, [다음] 버튼을 클릭한다.

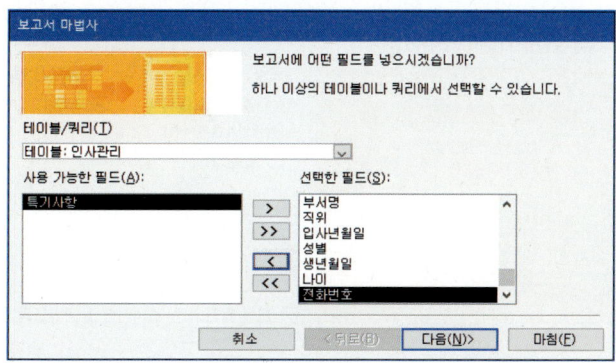

④ 보고서 마법사 두 번째 단계에서는 보고서를 그룹화하는 경우 그룹을 정하는데 기준이 되는 필드를 선택할 수 있다.

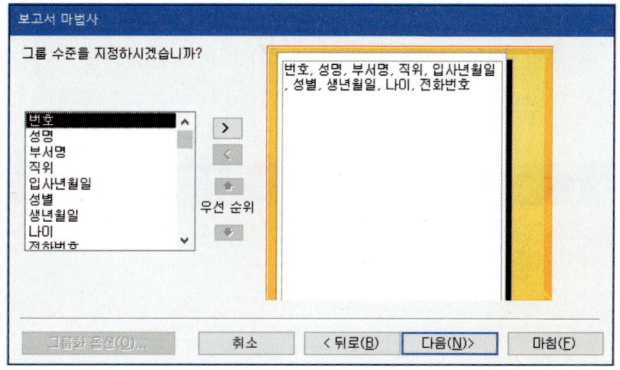

⑤ 그룹화할 필드가 필요 없는 경우에는 무시해도 상관없기 때문에 아무런 선택없이 [다음] 버튼을 클릭한다.

⑥ 보고서 마법사 세 번째 단계에서는 보고서를 출력할 때 레코드의 출력 순서를 정하는데 기준이 되는 정렬 필드를 선택한다. 여기서는 성명의 오름차순으로 출력하기 위해 다음과 같이 설정한다.

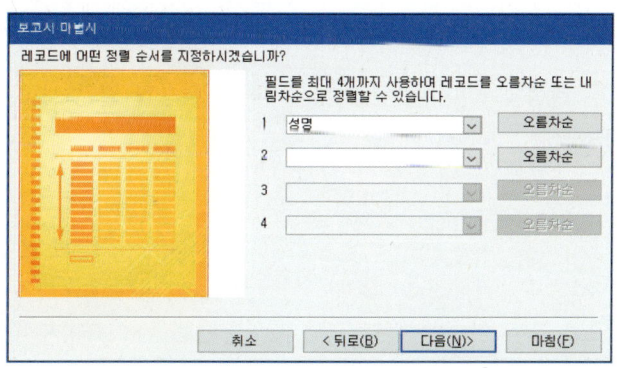

⑦ 보고서 마법사 네 번째 단계에서는 보고서의 윤곽과 인쇄할 용지의 방향을 설정하고 [다음] 버튼을 클릭한다.

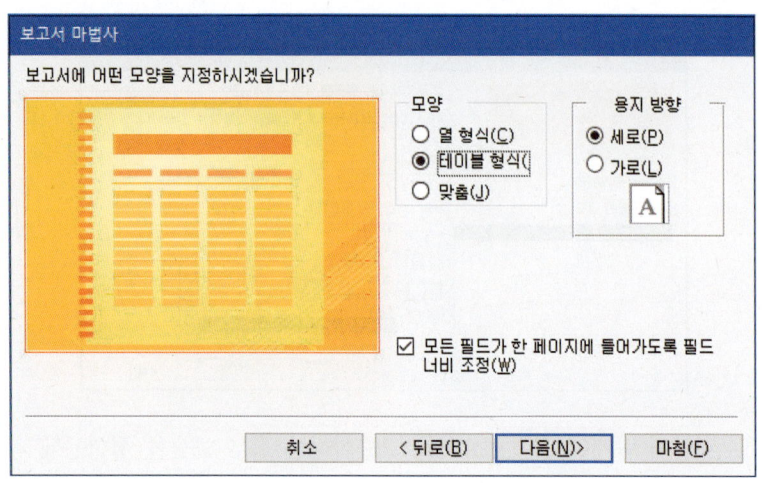

⑧ 보고서 마법사 마지막 단계인 다섯 번째 단계에서는 보고서의 제목을 입력하고, 보고서 마법사를 완료한 후 보고서를 수정할 것인지 미리보기 할 것인지를 결정한다. 여기서는 보고서 제목으로 '인사관리 보고서'를 입력한다.

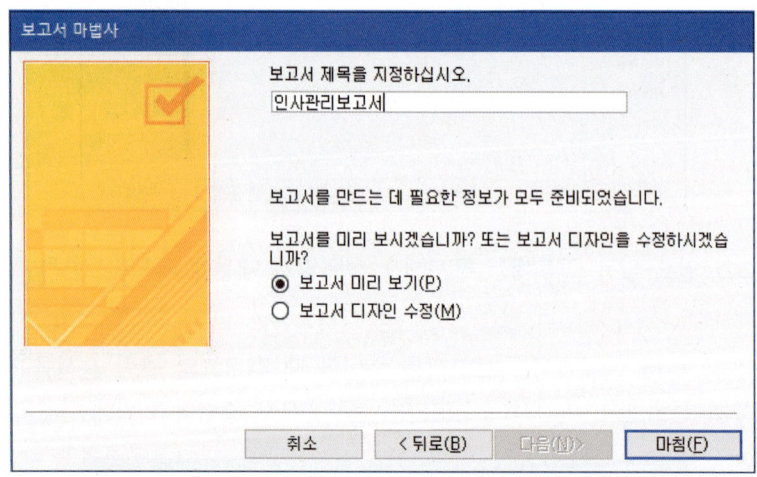

⑨ 보고서 마법사가 모두 지정되고 [마침] 단추를 클릭하면 다음과 같은 보고서의 인쇄 레이아웃 보기 창이 나타난다.

⑩ 레이아웃 창을 보면 레코드의 순서가 성명의 오름차순으로 나열되어 있다. 이것은 보고서 마법사 세 번째 단계에서 정렬 필드로 성명을 오름차순으로 선택한 결과이다. 레이아웃 보기 창을 살펴 보면 다음과 같은 문제점을 발견할 수 있을 것이다.

2) 다음 두 가지 문제점을 해결해 보기로 한다

- 보고서의 제목이 보고서의 중앙이 아닌 왼쪽 가장자리에 치우쳐 있다.
- [번호] 필드와 [나이] 필드의 폭이 그 내용에 비해 너무 넓다.

① 현재 인쇄 미리보기 상태에서 [디자인 보기]를 지정하면, 다음과 같이 보고서 디자인 창이 나타난다.

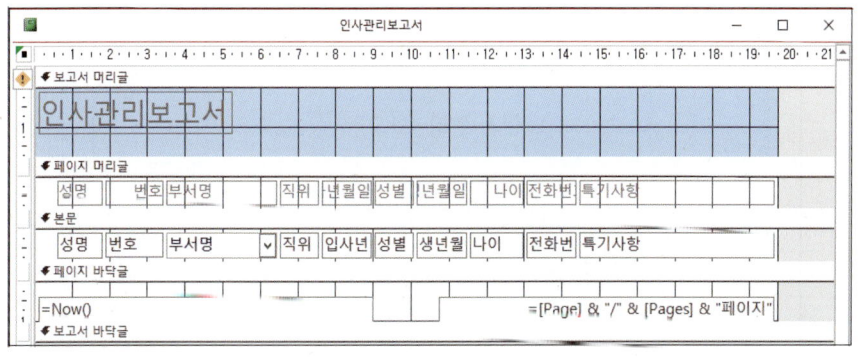

위 그림에서도 보이는 것과 같이 보고서의 영역은 5가지 부분으로 구분되어 있다.

보고서 머리글	보고서의 제일 첫 페이지 첫 부분에 표시할 내용으로서 주로 보고서의 제목, 작성한 사람의 이름 등이 여기에 해당된다
페이지 머리글	보고서 출력 시 매 페이지마다 페이지의 첫 부분에 표시 할 내용으로서 필드명(필드 레이블)이 여기에 해당된다.
본문	실제의 데이터를 표시할 부분으로서 이 곳에는 필드의 텍스트가 위치한다.
페이지 바닥글	페이지 머리글과 반대되는 개념이며 보고서 출력시 매 페이지마다 페이지의 맨 끝에 표시할 내용으로서 여기에는 페이지별 요약이 해당된다.
보고서 바닥글	보고서 머리글과 반대되는 개념이며 보고서 출력시 보고서의 제일 끝에 표시할 내용으로서 여기에는 보고서의 요약이 해당된다.

② 보고서 디자인 창을 보면 위에서 설명한 5가지의 모든 부분에는 컨트롤들이 자리잡고 있다. 이러한 컨트롤은 폼에서도 다루어 보았듯이 언제나 위치 이동이나 크기 변경이 가능하고, 글자색이나 배경색 등을 넣어 사용자가 요구하는 형태로 항상 변화를 추구할 수 있다.

③ 여기서는 첫 번째 문제점을 해결하기 위해 보고서 머리글 부분에 있는 '인사관리 보고서' 부분에 마우스 포인터를 놓고, 보고서의 중앙까지 끌어다 놓는다.

④ 레이아웃 보기를 지정하여 페이지 머리글의 번호와 나이 필드의 컨트롤을 선택하면 조절점이 나타난다. 이 상태에서 컨트롤의 위치와 크기를 다음과 같이 변경하고, 본문에서도 번호와 나이 필드의 컨트롤 위치와 크기를 페이지 머리글에 맞추어 변경한 후 [레이아웃 보기]를 지정한다.

⑤ 위에서 수정한 보고서의 결과를 보기 위해 메뉴 표시줄의 [인쇄 미리보기]를 차례로 선택하거나, 도구모음에서 미리보기 도구를 클릭하면 다음과 같이 디자인한 보고서의 결과가 미리보기 창에 나타난다.

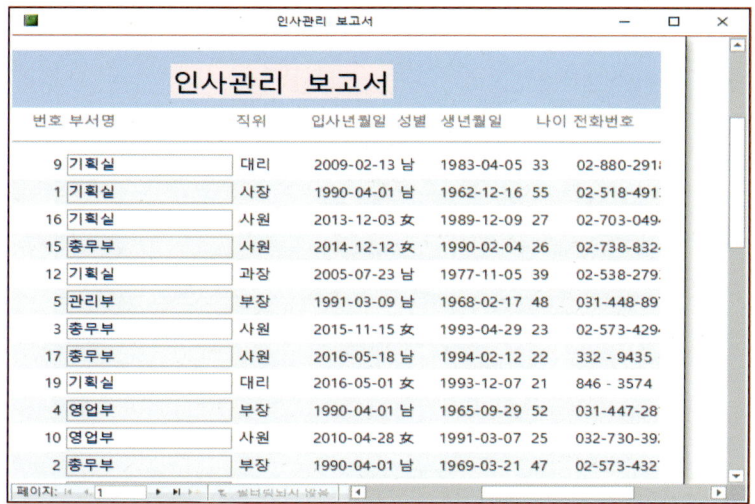

⑥ 작성한 보고서를 메뉴 표시줄의 [파일] - [저장]을 차례로 선택하여 실행한다.

6.2.2 호봉 필드 입력 쿼리의 부서별 총계 작성

1) '호봉 필드 값 입력' 쿼리에서 각 부서별로 기본급, 지급총액, 공제총액, 실지급액 등에 대한 총계를 다음과 같이 [부서별 총계 보고서]를 작성하여 보기로 한다

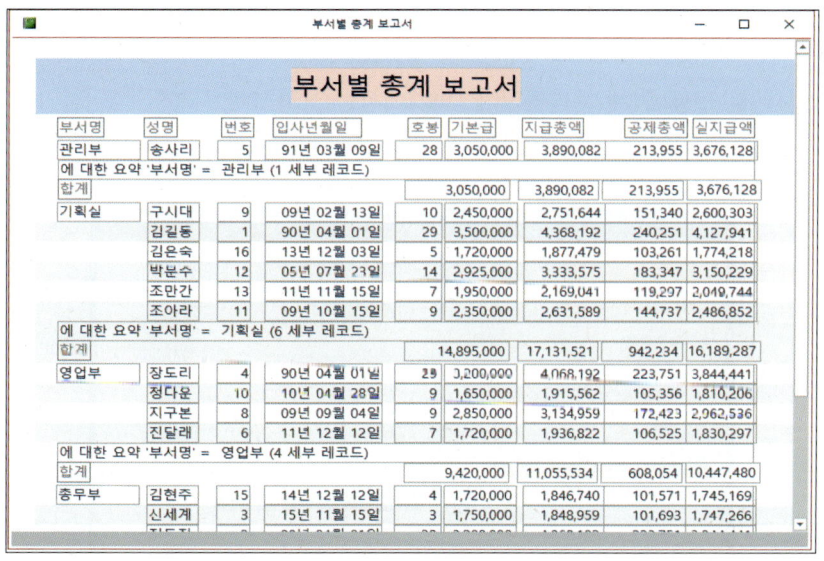

① 보고서를 작성하기 전에 먼저 데이터베이스 창의 쿼리 탭을 선택하고, 보이는 쿼리 목록 중에 '호봉 필드 값 입력'을 클릭한 다음, [디자인]을 클릭하면 쿼리 디자인 보기 창이 나타나며, 여기에서는 다음과 같이 쿼리에 사용할 필드로서 인사관리 테이블의 부서명, 직위, 입사년월일 필드를 추가 선택한다.

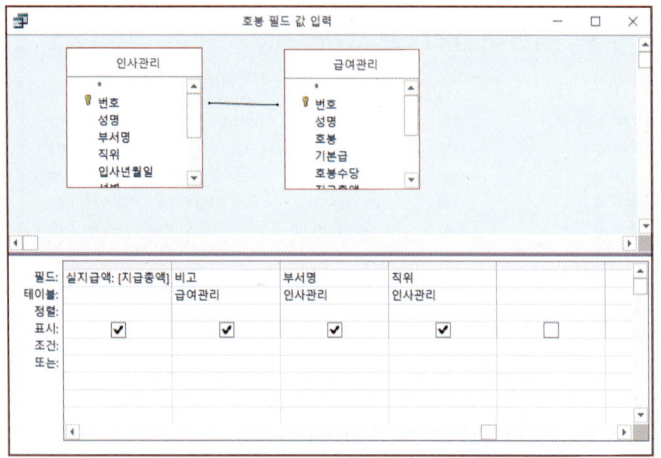

② 필드를 추가하였으면 [닫기] 선택하여 변경된 쿼리 내용을 저장한다.

③ 데이터베이스 창의 보고서 탭을 선택하고, [만들기] 버튼을 클릭하여, [보고서 마법사]와 '호봉 필드 값 입력'의 쿼리를 선택하고, [확인] 버튼을 클릭한다.

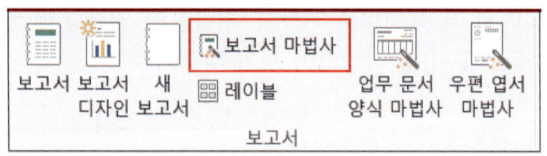

④ 보고서 마법사 첫 번째 단계가 나타난다. 여기에서는 보고서에 사용할 테이블이나 쿼리에 대한 필드를 다음과 같은 모양대로 지정한다.

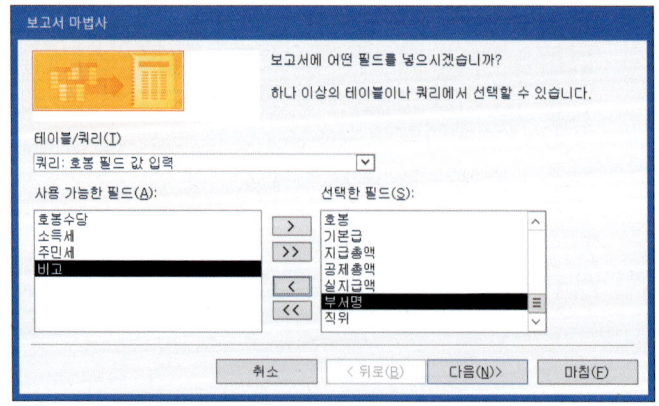

⑤ 보고서 마법사 두 번째 단계에서는 보고서를 그룹화하는 경우 그룹을 정하는데 기준이 되는 필드를 선택할 수 있으며, 여기서는 그룹 화 하는데, 기준이 되는 필드로서 부서명을 선택하고, > 단추를 클릭하면 그룹화할 필드(부서명)가 지정되고, [다음] 버튼을 클릭한다.

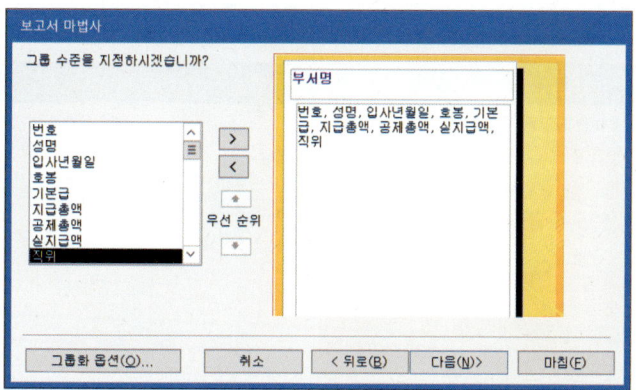

⑥ 보고서 마법사 세 번째 단계에서는 보고서를 출력할 때 레코드의 출력 순서를 정하는데 기준이 되는 정렬 필드를 선택하며, 여기서는 성명의 오름차순으로 출력하기 위해 다음과 같이 설정한다.

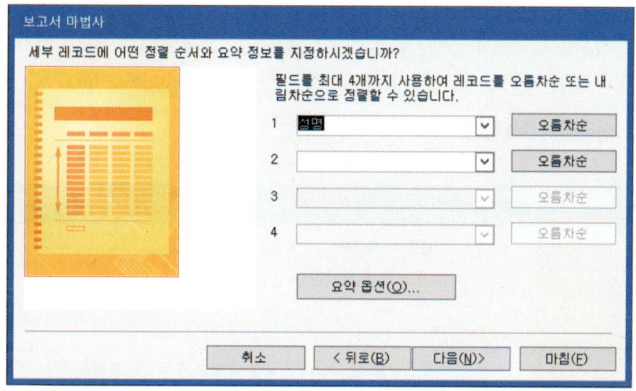

⑦ 보고서 마법사의 [요약 옵션(O)...] 버튼을 클릭하면, 다음과 같은 요약 옵션 창이 열린다. 여기서는 요약할 필드에 대한 계산 항목을 아래 그림과 같이 설정하고 [확인] 버튼을 클릭한다.

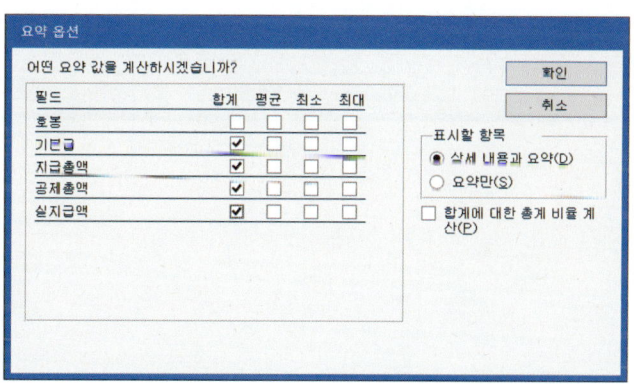

⑧ 다음으로 [확인] 단추를 클릭하면 다음과 같은 화면이 나타나고, 보고서 마법사 세 번째 단계에서 [다음] 버튼을 클릭하면 이전 화면이 나타난다.

⑨ 보고서 마법사 네 번째 단계에서는 보고서의 윤곽과 인쇄할 용지의 방향을 설정한다. 여기서는 다음과 같이 설정한다.

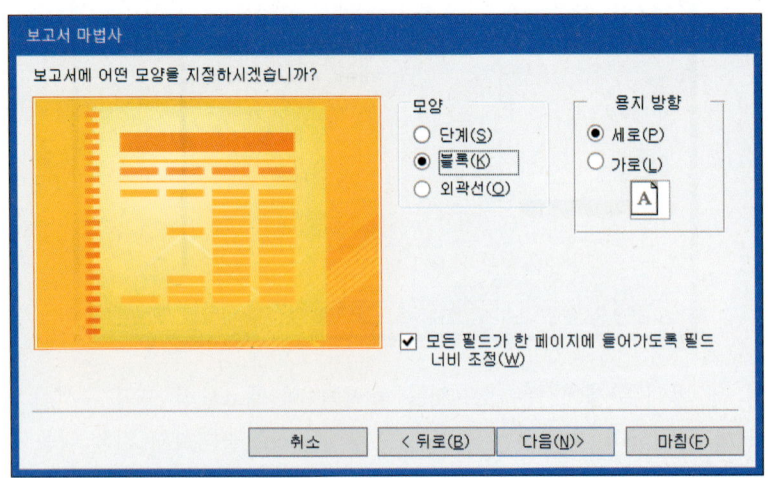

⑩ 보고서 마법사 다섯 번째 단계에서는 보고서의 제목을 입력하고, 보고서 마법사를 완료한 후 보고서를 수정할 것인지 미리보기 할 것인지를 결정한다. 여기서는 보고서 제목으로 '부서별 총계 보고서'를 입력하고, [마침] 버튼을 클릭한다.

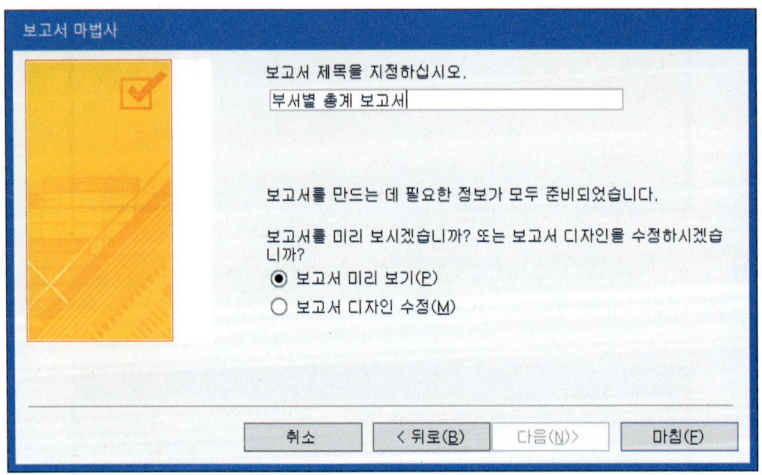

⑪ 보고서 마법사 마지막 단계에서 [마침] 버튼을 클릭하면 다음과 같은 보고서 인쇄 미리보기 창이 나타난다.

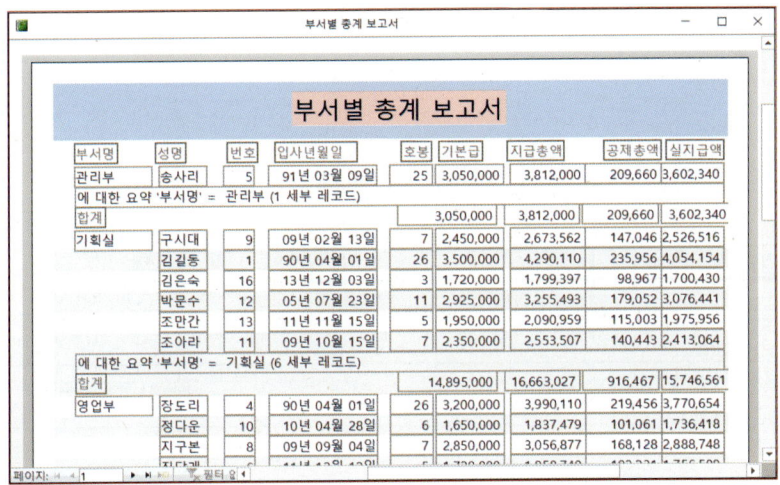

⑫ 보고서를 깔끔하게 정리하기 위해서 [디자인 보기]를 지정하고 수정하도록 한다.

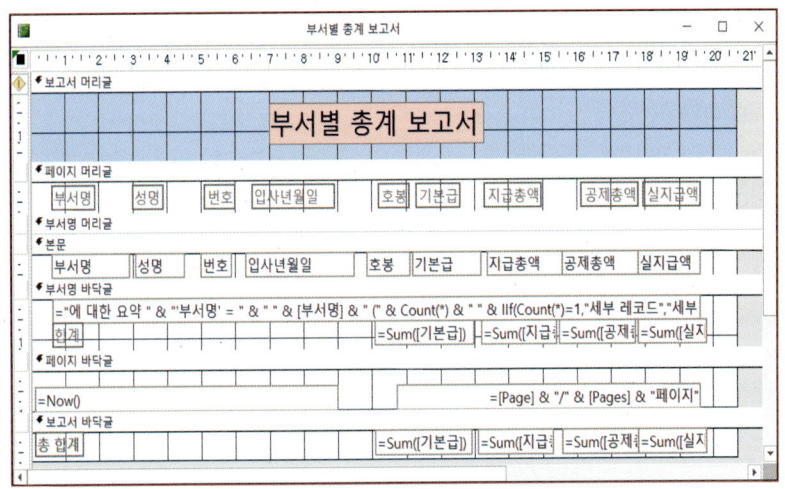

⑬ 수정이 다 되었으면 [예]를 선택하여 보고서를 저장한다.

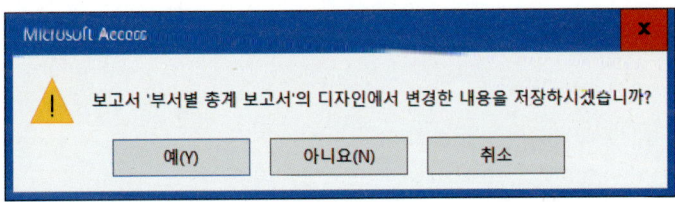

실습 6-1

앞에서 작성한 교육생관리 데이터베이스의 '교육생 기록부' 테이블에 대한 보고서를 다음과 같이 작성해 보자.

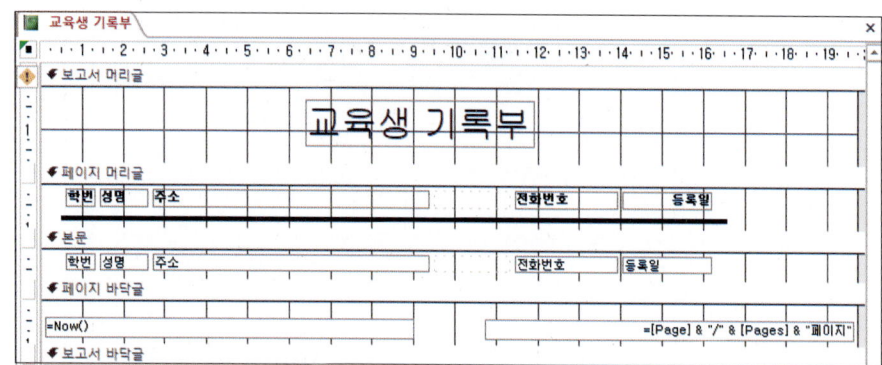

실습 6-2

실습 3-3에서 작성한 대리점관리 데이터베이스의 '대리점 판매금액' 쿼리에서 각 대리점 별로 판매한 제품의 판매수량과 판매금액의 합계를 구하기 위한 보고서를 다음과 같이 작성해 보자.

연습문제

01. 앞에서 작성한 수강접수 테이블을 사용하여 다음과 같은 보고서를 작성하시오(보고서의 이름은 수강접수 보고서로 한다.).

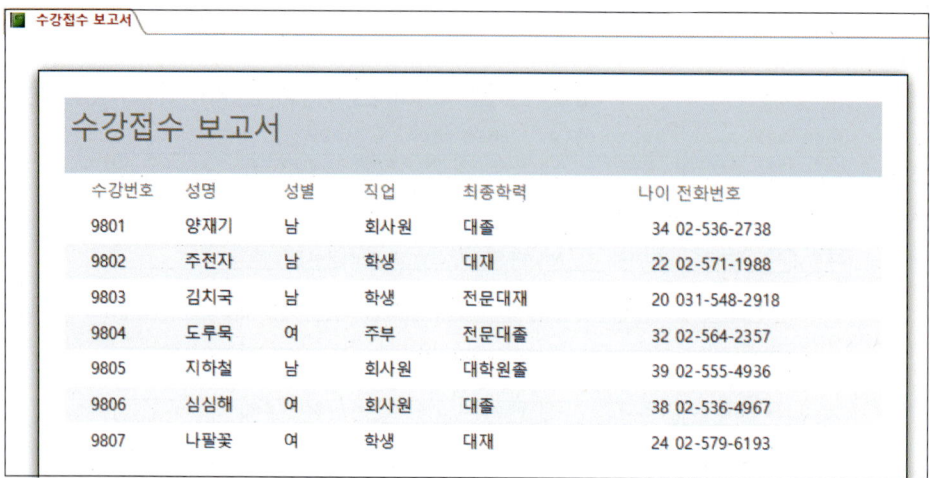

02. 앞의 1번에서 작성한 `수강접수 보고서`를 다음과 같이 보기 좋게 수정하여 나타내시오.

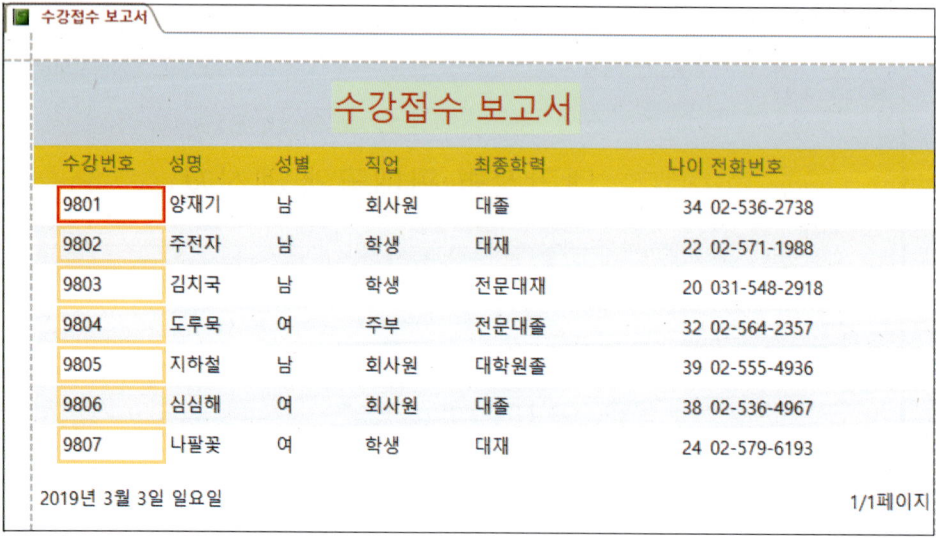

03. 앞에서 작성한 수강접수 테이블을 사용하여 다음과 같은 남녀별 평균 나이를 구하는 보고서를 작성하시오(보고서의 이름은 '수강접수 남과 여'로 한다.).

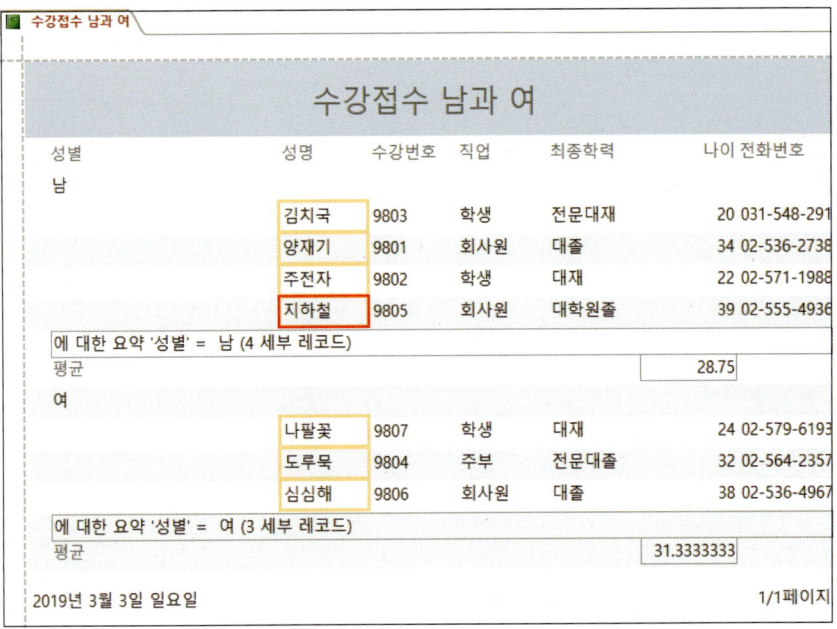

04. 앞에서 작성한 수강접수 테이블을 사용하여 다음과 같은 보고서를 작성하시오(보고서의 이름은 '수강접수 맞춤 보고서'로 한다.).

제7장

VBA

7.1 VBA의 기초

7.1.1 VBA의 이해

1) Visual Basic이란?

Visual Basic은 Microsoft의 프로그램 개발 언어이며 액세스 프로그래밍에서도 사용되는 언어이다. 개체와 프로그램을 연결해 준다는 점에서 매크로와 동일하게 사용되지만 Visual Basic은 매크로만을 사용할 때보다 더욱 강력한 제어를 하게 해준다.

Visual Basic은 오늘날의 유명한 프로그래밍 언어와 마찬가지로 구조화된 프로그래밍 언어이다. 만약 C와 같은 프로그래밍 언어를 다룬 경험이 있는 사람이라면 Loop, If...Then...Else 문, Select Case 문, 함수 및 서브루틴 등이 Visual Basic에서도 사용된다는 것을 알 수 있다. 액세스에서는 모듈 기능을 통해 Visual Basic언어를 사용할 수 있다.

2) VBA와 Visual Basic의 차이점

VBA는 Visual Basic for Applications의 약어로서 윈도우 응용 프로그램을 작성할 때 사용하는 Visual Basic의 매크로 언어버전이다. 물론 매크로와 VBA는 분명히 구분되는 개념이다.

매크로는 이미 준비된 함수를 사용하여 반복되는 일련의 작업을 일괄로 처리하지만 VBA는 일종의 프로그래밍 언어로 이해해야 한다. 즉, VBA는 액세스, 엑셀, 워드, 파워포인트, 아웃룩 등에서 사용되는 오피스용 Visual Basic 언어이다.

오피스를 설치하면 기본적으로 VBA를 사용할 수 있게 된다. VBA는 Visual Basic 보다 축소된 기능을 가지고 있으며 편집기도 오피스를 실행한 상태에서만 사용할 수 있다는 점이 독립 편집기를 가지고 있는 Visual Basic과 다른 점이다.

그러나 VBA를 잘 익혀두면 Visual Basic도 매우 빠르게 적응할 수 있다. Visual Basic은 그것만으로 새로운 프로그램을 만들 수 있는 보다 많은 컨트롤과 기능을 가지고 있다. VBA는 오피스 프로그램을 사용함에 있어 자동화 작업이 가능하도록 하는 최소한의 기능만을 제공하며 단독으로 작동되는 프로그램을 만들 수는 없다.

3) VBA 편집기 실행 방법

VBA 편집기를 실행하기 전에 먼저 액세스가 실행된 상태이어야 한다. VBA 편집기는 개체의 이벤트 속성 상자에서 반응하는 코드를 작성할 때와 모듈 개체를 작성할 때 실행된다. 또한 액세스에서 Ctrl+G를 클릭하여도 VBA 편집기가 실행된다.

4) 편집기의 차이점

(1) Visual Basic 편집기

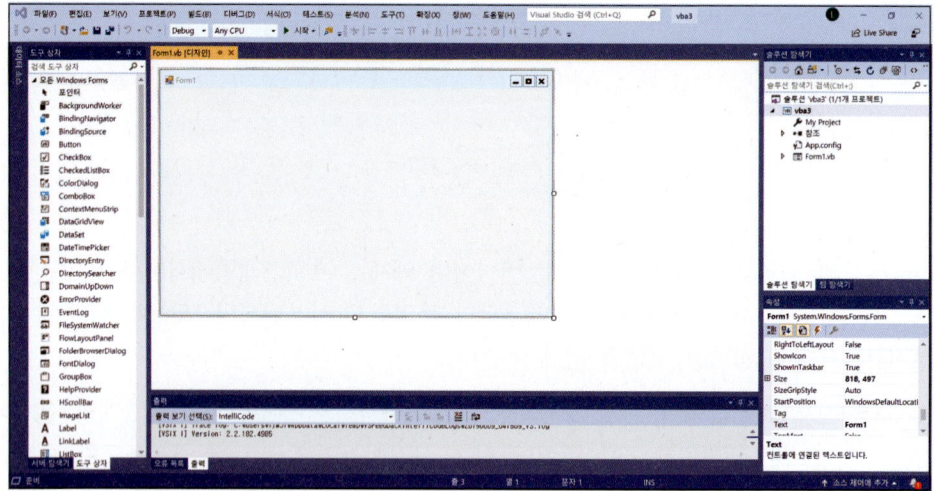

(2) VBA 편집기

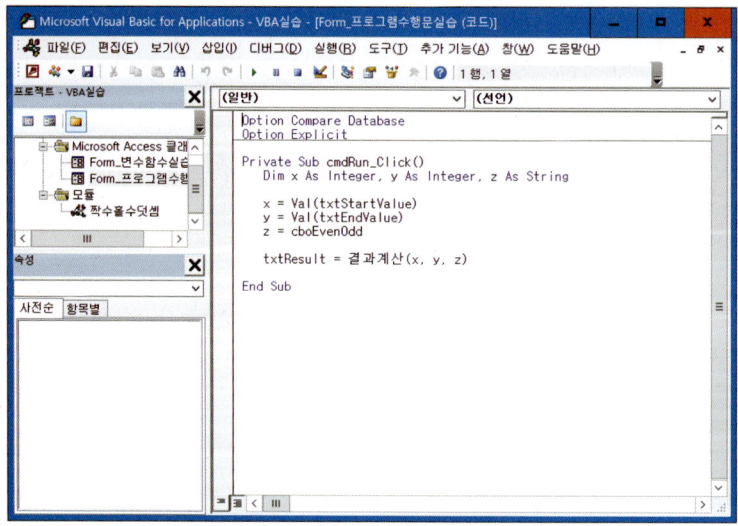

7.1.2 개체, 속성 및 메서드 이해하기

1) 개체, 속성 및 메서드의 정의

개체	폼, 보고서 또는 그 안에 포함된 컨트롤과 같은 응용 프로그램의 요소를 의미
속성	크기, 색, 화면의 위치 같은 개체의 특성. 그러므로 개체의 특성을 변경하려면 속성의 값을 변경하면 된다. 예를 들어 'Text'는 텍스트 상자 개체의 속성이며, 이 속성을 사용하여 텍스트 상자에 값을 Tm거나 읽을 수 있다.
메서드	개체가 수행할 수 있는 동작이다. 예를 들어, 'Add'는 목록 상자에 항목을 추가하라는 동작을 가리키는 메서드이다. 메서드는 단독으로 동작하기도 하고, 인수를 사용하여 동작하기도 한다.

2) 프로시저 예제를 통한 속성 및 메서드 이해

속성 값을 설정하려면 개체의 이름, 마침표(.), 속성 이름, 등호(=), 새 속성 값을 차례로 쓰면 된다.

① 다음 프로시저는 'txt결과'라는 텍스트 상자의 'Text' 속성을 설정하여 결과 값을 표시한 것이다.

```
Sub 결과값표시()
    txt결과.Text = 결과값
End Sub
```

② 다음 프로시저는 'Add' 메서드를 사용하여 목록 상자에 새 항목을 추가하는 것이다.

```
Sub 항목추가(항목 As String)
    1st직업목록.Add 직업명
End Sub
```

7.1.3 변수 이해하기

이 단원에서는 프로그래밍의 기본이 되는 변수에 디해 알아보고 변수를 선언하는 방법 및 데이터 형식에 대해 살펴보겠다.

1) 변수란?

이해하기 쉽게 설명하면 하나의 기억 장소라 할 수 있다. 즉, 변할 수 있는 임의의 값을 변수라고 한다.

2) 변수 선언

변수를 사용하기 전에 먼저 변수를 선언해야 한다. 프로시저 내에서만 사용할 수 있도록 선언하거나 모듈 전체에 사용할 수 있도록 선언할 수 있다.

① 프로시저 수준 변수

변수를 선언할 때는 보통 Dim 문을 사용한다. 프로시저 수준 변수를 만들기 위해 프로시저에 선언문을 추가해 넣는다. 다음은 변수 'str이름'을 만들고 문자열(string) 데이터 형식을 지정한다. 이 선언문이 프로시저 안에 나타나면 변수 'str이름'은 해당 프로시저에서만 사용될 수 있다.

```
Dim str이름 As String
```

② 모듈 수준 변수

위 변수를 프로젝트의 모든 프로시저에서 사용할 수 있게 하려면 다음과 같이 Public 문을 앞에 놓으면 된다.

```
Public str이름 As String
Private str이름 As String
```

Public 문을 사용하면 Public 모듈 수준 변수를 선언할 수 있다. 모듈 수준 변수는 전체 어느 프로시저뿐만 아니라 모듈 수준에서 사용할 수 있는 변수이다. Public 변수는 프로젝트의 모든 프로시저에서 사용할 수 있다.

또한 Private 문을 사용하면 Private 모듈 수준 변수를 선언한다. Private 변수는 같은 모듈에 있는 프로시저만 사용할 수 있다.

③ 여러 변수 선언하기

한 개의 문에 여러 개의 변수를 선언할 수 있다. 데이터 형식을 지정하려면 각 변수에 대하여 데이터 형식을 포함시켜야 한다. 다음의 문에서는 i 및 j 변수를 Integer 형식으로 선언한다. 선언문에 항상 us수의 데이터 형식을 정할 필요는 없다. 데이터 형식을 생략하면 변수는 Variant 형식으로 지정된다.

```
Dim i As Integer, j As Integer
```

다음에서는 i 변수는 Variant 형식으로 선언되고 j 변수만 Integer 형식으로 선언된다.

```
Dim i, j As Integer
```

④ 반드시 변수를 선언

사용자가 변수를 사용할 때 반드시 먼저 선언한 후 사용하게 하는 것이 좋다. 메뉴 표시줄에서 [도구]-[옵션]을 선택한 후 [편집기] 탭에서 '변수 선언 요구' 확인란을 선택하면 새 코드를 편집할 때마다 명시적으로 변수를 선언하라는 의미인 'Option Explicit'라는 선언문이 자동으로 추가된다.

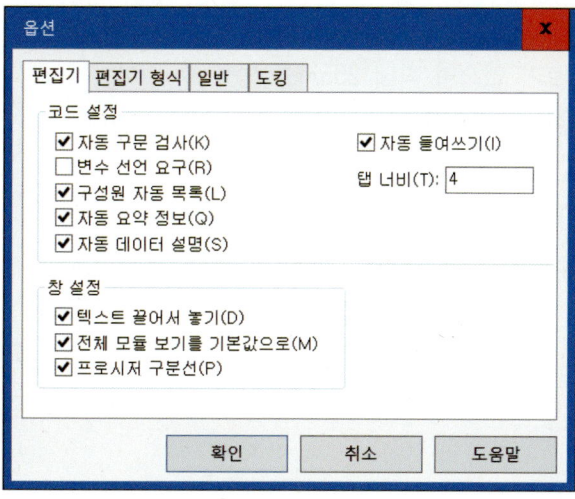

3) 데이터 형식

변수는 반드시 특정 데이터 형식을 갖는다. Boolean, Byte, Integer, Long, Currency, Single, Double, Date, String(가변 길이 문자열), Object 또는 Variant 형식의 변수를 선언할 수 있다.

만일 데이터 형식을 지정하지 않으면 기본적으로 Variant 데이터 형식이 정의된다.

형식	바이트 수	사용할 수 있는 값
Byte	1	0부터 255까지 정수
Boolean	2	참, 거짓 값(True, False)
Inteer	2	-32,768부터 32,767
Long	4	-2,147,483,648부터 2,147,483,647
Single	4	-3.402823E38부터 -1.401298E-45(음수)
Double	8	-3.402823E38부터 -4.9406565841247E-324(음수) 4.94065645841247E-324부터 -1.79769313486232E308(양수)
Currency	8	-922,337,203,685,477.5808부터 922,337,203,685,477.5807
Decimal	14	+/-7,922,816,251,464,337,593,543,950,335
Date	8	100년 1월 1일부터 9999년 12월 31일까지
Object	4	모든 개체 참조
String	기변길이	10바이트를 더한 문자열 길이(0부터 약 2조 사이)
String	고정길이	1부터 약 65,400자 사이의 문자열
Variant	숫자	16바이트 Double형 범위 내의 모든 숫자
Variant	문자	22바이트 + 문자열 길이 변수 길이 String과 같은 범위
Type		요소가 사용하는 숫자 해당 데이터 형식의 범위 값고 각 요소의 범위 값이 같음

4) Visual Basic 명명 규칙

- 대/소문자를 구분할 필요가 없으며 최대 255자를 넘을 수 없다.
- 첫 문자는 숫자를 사용할 수 없으며 반드시 글자를 사용해야 한다.
- 공백 문자나 마침표(.), 느낌표(!), @, &, $, # 문자는 이름에 사용할 수 없다.
- Visual Basic의 함수, 문, 메서드와 동일한 이름을 사용할 수 없다.
- 같은 수준의 범위에서는 이름을 중복해서 지정할 수 없다. 예를 들어 동일한 프로시저에서 'str이름'이라는 변수를 두 개 선언할 수 없다. 그러나 동일한 모듈에서 동일한 이름을 갖는 변수에 대해 하나는 Private 변수로, 또 하나는 프로시저 수준 변수로 선언할 수는 있다.

7.1.4 함수 이해하기

이 단원에서는 프로그래밍의 기본이 되는 함수에 대해 알아보고 함수를 작성하는 방법 및 사용하는 방법을 배워 보기로 한다.

1) 함수란?

폼, 보고서 또는 쿼리에서 동일한 식을 반복적으로 사용하고 있다면 사용자 정의 함수를 만들어서 식 대신에 그 함수를 사용할 수 있다. 다음과 같은 식은 입력이 불편할 뿐만 아니라 입력하는데 있어서 실수를 할 수 있다.

```
If([대분류]="운용측", If(IsNull([대변소계]),[차변소계],[차변소계]-[대변소계]))
```

그러므로 식을 직접 입력하는 대신 이 계산을 수행하는 사용자 정의 Function 프로시저를 사용할 수 있다. Function 프로시저를 사용하면 다음과 같은 장점이 있다.

- 입력 실수에 대한 부담이 없으며 항상 동일한 방법으로 계산이 수행되게 할 수 있다.
- 계산식의 내용을 변경해야 할 때, 함수 하나만 변경함으로써 함수가 사용되는 모든 곳에 한꺼번에 영향을 끼칠 수 있다.
- If...Then...Else와 같은 조건문 또는 For...Next와 같은 루프문을 사용하여 간단한 식으로는 계산이 불가능한 계산을 구현할 수 있다.
- 오류 발생 시 식이 있는 모든 개체에서 디버깅하지 않고 하나의 함수에서만 오류를 디버깅할 수 있어 간편하다.

2) VBA 함수를 사용하여 계산 수행하기

VBA에서 계산을 수행하는 방식은 액세스에서 식을 사용하여 계산을 수행하는 것과 동일하다. 다만 차이점은 식의 결과를 적용하는 곳을 지정하는 것이다. 폼에 있는 컨트롤 또는 쿼리에 있는 필드에 대해 식을 작성할 때 식의 결과는 그 컨트롤 또는 필드에 할당된다.

그러나 Visual Basic에서는 결과가 적용될 곳이 정해져 있지 않다. 식에 대한 대상을 명시적으로 할

당해야 한다. 함수의 경우 계산 결과를 함수에 의해 반환되는 값으로 사용하고자 할 것이므로 함수의 이름에 계산을 할당하면 된다.

함수가 결과를 반환하게 만들려면 함수 이름에 계산을 할당하는 함수에 대한 식을 추가하면 된다. 다음 예제처럼 Function과 End Function 문 사이에 동일한 함수 이름을 이용하면 결과 값을 반환하게 된다. 이 함수는 폼의 텍스트 상자인 txt주민등록번호에서 값을 읽어와 출생년도를 계산하고 결과를 반환해 준다.

```
Function 출생년도() As String
        출생년도 = Left(txt주민등록번호, 2)
End Function
```

3) 작성한 함수 사용하기

앞에서 작성한 사용자 정의 함수를 액세스 내에서 사용할 수 있다. 사용 방법은 식 작성기에서 기본 함수를 사용할 때와 동일하다.

다음은 사용자 정의 함수를 사용할 수 있는 장소이다.

- 사용자가 작성한 다른 Visual Basic 프로시저에서
- 폼, 보고서 또는 쿼리 내의 계산 필드를 정의하는 식에서
- 쿼리 또는 매크로 내의 조건을 지정하는 식에서

4) 작성한 함수에 인수 전달하기

함수는 보통 하나 이상의 인수를 사용한다. 인수(arguments)는 함수를 호출할 때 전달하는 값이다. 액세스가 제공하는 많은 기본 함수들이 인수를 사용한다. 사용자 정의 함수에서도 인수를 사용할 수 있다.

다음 함수는 사용자가 입력한 주민등록번호에 따라 출생년도를 반환하는 함수이다. 이와 같이 인수를 가진 함수는 매개 변수를 이용한 계산 필드 또는 조건식에 사용될 수 있다.

```
Function 출생년도(주민등록번호 As String) As String
        출생년도 = Left(txt주민등록번호, 2)
End Function
```

함수 선언에서 인수 및 함수의 반환 값에 대한 데이터 형식을 지정할 수 있다. 여기서는 함수의 반환 값과 인수 주민등록번호는 모두 String 데이터 형식으로 지정되어있다.

7.1.5 프로그램 수행문 이해하기

여기서는 프로그램을 수행하는데 사용되는 If...Then...Else, Select...Case 조건문 및 For...Next 반복문에 대해 알아보고 쓰임새를 배워보자.

1) 조건문(1) - If...Then...Else 문

If...Then...Else 문을 사용하면 조건 값에 따라서 특정 문이나 문 블록을 실행할 수 있다. If...Then...Else 문은 필요한 수준만큼 중첩될 수 있으며 중첩이 복잡해질 경우에는 Select Case 문을 사용할 수도 있다. 다음은 If 조건문의 여러 가지 쓰임새이다.

① 조건이 True일 때 한 줄의 특정 문장 실행

조건이 True일 때 하나의 문장을 실행하려면 다음과 같이 Else 키워드를 생략하고 한 줄 구문으로 사용할 수 있다.

```
Function 널체크(txt부서 As String) As String
    If IsNull(txt부서) Then 널체크 = "값 없음"
End Function
```

② 조건이 True일 때 여러 줄 문장 실행

한 줄 이상의 코드를 실행하려면 여러 줄 문을 사용해야 하며 다음과 같이 이 구문은 End If 문을 포함한다.

```
Function 널체크(txt부서 As String) As String
    If IsNull(txt부서) Then
        Beep
        MsgBox "부서가 입력되지 않았습니다."
        널체크 = "값 없음"
    End If
End Function
```

③ 조건이 True일 때 특정 문장을 실행하고 False일 때 다른 문장 실행

If...Then...Else 문을 사용하여 실행문 블록 두 개를 정의한다. 조건이 True이면 한 블록이 실행되고 False이면 다른 블록이 실행된다.

```
Function 제목추출(txt구분 As String) As String
    If Left(txt구분, 2) = "차변" Then
        제목추출 = "차변금액"
    Else
        제목추출 = "대변금액"
    End If
End Function
```

④ 여러 조건 검사

If...Then...Else 문에 ElseIf 문을 추가하여 첫 번째 조건이 False일 때 두 번째 조건을 검사할 수 있다. 이 조건문은 Select Case 문으로 대신할 수 있다.

```
Function 인센티브(등급 As String, 연봉 As Currency) As String
    If 등급 = "A" Then
        인센티브 = 연봉 * 0.15
    ElseIf 등급 = "B" Then
        인센티브 = 연봉 * 0.1
    ElseIf 등급 = "C" Then
        인센티브 = 연봉 * 0.05
    Else
        인센티브 = 0
    End If
End Function
```

2) 조건문(2) - Select...Case 문

하나의 식을 다른 여러 값과 비교할 때는 If...Then...Else 문의 ElseIf 대신에 Select Case 문을 사용하는 것이 간편하다. If...Then...Else 문이 각 ElseIf 문은 다른 식을 나타낼 수 있지만 Select Case 문은 제어 구조의 맨 위에서 식을 한 번만 검토한다.

다음 프로시저는 Select Case 문을 사용하여 위에서 If...Then...Else 문에서 구현했던 프로시저와 동일한 기능을 한다.

```
Function 인센티브(등급 As String, 연봉 As Currency) As String
    Select Case 등급
        Case "A"
            인센티브 = 연봉 * 0.15
        Case "B"
            인센티브 = 연봉 * 0.1
        Case "C"
            인센티브 = 연봉 * 0.05
        Case Else
            인센티브 = 0
    End Select
End Function
```

3) 반복문 - For...Next 문

For...Next 문을 사용하여 정해진 횟수만큼 문 블록을 반복할 수 있다. For 루프는 루프를 반복할 때마다 값이 증가되거나 감소되는 카운터 변수를 사용한다.

① 단순 반복 실행

다음 프로시저는 신호음을 10번 울립니다. For 문은 카운터 변수 x와 시작 및 최종 값을 지정하고, Next 문은 카운터 변수를 1씩 증가시킨다.

```
Sub Beeps()
    For x = 1 To 10
        Beep
    Next x
End Sub
```

② Step 키워드를 사용한 반복 실행

Step 키워드를 사용하면 지정한 값만큼 카운터 변수를 증가시키거나 감소시킬 수 있다. 다음에서는 루프가 반복될 때마다 카운터 변수 i가 2씩 증가한다. 루프를 마치면 변수 합계에는 1에서 인수로 전달받은 '범위'라는 값까지의 짝수를 더한 결과를 메시지 상자에 표시해 준다.

```
Sub 짝수합(범위 As Integer)
    For x = 2 To Step 2
        결과 = 결과 +x
    Next x
    MsgBox 결과
End Sub
```

4) 변수 및 함수 익히기

① 실습을 위해 새 데이터베이스를 'VBA실습.accdb'로 작성한다. 먼저 [만들기]-[폼 디자인]으로 기본 폼을 작성하고 텍스트 상자 세 개와 명령 단추를 하나씩 추가한 다음 속성을 지정한다.

컨트롤	이름	캡션
텍스트 상자	txtValueX	X값
	txtValueY	Y값
	txtResult	결과 값
명령 단추	cmdRun	실행

② 컨트롤들의 레이아웃을 다음과 같이 지정하고 폼 이름을 '변수함수실습'으로 지정한다.

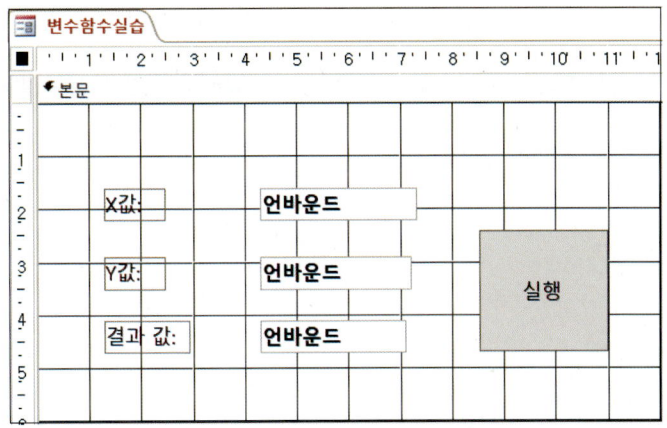

③ 명령 단추의 마우스 오른쪽 버튼을 클릭하여 속성시트 대화상자에 있는 [이벤트] 탭에서 [On Click] 속성 상자 옆의 '작성[...]' 단추를 클릭한다. [작성기 선택] 대화상자가 나타나면 '코드 작성기'를 선택하고 [확인]을 클릭한다.

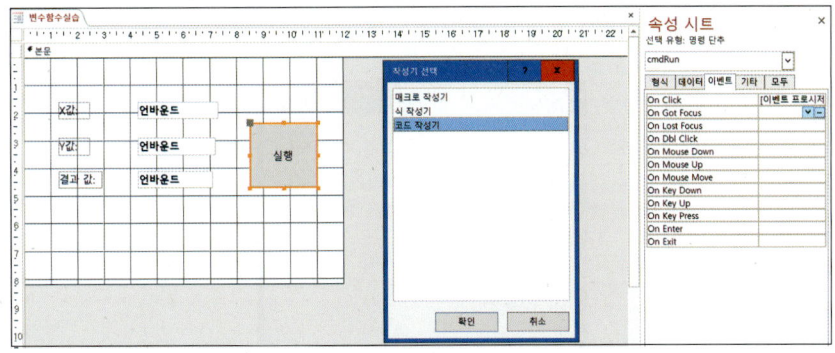

④ 다음과 같이 VBA 편집기가 나타난다. 이 편집기는 VBA 모듈을 실행한 것이지만 편집기 제목은 'Microsoft Visual Basic'으로 표시된다. 편집 영역에 cmdRun 단추의 Click 이벤트 프로시저가 작성된 것을 볼 수 있다.

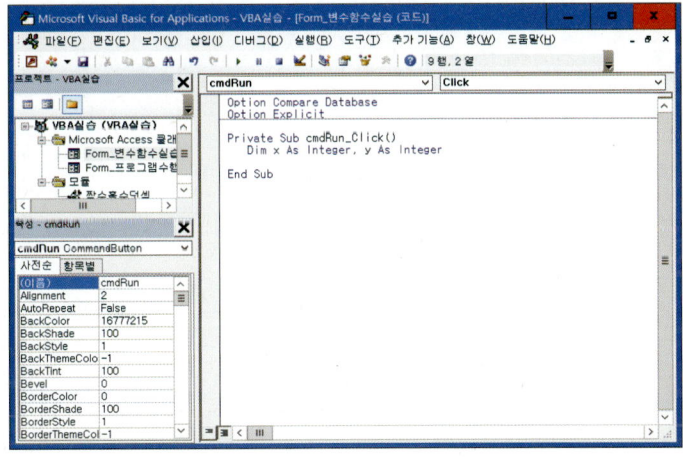

⑤ 새 함수를 추가하기 위해 메뉴에서 [삽입]-[프로시저]를 선택한다.

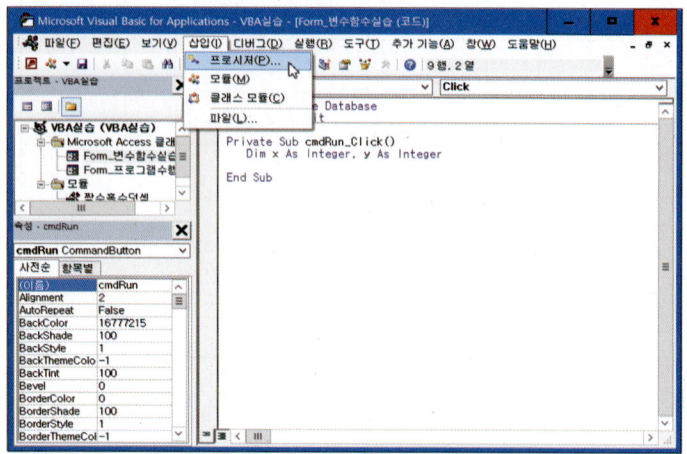

⑥ [프로시저 추가] 대화상자가 나타나면 Function(함수) 프로시저를 추가한다. 여기서는 '값더하기'라는 이름을 지정하고 'Function' 형식 및 'Public' 범위를 갖도록 지정한 후 [확인]을 클릭하여 함수를 작성한다.

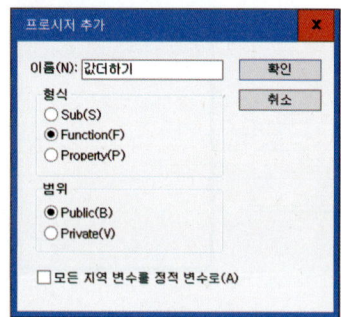

⑦ 다음과 같이 Function 프로시저가 추가된 화면에서 프로시저의 기본 형식이 추가된 것을 볼 수 있다. 이제 이 프로시저를 수정하여 인수를 받아들이도록 만들 것이다.

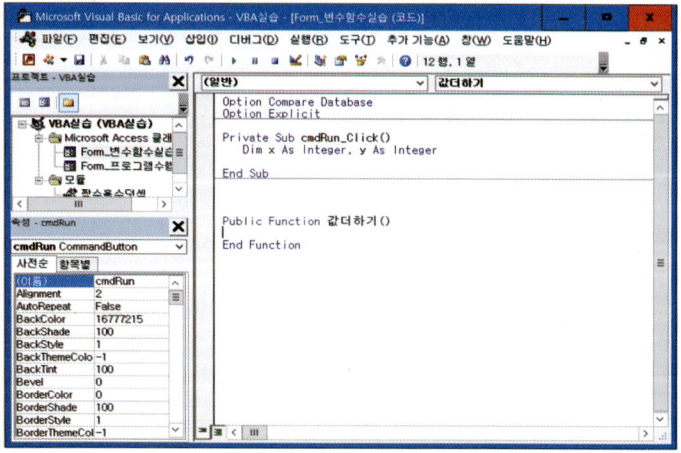

⑧ 다음과 같이 인수를 삽입한다. 인수에는 데이터 형식을 지정할 수 있다. 여기서는 인수 x, y를 Integer 형식으로 지정할 것이다. 문장을 입력하다보면 다음 화면처럼 자동 완성 기능을 위한 목록 상자가 나타나서 입력을 도와줄 것이다.

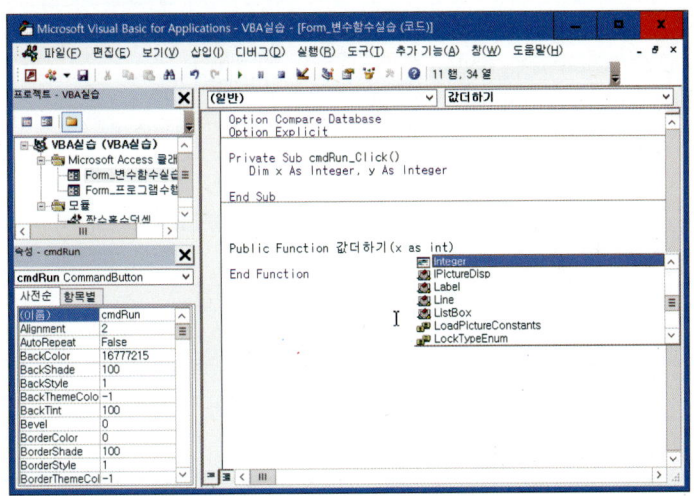

⑨ 다음과 같이 인수를 지정하고, 이 프로시저가 값을 반환하게 만들기 위해 맨 뒤에 'As Integer'라는 문장을 덧붙인다.

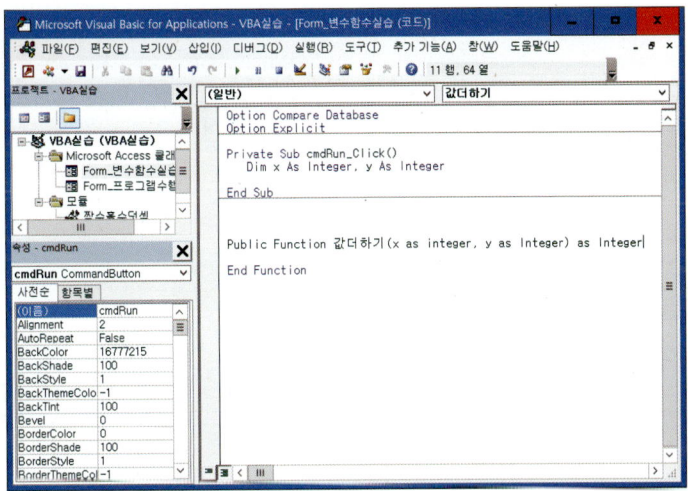

⑩ 이 프로시저는 인수로 전달받은 x, y 값을 더하여 반환하는 기능을 가진다. 값을 반환하려면 결과를 함수 이름에 대입해야 한다. 다음과 같이 '값더하기 = x + y' 코드를 추가한다.

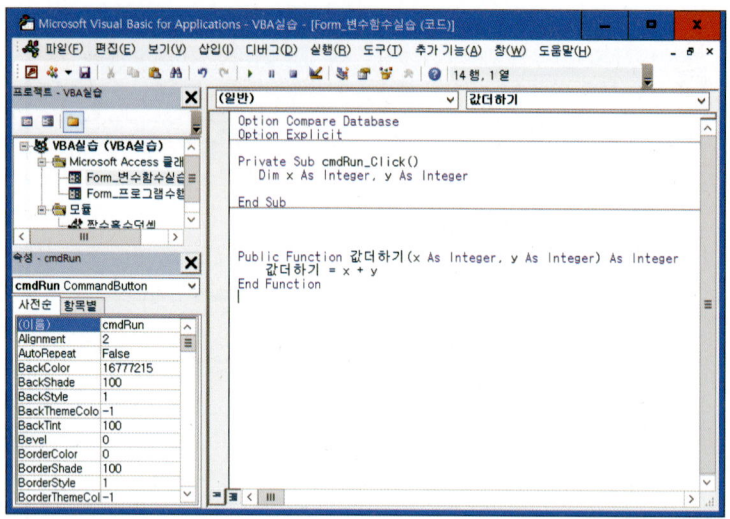

⑪ 이제 Function 프로시저를 작성했으므로 cmdRun 명령 단추에 대한 이벤트 프로시저를 작성한다. 이 프로시저에서는 두 텍스트 상자에 있는 값을 더하여 결과 텍스트 상자에 표시해 주는 기능을 가져야 한다. 먼저 변수를 사용하기 전에 Dim 문을 사용하여 변수를 선언한다.

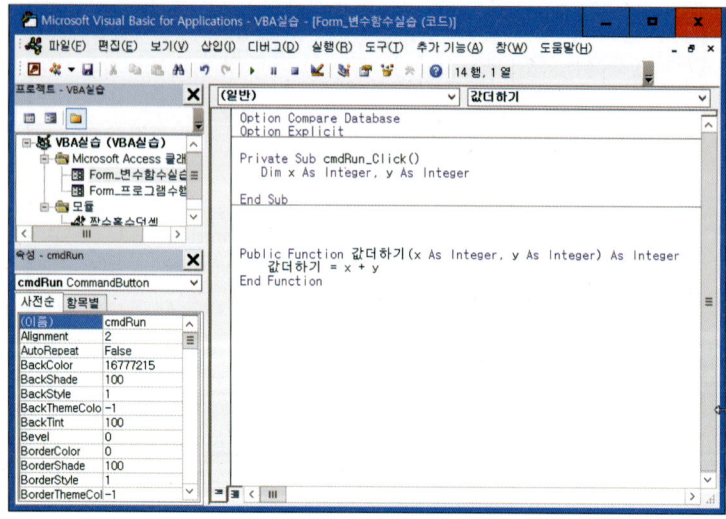

⑫ 텍스트 상자로부터 읽어온 텍스트 값을 Val 함수를 사용하여 숫자로 변환한 후, 각각 변수 x 및 y에 대입하는 코드를 추가한다. 그리고 'txt결과 값' 텍스트 상자에 '값더하기'라는 함수의 결과 값을 대입하는 코드를 추가한다. 이 함수는 이미 Function 프로시저로 정의되어 있으므로 입력 중에 풍선 도움말이 표시될 것이다.

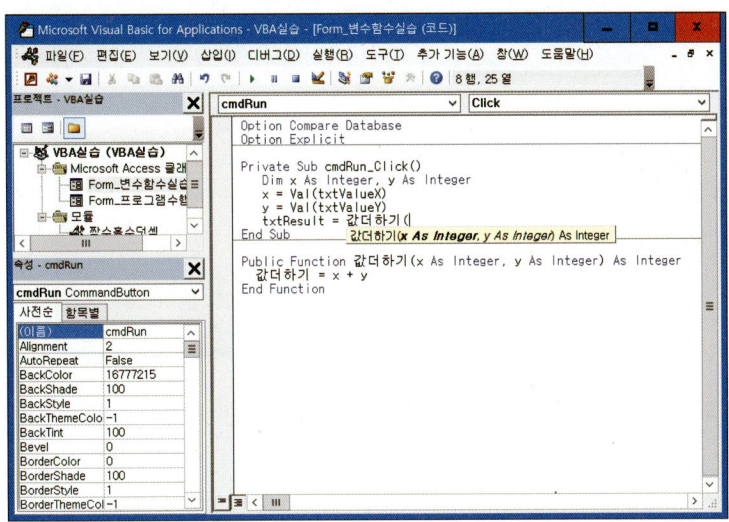

⑬ 다음과 같이 코드를 입력했는지 다시 한 번 확인하여 모듈 작성을 완료한다.

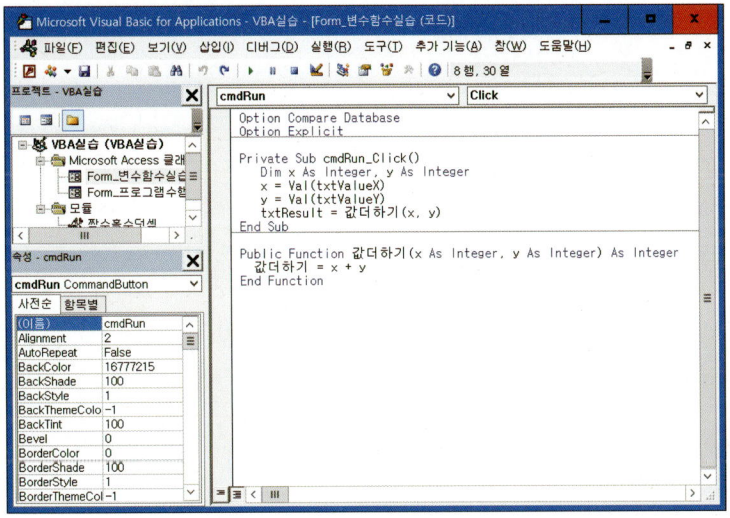

⑭ 메뉴에서 [파일] - [닫고 Microsoft Access(으)로 돌아가기]를 선택하여 폼의 디자인 창으로 되돌아간다.

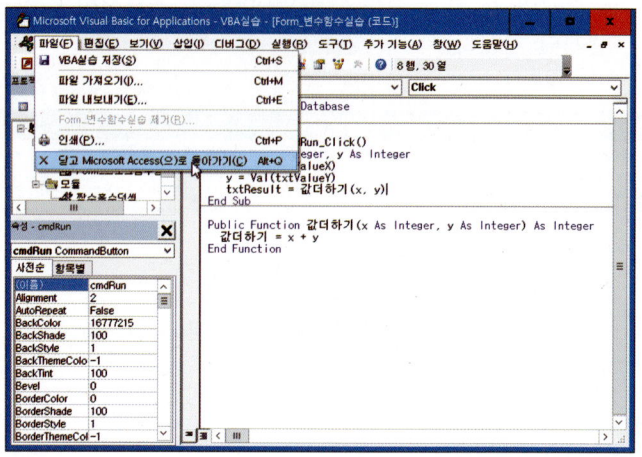

⑮ 디자인 창으로 되돌아오면 명령 단추의 속성 대화상자의 해당 속성 란에 [이벤트 프로시저]라고 표시된다.

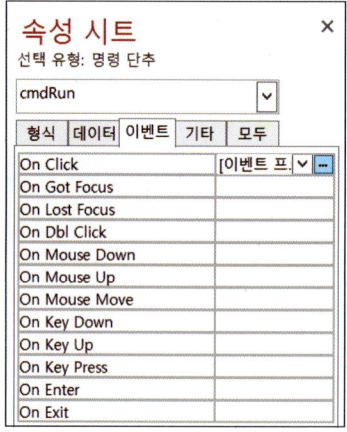

⑯ 폼을 실행하고 다음과 같이 'X값' 및 'Y값'에 값을 입력한 후 [실행] 명령 단추를 클릭하면 '결과 값' 텍스트 상자에 다음과 같이 두 값을 더한 결과가 표시된다.

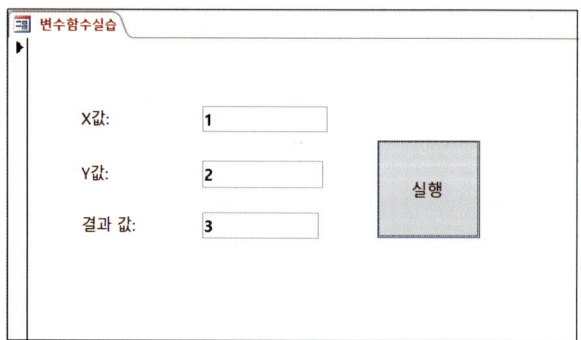

5) 프로그램 수행문 익히기

① 데이터베이스 파일 'VBA실습.accdb'을 연다. [만들기]-[모듈]을 선택하여 새 모듈을 작성한다.

② VBA 코드 편집 창이 나타나면 도구 모음에서 '저장' 단추를 클릭하여 모듈을 '짝수홀수덧셈'으로 저장한다. 새 Function 프로시저를 추가하기 위해 메뉴에서 [삽입]-[프로시저]를 선택한다.

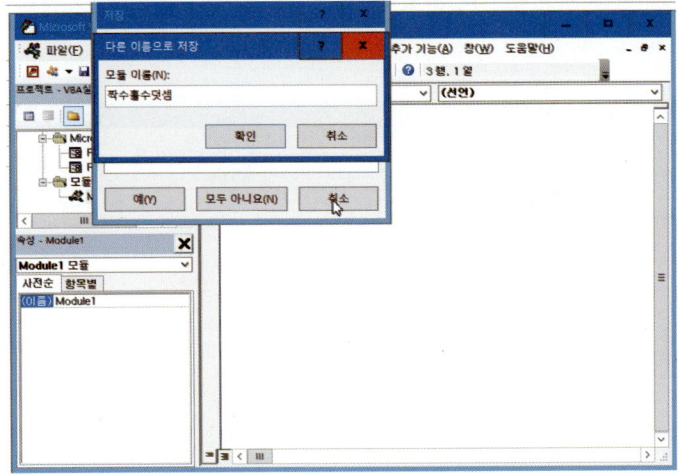

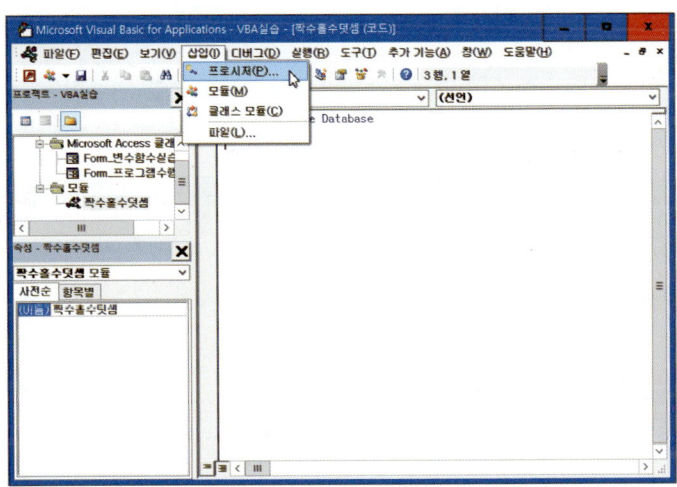

③ [프로시저 추가] 대화상자가 나타나면 Function 프로시저를 추가한다. 여기서는 '결과계산'이라는 이름을 지정하고 'Function' 형식 및 'Public' 범위를 갖도록 지정한 후 [확인]을 클릭하여 함수를 작성한다.

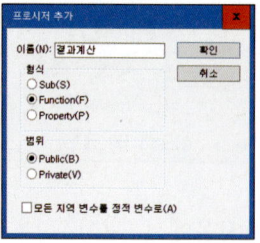

④ 프로시저의 기본 형식이 추가된 것을 볼 수 있다. 다음과 같이 프로시저를 수정하여 함수의 괄호 안에 인수를 받아들일 수 있도록 지정하고, 함수 자체가 Integer 형식의 결과 값을 반환하도록 데이터 형식을 Integer로 지정한다.

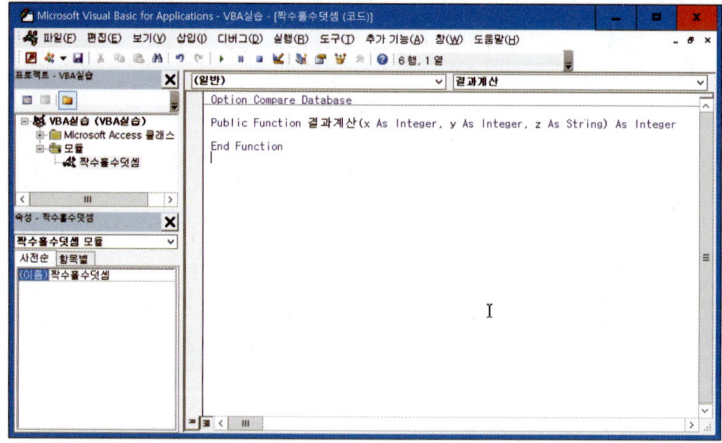

⑤ 이 프로시저에서 사용할 변수를 선언한다. 다음과 같이 Dim 문을 이용하여 변수를 선언하는 코드를 입력한다.

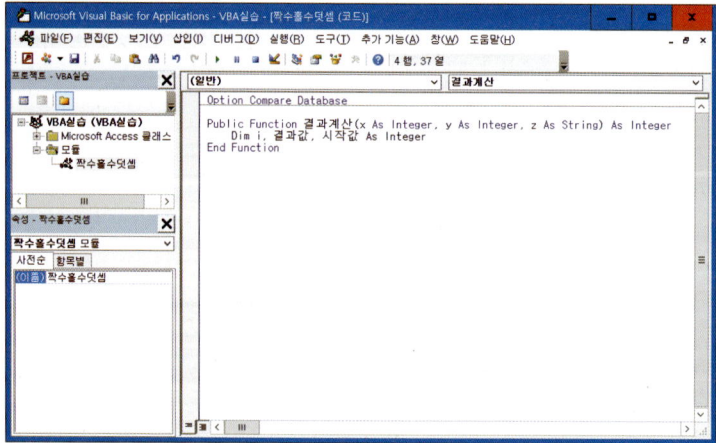

⑥ '결과 값'을 0으로 초기화한다. 반드시 지정하지 않아도 변수를 선언할 때 0으로 지정되지만 명시적으로 지정해주는 것이 좋은 코드 습관이다. 그 다음 Select Case 문을 사용하여 z라는 인수의 값이 짝수 또는 홀수일 경우 처리를 달리하도록 다음과 같이 코드를 입력한다.

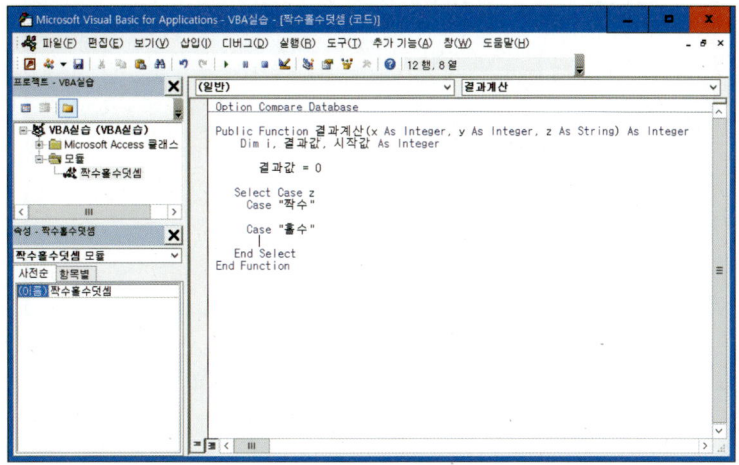

⑦ 각 Case에 다음과 같이 If...Then...Else 문을 사용하여 짝수 또는 홀수일 때 시작 값을 계산한다. 코드의 원리는 사용자가 짝수를 지정하고 시작 값을 1과 같은 홀수를 지정할 경우 1을 더하여 짝수인 2로부터 새로 시작하게 하는 것이다. 홀수의 경우에도 짝수와 마찬가지 원리로 다음과 같이 코드를 작성하면 된다. 여기서 쓰인 Mod는 나머지를 구하는 연산자이다. 예를 들어 9 Mod 2는 9를 2로 나눈 나머지이므로 1이 된다.

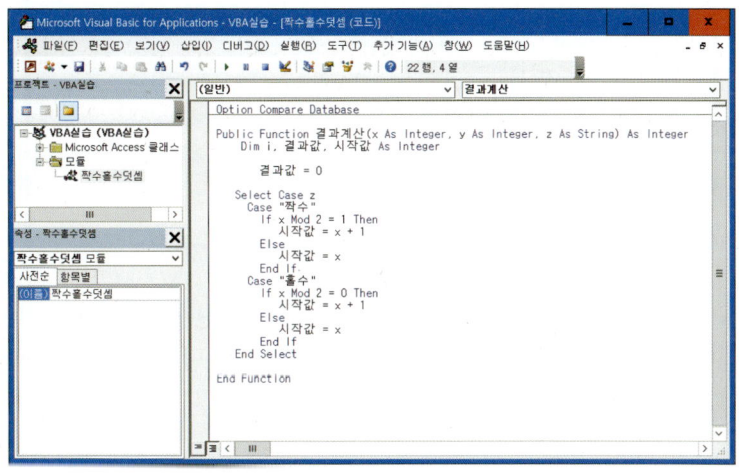

⑧ Select Case 문을 통과하고 나면 시작 값이 인수로 입력한 x로부터 새로 계산된다. 그 다음 합계를 계산하기 위해 For...Next 문을 사용한다. 시작 값에서 시작하여 인수 y까지 간격을 2로 반복하며 '결과 값' 변수에 값을 누적하는 원리이다. 다음과 같이 코드를 추가한다.

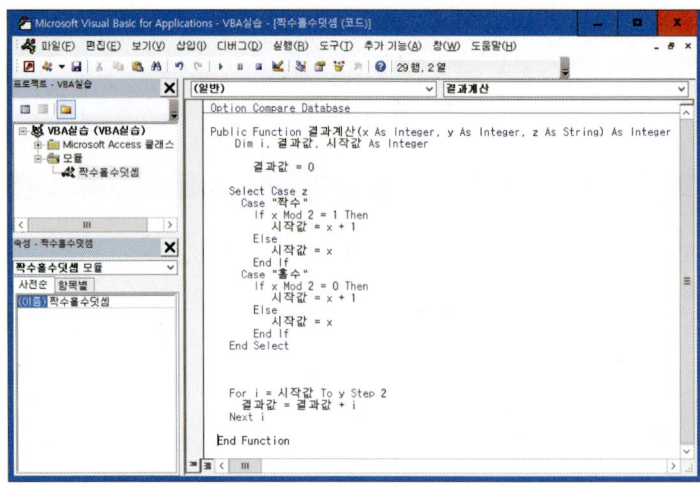

⑨ 마지막으로 결과를 반환하기 위해 함수 이름 '결과계산'에 '결과 값'을 대입한다. 이미 배웠듯 함수 이름을 변수처럼 사용하면 결과 값을 호출한 쪽에 전달하게 된다. 다음과 같이 마지막 코드를 추가한다.

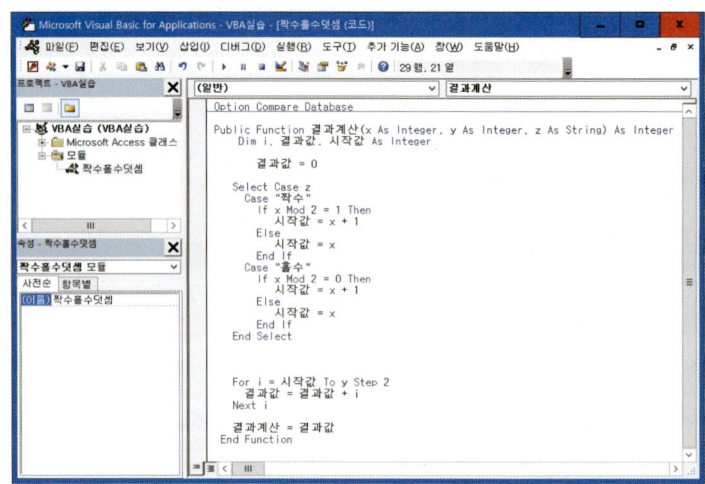

⑩ 이제 코드 편집 창을 닫고 Access로 되돌아가서 [폼] 개체를 선택한다. [만들기] - [폼 디자인]으로 기본 폼을 작성하고 텍스트 상자 3개, 콤보 상자 1개 및 명령 단추를 1개 추가한 후 다음과 같이 속성을 지정한다.

컨트롤	이름	캡션
텍스트 상자	txtStartValue	시작 값
	txtEndValue	마침 값
	txtResult	결과 값
콤보 상자	cboEvenOdd	짝수 또는 홀수
명령 단추	cmdRun	실행

⑪ 컨트롤들의 레이아웃을 다음과 같이 지정하고 폼 이름을 '프로그램수행문실습'으로 저장한다.

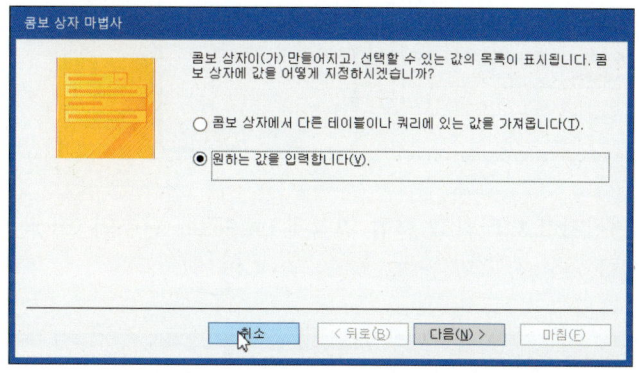

⑫ 특히 콤보 상자 컨트롤은 '컨트롤 마법사' 단추를 선택한 상태에서 작성한다. 컨트롤 마법사 단계 중에서 다음과 같이 '짝수' 및 '홀수' 항목을 직접 입력한다.

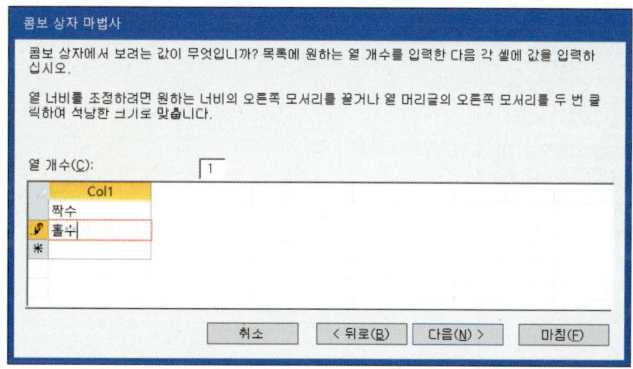

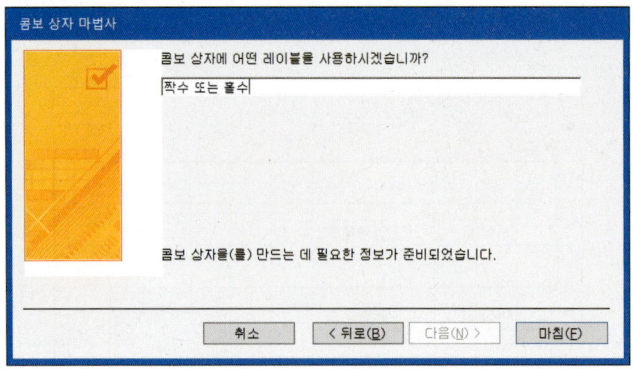

⑬ 명령 단추의 속성 대화상자가 나타나면 [이벤트] 탭에서 [On Click] 속성 상자 옆에 있는 '작성 ' 단추를 클릭한다. [작성기 선택] 대화상자가 나타나면 '코드 작성기'를 선택하고 [확인]을 클릭한다.

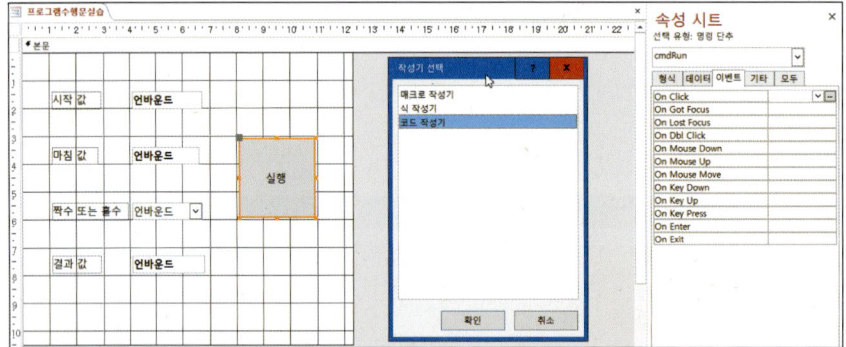

⑭ 다음과 같이 VBA 편집기가 나타나고 편집 영역에 cmdRun 단추의 Click 이벤트 프로시저가 작성된 것을 볼 수 있다.

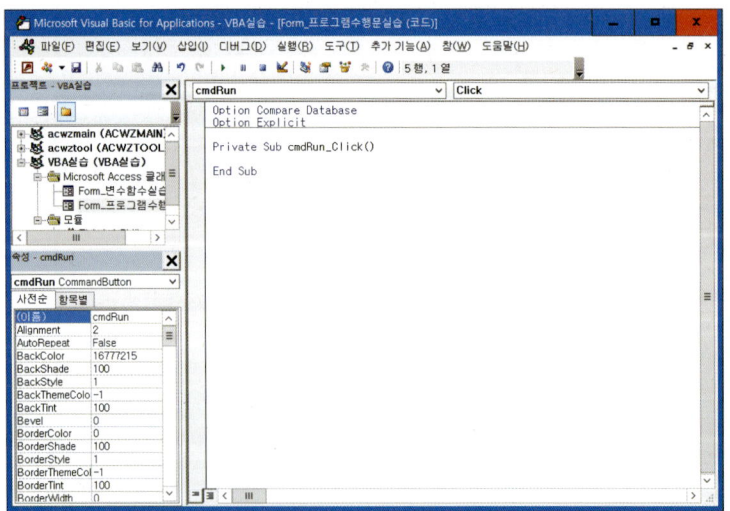

⑮ cmdRun 명령 단추에 대한 이벤트 프로시저를 작성한다. 먼저 변수를 사용하기 전에 Dim 문을 사용하여 변수를 선언한다.

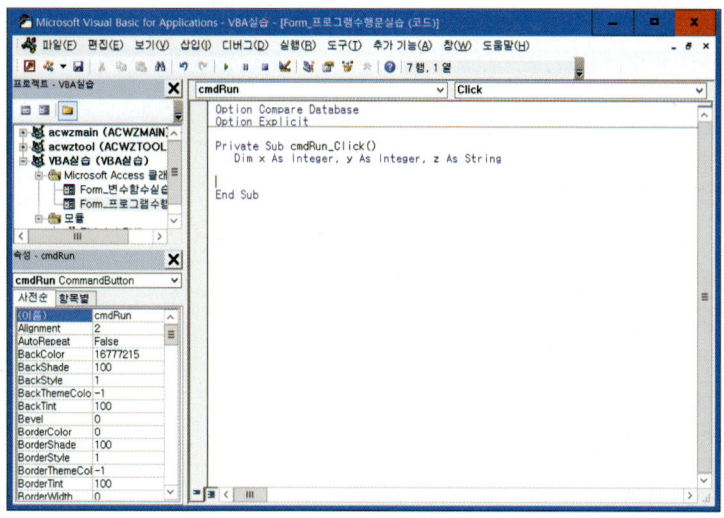

⑯ 텍스트 상자로부터 읽어온 문자열 값을 Val 함수를 사용하여 숫자로 변환한 후, 각각 변수 x 및 y에 대입하는 코드와 콤보 상자에서 텍스트 값을 읽어와 z에 대입하는 코드를 추가한다.

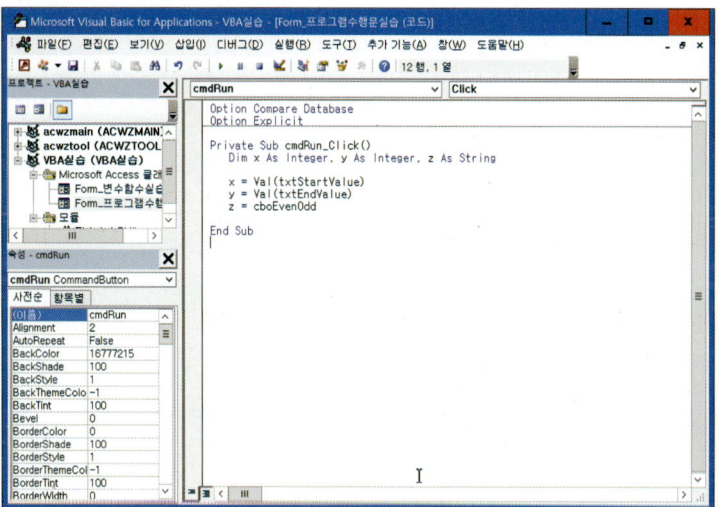

⑰ 또한 'txtResult' 텍스트 상자에 '결과계산'이라는 함수의 결과 값을 대입하는 코드를 추가한다. 이 함수는 이미 모듈 개체를 통해 작성되었으므로 이 프로시저에서도 사용할 수 있는 것이다. 인수를 정확히 대입하여 함수를 호출한다.

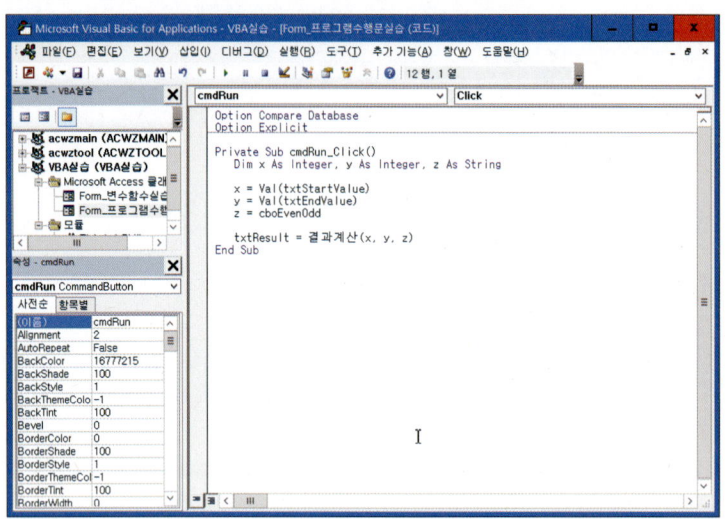

⑱ 폼을 실행하고 다음과 같이 시작 및 마침 값을 입력하고, 콤보 상자에서 '짝수' 또는 '홀수'를 선택한 후 [실행] 명령 단추를 클릭하면 '결과 값' 텍스트 상자에 다음과 같이 범위 내의 짝수 또는 홀수를 모두 더한 결과가 된다.

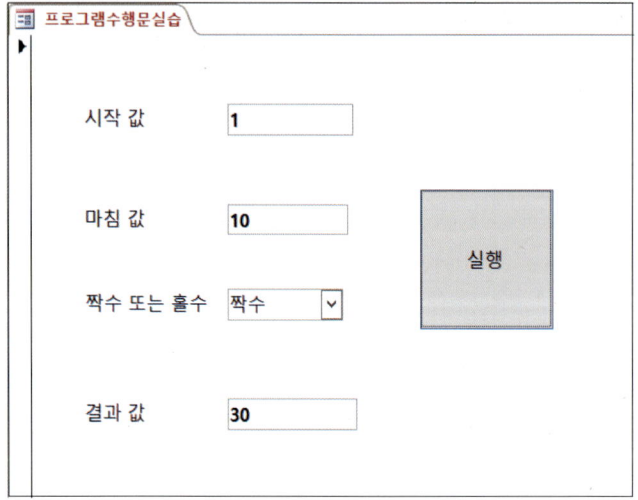

연습문제

01. 다음과 같이 화면을 작성하고 '수강접수' 테이블에 각각의 버튼을 등록하고 데이터를 입력하는 VBA를 작성하시오.

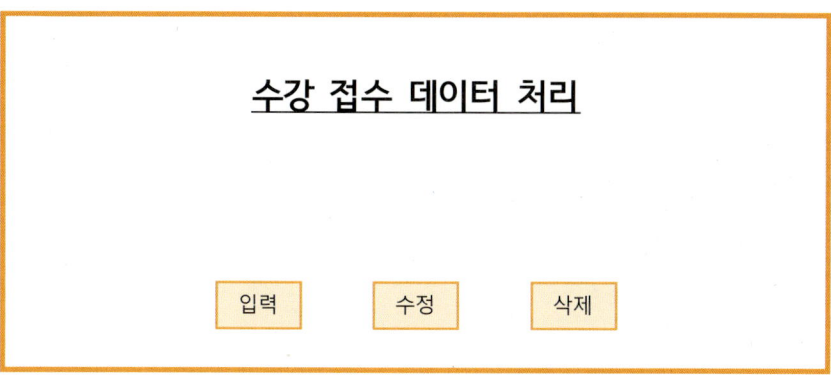

02. 다음과 같이 화면을 작성하고 '수강접수' 테이블에서 각각의 버튼을 등록하고 쿼리를 처리하는 VBA를 작성하시오.

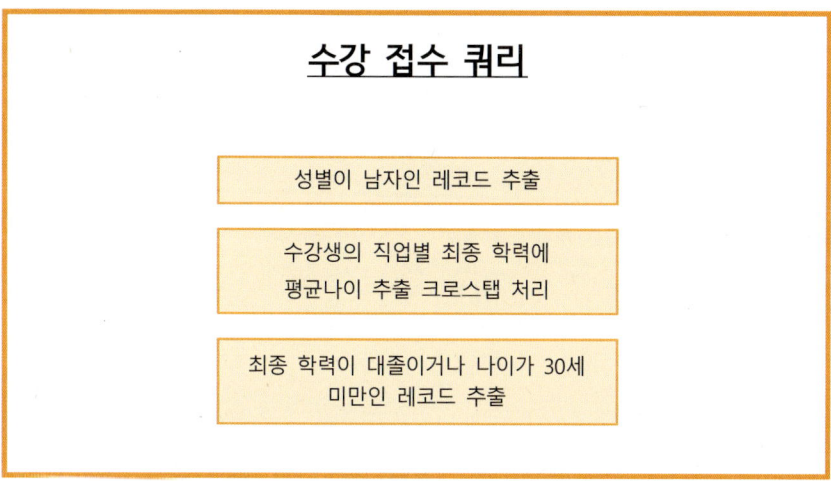

03. '수강접수 보고서'를 나타내는 버튼을 작성하고 해당 버튼에 VBA를 작성하여 연결하시오.

04. '수강접수' 테이블을 엑셀 2019로 보내는 버튼에 VBA를 작성하여 연결하시오.

제8장 액세스 2019의 활용

8.1 데이터의 변환

액세스 2019에서는 마이크로소프트 워드, 한글 워드프로세서와 같은 워드프로세서와 엑셀, SQL계열, 오라클 등과 같은 데이터베이스 관리 프로그램 등의 다른 응용프로그램에서 작성한 문서의 데이터를 가져오거나 연결할 수 있고, 액세스 2019에 수록한 데이터를 다른 응용프로그램으로 변환할 수 있는 기능을 제공한다.

8.1.1 액세스 2019와 한글 2010 사이의 자료 변환

1) 액세스 2019의 데이터를 한글 2010의 데이터로 변환

(1) 액세스 2019에서 작성한 인사관리 테이블에 수록한 데이터를 한글 2010의 표의 형식으로 가져와 보기로 한다.

① 데이터베이스 창의 테이블 탭을 클릭하고, '인사관리' 테이블을 선택한 다음, [열기] 버튼을 클릭하면 다음과 같은 인사관리 테이블 창이 나타난다.

② 메뉴의 [외부 데이터] - [기타] - [WORD]를 차례로 선택하면 '인사관리' 테이블을 저장하기 위한 이름과 파일 형식을 지정하기 위한 대화상자가 나타나며, 여기서는 [인사관리]를 입력하고, 파일 형식은 rtf 문서로 지정한 다음 [모두 내보내기]를 클릭하면 '인사관리.rtf'로 별도의 파일이 저장된다.

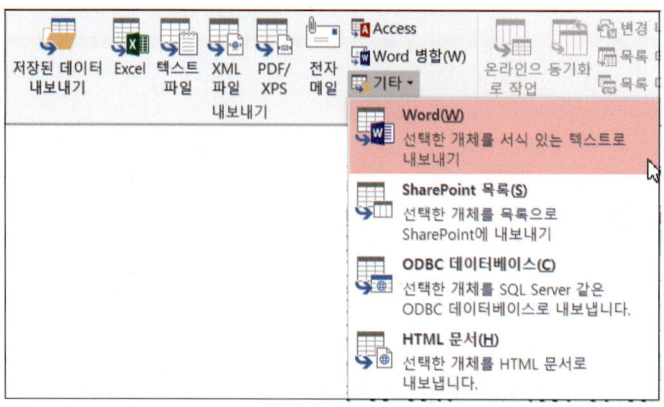

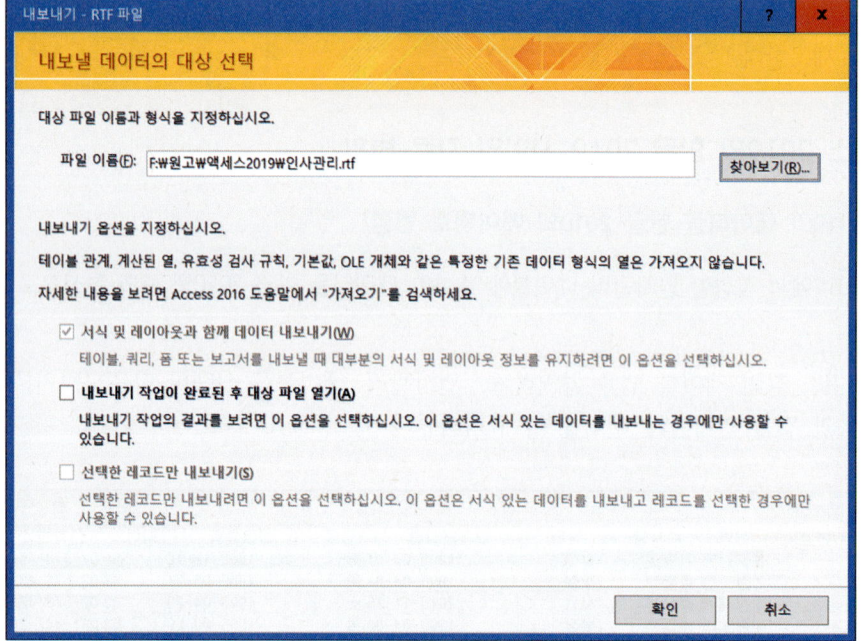

③ 다음 저장한 파일을 나타내기 위해 한글 2010을 실행하면 다음과 같은 초기화면이 나타난다.

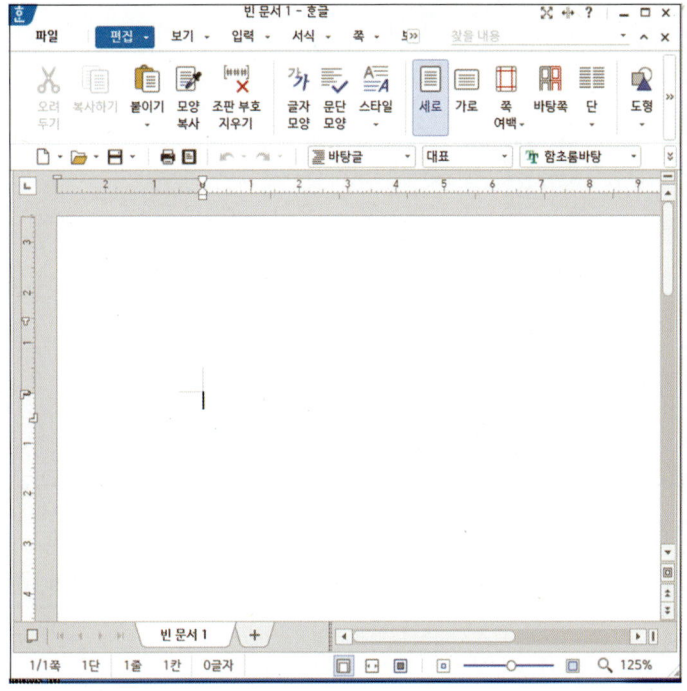

④ 한글 2010의 메뉴 표시줄에서 [파일]-[불러오기]를 차례로 선택하면 다음과 같은 불러오기 대화상자가 나타나며, 이 대화상자에서는 저장한 파일을 읽기 위해 다음과 같이 설정한다.

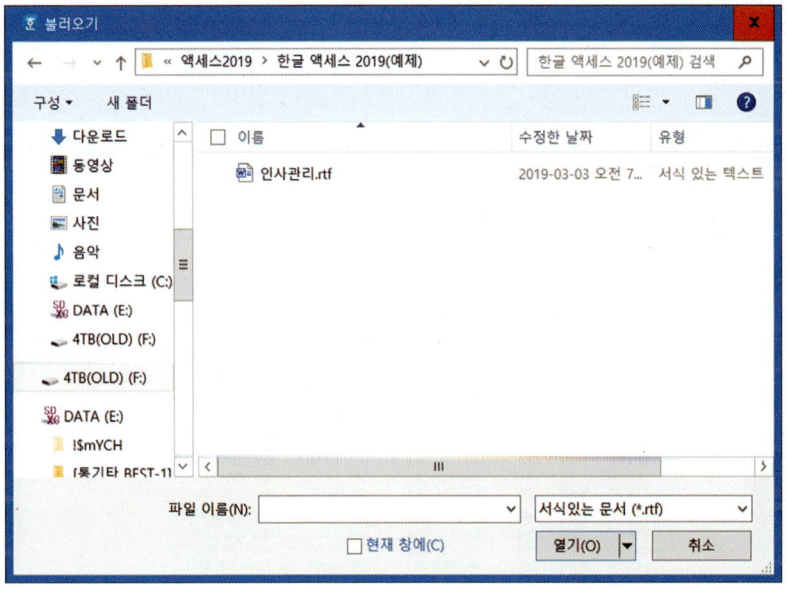

⑤ '인사관리.rtf'를 지정하고 [열기] 단추를 클릭하면, 다음과 같은 결과가 나타난다.

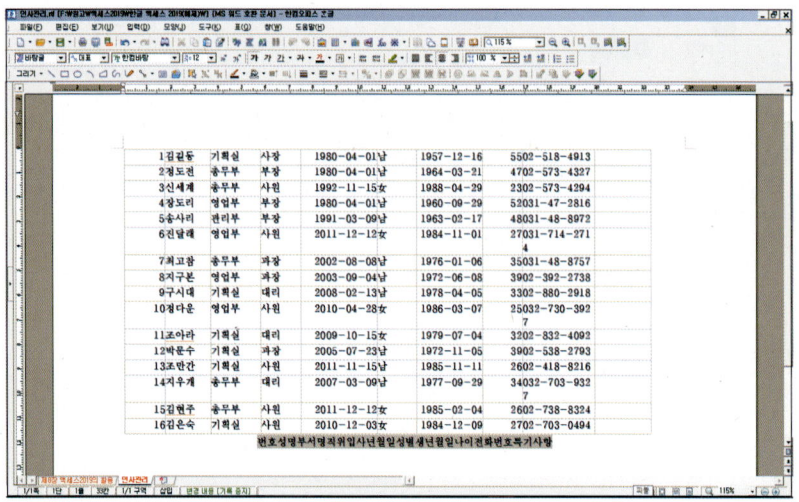

⑥ 이렇게 변환되어 나타난 데이터는 한글 2010에서 재편집하여 한글 2010 문서로 새 이름으로 저장하면 이 데이터는 한글 2010 문서로 사용될 수 있다(여기에서는 '인사관리.HWP'라고 저장한다.).

2) 한글 2010의 데이터를 액세스 2019의 데이터로 변환

액세스 2019에는 필드의 데이터를 인식하기 위해 쉼표, 탭, 세미콜론, 공백, 기타 문자 등의 구분된 값들이 들어있는 텍스트 파일이나 각 필드의 길이가 일정하고 고정 너비로 되어 있는 텍스트 파일에서 가져오기를 할 수 있다.

(1) 한글 2010에 수록된 '인사관리.HWP' 문서를 다시 변환하여 액세스 2019로 가져와 보기로 한다.

① 먼저 한글 2010에서 이미 저장한 '인사관리.HWP'를 열기하면 다음과 같은 화면이 나타난다.

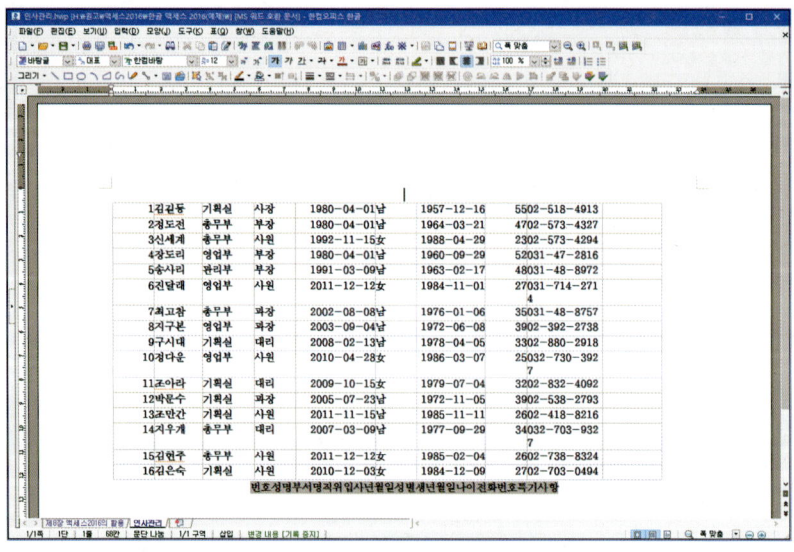

② 다음으로 표를 더블클릭하여 지정하고 [표/셀 속성]에서 [글자처럼 취급]을 지정한 다음, 표를 블록으로 지정한다.

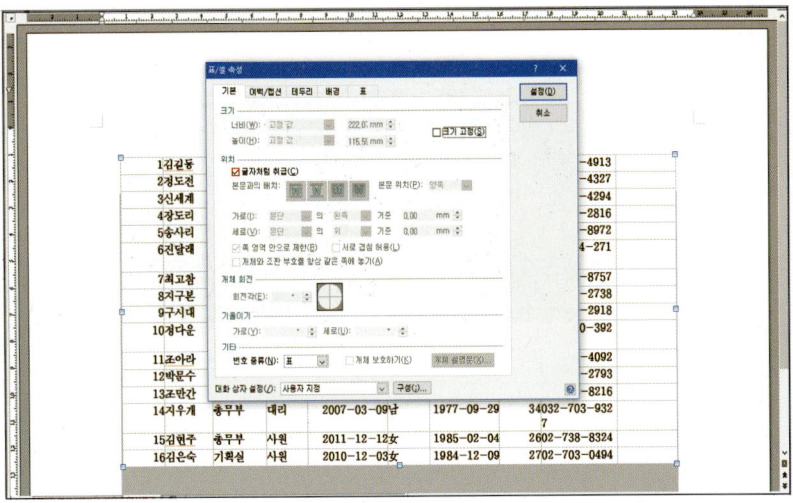

③ 다음으로 표를 제거하고 필드별 구분자를 지정해야 하므로 범위를 설정하고 [표]-[표를 문자열로]를 선택하면 구분자(+)를 지정하기 위한 대화상자가 나타나고, 구분자를 +로 지정한다.

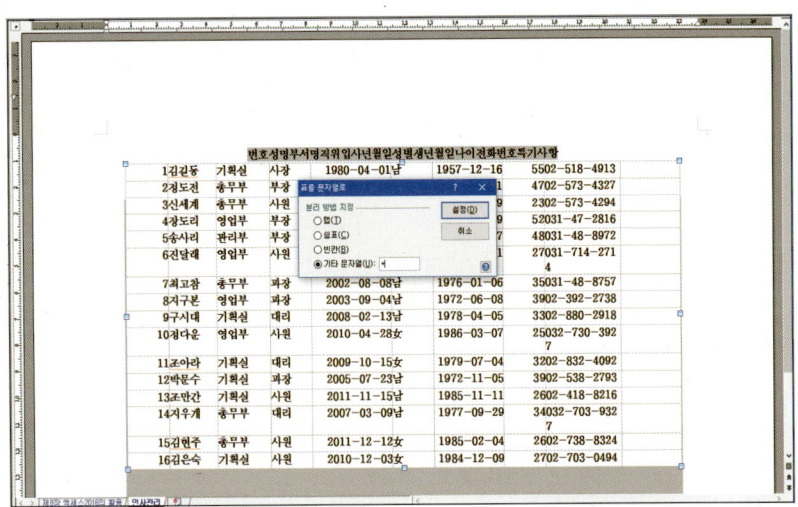

④ [확인] 단추를 누르면 표가 제거된 모양이 나타나고 나타난 데이터 부분에서 액세스 2019로 변환할 때 필드명으로 사용하기 위해 목록면 사이에 + 기호를 다음과 같이 삽입하고, 범위로 지정한 다음 [파일]-[블록저장]을 선택한다.

번호+성명+부서명+직위+입사년월일+성별+생년월일+나이+전화번호+특기사항

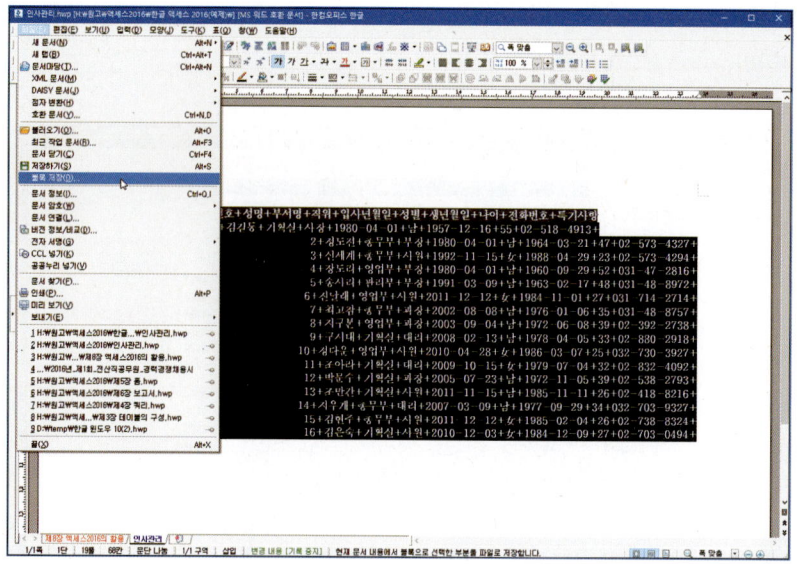

⑤ 다음으로 블록을 저장하기 위한 대화상자가 나타나며 파일 형식을 [텍스트]로 지정하고 파일 이름을 '인사관리'로 지정한 다음 [저장]을 클릭하면, [텍스트 문서 종류] 선택 화면이 나타나고, [유니코드]를 지정하고, [저장]을 선택하면 해당 파일이 수록되고, 메모장으로 텍스트 파일의 내용을 확인한다.

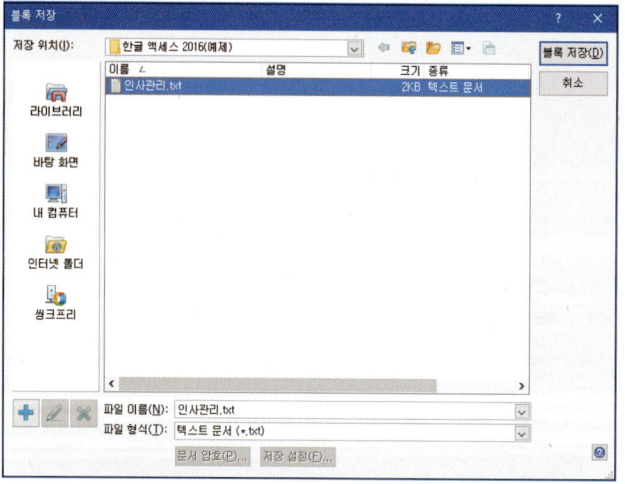

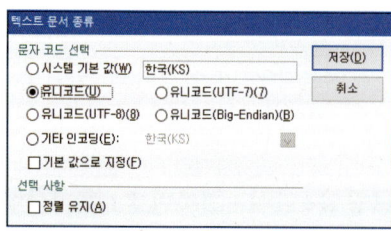

⑥ 다음으로 액세스 2019를 실행하여 텍스트 데이터를 저장할 데이터베이스를 나타낸 다음 [외부 데이터] - [새 데이터 원본] - [텍스트 파일]을 선택한다.

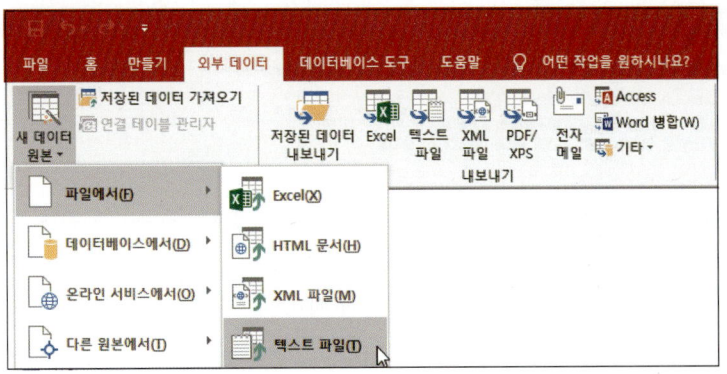

⑦ 다음으로 [외부 데이터 가져오기] 대화상자가 나타나고 저장된 '인사관리.txt'를 선택하면 대화상자 안에 나타난다.

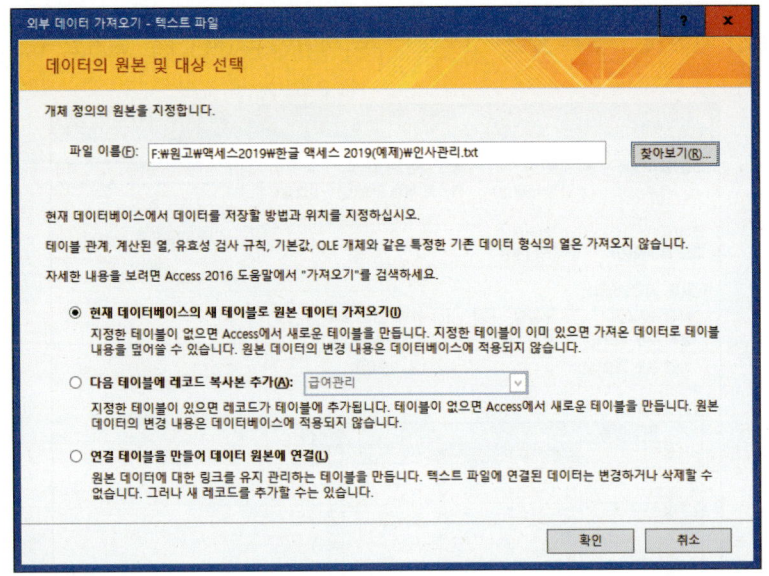

⑧ [외부 데이터 가져오기] 화면에서 [확인]을 클릭하면, 텍스트 가져오기 마법사가 나타나고 [구분]을 선택한 다음 [고급] 버튼을 클릭한다.

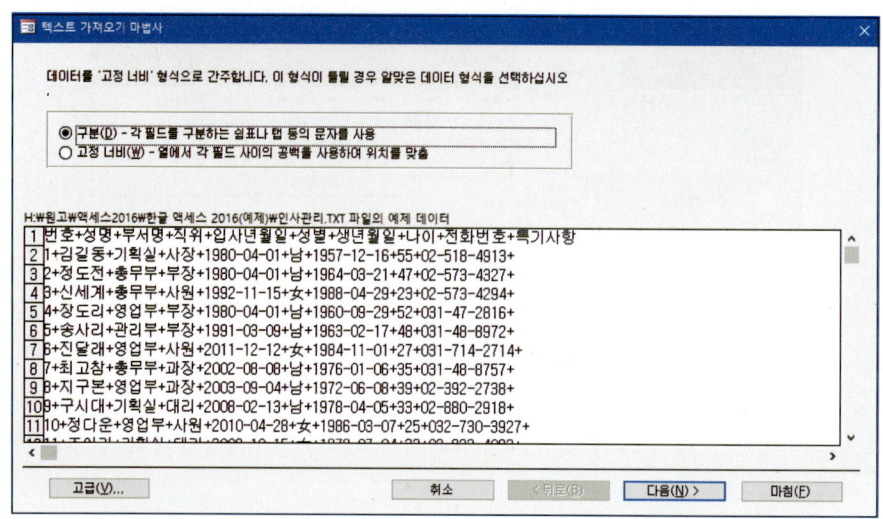

⑨ [가져오기 설정] 화면에서 필드 구분 기호를 +로 지정하고 [확인]을 클릭한다.

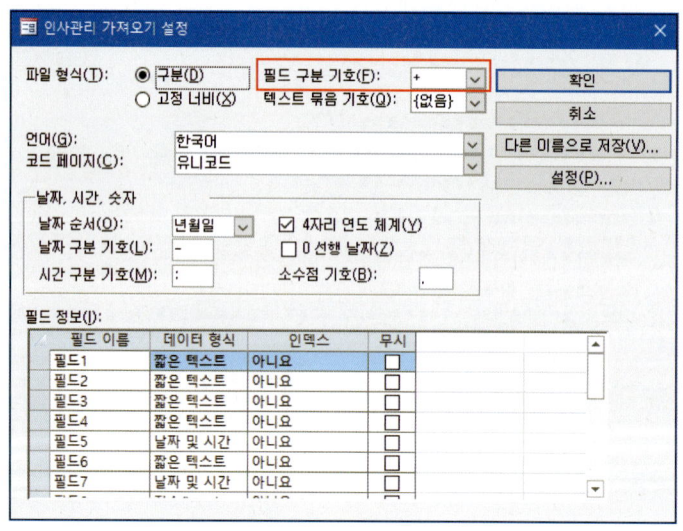

⑩ [확인]을 클릭하면 다시 텍스트 가져오기 마법사 화면이 나타나고 [구분]을 지정한 후 [다음]을 클릭한다.

⑪ 텍스트 가져오기 세 번째 단계에서는 기타의 +구분자에 의해 필드가 지정되어 나타난다.

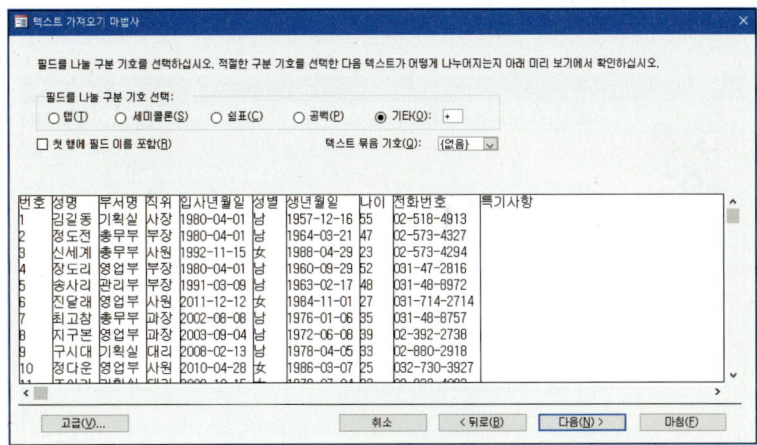

⑫ [첫 행에 필드 이름 포함] 목록을 지정하면, 첫 행의 데이터가 자동으로 필드명으로 선택되어 나타나고, [번호] 필드를 인덱스(I): 예(중복 불가능) 로 선택하고 [다음]을 클릭한다.

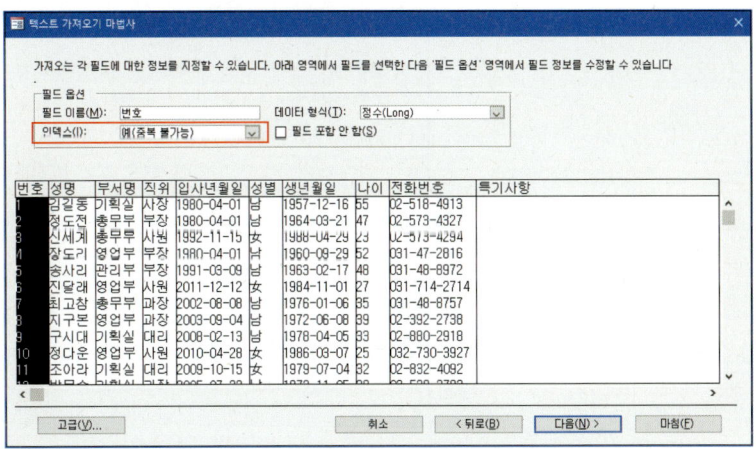

⑬ 다섯 번째 단계에서는 기본 키 선택을 [번호]로 지정하고, [다음]을 클릭한다.

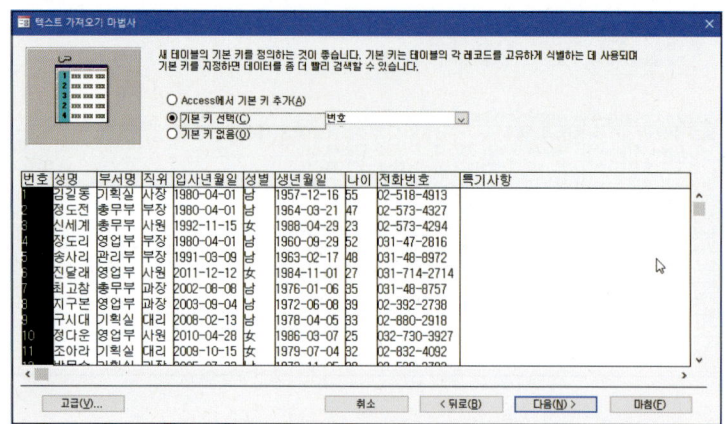

⑭ 마지막 단계에서는 테이블 이름을 지정해야 하므로 여기서는 '인사관리(변환)'을 입력한 다음 [마침]을 클릭한다.

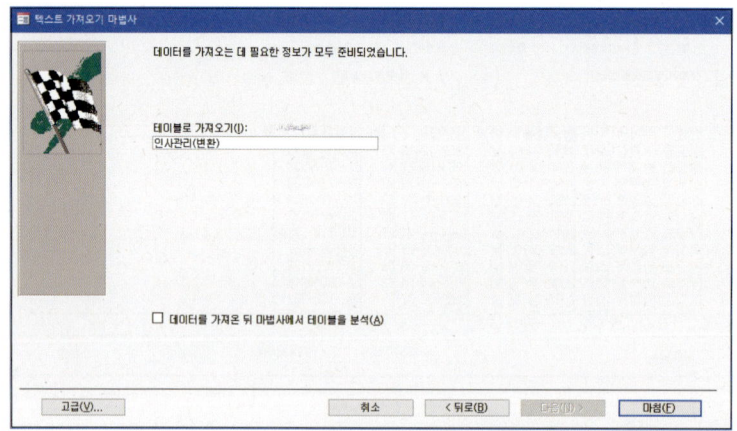

⑮ 변환이 완료되었다는 대화상자가 나타난다.

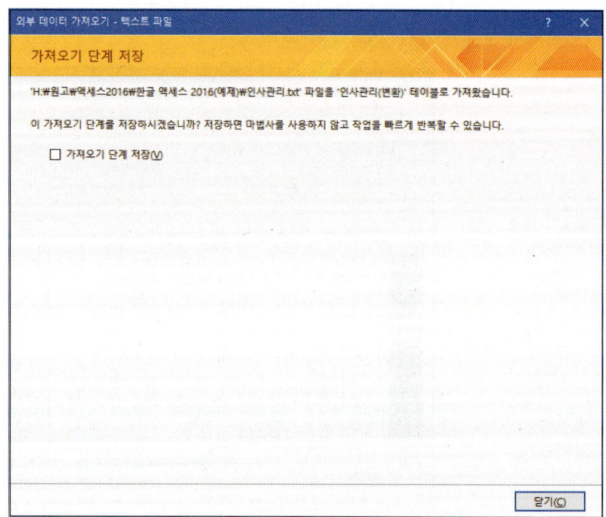

⑯ 앞에서 [닫기]를 클릭하면 테이블 창에 '인사관리(변환)'의 제목이 나타난다.

⑰ '인사관리(변환)' 테이블을 지정하면 다음과 같은 화면이 나타난다.

8.1.2 액세스 2019와 엑셀 2019 사이의 자료 변환

1) 액세스 2019와 데이터를 엑셀 2019의 데이터로 변환

서로 다른 종류의 응용프로그램들 간에 데이터를 주고, 받을 수 있다는 것은 사용자에게 상당히 큰 편리성을 제공한다.

특히 엑셀과 액세스는 하나의 오피스라는 패키지에 속해 있는 프로그램으로서 서로가 가지고 있는 데이터를 호환하는 것에 있어서 재편집할 필요 없이 사용이 가능하다.

앞에서도 다루어 보았지만 액세스 데이터를 한글 2010에서 불러오기를 하면 그것에 대한 정보가 서로 다르기 때문에 데이터 변환은 가능하지만 다시 부분편집 해야 하는 번거로움을 가지고 있다.

다음으로 액세스 2019에서 작성한 쿼리 중에 '호봉 필드 값 입력'에 의해 나타난 테이블을 엑셀 2019로 가져가 보기로 한다.

(1) 액세스 2019에서 작성한 쿼리 중에 '호봉 필드 값 입력'에 의해 나타난 테이블을 엑셀 2019로 가져와 보기로 한다.

① 먼저 엑셀 2019로 가져갈 액세스 2019 문서를 나타내기 위해 데이터베이스 창에서 쿼리 탭을 선택한 다음, 나타나는 쿼리 목록 중에 '호봉 필드 값 입력'을 선택하고, [열기] 버튼을 클릭한다.

② 쿼리에 대한 [열기]를 지정하면 다음과 같이 '호봉 필드 값 입력' 쿼리 창이 나타난다.

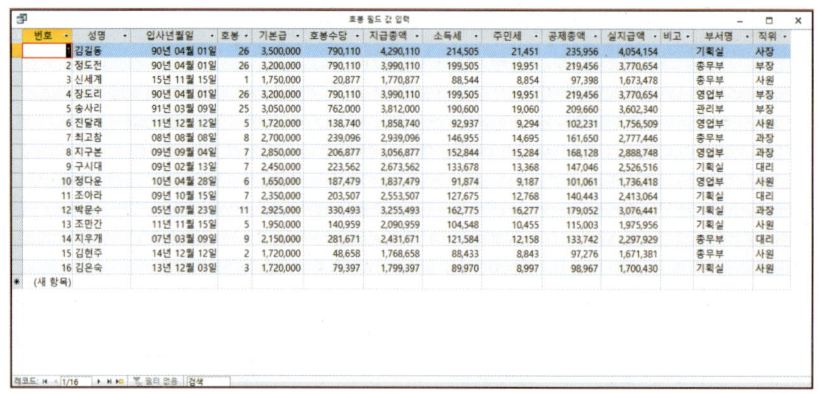

③ 메뉴에서 [외부 데이터] - [내보내기] - [Excel]을 차례로 선택하면 '호봉 필드 값 입력' 쿼리를 어디로 내보내는지 결정하는 대화상자가 나타나며, 파일 이름은 [호봉 필드 값 입력.xlsx]로 지정되고 [확인]을 클릭하면 간단하게 '호봉 필드 값 입력.xlsx'의 엑셀 파일이 저장된다.

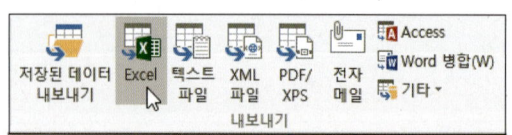

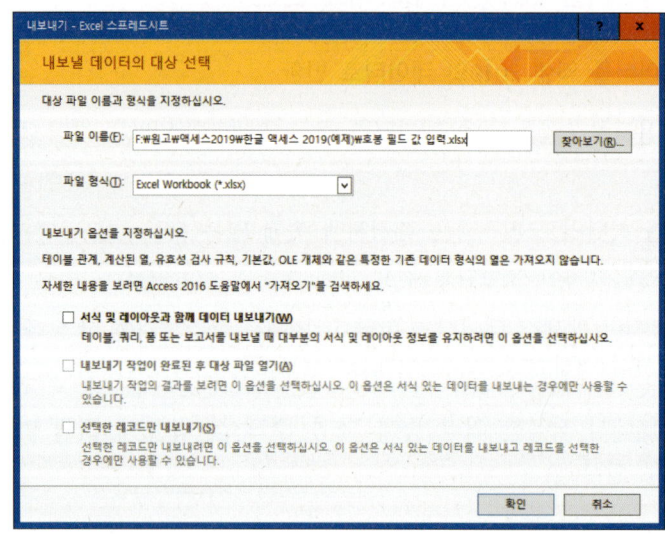

④ 엑셀 2019에서 저장된 파일을 열어보면 다음과 같이 나타난다.

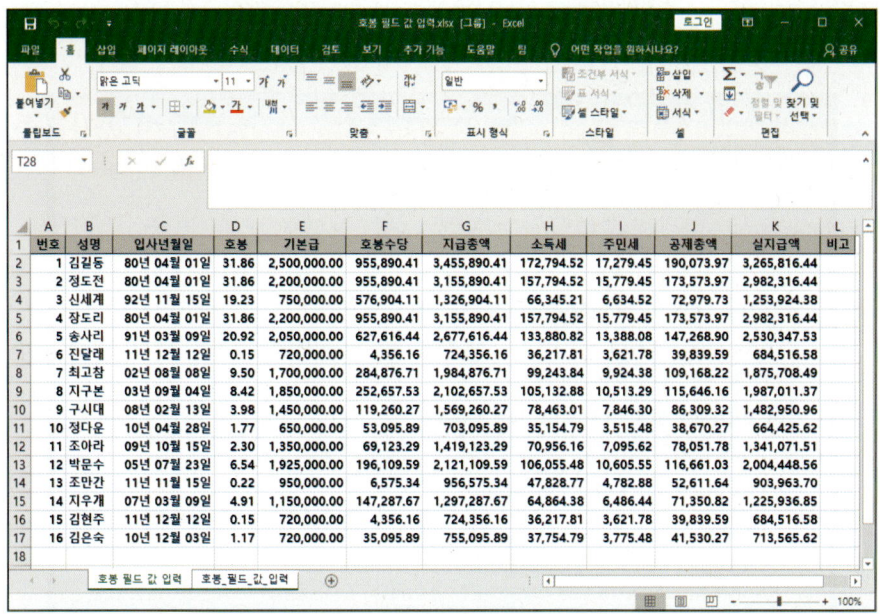

2) 엑셀 2019의 데이터를 액세스 2019의 데이터로 변환

엑셀 2019에서 액세스 2019로 데이터의 변환은 한글 2010에서 액세스 2019에 변환하는 방법 보다 매우 쉽다. 이때 복사한 데이터와 복사된 데이터는 별도의 파일을 유지하므로 결국 데이터를 복사한 것과 마찬가지 결과가 나타난다.

엑셀 2019에서 액세스 2019로 데이터를 변환할 경우 장점은 많은 자료를 변환할 때 검색 능력이 액세스 2019가 뛰어나며, 다양하게 데이터를 관리할 수 있다.

(1) 엑셀 2019로 복사한 '호봉 필드 값 입력.xlsx'를 액세스 2019의 테이블로 변환하여 보기로 한다.

① 변환할 액세스 2019의 데이터베이스 창에서 [외부 데이터] - [새 제이터 원본] - [Excel]을 선택한다.

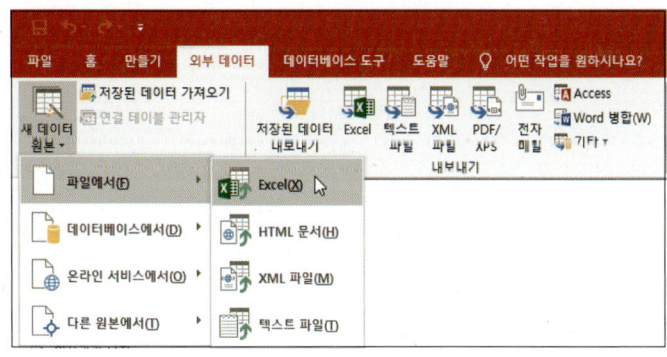

② 다음으로 [가져오기] 대화상자가 나타나고 엑셀 파일이 있는 폴더를 지정한 다음 파일 형식을 엑셀 문서로 지정하면 해당 엑셀 파일의 목록이 나타나며, 여기에서 '호봉 필드 값 입력.xlsx' 파일을 선택한 후 [확인]을 클릭한다.

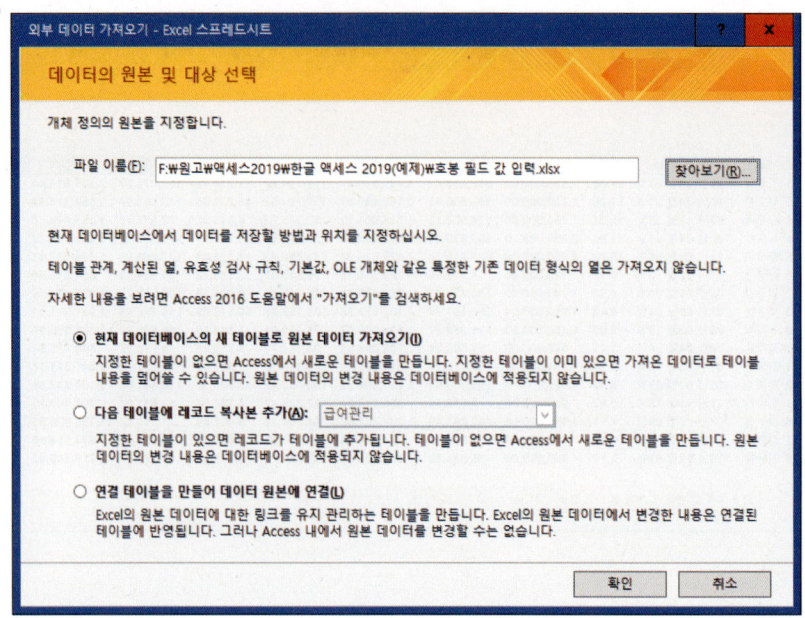

③ [스프레드시트 가져오기 마법사] 화면이 나타나고, 표시를 선택하기 위한 화면이 나타나고, [다음]을 클릭하면, 첫 행에 열 머리글지정 여부를 묻는 두 번째 단계의 대화상자가 나타난다.

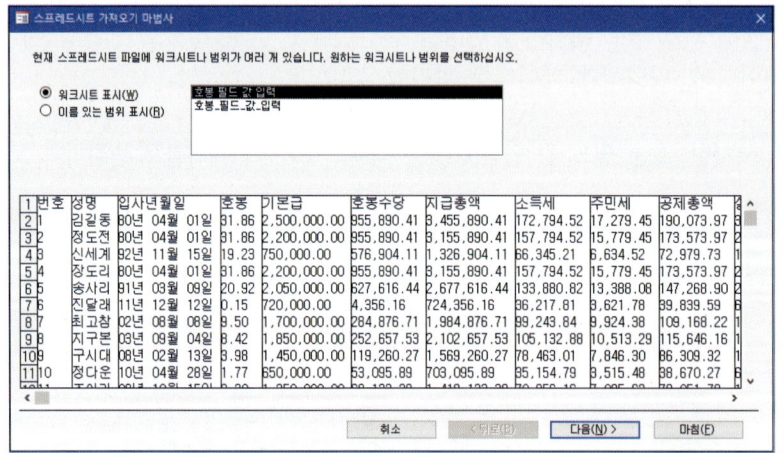

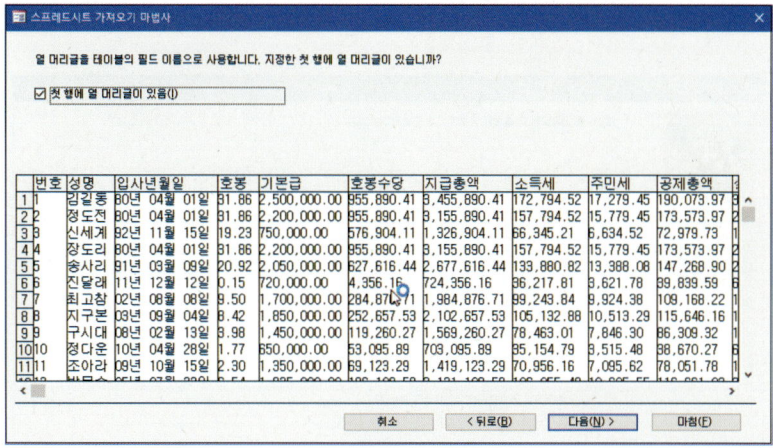

④ [다음] 단추를 클릭하면 필드 옵션을 지정하기 위한 대화상자가 나타나고 [다음] 단추를 누른다.

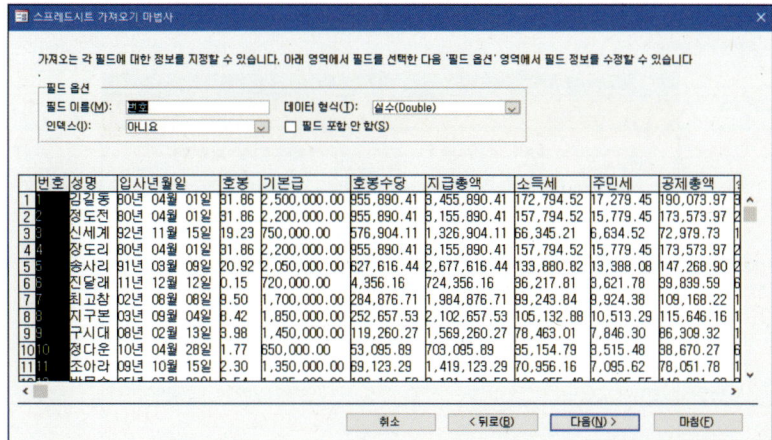

⑤ 다음으로 기본 키를 지정하기 위한 대화상자가 나타나고, 기본 키를 "번호"로 지정한 후 [다음] 단추를 누른다.

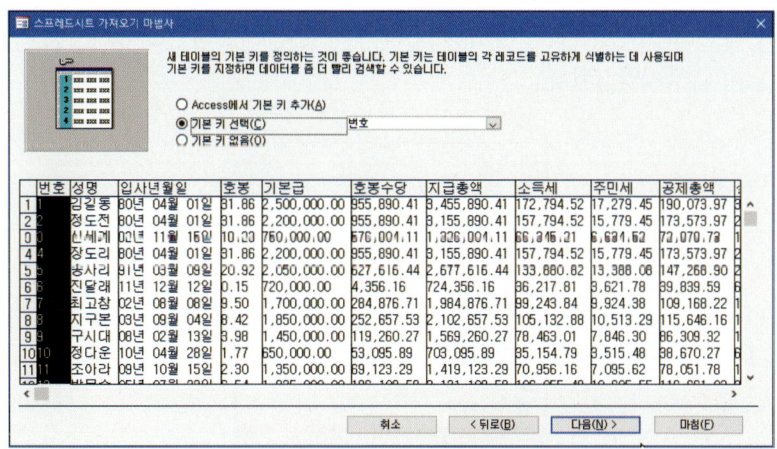

⑥ [다음] 단추를 클릭하면 테이블명을 입력하기 위한 대화상자가 나타나고 [마침] 단추를 누른다.

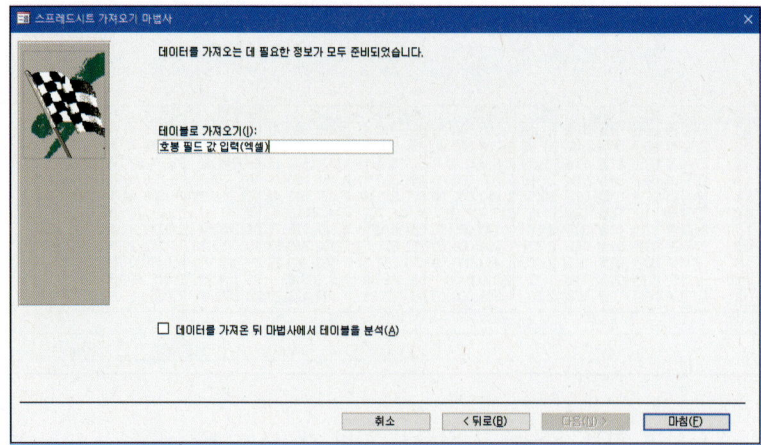

⑦ [마침] 단추를 누르면 엑셀 파일을 테이블로 가져온 메시지 대화상자가 나타난다.

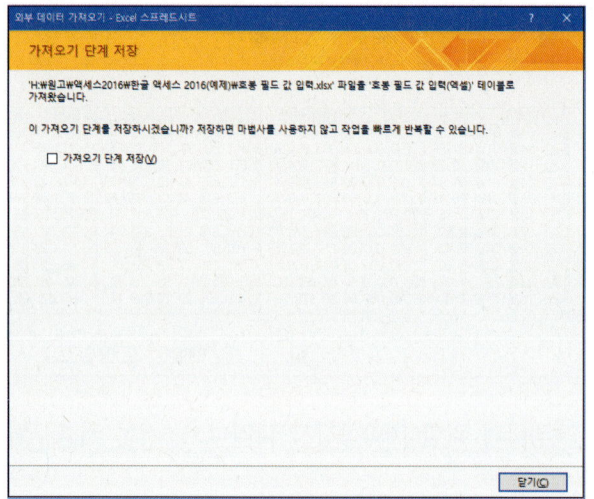

⑧ [닫기] 단추를 누르면 지정된 데이터베이스 창에 지정된 테이블의 목록이 나타나고 [열기] 단추를 누르면 테이블의 내용이 나타난다.

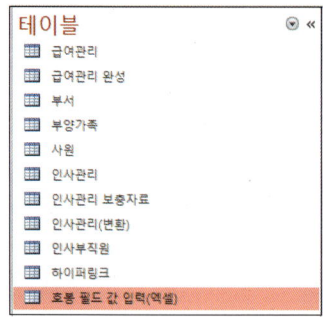

⑨ 다음은 변환된 테이블 내용을 나타낸 화면이다.

번호	성명	입사년월일	호봉	기본급	호봉수당	지급총액	소득세	주민세	공제총액	실지급액	비고
1	김길동	년 04월 01일	31.86	2,500,000.00	955,890.41	3,455,890.41	172,794.52	17,279.45	190,073.97	3,265,816.44	
2	정도전	년 04월 01일	31.86	2,200,000.00	955,890.41	3,155,890.41	157,794.52	15,779.45	173,573.97	2,982,316.44	
3	신세계	년 11월 15일	19.23	750,000.00	576,904.11	1,326,904.11	66,345.21	6,634.52	72,979.73	1,253,924.38	
4	장도리	년 04월 01일	31.86	2,200,000.00	955,890.41	3,155,890.41	157,794.52	15,779.45	173,573.97	2,982,316.44	
5	송사리	년 03월 09일	20.92	2,050,000.00	627,616.44	2,677,616.44	133,880.82	13,388.08	147,268.90	2,530,347.53	
6	진달래	년 12월 12일	0.15	720,000.00	4,356.16	724,356.16	36,217.81	3,621.78	39,839.59	684,516.58	
7	최고참	년 08월 08일	9.50	1,700,000.00	284,876.71	1,984,876.71	99,243.84	9,924.38	109,168.22	1,875,708.49	
8	지구본	년 09월 04일	8.42	1,850,000.00	252,657.53	2,102,657.53	105,132.88	10,513.29	115,646.16	1,987,011.37	
9	구시대	년 02월 13일	3.98	1,450,000.00	119,260.27	1,569,260.27	78,463.01	7,846.30	86,309.32	1,482,950.96	
10	정다운	년 04월 28일	1.77	650,000.00	53,095.89	703,095.89	35,154.79	3,515.48	38,670.27	664,425.62	
11	조아라	년 10월 15일	2.30	1,350,000.00	69,123.29	1,419,123.29	70,956.16	7,095.62	78,051.78	1,341,071.51	
12	박문수	년 07월 23일	6.54	1,925,000.00	196,109.59	2,121,109.59	106,055.48	10,605.55	116,661.03	2,004,448.56	
13	조만간	년 11월 15일	0.22	950,000.00	6,575.34	956,575.34	47,828.77	4,782.88	52,611.64	903,963.70	
14	지우개	년 03월 09일	4.91	1,150,000.00	147,287.67	1,297,287.67	64,864.38	6,486.44	71,350.82	1,225,936.85	
15	김현주	년 12월 12일	0.15	720,000.00	4,356.16	724,356.16	36,217.81	3,621.78	39,839.59	684,516.58	
16	김온숙	년 12월 03일	1.17	720,000.00	35,095.89	755,095.89	37,754.79	3,775.48	41,530.27	713,565.62	

실습 8-1

앞에서 작성한 '교육생 성적관리' 테이블에서 총점, 평균, 등급, 순위 필드에 대한 값을 구해보기로 한다. 총점과 평균 필드에 대한 값은 쿼리를 통해서 구해 보았지만, 등급과 순위에 대한 값을 액세스 2019에서 구하기란 그다지 쉽지가 않다.

따라서 이 필드들에 대한 값을 구하기 위해 '교육생 성적관리' 테이블을 엑셀 2019로 내보내어 각 필드에 대한 값을 구한 다음 다시 이 데이터를 액세스 2019로 가져오는 방법에 대해서 알아보기로 한다.

<처리 순서>

① 데이터베이스 창의 테이블 탭을 클릭하고, '교육생 성적관리' 테이블을 선택한 다음 [열기] 버튼을 클릭한다.

학번	성명	국어	영어	수학	전산개론	총점	평균	등급	순위	합격여부	추가하려면 클릭
1	김영웅	95	80	85	70	0				☐	
2	조아랑	90	95	85	90	0				☐	
3	박재수	85	85	100	35	0				☐	
4	황준호	50	65	60	85	0				☐	
5	조하민	75	65	60	85	0				☐	
6	채하림	85	90	70	85	0				☐	
7	이기자	65	80	95	95	0				☐	
8	임수혁	55	90	75	40	0				☐	
9	노리개	40	55	35	80	0				☐	
10	정말로	90	30	35	75	0				☐	

② 메뉴 표시줄의 [외부 데이터] - [내보내기] - [엑셀]을 선택한다.

③ 내보내기 대화상자에서는 파일이름을 그림과 같이 설정하고, [모두 내보내기] 버튼을 클릭하면 해당 파일이 엑셀의 파일로 저장된다.

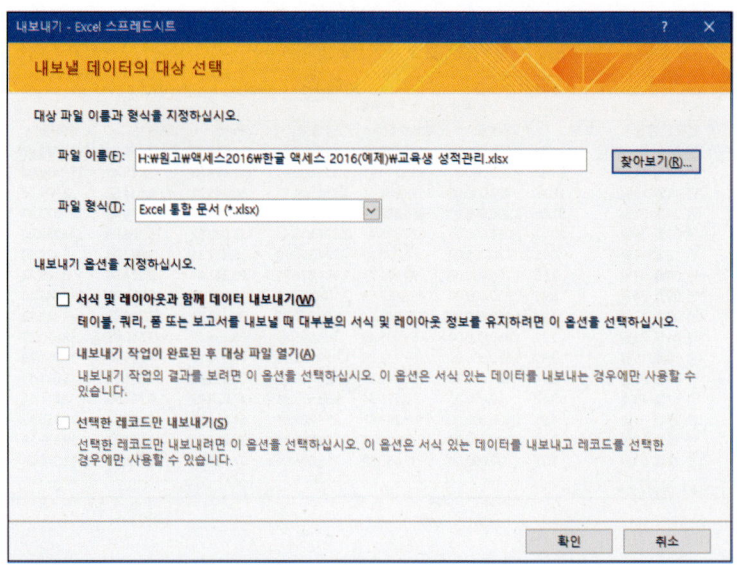

④ 엑셀 2019를 실행하여 '교육생 성적관리.xlsx' 파일을 열고, 각 필드에 대한 값을 구하고 저장한다.

각 필드에 대한 값을 구하기 위한 계산식은 다음과 같다.
(대표적으로 학번 1에 대한 계산식이다.)

총점 : =sum(c2 : f2)

평균 : =average(c2 : f2)

등급 : =if(h2>=90,"수",if(h2>=80,"우",if(h2>=70,"미",if(h2>=60,"양","가"))))

순위 : =rank(h2,h2 : h11,0)

합격여부 : =IF(H2>=60,"합격","불합격")

---

⑤ 엑셀 2019를 실행하여 각 필드에 대한 값을 구하고 저장한다.

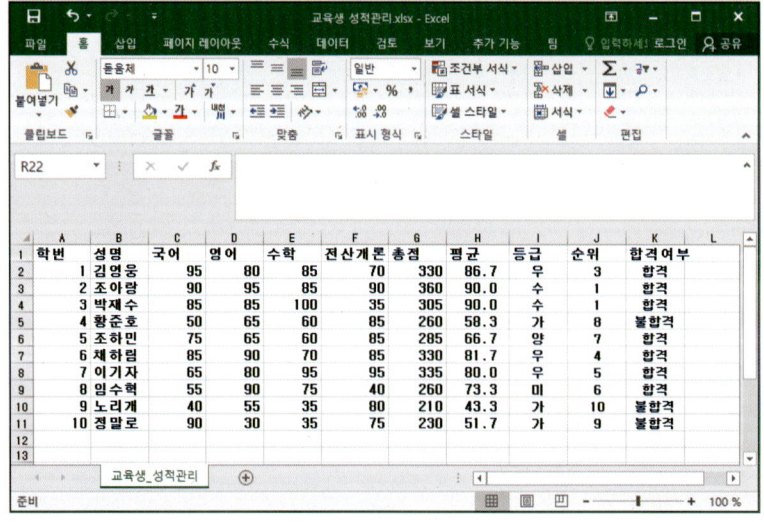

⑥ 액세스 2019의 메뉴 표시줄에서 [외부 데이터] - [가져오기] - [Excel]을 차례로 선택한다.
⑦ 파일 열기 대화상자에서 엑셀 데이터를 선택하고 [열기] 버튼을 클릭한다.

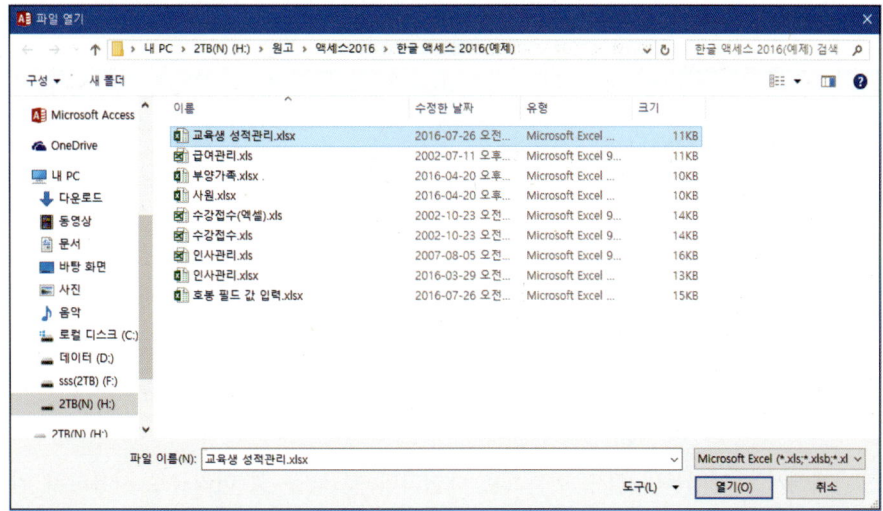

⑧ 스프레드시트 가져오기 마법사 1단계에서는 엑셀 파일명을 다음과 같이 선택하고 [확인] 버튼을 클릭한다.

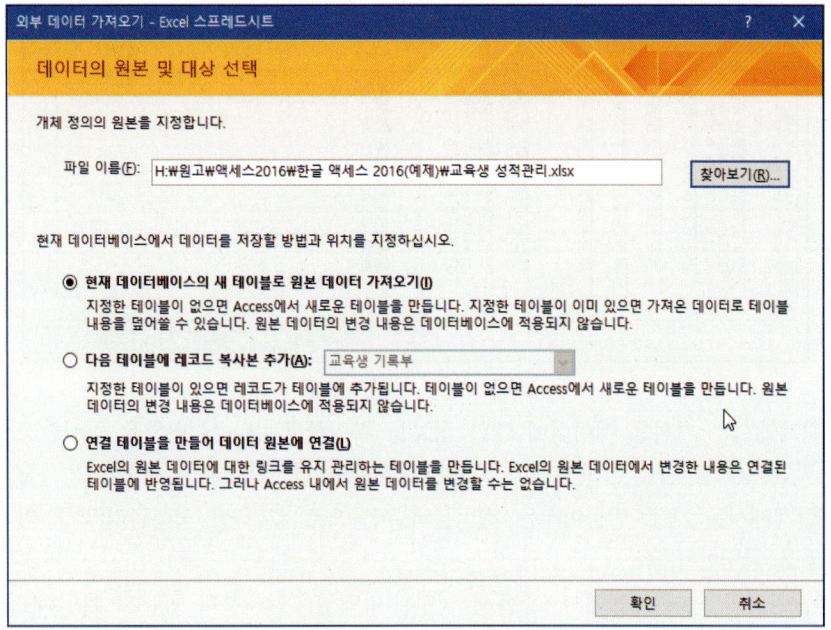

⑨ 다음으로 엑셀의 워크시트를 표시한다.

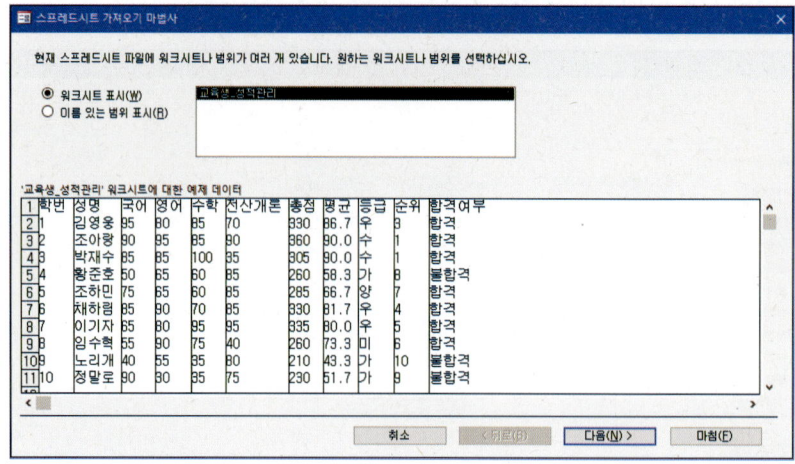

⑩ 마법사 3단계에서는 테이블의 필드 이름으로 데이터의 첫 행을 열 머리글로 사용하기 위해 [열 머리글이 있는 첫 행(I)]을 체크 (V) 표시하고 [다음] 버튼을 클릭한다.

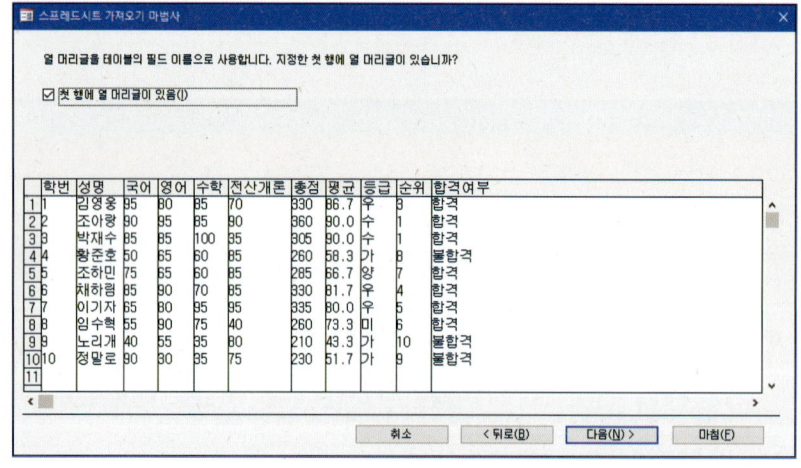

⑪ 마법사 4단계에서는 가져올 데이터에 대한 정보를 확인하고, [다음] 버튼을 클릭한다. 마법사 5단계에서는 학번 필드를 기본 키로 설정하고 [다음] 버튼을 클릭한다.
⑫ 마법사 6단계에서는 새로 만들어지는 테이블의 이름으로 '교육생 성적관리(엑셀)'이라 입력하고, [완료] 버튼을 클릭한다.
⑬ 데이터베이스 창의 테이블 탭에서 '교육생 성적관리(엑셀)' 테이블이 있는지 확인하고 [열기] 버튼을 클릭하면 다음과 같이 앞에서 작업한 결과가 나타난다.

학번	성명	국어	영어	수학	전산개론	총점	평균	등급	순위	합격여부
1	김영웅	95	80	85	70	330	86.7	우	3	합격
2	조아랑	90	95	85	90	360	90.0	수	1	합격
3	박재수	85	85	100	35	305	90.0	수	1	합격
4	황준호	50	65	60	85	260	58.3	가	8	불합격
5	조하민	75	65	60	85	285	66.7	양	7	합격
6	채하림	85	90	70	85	330	81.7	우	4	합격
7	이기자	65	80	95	95	335	80.0	우	5	합격
8	임수혁	55	90	75	40	260	73.3	미	6	합격
9	노리개	40	55	35	80	210	43.3	가	10	불합격
10	정말로	90	30	35	75	230	51.7	가	9	불합격

 **연습문제**

01. 앞에서 작성한 수강접수 테이블을 엑셀 2019로 가져가 보자.

수강번호	성명	성별	직업	최종학력	나이	전화번호
9801	양재기	남	회사원	대졸	34	02-536-2738
9802	주전자	남	학생	대재	22	02-571-1988
9803	김치국	남	학생	전문대재	20	031-548-2918
9804	도루묵	여	주부	전문대졸	32	02-564-2357
9805	지하철	남	회사원	대학원졸	39	02-555-4936
9806	심심해	여	회사원	대졸	38	02-536-4967
9807	나팔꽃	여	학생	대재	24	02-579-6193

02. 앞에서 작성한 수강접수 테이블을 한글 2010으로 가져가 보자.

03. 다음 문서를 엑셀 2019로 작성하고 이 문서를 액세스 2019로 가져와 보자.

액세스 2019

지 은 이	임정목 · 김찬회 · 안일영
펴 낸 이	김형근
펴 낸 곳	도서출판 기한재
주　　소	경기도 파주시 회동길 56 (파주출판도시)
전　　화	031)955-0900~2
팩　　스	031)955-0100
등　　록	1990년 3월 15일 제2-968호
발　　행	2019년 8월 20일 1판 1쇄
정　　가	19,000원

무단 복제 및 무단 전재를 금합니다.
Published by Kihanjae Co.
ISBN 978-89-7018-795-2
http://www.kihanjae.com
E-mail : kihanjae@hanmail.net